# Media

# Russian

# Vocabulary

## Book 1

**lingualism**

ISBN: 978-1-962752-02-2

website: www.lingualism.com

email: contact@lingualism.com

Written by Artem Orlov and Matthew Aldrich
Edited by Polina Volkova and Matthew Aldrich
Cover design by Matthew Aldrich

**Disclaimer:**

This publication is designed exclusively as a language educational resource. The contents of this book, which include sentences and texts, typically do not reflect or comment on real situations, whether historical or contemporary. When real events, individuals, or organizations are referenced, the specifics may not always uphold factual accuracy.

Where certain names or trademarks may appear, they are used strictly for educational purposes. They do not imply any affiliation with or endorsement by the respective rights holders and should not be considered as infringement.

Opinions expressed in the content are ascribed to fictional characters and journalists and do not necessarily reflect the views of the book's contributors or publisher. These opinions are included solely to mimic realistic language use in media settings and do not intend to endorse, critique, or influence real-world ideologies.

By using this book, readers acknowledge that it is for language education, not a source of reliable real-world information. Any errors or inaccuracies are unintentional and do not detract from the book's purpose as a language-learning tool.

# Table of Contents

# Introduction

**Media Russian Vocabulary** is a series specially designed to bridge the gap between **intermediate** learning and reading real-world Russian news articles. These books are intended to make the often-daunting journey into Russian media literacy not only accessible, but engaging and enjoyable.

In our experience, many learners find themselves stuck in a language learning plateau, where they can handle classroom scenarios but are left feeling overwhelmed by the complexity of authentic, native-speaker materials, such as news articles. That is exactly where this book series comes in. Each volume is structured to help you scale that seemingly daunting wall by presenting carefully selected vocabulary and controlled texts that emulate the style and complexity of real-world Russian media.

In this first book of the series, we will navigate through three distinct units: Politics, Crime, and Art. Each unit is further broken down into manageable sections and subsections. Subsections introduce you to key vocabulary in context, helping you understand not only the meaning of the words but also their appropriate use. As an additional aid to word recognition and correct pronunciation, all Rusian content in the book contains **accent marks**. You will find **English translations** for all Russian content, which allows for better comprehension and learning, plus **audio tracks** to help you get a firm grasp on pronunciation and listening comprehension.

This dynamic approach, combining the introduction of **topical vocabulary** with **example sentences** and end-of-section practice **texts**, ensures you are not just memorizing words, but actively learning to use them in context. Over time, this exposure will greatly increase your confidence and proficiency in reading actual media Russian-style texts.

While the volumes are numbered, they are not incremental in learning level. They simply cover different topics. Feel free to pick any book from the series that aligns with your interest in a particular theme or topic. We hope you find this approach as empowering and rewarding as we do.

## Acknowledgments

This series would not have been possible without the dedicated work of some exceptional individuals. I would like to express my deepest gratitude to Artem Orlov for his invaluable contributions in compiling the extensive vocabulary list and crafting the example sentences and texts. Artem's insights and expertise in the Russian language have been fundamental in shaping this book.

Likewise, I would like to extend my heartfelt thanks to Polina Volkova for her meticulous editing and proofreading of our materials. Her thoughtful feedback and suggestions have significantly elevated the quality and usability of this series. Likewise, her diligence and dedication have been indispensable in shaping the final product.

–Matthew Aldrich

# How to Use This Book

**Media Russian Vocabulary** is a versatile, flexible tool that can adapt to your personal learning style, immediate needs, and specific interests. Here's how to make the most of it:

### Follow Your Interests

The organization of the book allows you to chart your own learning path. Feel free to delve into any unit that piques your interest or aligns with your immediate learning needs. There is no strict order to follow; every path leads to enrichment.

### Understand the Structure

**Vocabulary Lists:** Vocabulary lists serve as your first contact with the topic-specific words and phrases. Each vocabulary item is followed by its English translation and then an example sentence to demonstrate its use in context. For verbs, the imperfective form is followed by its perfective equivalent when both forms are in common usage.

**End-of-Section Texts:** Following the vocabulary lists, you'll encounter different kinds of texts, including mini-articles, news reports, interviews, and more. These texts aim to immerse you in a variety of real-world contexts, further reinforcing the vocabulary and enhancing your reading proficiency.

### Engage in Self-Discovery

We've consciously decided not to include traditional exercises such as multiple-choice or true-false questions. Instead, we promote a self-discovery approach, empowering you to actively engage with the material.

To effectively analyze the texts, try to identify the vocabulary from the lists in the actual context. Notice how these words interact with each other, what collocations they form, and how they contribute to the overall meaning of the text. As you progress through the content, you may notice that the English translations for certain vocabulary items in the example sentences and texts sometimes differ from those presented in the vocabulary lists. Far from an oversight, this is an intentional aspect of the methodology. Our aim here is to encourage you to ponder more deeply on the meanings of words and the nuances in their usage.

As for vocabulary organization, we encourage you to keep a dedicated notebook. Classify and group words according to logical categories that make sense to you – be it themes, synonyms, antonyms, or even words with related roots. This personalized lexical resource will greatly aid your recall and application of vocabulary.

### Utilize the Audio Tracks

The accompanying audio tracks can be used in conjunction with the text or separately for additional listening practice. You can listen before, during, or after reading the texts, depending on your individual preference. They are designed to help improve your listening comprehension and pronunciation. Each section in the book is preceded by its track number.

Visit www.lingualism.com/audio, where you can find the free accompanying audio to download or stream (at variable playback rates).

### Expand Your Vocabulary

One of the key strengths of this book is the wealth of vocabulary embedded within its pages beyond the given lists. Each section is filled with relevant vocabulary items not explicitly listed as vocabulary items. These additional vocabulary treasures can be found within the example sentences and texts. We encourage you to be an active explorer, seeking them out and adding them to your notes. The more you interact with the texts, the more you will uncover additional topical vocabulary to bolster your Russian language repertoire.

### Happy Learning!

Remember, the journey of language learning is not a linear one. It's a process of exploration, discovery, and personal growth. We hope this book will serve as your faithful companion on this fascinating voyage into the vibrant world of Russian media.

# Unit 1
## Politics and Government

In this unit, we'll explore the dynamic and intriguing world of **Politics and Government**. This unit provides you with a robust vocabulary set and contextually rich materials, giving you the skills and confidence to navigate this complex and essential area of Russian media.

Understanding the political vocabulary in Russian can open up new dimensions of the language for you. Whether it's following international news, engaging in academic research, or participating in advanced conversations, this politically-themed vocabulary will serve as a powerful tool in your Russian language arsenal.

In the first section of this unit, we delve into **National Politics and Governance**. Here, we will explore the ins and outs of political parties and factions, examine the terminology surrounding elections and electoral systems, and tackle vocabulary related to legal systems. With these, you'll be able to understand and discuss the fundamental aspects of domestic politics in Russian-speaking countries.

Next, we'll shift our lens to a global scale in the second section, **International Relations and Diplomacy**. This section introduces you to the language of bilateral relations between countries and the intricacies of multilateral organizations and diplomacy. We'll also cover key vocabulary for conflict resolution, peacekeeping, and the critically important realm of humanitarian aid and disaster relief.

By the end of this unit, you will have a solid foundation in the vocabulary used to discuss politics and government in Russian media. This will allow you to engage more fully with news articles on this topic, and to gain a deeper understanding of the political issues that shape our world.

# 1.1 National Politics and Governance

## 1.1.1 Political Parties and Factions

**альянс –** alliance В новом альянсе между двумя партиями уже видны разногласия. The new alliance between the two parties already shows disagreements.

**большинство –** majority После последних выборов правящая партия потеряла большинство в парламенте. The ruling party lost its majority in the parliament after the latest elections.

**внутренние реформы –** internal reforms Внутренние реформы в партии направлены на улучшение её имиджа среди избирателей. Internal reforms in the party are aimed at improving its image among voters.

**внутренняя борьба за власть –** internal power struggle Внутренняя борьба за власть привела к расколу в партии. The internal power struggle led to a split in the party.

**внутренняя критика –** internal criticism Внутренняя критика лидера партии вызвала оживлённые дискуссии среди её членов. Internal criticism of the party leader sparked lively discussions among its members.

**внутрипартийные споры –** intra-party disputes Внутрипартийные споры по вопросу миграционной политики продолжаются уже несколько месяцев. Intra-party disputes on the issue of migration policy have been ongoing for several months.

**возглавлять/возглавить –** to lead, govern (a party, etc.) Новый лидер возглавил партию после отставки прежнего председателя. The new leader took over the party after the previous chairman's resignation.

**вопрос внутри партии –** an issue within a party Вопрос внутри партии о поддержке реформы здравоохранения вызвал жаркие дебаты. The issue within the party regarding the support of healthcare reform sparked heated debates.

**главная оппозиционная партия –** main opposition party Главная оппозиционная партия выдвинула нового кандидата на пост президента. The main opposition party nominated a new candidate for the presidency.

**движение –** movement Новое политическое движение набирает популярность среди моложёжи. The new political movement is gaining popularity among the youth.

**Демократи́ческая Па́ртия** – Democratic Party Ли́дер Демократи́ческой Па́ртии вы́ступил с заявле́нием о необходи́мости рефо́рм. The leader of the Democratic Party made a statement about the need for reforms.

**Еди́ная Росси́я** – United Russia Еди́ная Росси́я предложи́ла но́вый законопрое́кт по социа́льной подде́ржке населе́ния. United Russia proposed a new bill on social support for the population.

**избира́тельный алья́нс** – electoral alliance Избира́тельный алья́нс оппозицио́нных па́ртий уси́лил свои́ пози́ции на вы́борах. The electoral alliance of opposition parties strengthened its positions in the elections.

**коалицио́нная па́ртия** – coalition party Коалицио́нная па́ртия заяви́ла о наме́рении вы́йти из прави́тельства. The coalition party announced its intention to leave the government.

**коалицио́нное прави́тельство** – coalition government Коалицио́нное прави́тельство столкну́лось с тру́дностями при приня́тии бюдже́та. The coalition government faced difficulties in passing the budget.

**коали́ция** – coalition Для борьбы́ с корру́пцией была́ сформи́рована но́вая коали́ция. A new coalition has been formed to fight corruption.

**коммуни́ст** – communist Коммуни́ст призва́л к национализа́ции кру́пных предприя́тий. The communist called for the nationalization of large enterprises.

**коммунисти́ческая па́ртия** – communist party Коммунисти́ческая па́ртия вы́двинула своего́ кандида́та на пост президе́нта. The Communist Party nominated its candidate for the presidency.

**Коммунисти́ческая Па́ртия Росси́йской Федера́ции (КПРФ)** – Communist Party of the Russian Federation (CPRF) КПРФ предложи́ла верну́ть ста́рую систе́му образова́ния. The CPRF proposed to return the old education system.

**консервати́вная па́ртия** – conservative party Консервати́вная па́ртия получи́ла большу́ю подде́ржку на после́дних вы́борах. The Conservative Party received significant support in the recent elections.

**консервати́вный** – conservative Консервати́вный подхо́д к эконо́мике был подде́ржан большинство́м избира́телей. The conservative approach to the economy was supported by the majority of voters.

**ле́вые си́лы** – left forces Ле́вые си́лы объедини́лись для проведе́ния ми́тинга в столи́це. The left forces united to hold a rally in the capital.

**ле́вый (ле́вый фланг)** – left(-wing) На ле́вом фла́нге па́ртии усили́лись радика́льные настрое́ния. Radical sentiments have intensified on the left wing of the party.

**либера́льная па́ртия** – liberal party Либера́льная па́ртия предложи́ла но́вую програ́мму рефо́рм. The Liberal Party proposed a new reform program.

**либра́льно-демократи́ческая па́ртия Росси́и (ЛДПР)** – Liberal Democratic Party of Russia (LDPR) ЛДПР акти́вно выступа́ет за сниже́ние нало́гов для ма́лого би́знеса. The LDPR actively advocates for tax cuts for small businesses.

**либера́льный** – liberal Либера́льные поли́тики призва́ли к увеличе́нию свобо́ды пре́ссы. Liberal politicians called for increased press freedom.

**ли́дер па́ртии** – party leader Ли́дер па́ртии вы́ступил на пре́сс-конфере́нции с заявле́нием о но́вых инициати́вах. The party leader spoke at a press conference with a statement about new initiatives.

**ли́дер фра́кции** – faction leader Ли́деры фра́кций договори́лись о совме́стной рабо́те над законопрое́ктом. The faction leaders agreed to work together on the bill.

**лоя́льная фра́кция** – loyal faction Лоя́льные фра́кции в парла́менте поддержа́ли инициати́вы президе́нта. Loyal factions in the parliament supported the president's initiatives.

**меньшинство́** – minority Па́ртии меньшинства́ тре́буют ра́вного представи́тельства в комите́тах. Minority parties demand equal representation in committees.

**национали́ст** – nationalist Радика́льные националисты организова́ли ми́тинг в подде́ржку свои́х тре́бований. Radical nationalists organized a rally in support of their demands.

**национа́льное движе́ние** – national movement Национа́льные движе́ния игра́ют ва́жную роль в полити́ческой жи́зни страны́. National movements play an important role in the political life of the country.

**незави́симый** – independent Незави́симый кандида́т неожи́данно стал ли́дером го́нки. The independent candidate became the unexpected front-runner in the race.

**общественное мнение** – public opinion Изменение общественного мнения повлияло на результаты выборов. The shift in public opinion influenced the election results.

**объединённая оппозиция** – united opposition Объединённая оппозиция планирует провести митинг в поддержку реформ. The united opposition plans to hold a rally in support of the reforms.

**объединяться/объединиться** – to unite Политические партии решили объединиться для совместной борьбы с коррупцией. The political parties decided to unite to jointly fight corruption.

**оппозиционная коалиция** – opposition coalition Оппозиционная коалиция выступила с резкой критикой правительства. The opposition coalition sharply criticized the government.

**оппозиционная партия** – opposition party В результате выборов оппозиционная партия получила больше мест в парламенте. As a result of the elections, the opposition party gained more seats in parliament.

**оппозиция** – opposition Представители оппозиции собрались на митинг в центре города. Representatives of the opposition gathered for a rally in the city center.

**основатель** – founder Решение основателя партии вызвало широкий резонанс среди членов партии. The founder's decision caused a wide response among party members.

**основывать/основать** – to found, establish В 1991 году была основана новая политическая партия. In 1991, a new political party was founded.

**парламентская фракция** – parliamentary faction Лидер парламентской фракции выступил с критикой нового закона. The leader of the parliamentary faction criticized the new law.

**партии левого толка** – left-wing parties Партии левого толка объединились для участия в выборах. Left-wing parties united to participate in the elections.

**партии правого толка** – right-wing parties На конференции выступили представители различных партий правого толка. Representatives of various right-wing parties spoke at the conference.

**партийная дисциплина** – party discipline Благодаря строгой партийной дисциплине удалось избежать раскола в рядах партии. Thanks to strict party discipline, a split within the party was avoided.

**партийное руководство** – party leadership Новые инициативы партийного руководства были поддержаны большинством участников. The new initiatives of the party leadership were supported by the majority of members.

**партийные агитационные обращения** – party campaign appeals В период выборов партийные агитационные обращения звучали на каждом углу. During the election period, party campaign appeals were heard on every corner.

**партийный альянс** – party alliance Заключение партийного альянса между двумя крупнейшими партиями изменило политический ландшафт. The formation of a party alliance between the two largest parties changed the political landscape.

**партийный лидер** – party leader Партийный лидер выступил с программной речью на съезде. The party leader delivered a keynote speech at the congress.

**партийный раскол** – party division/split Партийный раскол привёл к образованию нескольких новых фракций. The party split led to the formation of several new factions.

**партийный съезд** – party congress На партийном съезде было принято несколько важных решений. Several important decisions were made at the party congress.

**партия большинства** – majority party Партия большинства предложила законопроект о налоговой реформе. The majority party proposed a bill on tax reform.

**Партия зелёных** – Green Party Программа Партии зелёных включает меры по борьбе с климатическими изменениями. The Green Party's program includes measures to combat climate change.

**Партия националистов** – Nationalist Party Платформа Партии националистов направлена на защиту национальных интересов. The Nationalist Party's platform is aimed at protecting national interests.

**Партия пенсионеров (РППС)** – Pensioners' Party Партия пенсионеров (РППС) выступила против повышения пенсионного возраста. The Pensioners' Party (RPPS) opposed raising the retirement age.

**Па́ртия ро́ста** – Party of Growth Па́ртия ро́ста предложи́ла ме́ры для подде́ржки ма́лого би́знеса. The Party of Growth proposed measures to support small businesses.

**Па́ртия справедли́вости** – Justice Party Подде́ржка Па́ртии справедли́вости увели́чилась по́сле введе́ния но́вых социа́льных програ́мм. Support for the Justice Party increased after the introduction of new social programs.

**подде́рживать/поддержа́ть полити́ческую па́ртию** – to support a political party Мно́гие избира́тели реши́ли поддержа́ть э́ту полити́ческую па́ртию на сле́дующих вы́борах. Many voters decided to support this political party in the next elections.

**подде́ржка** – support Подде́ржка избира́телей оказа́лась реша́ющей для побе́ды па́ртии на вы́борах. The support of the voters turned out to be decisive for the party's victory in the elections.

**поли́тик** – politician О́пытный поли́тик мо́жет влия́ть на междунаро́дные отноше́ния. An experienced politician can influence international relations.

**полити́ческая борьба́** – political struggle Полити́ческая борьба́ ме́жду па́ртиями привела́ к многочи́сленным деба́там. The political struggle between the parties led to numerous debates.

**полити́ческая па́ртия** – political party Вчера́ полити́ческая па́ртия провела́ ми́тинг в це́нтре го́рода. Yesterday, the political party held a rally in the city center.

**полити́ческая платфо́рма** – political platform Основны́е положе́ния полити́ческой платфо́рмы включа́ют рефо́рмы здравоохране́ния и образова́ния. The main points of the political platform include healthcare and education reforms.

**полити́ческая фра́кция** – political faction Представи́тели полити́ческой фра́кции вы́ступили на конфере́нции с но́выми предложе́ниями. Representatives of the political faction spoke at the conference with new proposals.

**полити́ческий** – political В после́дние го́ды полити́ческая ситуа́ция в стране́ значи́тельно измени́лась. In recent years, the political situation in the country has changed significantly.

**полити́ческий активи́ст** – political activist Полити́ческий активи́ст организова́л кампа́нию по защи́те прав челове́ка. The political activist organized a campaign to protect human rights.

**полити́ческий кри́зис** – political crisis В результа́те полити́ческого кри́зиса мно́гие мини́стры по́дали в отста́вку. As a result of the political crisis, many ministers resigned.

**полити́ческое влия́ние** – political influence Усиле́ние полити́ческого влия́ния па́ртии привело́ к измене́ниям в законода́тельстве. The increase in the party's political influence led to changes in the legislation.

**полити́ческое заявле́ние** – political statement Вчера́ мини́стр иностра́нных дел сде́лал ва́жное полити́ческое заявле́ние. Yesterday, the foreign minister made an important political statement.

**пра́вые си́лы** – right forces Пра́вые си́лы стремя́тся уси́лить своё влия́ние в парла́менте. The right-wing forces are striving to increase their influence in parliament.

**пра́вый (пра́вый фланг)** – right(-wing) Представи́тели пра́вого фла́нга парла́мента поддержа́ли но́вые экономи́ческие ме́ры. The representatives of the right wing of the parliament supported the new economic measures.

**пра́вящая коалицио́нная па́ртия** – ruling coalition party Ли́деры пра́вящей коалицио́нной па́ртии встре́тились для обсужде́ния бюдже́та. The leaders of the ruling coalition party met to discuss the budget.

**пра́вящий** – ruling Пра́вящий режи́м уси́лил контро́ль над сре́дствами ма́ссовой информа́ции. The ruling regime tightened control over the media.

**присоединя́ться/присоедини́ться** – to join Мно́гие молоды́е лю́ди реши́ли присоедини́ться к па́ртии зелёных. Many young people decided to join the Green Party.

**програ́мма па́ртии** – party program В ра́мках програ́ммы па́ртии бы́ли предло́жены но́вые социа́льные инициати́вы. New social initiatives were proposed within the party's program.

**пропрезиде́нтская фра́кция** – pro-presidential faction Пропрезиде́нтская фра́кция поддержа́ла инициати́ву по измене́нию конститу́ции. The pro-presidential faction supported the initiative to amend the constitution.

**противополо́жный** – opposing Поли́тики вы́сказали противополо́жные взгля́ды на вне́шнюю поли́тику страны́. Politicians expressed opposing views on the country's foreign policy.

**противостоя́ть** – to oppose Оппози́ция гото́ва противостоя́ть прави́тельственным ме́рам. The opposition is ready to oppose the government measures.

**радика́льная фра́кция** – radical faction Радика́льная фра́кция в парла́менте тре́бует неме́дленных рефо́рм. The radical faction in the parliament is demanding immediate reforms.

**раска́лываться/расколо́ться** – to split Па́ртия расколо́лась на не́сколько ме́лких группиро́вок. The party split into several small factions.

**Республика́нская Па́ртия** – Republican Party Республика́нская Па́ртия предста́вила своего́ кандида́та на президе́нтские вы́боры. The Republican Party presented its candidate for the presidential elections.

**руководи́ть/поруководи́ть** – to lead, head (a party, etc.) Он успе́шно руководи́л па́ртией на протяже́нии десяти́ лет. He successfully led the party for ten years.

**руково́дство** – leadership Но́вое руково́дство па́ртии объяви́ло о сме́не ку́рса. The new party leadership announced a change of course.

**собра́ние па́ртии** – party meeting На собра́нии па́ртии обсуди́ли вопро́сы вну́тренней поли́тики. The party meeting discussed issues of internal policy.

**созда́ние па́ртии** – formation of a party Созда́ние но́вой па́ртии ста́ло ва́жным собы́тием в полити́ческой жи́зни страны́. The creation of the new party was an important event in the political life of the country.

**соревнова́ться/посоревнова́ться** – to compete Па́ртии бу́дут соревнова́ться за голоса́ избира́телей на предстоя́щих вы́борах. The parties will compete for voters' support in the upcoming elections.

**социали́ст** – socialist Социали́сты предложи́ли рефо́рмы, напра́вленные на улучше́ние усло́вий труда́. The socialists proposed reforms aimed at improving working conditions.

**Социалисти́ческая па́ртия** – Socialist Party Социалисти́ческая па́ртия одержа́ла побе́ду на региона́льных вы́борах. The Socialist Party won the regional elections.

**Справедли́вая Росси́я** – A Just Russia Чле́ны па́ртии "Справедли́вая Росси́я" раскритикова́ли но́вый бюдже́т. Members of the "A Just Russia" party criticized the new budget.

**течéние** – trend, movement **Разлúчные политúческие течéния внутрú пáртии способствуют её развúтию.** Various political movements within the party contribute to its development.

**учáствовать/поучáствовать** – to participate **В вúборах учáствовали все зарегистрúрованные пáртии.** All registered parties participated in the elections.

**учреждáть/учредúть** – to found, establish **В прóшлом году былá учрежденá нóвая политúческая пáртия.** A new political party was established last year.

**формировáть/сформировáть нóвое правúтельство** – to form a new government **После вúборов победúвшая пáртия приступúла к формировáнию нóвого правúтельства.** After the elections, the winning party began forming a new government.

**центрúст** – centrist **Центрúсты выступáют за сбалансúрованный подхóд к экономúческим рефóрмам.** Centrists advocate for a balanced approach to economic reforms.

**центрúстская фрáкция** – centrist faction **Центрúстская фрáкция предложúла компромúссное решéние проблéмы.** The centrist faction proposed a compromise solution to the problem.

**член пáртии** – party member **Кáждый член пáртии имеет прáво гóлоса на собрáнии.** Every party member has the right to vote at the meeting.

## 1.1.1.1 Mini-Articles

Track 2

### 1. Внутренние Рефóрмы и Борьбá за Власть в Едúная Россúя

В пáртии Едúная Россúя недáвно началáсь внутренняя борьбá за власть. Разлúчные партúйные фрáкции выступúли с предложéниями по внутренним рефóрмам, напрáвленным на укреплéние партúйной дисциплúны. Лúдер пáртии заявúл, что рефóрмы необходúмы для обеспéчения едúнства, однáко внутрипартúйные спóры продолжáются. Лоáльная фрáкция поддéрживает текýщие изменéния, в то врéмя как радикáльная фрáкция выступáет за бóлее серьёзные преобразовáния. Глáвная оппозицúонная пáртия наблюдáет за происходáщим, готóвясь к возмóжному политúческому крúзису.

# 1. Internal Reforms and Power Struggle in United Russia

The United Russia party has recently begun an internal power struggle. Various party factions have proposed internal reforms aimed at strengthening party discipline. The party leader stated that the reforms are necessary to ensure unity, but intra-party disputes continue. The loyal faction supports the current changes, while the radical faction calls for more significant transformations. The main opposition party is observing the situation, preparing for a potential political crisis.

## 2. Коалицио́нное Прави́тельство и Парти́йный Алья́нс в Росси́и

По́сле дли́тельных перегово́ров пра́вящая коалицио́нная па́ртия и Па́ртия пенсионе́ров объяви́ли о созда́нии но́вого коалицио́нного прави́тельства. Парти́йный алья́нс включа́ет в себя́ не́сколько па́ртий, включа́я либера́льную па́ртию и консервати́вную па́ртию. Основна́я цель алья́нса — продвига́ть програ́мму экономи́ческих рефо́рм и обеспе́чить большинство́ в парла́менте. Па́ртии пра́вого то́лка оказа́лись в меньшинстве́ и плани́руют сформирова́ть оппозицио́нную коали́цию для противоде́йствия пра́вящему режи́му.

## 2. Coalition Government and Party Alliance in Russia

After lengthy negotiations, the ruling coalition party and the Pensioners' Party announced the formation of a new coalition government. The party alliance includes several parties, including the liberal party and the conservative party. The main goal of the alliance is to advance an economic reform program and secure a majority in parliament. Right-wing parties have found themselves in the minority and are planning to form an opposition coalition to counter the ruling regime.

## 3. Объединённая Оппози́ция Про́тив Пра́вящей Па́ртии

На про́шлой неде́ле бы́ло объя́влено о созда́нии объединённой оппози́ции из Коммунисти́ческой Па́ртии Росси́йской Федера́ции (КПРФ), Справедли́вой Росси́и и Либера́льно-демократи́ческой па́ртии Росси́и (ЛДПР). Основна́я цель объедине́ния — противостоя́ние Еди́ной Росси́и на ближа́йших вы́борах. Ли́дер фра́кции КПРФ отме́тил, что оппозицио́нная коали́ция бу́дет акти́вно боро́ться за интере́сы избира́телей, представля́я ле́вые си́лы в парла́менте. Они́ та́кже заяви́ли о необходи́мости но́вых вну́тренних рефо́рм в госуда́рстве, что́бы обеспе́чить бо́лее справедли́вое распределе́ние вла́сти.

### 3. United Opposition Against the Ruling Party

Last week, the creation of a united opposition consisting of the Communist Party of the Russian Federation (CPRF), A Just Russia, and the Liberal Democratic Party of Russia (LDPR) was announced. The main goal of the union is to oppose United Russia in the upcoming elections. The faction leader of the CPRF noted that the opposition coalition will actively fight for the interests of voters, representing the left-wing forces in parliament. They also stated the need for new internal reforms in the state to ensure a fairer distribution of power.

### 4. Партийный Раскол в Демократической Партии

Недавний партийный съезд Демократической Партии привёл к значительному партийному расколу. Причиной конфликта стали разногласия по поводу вопросов внутри партии и дальнейшего курса развития. Партийное руководство призвало к единству, однако внутренняя критика со стороны ряда членов усиливается. Некоторые члены рассматривают возможность присоединиться к другим политическим движениям или создать новый партийный альянс. Это может привести к ослаблению позиций Демократической партии на следующих выборах.

### 4. Party Split in the Democratic Party

The recent party congress of the Democratic Party resulted in a significant party split. The cause of the conflict was disagreements over internal party issues and the future direction of development. The party leadership called for unity, but internal criticism from several members is intensifying. Some members are considering joining other political movements or forming a new party alliance. This could weaken the Democratic Party's position in the upcoming elections.

### 5. Создание Партии Националистов

В ответ на растущее общественное мнение о необходимости защиты национальных интересов, была учреждена новая Партия националистов. Основатель партии заявил, что их главная цель — продвижение национального движения и противостояние влиянию либеральных и левых сил в государстве. Пропрезидентская фракция выразила осторожную поддержку новому движению, однако многие политики считают, что это может усилить политическую борьбу в стране и привести к новому политическому кризису.

## 5. Creation of the Nationalist Party

In response to growing public opinion on the need to protect national interests, a new Nationalist Party was established. The founder of the party stated that their main goal is to promote the national movement and resist the influence of liberal and left-wing forces in the state. The pro-presidential faction expressed cautious support for the new movement, but many politicians believe that this could intensify the political struggle in the country and lead to a new political crisis.

## 1.1.1.2 Interview with a Politician

Track **3**

**Репортёр:** Добрый день, уважаемый Сергей Николаевич. Спасибо, что согласились на интервью. Начнём с актуального вопроса: в последнее время активно обсуждаются внутрипартийные споры в Единой России. Как вы прокомментируете эту ситуацию?

**Политик:** Здравствуйте. Действительно, в нашей партии сейчас происходит активное обсуждение некоторых вопросов. Эти внутрипартийные споры связаны с предложенными внутренними реформами, которые, на мой взгляд, необходимы для укрепления партийной дисциплины и повышения эффективности работы партии. Однако как и в любой крупной организации, есть разные точки зрения, и это нормально.

**Репортёр:** А как вы оцениваете перспективы коалиционного правительства, учитывая, что либеральная партия и консервативная партия всё чаще вступают в конфликты?

**Политик:** Перспективы, безусловно, зависят от способности партий идти на компромиссы. Сейчас мы работаем над тем, чтобы коалиционное правительство оставалось стабильным. Мы понимаем, что без взаимодействия и диалога между партийными фракциями это невозможно. Каждый должен быть готов к уступкам ради общего блага и стабильности государства.

**Репортёр:** Недавно главная оппозиционная партия объявила о создании объединённой оппозиции для противодействия Единой России. Что вы думаете о таком шаге?

**Политик:** Я счита́ю, что э́то есте́ственный проце́сс в поли́тике. Оппозицио́нная коали́ция пыта́ется консолиди́ровать свои́ си́лы, что́бы уси́лить своё влия́ние на вы́боры. Это пока́зывает, что оппози́ция серьёзно гото́вится к борьбе́, и нам то́же ну́жно быть на высоте́. Одна́ко я уве́рен, что па́ртия большинства́ смо́жет предложи́ть гра́жданам бо́лее убеди́тельную полити́ческую платфо́рму.

**Репортёр:** Поговори́м об обще́ственном мне́нии. Как вы оце́ниваете у́ровень подде́ржки Еди́ной Росси́и среди́ населе́ния?

**Политик:** Обще́ственное мне́ние всегда́ игра́ет ва́жную роль в на́шей рабо́те. Мы прово́дим регуля́рные иссле́дования и ви́дим, что подде́ржка Еди́ной Росси́и остаётся на высо́ком у́ровне. Одна́ко мы понима́ем, что ну́жно продолжа́ть рабо́тать над тем, что́бы оправда́ть дове́рие гра́ждан, осо́бенно в усло́виях уси́ливающейся вну́тренней кри́тики и конкуре́нции со стороны́ оппози́ции.

**Репортёр:** Как вы ви́дите бу́дущее ле́вых сил в росси́йской поли́тике?

**Политик:** Ле́вые си́лы всегда́ бы́ли ва́жной ча́стью на́шей полити́ческой систе́мы. Они́ представля́ют интере́сы определённой ча́сти населе́ния, и их го́лос до́лжен быть услы́шан. Одна́ко в совреме́нных усло́виях их влия́ние не́сколько осла́бло, и они́ нужда́ются в обновле́нии и бо́лее чёткой полити́ческой платфо́рме, что́бы эффекти́вно соревнова́ться с пра́выми си́лами и центри́стами.

**Репортёр:** Спаси́бо за ва́ше вре́мя, Серге́й Никола́евич. Жела́ю вам успе́хов в дальне́йшей рабо́те.

**Политик:** Спаси́бо вам. Всегда́ рад бесе́де с ва́ми.

**Reporter:** Good afternoon, Sergey Nikolaevich. Thank you for agreeing to this interview. Let's start with a relevant question: recently, there has been active discussion about intra-party disputes within United Russia. How would you comment on this situation?

**Politician:** Hello. Indeed, our party is currently engaged in active discussions on certain issues. These intra-party disputes are related to proposed internal reforms, which, in my opinion, are necessary to strengthen party discipline and improve the party's efficiency. However, as in any large organization, there are different viewpoints, and that is normal.

**Reporter:** How do you assess the prospects of the coalition government, considering that the liberal party and the conservative party are increasingly coming into conflict?

**Politician:** The prospects certainly depend on the ability of the parties to make compromises. Right now, we are working to ensure that the coalition government remains stable. We understand that without cooperation and dialogue between party factions, this is impossible. Everyone must be ready to make concessions for the common good and the stability of the state.

**Reporter:** Recently, the main opposition party announced the creation of a united opposition to counter United Russia. What do you think about this move?

**Politician:** I believe this is a natural process in politics. The opposition coalition is trying to consolidate its forces to increase its influence in the elections. This shows that the opposition is seriously preparing for the struggle, and we also need to be at our best. However, I am confident that the majority party can offer citizens a more convincing political platform.

**Reporter:** Let's talk about public opinion. How do you assess the level of support for United Russia among the population?

**Politician:** Public opinion always plays an important role in our work. We conduct regular research and see that support for United Russia remains high. However, we understand that we must continue to work to justify the trust of the citizens, especially in the face of increasing internal criticism and competition from the opposition.

**Reporter:** How do you see the future of the left-wing forces in Russian politics?

**Politician:** The left-wing forces have always been an important part of our political system. They represent the interests of a certain segment of the population, and their voice must be heard. However, in modern conditions, their influence has somewhat weakened, and they need renewal and a clearer political platform to effectively compete with the right-wing forces and centrists.

**Reporter:** Thank you for your time, Sergey Nikolaevich. I wish you success in your future work.

**Politician:** Thank you. Always happy to talk with you.

## 1.1.1.3 Informative Article: Political Parties in the United States

Track 4

### Политические Партии в Соединённых Штатах

Политическая система Соединённых Штатов Америки характеризуется наличием двух основных политических партий — Демократической Партии и

Республиканской Партии. Эти партии на протяжении десятилетий борются за политическое влияние в стране и за поддержку большинства избирателей.

Демократическая Партия традиционно ассоциируется с либеральной идеологией. Она поддерживает левые силы и выступает за социальные программы, защиту окружающей среды и реформы здравоохранения. Политическая платформа демократов часто направлена на улучшение социального равенства и прав человека. Внутри партии существуют различные партийные фракции, которые обсуждают вопросы социального обеспечения, экономических реформ и прав меньшинств.

Республиканская Партия, напротив, придерживается консервативных взглядов. Она поддерживает правые силы и делает акцент на снижении налогов, усилении национальной безопасности и защите традиционных ценностей. Политическая борьба между демократами и республиканцами часто фокусируется на вопросах экономической политики, правосудия и внешней политики.

В последнее время в США набирают популярность национальные движения, которые выступают за независимость от основных партий и предлагают альтернативные решения для страны. Несмотря на это, партийное руководство в обеих партиях остаётся сильным, и они продолжают доминировать в американской политике.

Таким образом, политическая система Соединённых Штатов остаётся конкурентной и разнообразной, где каждая партия стремится завоевать доверие избирателей и реализовать свою политическую программу на благо страны.

### Political Parties in the United States

The political system of the United States of America is characterized by the presence of two main political parties—the Democratic Party and the Republican Party. These parties have been competing for political influence in the country and for the support of the majority of voters for decades.

The Democratic Party is traditionally associated with liberal ideology. It supports left-wing forces and advocates for social programs, environmental protection, and healthcare reform. The Democrats' political platform is often aimed at improving social equality and human rights.

Within the party, there are various party factions that discuss issues of social welfare, economic reforms, and minority rights.

The Republican Party, on the other hand, adheres to conservative views. It supports right-wing forces and focuses on reducing taxes, strengthening national security, and protecting traditional values. The political struggle between the Democrats and Republicans often centers on issues of economic policy, justice, and foreign policy.

Recently, national movements have been gaining popularity in the U.S., advocating for independence from the main parties and offering alternative solutions for the country. Despite this, party leadership in both parties remains strong, and they continue to dominate American politics.

Thus, the political system of the United States remains competitive and diverse, where each party strives to earn the trust of voters and implement its political program for the benefit of the country.

## 1.1.2 Elections and Electoral Systems

Track 5

**абсолютное большинство** – absolute majority На последних выборах партия получила абсолютное большинство голосов. In the recent elections, the party won an absolute majority of votes.

**агитационный штаб** – campaign headquarters В агитационном штабе кандидата царила напряжённая атмосфера. There was a tense atmosphere in the candidate's campaign headquarters.

**агитация** – campaigning В период выборов агитация проходит на всех уровнях. During the election period, campaigning takes place at all levels.

**баллотироваться** – to run for election Он решил баллотироваться на пост мэра города. He decided to run for the position of city mayor.

**бюллетень** – ballot Избиратели получают бюллетени на избирательных участках. Voters receive ballots at polling stations.

**всеобщее избирательное право** – universal suffrage В стране действует всеобщее избирательное право для всех граждан старше 18 лет. The country has universal suffrage for all citizens over 18.

**всеобщие выборы** – general elections Всеобщие выборы пройдут в следующем месяце. The general elections will be held next month.

**выбира́ть/вы́брать** – to choose Избира́тели выбира́ют депута́тов на пять лет. Voters elect deputies for five years.

**вы́боры** – elections Президе́нтские вы́боры назна́чены на о́сень. The presidential elections are scheduled for the fall.

**выдвига́ть/вы́двинуть кандида́та** – to nominate Па́ртия вы́двинула не́скольких кандида́тов на ме́стные вы́боры. The party nominated several candidates for the local elections.

**выи́грывать/вы́играть ме́сто** – to win the seat На про́шлых вы́борах кандида́т от оппози́ции вы́играл ме́сто в парла́менте. The opposition candidate won a seat in parliament in the last elections.

**го́лос** – vote Ка́ждый го́лос име́ет значе́ние в вы́борах. Every vote counts in the election.

**голосова́ние** – voting Голосова́ние начнётся за́втра в 8 часо́в утра́. Voting will begin tomorrow morning at 8 o'clock.

**голосова́ние по по́чте** – voting by mail В усло́виях пандеми́и голосова́ние по по́чте ста́ло о́чень популя́рным. Mail-in voting became very popular during the pandemic.

**голосова́ть/проголосова́ть** – to vote На избира́тельном уча́стке уже́ проголосова́ло бо́лее ты́сячи челове́к. More than a thousand people have already voted at the polling station.

**деба́ты** – debates Деба́ты ме́жду кандида́тами бы́ли трансли́рованы по телеви́дению. The debates between the candidates were broadcast on television.

**действи́тельный** – valid На́до пра́вильно запо́лнить все поля́, что́бы призна́ть бюллете́нь действи́тельным. All fields must be filled out correctly in order for the ballot to be considered valid.

**демократи́ческий** – democratic В стране́ прошли́ демократи́ческие вы́боры без вмеша́тельства извне́. Democratic elections were held in the country without external interference.

**день вы́боров** – election day В день вы́боров на избира́тельных уча́стках рабо́тало мно́го наблюда́телей. On election day, many observers were working at the polling stations.

**досро́чное голосова́ние** – early voting Досро́чное голосова́ние начнётся за две неде́ли до основно́го дня вы́боров. Early voting will begin two weeks before the main election day.

**досро́чные вы́боры** – early elections Парла́мент при́нял реше́ние о проведе́нии досро́чных вы́боров из-за полити́ческого кри́зиса. The parliament decided to hold early elections due to the political crisis.

**зарегистри́рованный** – registered Коли́чество зарегистри́рованных избира́телей в э́том году́ значи́тельно увели́чилось. The number of registered voters has significantly increased this year.

**избира́тель** – voter Избира́тели акти́вно уча́ствовали в вы́борах, несмотря́ на плоху́ю пого́ду. Voters actively participated in the elections despite the bad weather.

**избира́тельная кампа́ния** – election campaign Избира́тельная кампа́ния кандида́та была́ сфокуси́рована на вопро́сах эконо́мики. The candidate's election campaign was focused on economic issues.

**избира́тельная коми́ссия** – electoral commission Чле́ны избира́тельной коми́ссии проверя́ют бюллете́ни на действи́тельность. The members of the electoral commission are checking the ballots for validity.

**избира́тельная пропага́нда** – election propaganda В после́дние дни перед вы́борами избира́тельная пропага́нда уси́лилась. In the last days before the election, election propaganda intensified.

**избира́тельная систе́ма** – electoral system Рефо́рма избира́тельной систе́мы вы́звала бу́рные диску́ссии в о́бществе. The reform of the electoral system sparked heated discussions in society.

**избира́тельное пра́во** – suffrage, right to vote Же́нщины получи́ли избира́тельное пра́во в э́той стране́ бо́лее ста лет наза́д. Women gained the right to vote in this country over a hundred years ago.

**избира́тельный** – electoral, election- Избира́тельный проце́сс до́лжен быть прозра́чным и че́стным. The electoral process should be transparent and fair.

**избира́тельный о́круг** – electoral district В избира́тельном о́круге но́мер 12 победи́л незави́симый кандида́т. In electoral district number 12, an independent candidate won.

**избира́тельный спи́сок** – electoral list На собра́нии бы́ли рассмо́трены избира́тельные спи́ски кандида́тов от ра́зных па́ртий. The electoral lists of candidates from different parties were reviewed at the meeting.

**избира́тельный уча́сток** – voting precinct, polling station На избира́тельном уча́стке но́мер 5 проголосова́ло бо́лее двух ты́сяч челове́к. More than two thousand people voted at polling station number 5.

**избира́ть/избра́ть** – to elect Наро́д избира́ет депута́тов на прямы́х вы́борах. The people elect deputies in direct elections.

**инаугура́ция** – inauguration Подгото́вка к инаугура́ции но́вого президе́нта идёт по́лным хо́дом. Preparations for the inauguration of the new president are in full swing.

**ито́ги голосова́ния** – election tally, result of the vote count Ито́ги голосова́ния показа́ли я́вное преиму́щество одного́ из кандида́тов. The voting results showed a clear advantage for one of the candidates.

**кампа́ния от две́ри к две́ри** – door-to-door campaign Активи́сты проводи́ли кампа́нию от две́ри к две́ри, что́бы увели́чить я́вку. Activists conducted a door-to-door campaign to increase turnout.

**кандида́т** – candidate Оди́н из кандида́тов снял свою́ кандидату́ру за день до вы́боров. One of the candidates withdrew his candidacy a day before the election.

**ко́свенные вы́боры** – indirect elections Ко́свенные вы́боры президе́нта прово́дятся че́рез колле́гию вы́борщиков. The indirect presidential election is held through an electoral college.

**листо́вка** – leaflet В почто́вом я́щике я нашёл не́сколько агитацио́нных листо́вок. I found several campaign flyers in my mailbox.

**мажорита́рная систе́ма** – majoritarian system Недоста́тки мажорита́рной систе́мы бы́ли обсуждены́ на конфере́нции. The drawbacks of the majoritarian system were discussed at the conference.

**манда́т** – mandate Депута́т получи́л манда́т на пять лет. The deputy received a five-year mandate.

**ме́стные вы́боры** – local elections На ме́стных вы́борах победи́л кандида́т от оппозицио́нной па́ртии. A candidate from the opposition party won in the local elections.

**ми́тинг** – rally В разли́чных города́х прошли́ ми́тинги в подде́ржку ра́зных кандида́тов. Rallies in support of different candidates took place in various cities.

**многоманда́тный о́круг** – multi-member district В многоманда́тном о́круге избра́ли не́скольких депута́тов. Several deputies were elected in the multi-member district.

**многопарти́йная систе́ма** – multiparty system Многопарти́йные систе́мы ча́сто приво́дят к коалицио́нным прави́тельствам. Multiparty systems often lead to coalition governments.

**наблюда́ть/понаблюда́ть за проце́ссом голосова́ния** – to monitor the voting process Междунаро́дные организа́ции присла́ли делега́ции, что́бы понаблюда́ть за проце́ссом голосова́ния. International organizations sent delegations to observe the voting process.

**наблюде́ние за вы́борами** – election monitoring Наблюде́ние за вы́борами осуществля́ется незави́симыми организа́циями. Election monitoring is carried out by independent organizations.

**наруше́ние** – violation Зафикси́рованные наруше́ния вы́звали обще́ственный резона́нс. The recorded violations caused public outcry.

**недействи́тельный** – invalid, void, null Все недействи́тельные бюллете́ни бу́дут тща́тельно прове́рены. All invalid ballots will be carefully checked.

**незави́симый наблюда́тель** – independent observer Гру́ппа незави́симых наблюда́телей прибыла́ для монито́ринга вы́боров. A group of independent observers arrived to monitor the elections.

**обеща́ния** – promises Кандида́ты дава́ли разли́чные обеща́ния В хо́де предвы́борной кампа́нии. The candidates made various promises during the election campaign.

**объедине́ние парти́йных рядо́в** – unifying (party) ranks, uniting party lines Объедине́ние парти́йных рядо́в позво́лило укрепи́ть пози́ции на вы́борах. The unification of party ranks strengthened their position in the elections.

**объявле́ние результа́тов** – announcement of results Объявле́ние оконча́тельных результа́тов ожида́лось в конце́ неде́ли. The announcement of the final results was expected at the end of the week.

**объявля́ть/объяви́ть результа́ты** – to announce results Чле́ны коми́ссии объявля́ют результа́ты вы́боров в режи́ме реа́льного вре́мени. Commission members are announcing the election results in real time.

**одноманда́тный о́круг** – single-member district В одноманда́тном о́круге победи́л незави́симый кандида́т. An independent candidate won in the single-member district.

**окру́жная коми́ссия** – district commission Окру́жная коми́ссия проверя́ет результа́ты голосова́ния. The district commission is reviewing the voting results.

**опро́сы обще́ственного мне́ния** – public opinion polls После́дние опро́сы обще́ственного мне́ния пока́зывают рост популя́рности оппози́ции. The latest public opinion polls show a rise in the opposition's popularity.

**оспа́ривание результа́тов** – contesting the results Оспа́ривание результа́тов вы́боров привело́ к пересчёту голосо́в. The contesting of the election results led to a recount of the votes.

**отдава́ть/отда́ть** – to cast (a vote, ballot) Избира́тели отда́ли свои́ голоса́ за кандида́та от пра́вящей па́ртии. Voters cast their ballots for the candidate from the ruling party.

**откла́дывать/отложи́ть** – to postpone Прави́тельство реши́ло отложи́ть вы́боры из-за чрезвыча́йного положе́ния. The government decided to postpone the elections due to the state of emergency.

**отло́женный** – postponed Да́та отло́женных вы́боров бу́дет объя́влена по́зже. The date of the postponed elections will be announced later.

**отменённый** – canceled Отменённые вы́боры вы́звали во́лну проте́стов. The canceled elections sparked a wave of protests.

**парла́ментские вы́боры** – parliamentary elections Парла́ментские вы́боры заплани́рованы на о́сень э́того го́да. The parliamentary elections are scheduled for this fall.

**перви́чные вы́боры** – primary elections На перви́чных вы́борах определя́ются кандида́ты от ка́ждой па́ртии. In the primary elections, candidates from each party are selected.

**переходный период** – transition period В переходный период новое правительство должно сформировать свой кабинет. During the transition period, the new government must form its cabinet.

**победитель** – winner Победители выборов поблагодарили своих избирателей за поддержку. The election winners thanked their voters for their support.

**повторные выборы** – election rerun, repeat elections В некоторых округах назначены повторные выборы из-за выявленных нарушений. Repeat elections have been scheduled in some districts due to identified violations.

**подсчёт голосов** – vote count Подсчёт голосов занял несколько дней из-за большого количества избирателей. The counting of votes took several days due to the large number of voters.

**подсчитывать/подсчитать голоса** – to count the votes Комиссия начала подсчитывать голоса сразу после закрытия избирательных участков. The commission started counting the votes immediately after the polling stations closed.

**политическая реклама** – political advertisement Политическая реклама кандидата заполнила эфир всех телеканалов. The candidate's political ads filled the airtime on all TV channels.

**политический плакат** – political poster В городе развесили политические плакаты всех кандидатов. The city was covered with political posters of all the candidates.

**получать/получить большинство** – to gain a majority Партия смогла получить большинство голосов на выборах. The party managed to receive the majority of votes in the elections.

**поощрять/поощрить голосование** – to encourage voting Правительство запустило кампанию, чтобы поощрить граждан к участию в голосовании. The government launched a campaign to encourage citizens to vote.

**порог явки** – turnout threshold Порог явки на выборах составил 50%. The voter turnout threshold for the elections was set at 50%.

**поствыборный кризис** – post-election crisis Страна столкнулась с поствыборным кризисом после спорных результатов. The country faced a post-election crisis after the disputed results.

**пра́во го́лоса** – right to vote Гра́ждане должны́ осознава́ть ва́жность своего́ пра́ва го́лоса. Citizens should be aware of the importance of their right to vote.

**предпочита́емый кандида́т** – preferred candidate Согла́сно опро́сам, э́тот поли́тик явля́ется предпочита́емым кандида́том среди́ моложёжи. According to polls, this politician is the preferred candidate among the youth.

**президе́нтские вы́боры** – presidential elections Президе́нтские вы́боры состоя́тся че́рез два ме́сяца. The presidential elections will take place in two months.

**програ́мма кандида́та** – candidate's platform Програ́мма кандида́та включа́ет рефо́рмы здравоохране́ния и образова́ния. The candidate's platform includes healthcare and education reforms.

**проигра́вший** – losing Проигра́вший кандида́т призна́л пораже́ние и поздра́вил своего́ оппоне́нта. The losing candidate conceded defeat and congratulated his opponent.

**пропорциона́льное представи́тельство** – proportional representation Пропорциона́льное представи́тельство гаранти́рует, что все па́ртии бу́дут справедли́во предста́влены в парла́менте. Proportional representation ensures that all parties are fairly represented in parliament.

**пряма́я демокра́тия** – direct democracy В усло́виях прямо́й демокра́тии гра́ждане принима́ют непосре́дственное уча́стие в приня́тии реше́ний. In a direct democracy, citizens take part directly in decision-making.

**распространя́ть/распространи́ть бюллете́ни** – to distribute ballot papers Волонтёры помога́ли распространя́ть бюллете́ни на избира́тельных уча́стках. Volunteers helped distribute ballots at polling stations.

**результа́ты вы́боров** – election results Оконча́тельные результа́ты вы́боров бы́ли объя́влены на сле́дующий день. The final election results were announced the next day.

**свобо́да голосова́ния** – freedom to vote Свобо́да голосова́ния гаранти́руется конститу́цией страны́. The freedom to vote is guaranteed by the country's constitution.

**сло́ган** – slogan Сло́ган предвы́борной кампа́нии кандида́та был легко́ запомина́емым. The candidate's campaign slogan was easily memorable.

**сме́шанная систе́ма** – mixed system В стране́ де́йствует сме́шанная избира́тельная систе́ма, сочета́ющая элеме́нты мажорита́рной и пропорциона́льной систе́м. The country uses a mixed electoral system, combining elements of majoritarian and proportional systems.

**соблюда́ть/соблюсти́ избира́тельные зако́ны** – to comply with electoral laws Все па́ртии обя́заны соблюда́ть избира́тельные зако́ны. All parties are required to comply with electoral laws.

**сортирова́ть/отсортирова́ть** – to sort По́сле оконча́ния голосова́ния необходи́мо отсортирова́ть бюллете́ни. After the voting ends, the ballots need to be sorted.

**сортиро́вка бюллете́ней** – ballot sorting Сортиро́вка бюллете́ний была́ заверше́на к утру́ сле́дующего дня. The sorting of the ballots was completed by the next morning.

**сохраня́ть/сохрани́ть ме́сто** – to retain the seat Депута́т смог сохрани́ть своё ме́сто в парла́менте по́сле сло́жных вы́боров. The deputy managed to retain his seat in parliament after a tough election.

**спи́сок кандида́тов** – list of candidates Спи́сок кандида́тов был опублико́ван за ме́сяц до вы́боров. The list of candidates was published a month before the elections.

**та́йное голосова́ние** – secret ballot На всех вы́борах испо́льзуется та́йное голосова́ние для обеспе́чения конфиденциа́льности. Secret voting is used in all elections to ensure confidentiality.

**у́рна для голосова́ния** – ballot box У́рны для голосова́ния бы́ли опеча́таны сра́зу по́сле закры́тия избира́тельных уча́стков. The ballot boxes were sealed immediately after the polling stations closed.

**уча́ствовать/поуча́ствовать в вы́борах** – to participate in elections Мно́гие молоды́е гра́ждане реши́ли уча́ствовать в вы́борах впервы́е. Many young citizens decided to participate in the elections for the first time.

**фальсифика́ция вы́боров** – election fraud Бы́ли вы́явлены попы́тки фальсифика́ции вы́боров, что вы́звало ма́ссовые проте́сты. Attempts to rig the elections were uncovered, causing mass protests.

**части́чные вы́боры** – by-elections, special elections В не́которых регио́нах прошли́ части́чные вы́боры из-за вака́нсий в парла́менте. By-elections were held in some regions due to vacancies in parliament.

**электро́нное голосова́ние** – electronic voting В э́том году́ впервы́е бу́дет испо́льзоваться электро́нное голосова́ние. This year, electronic voting will be used for the first time.

**я́вка избира́телей** – voter turnout Я́вка избира́телей на э́тих вы́борах превы́сила все ожида́ния. Voter turnout in these elections exceeded all expectations.

### 1.1.2.1 Mini-Articles

Track 6

#### 1. Ме́стные Вы́боры в Москве́: Реко́рдная Я́вка Избира́телей

Вчера́ в Москве́ прошли́ ме́стные вы́боры, кото́рые привлекли́ большо́е внима́ние со стороны́ жи́телей столи́цы. Я́вка избира́телей превы́сила все ожида́ния, что явля́ется реко́рдом за после́дние го́ды. Основны́е кандида́ты акти́вно проводи́ли агита́цию, включа́я кампа́нии от две́ри к две́ри и распростране́ние полити́ческих плака́тов и листо́вок. Согла́сно опро́сам обще́ственного мне́ния, фавори́том го́нки был кандида́т от Еди́ной Росси́и, но коне́чные результа́ты вы́боров пока́ не объя́влены. Избира́тельная коми́ссия обеща́ет подвести́ ито́ги к концу́ неде́ли.

#### 1. Local Elections in Moscow: Record Voter Turnout

Yesterday, local elections were held in Moscow, which attracted significant attention from the capital's residents. Voter turnout exceeded all expectations, setting a record for recent years. The main candidates actively conducted campaigns, including door-to-door campaigns and the distribution of political posters and leaflets. According to public opinion polls, the favorite in the race was the candidate from United Russia, but the final election results have not yet been announced. The electoral commission promises to sum up the results by the end of the week.

#### 2. Деба́ты Пе́ред Президе́нтскими Вы́борами: Кто Победи́т?

На э́той неде́ле состоя́лись пе́рвые деба́ты пе́ред предстоя́щими президе́нтскими вы́борами. Кандида́ты обсужда́ли свои́ програ́ммы и выдвига́ли друг дру́гу обвине́ния в наруше́нии избира́тельных зако́нов. Гла́вные претенде́нты на пост президе́нта стара́лись завоева́ть голоса́ избира́телей, подчёркивая свои́ достиже́ния и обеща́ния. Объедине́ние парти́йных рядо́в и подде́ржка от ключевы́х фра́кций игра́ют ва́жную роль в определе́нии предпочита́емого кандида́та. По ито́гам деба́тов, прогно́зы на побе́ду остаю́тся неопределёнными.

## 2. Debates Before the Presidential Election: Who Will Win?

This week, the first debates took place ahead of the upcoming presidential elections. The candidates discussed their programs and accused each other of violating electoral laws. The main contenders for the presidency tried to win over voters' votes by emphasizing their achievements and promises. Party unity and support from key factions play an important role in determining the preferred candidate. Following the debates, the forecasts for victory remain uncertain.

## 3. Электро́нное Голосова́ние: Нововведе́ние в Росси́йской Избира́тельной Систе́ме

В э́том году́ Росси́я впервы́е внедри́ла электро́нное голосова́ние на всео́бщих вы́борах. Э́то нововведе́ние бы́ло встре́чено с энтузиа́змом среди́ молодёжи, но вы́звало опасе́ния у ста́ршего поколе́ния. Избира́тельная коми́ссия уверя́ет, что все ме́ры безопа́сности соблюдены́, и наблюде́ние за вы́борами бу́дет осо́бенно тща́тельным. Тем не ме́нее, не́которые незави́симые наблюда́тели выража́ют опасе́ния по по́воду возмо́жной фальсифика́ции вы́боров. Вопро́с, как электро́нное голосова́ние повлия́ет на ито́ги голосова́ния, остаётся откры́тым.

## 3. Electronic Voting: An Innovation in the Russian Electoral System

This year, Russia introduced electronic voting for the first time in general elections. This innovation was met with enthusiasm among young people but raised concerns among the older generation. The electoral commission assures that all security measures have been observed and that election monitoring will be particularly thorough. Nevertheless, some independent observers have expressed concerns about possible election fraud. The question of how electronic voting will affect the voting results remains open.

## 4. Оспа́ривание результа́тов на вы́борах в Санкт-Петербу́рге

По́сле заверше́ния подсчёта голосо́в на вы́борах в Санкт-Петербу́рге, оди́н из кандида́тов заяви́л об оспа́ривании результа́тов. Он утвержда́ет, что име́ли ме́сто серьёзные наруше́ния в проце́ссе сортиро́вки бюллете́ней и рабо́те окружно́й коми́ссии. В связи́ с э́тим, действи́тельность ито́гов голосова́ния ста́вится под сомне́ние, и возмо́жно назначе́ние повто́рных вы́боров.

Избирательная кампания кандидата-проигравшего требует тщательного расследования всех заявленных нарушений.

### 4. Contesting Results in the St. Petersburg Elections

After the vote count was completed in the St. Petersburg elections, one of the candidates announced contesting the results. He claims that there were serious violations in the process of sorting ballots and the work of the district commission. As a result, the validity of the voting results is being questioned, and a re-election may be scheduled. The electoral campaign of the losing candidate is demanding a thorough investigation of all reported violations.

### 5. Косвенные выборы в Новгороде: многомандатный округ под угрозой

На этой неделе в Новгороде состоялись косвенные выборы в одном из районов города, который ранее был представлен как многомандатный округ. Новая мажоритарная система вызвала протесты среди части населения, считавшей, что их право голоса ущемляется. Избирательная комиссия утверждает, что все правила соблюдены, и досрочное голосование прошло без нарушений. Однако оппозиция обвиняет власть в попытке манипуляции системой, что может привести к поствыборному кризису.

### 5. Indirect Elections in Novgorod: Multi-Member District Under Threat

This week, indirect elections were held in one of the districts of Novgorod, which was previously represented as a multi-member district. The new majoritarian system has sparked protests among some of the population, who feel that their voting rights are being infringed upon. The electoral commission claims that all rules were followed, and early voting proceeded without violations. However, the opposition accuses the authorities of attempting to manipulate the system, which could lead to a post-election crisis.

## 1.1.2.2 Informative Article: Presidential Elections in Russia

Track **7**

### Состояние Президентских Выборов в России

Президентские выборы в России прошли с 15 по 17 марта 2024 года, став восьмыми по счёту в истории страны. Избирательная система России, несмотря на формальные элементы прямой демократии, вновь вызвала сомнения по поводу своей прозрачности и честности.

На этих выборах действующий президент Владимир Путин, который находится у власти с 1999 года, за исключением перерыва на посту премьер-министра, одержал уверенную победу, набрав 88% голосов. Это рекордный результат для президентских выборов в постсоветской России. Избирательная кампания Путина сопровождалась активной избирательной пропагандой и поддержкой со стороны государственных медиа.

Однако, несмотря на высокий процент голосов, победа Путина была воспринята как предсказуемый исход, что вызвало критику как внутри страны, так и на международной арене. Многие независимые наблюдатели и оппозиционные кандидаты указывали на многочисленные нарушения в процессе голосования и подсчёта голосов. Сообщалось о случаях давления на избирателей, ограничении доступа оппозиции к избирательным ресурсам, а также о манипуляциях с бюллетенями.

Международные организации, включая ОБСЕ, выразили обеспокоенность по поводу ограниченных возможностей для оппозиции и отсутствия реальной конкуренции на выборах. Эти выборы, по мнению многих аналитиков, стали ещё одним подтверждением того, что в России действует де-факто мажоритарная система, в которой действующий президент и его команда обеспечивают контроль над избирательным процессом.

Путин был инаугурирован 7 мая 2024 года, начиная свой пятый срок на посту президента. Однако вопросы о легитимности этих выборов и их соответствие демократическим стандартам остаются открытыми.

Таким образом, несмотря на явную победу Путина, президентские выборы 2024 года вновь показали, что российская избирательная система далека от идеалов демократических норм, что продолжает подрывать доверие как внутри страны, так и за её пределами.

### The State of Presidential Elections in Russia

Presidential elections in Russia were held from March 15 to 17, 2024, marking the country's eighth such election. Russia's electoral system, despite formal elements of direct democracy, once again raised doubts about its transparency and fairness.

In this election, the incumbent president, Vladimir Putin, who has been in power since 1999, except for a brief period as prime minister, secured a confident victory, receiving 88% of the vote. This is a record result for presidential elections in post-Soviet Russia. Putin's electoral campaign was accompanied by active electoral propaganda and support from state media.

However, despite the high percentage of votes, Putin's victory was seen as a foregone conclusion, drawing criticism both domestically and internationally. Many independent observers and opposition candidates pointed to numerous violations during the voting and vote-counting processes. Reports included instances of voter pressure, restricted access for the opposition to electoral resources, and manipulation of ballots.

International organizations, including the OSCE, expressed concern over the limited opportunities for the opposition and the lack of real competition in the elections. These elections, according to many analysts, further confirmed that Russia operates under a de facto majoritarian system, where the incumbent president and his team ensure control over the electoral process.

Putin was inaugurated on May 7, 2024, beginning his fifth term as president. However, questions about the legitimacy of these elections and their adherence to democratic standards remain.

Thus, despite Putin's clear victory, the 2024 presidential elections once again demonstrated that Russia's electoral system is far from the ideals of democratic norms, continuing to undermine trust both within the country and abroad.

## 1.1.3 Constitution and Legal System

Track 8

**административный** – administrative **В стране́ бы́ло проведено́ администрати́вное реформи́рование, кото́рое затро́нуло все у́ровни вла́сти.** An administrative reform was carried out in the country, affecting all levels of government.

**вводи́ть/ввести́ в де́йствие** – to implement, bring/put into effect **Парла́мент реши́л ввести́ в де́йствие попра́вки к конститу́ции.** The parliament decided to put the constitutional amendments into effect.

**верхо́вный суд** – supreme court **Верхо́вный суд при́нял реше́ние о конституцио́нности но́вого зако́на.** The Supreme Court ruled on the constitutionality of the new law.

**власть** – authority, power **Власть в стране́ разделена́ ме́жду исполни́тельной, законода́тельной и суде́бной ветвя́ми.** Power in the country is divided among the executive, legislative, and judicial branches.

**вноси́ть/внести́ попра́вки** – to amend Парла́мент внёс попра́вки в конститу́цию, что́бы адапти́ровать её к совреме́нным усло́виям. The parliament amended the constitution to adapt it to modern conditions.

**вступа́ть/вступи́ть в си́лу** – to come into force Но́вый зако́н о вы́борах вступи́л в си́лу с нача́ла сле́дующего го́да. The new election law came into force at the beginning of next year.

**генера́льный прокуро́р** – attorney general Генера́льный прокуро́р вы́ступил с заявле́нием о хо́де рассле́дования. The attorney general made a statement about the progress of the investigation.

**генера́льный секретариа́т сове́та мини́стров** – general secretariat of the council of ministers Генера́льный секретариа́т сове́та мини́стров координи́рует рабо́ту всех министе́рств. The General Secretariat of the Council of Ministers coordinates the work of all ministries.

**голосова́ть/проголосова́ть по** – to vote on Депута́ты проголосова́ли по законопрое́кту о суде́бной рефо́рме. The deputies voted on the bill regarding judicial reform.

**госуда́рственное учрежде́ние** – government institution Госуда́рственные учрежде́ния обя́заны де́йствовать в ра́мках зако́на. State institutions are required to operate within the law.

**гражда́нский** – civil Гражда́нский ко́декс регули́рует права́ и обя́занности гра́ждан в разли́чных сфе́рах жи́зни. The Civil Code regulates the rights and duties of citizens in various aspects of life.

**деклара́ция** – declaration Деклара́ция о права́х челове́ка была́ подпи́сана представи́телями всех стран-чле́нов. The Declaration of Human Rights was signed by representatives of all member states.

**демокра́тия** – democracy Демокра́тия осно́вывается на при́нципах ра́венства и свобо́ды для всех гра́ждан. Democracy is based on the principles of equality and freedom for all citizens.

**депута́т** – representative, deputy Депута́ты при́няли законопрое́кт, кото́рый вы́звал бу́рные обсужде́ния в о́бществе. The deputies passed a bill that sparked heated discussions in society.

**депута́т госуда́рственной ду́мы** – member of the state duma (lower house of the federal assembly) Депута́ты Госуда́рственной Ду́мы акти́вно обсужда́ли попра́вки в конститу́цию. The deputies of the State Duma actively discussed the amendments to the constitution.

**докуме́нт** – document Докуме́нт был подпи́сан президе́нтом и вступи́л в си́лу неме́дленно. The document was signed by the president and came into force immediately.

**документи́ровать/задокументи́ровать** – to document Ва́жно задокументи́ровать все измене́ния в догово́ре и заве́рить их у нота́риуса. It is important to document all changes to the contract and have them notarized.

**ду́ма** – duma (assembly with advisory or legislative functions) В но́вой ду́ме предста́влены представи́тели ра́зных полити́ческих па́ртий. The new Duma includes representatives from various political parties.

**зако́н** – law Зако́н о вы́борах был при́нят по́сле до́лгих обсужде́ний в парла́менте. The election law was passed after lengthy discussions in parliament.

**зако́нный** – legal Зако́нные права́ гра́ждан защищены́ конститу́цией и суда́ми. The legal rights of citizens are protected by the constitution and the courts.

**законода́тельная власть** – legislative authority Законода́тельная власть несёт отве́тственность за приня́тие но́вых зако́нов и попра́вок. The legislative branch is responsible for passing new laws and amendments.

**законода́тельный** – legislative В законода́тельном проце́ссе уча́ствуют депута́ты обе́их пала́т парла́мента. Deputies from both houses of parliament participate in the legislative process.

**законода́тельство** – legislation Но́вое законода́тельство предусма́тривает стро́гие ме́ры по борьбе́ с корру́пцией. The new legislation provides for strict measures to combat corruption.

**законопрое́кт** – draft law, bill Законопрое́кт о нало́говой рефо́рме был внесён на рассмотре́ние в Ду́му. The tax reform bill was submitted for consideration to the Duma.

**занима́ться законода́тельством** – to legislate Парла́мент продолжа́ет занима́ться законода́тельством, несмотря́ на полити́ческий кри́зис. The parliament continues to legislate despite the political crisis.

**защища́ть/защити́ть (права́ гра́ждан)** – to protect (the rights of citizens) Адвока́ты защища́ют права́ гра́ждан в суде́ на осно́ве де́йствующего законода́тельства. Lawyers protect citizens' rights in court based on current legislation.

**издава́ть/изда́ть** – to issue Президе́нт изда́л ука́з, кото́рый вступа́ет в си́лу неме́дленно. The president issued a decree that takes effect immediately.

**изменя́ть/измени́ть** – to amend Депута́ты реши́ли измени́ть существу́ющий зако́н о здравоохране́нии. The deputies decided to amend the existing healthcare law.

**исполни́тельная власть** – executive authority Исполни́тельная власть отвеча́ет за реализа́цию при́нятых зако́нов и програ́мм. The executive branch is responsible for implementing the laws and programs passed.

**исполни́тельный** – executive Исполни́тельный комите́т при́нял реше́ние о проведе́нии рефо́рм. The executive committee made a decision to implement reforms.

**исполни́тельный прика́з** – executive order Президе́нт изда́л исполни́тельный прика́з о введе́нии но́вых экономи́ческих са́нкций. The president issued an executive order imposing new economic sanctions.

**конституцио́нная попра́вка** – constitutional amendment Конституцио́нная попра́вка была́ при́нята большинство́м голосо́в в парла́менте. The constitutional amendment was passed by a majority vote in parliament.

**конституцио́нный** – constitutional Конституцио́нный кри́зис привёл к необходи́мости проведе́ния досро́чных вы́боров. The constitutional crisis led to the necessity of holding early elections.

**конституцио́нный сове́т** – constitutional council Конституцио́нный сове́т до́лжен рассмотре́ть но́вую попра́вку на сле́дующей неде́ле. The Constitutional Council is set to review the new amendment next week.

**конституцио́нный суд** – constitutional court Конституцио́нный суд призна́л но́вый законопрое́кт соотве́тствующим конститу́ции. The Constitutional Court found the new bill to be in compliance with the constitution.

**конститу́ция** – constitution Конститу́ция страны́ была́ при́нята бо́лее двухсо́т лет наза́д и с тех пор изменя́лась не́сколько раз. The country's constitution was adopted over two hundred years ago and has since been amended several times.

**короле́вство** – kingdom Короле́вство Великобрита́ния явля́ется одно́й из старе́йших конституцио́нных мона́рхий в ми́ре. The Kingdom of Great Britain is one of the oldest constitutional monarchies in the world.

**коррупцио́нный** – corrupt Коррупцио́нный сканда́л потря́с вы́сшие эшело́ны вла́сти. The corruption scandal shook the highest levels of government.

**корру́пция** – corruption Борьба́ с корру́пцией ста́ла приорите́том для но́вого прави́тельства. The fight against corruption has become a priority for the new government.

**министе́рство** – ministry, (US) department Министе́рство подгото́вило но́вый план экономи́ческого разви́тия. The ministry prepared a new economic development plan.

**министе́рство вну́тренних дел** – ministry of interior Министе́рство вну́тренних дел объяви́ло о нача́ле но́вой антикримина́льной програ́ммы. The Ministry of Internal Affairs announced the launch of a new anti-crime program.

**министе́рство иностра́нных дел** – ministry of foreign affairs Министе́рство иностра́нных дел вы́пустило заявле́ние по по́воду междунаро́дного конфли́кта. The Ministry of Foreign Affairs issued a statement regarding the international conflict.

**министе́рство юсти́ции** – ministry of justice Министе́рство юсти́ции начало́ рассле́дование по де́лу о наруше́нии прав челове́ка. The Ministry of Justice initiated an investigation into human rights violations.

**мини́стр** – minister, (US) secretary Мини́стр оборо́ны вы́ступил с отчётом пе́ред парла́ментом. The defense minister presented a report to parliament.

**наруша́ть/нару́шить (права́)** – to violate (rights) Любо́е госуда́рство, наруша́ющее права́ челове́ка, должно́ нести́ отве́тственность. Any state that violates human rights must be held accountable.

**незави́симость** – independence Страна́ доби́лась незави́симости по́сле до́лгих лет борьбы́. The country achieved independence after many years of struggle.

**объявля́ть/объяви́ть** – to declare, announce Президе́нт объяви́л о проведе́нии внеочередны́х вы́боров в парла́мент. The president announced the holding of early parliamentary elections.

**отклоня́ть/отклони́ть** – to reject Парла́мент отклони́л предложе́ние о повыше́нии нало́гов. The parliament rejected the proposal to increase taxes.

**отменять/отмени́ть** – to repeal, cancel Верхо́вный суд реши́л отмени́ть зако́н, наруша́ющий конституцио́нные права́. The Supreme Court decided to repeal the law that violated constitutional rights.

**отста́вка** – resignation Мини́стр объяви́л о свое́й отста́вке по́сле се́рии сканда́лов. The minister announced his resignation after a series of scandals.

**пала́та представи́телей** – house of representatives Пала́та представи́телей одо́брила законопрое́кт большинство́м голосо́в. The House of Representatives approved the bill by a majority vote.

**парла́мент** – parliament Парла́мент соберётся на внеочередно́е заседа́ние для обсужде́ния кри́зиса. The parliament will convene for an emergency session to discuss the crisis.

**перехо́дное прави́тельство** – transitional government Перехо́дное прави́тельство бы́ло сформиро́вано для управле́ния страно́й до но́вых вы́боров. A transitional government was formed to govern the country until new elections.

**подава́ть/пода́ть в отста́вку** – to resign Премье́р-мини́стр по́дал в отста́вку по́сле утра́ты дове́рия парла́мента. The prime minister resigned after losing the confidence of parliament.

**попра́вка** – amendment Попра́вка к конститу́ции была́ одо́брена двумя́ тре́тями депута́тов. The constitutional amendment was approved by two-thirds of the deputies.

**прави́тельственный** – governmental Прави́тельственный комите́т предста́вил план рефо́рм на ближа́йшие пять лет. The government committee presented a reform plan for the next five years.

**правова́я систе́ма** – legal system Правова́я систе́ма страны́ осно́вывается на при́нципах ра́венства и справедли́вости. The country's legal system is based on the principles of equality and justice.

**президе́нт** – president Президе́нт подписа́л ука́з о введе́нии чрезвыча́йного положе́ния. The president signed a decree declaring a state of emergency.

**президе́нтство** – presidency Во вре́мя своего́ президе́нтства он провёл значи́тельные экономи́ческие рефо́рмы. During his presidency, he carried out significant economic reforms.

**премьéр-минúстр** – prime minister Премьéр-минúстр встрéтился с лúдерами другúх стран для обсуждéния междунарóдных вопрóсов. The prime minister met with leaders of other countries to discuss international issues.

**принимáть/принять (в закóн)** – to adopt/enact (into law) Парлáмент принял в закóн нóвую попрáвку, касáющуюся налóговой полúтики. The parliament enacted the new amendment regarding tax policy into law.

**разрешáть/разрешúть спóры** – to resolve disputes Верхóвный суд уполномóчен разрешáть спóры мéжду госудáрственными óрганами. The Supreme Court is authorized to resolve disputes between government bodies.

**ратифицúровать** – to ratify Странá ратифицúровала междунарóдное соглашéние по клúмату. The country ratified the international climate agreement.

**реглáмент** – regulation Нóвый реглáмент был введён для улучшéния рабóты судéбной системы. A new regulation was introduced to improve the functioning of the judicial system.

**регулúровать/отрегулúровать** – to regulate Закóн регулúрует отношéния мéжду работодáтелями и рабóтниками. The law regulates the relationship between employers and employees.

**регулúрующий** – regulatory Регулúрующий óрган разрабóтал нóвые стандáрты для бáнковской óтрасли. The regulatory body developed new standards for the banking industry.

**режúм** – regime В странé установúлся нóвый политúческий режúм пóсле выборов. A new political regime was established in the country after the elections.

**респýблика** – republic Респýблика провелá выборы для избрáния нóвого президéнта. The republic held elections to choose a new president.

**решáть/решúть** – to resolve, decide Парлáмент дóлжен решúть вопрóс о рефóрме судéбной системы. The parliament must resolve the issue of judicial reform.

**свобóда** – freedom Конститýция гарантúрует свобóду слóва и собрáний. The constitution guarantees freedom of speech and assembly.

**свобóда выражéния** – freedom of expression Свобóда выражéния мнéний является основополагáющим прáвом в демократúческом óбществе. Freedom of expression is a fundamental right in a democratic society.

**свобода прессы** – freedom of the press Свобода прессы защищена законом, но она должна соблюдаться в рамках правовых норм. Freedom of the press is protected by law, but it must be exercised within legal boundaries.

**сенат** – senate Сенат одобрил новый законопроект и направил его на подпись президенту. The Senate approved the new bill and sent it to the president for signature.

**сенатор** – senator Сенаторы обсудили предложенные изменения в налоговом законодательстве. The senators discussed the proposed changes to tax legislation.

**система** – system Политическая система страны основывается на принципах демократии. The country's political system is based on democratic principles.

**собрание** – assembly На собрании депутатов были обсуждены ключевые вопросы предстоящей сессии. At the assembly of deputies, key issues for the upcoming session were discussed.

**совет министров** – council of ministers Совет министров принял решение о введении новых экономических санкций. The Council of Ministers decided to impose new economic sanctions.

**суверенитет** – sovereignty Конституция гарантирует суверенитет и территориальную целостность государства. The constitution guarantees the sovereignty and territorial integrity of the state.

**судебная власть** – judicial authority, judiciary Судебная власть играет важную роль в обеспечении справедливости и законности. The judiciary plays an important role in ensuring justice and legality.

**судебная система** – judicial system Судебная система страны нуждается в реформировании для повышения её эффективности. The country's judicial system needs reform to increase its efficiency.

**судебный** – judicial Судебные органы рассматривают дела, связанные с нарушениями конституционных прав. The judicial authorities handle cases related to constitutional rights violations.

**указ** – decree Президент подписал указ о введении новых экономических мер. The president signed a decree introducing new economic measures.

**утверждать/утвердить** – to approve Парламент утвердил бюджет на следующий год. The parliament approved the budget for the next year.

**член парла́мента** – member of parliament (MP) **Чле́ны парла́мента обсуди́ли прое́кт бюдже́та на сле́дующий год.** Members of parliament discussed the budget proposal for the next year.

**член сове́та федера́ции** – member of the federation council (upper house of the federal assembly) **Чле́ны Сове́та Федера́ции поддержа́ли предложе́ние о но́вых попра́вках к зако́ну.** Members of the Federation Council supported the proposal for new amendments to the law.

### 1.1.3.1 Mini-Articles

Track **9**

#### 1. Внесе́ние Попра́вок в Конститу́цию Росси́йской Федера́ции

Неда́вно Госуда́рственная Ду́ма Росси́йской Федера́ции рассмотре́ла и одо́брила не́сколько конституцио́нных попра́вок, кото́рые бы́ли предло́жены президе́нтом. Э́ти попра́вки каса́ются расшире́ния полномо́чий исполни́тельной вла́сти и измене́ния поря́дка формирова́ния Сове́та Мини́стров. По́сле голосова́ния в Ду́ме, попра́вки должны́ быть ратифици́рованы Конституцио́нным судо́м и вступя́т в си́лу по́сле их официа́льного опублико́вания. Внесе́ние попра́вок в конститу́цию вызыва́ет широ́кие обсужде́ния в о́бществе, осо́бенно по вопро́сам сохране́ния демокра́тии и защи́ты прав гра́ждан.

#### 1. Amendments to the Constitution of the Russian Federation

Recently, the State Duma of the Russian Federation reviewed and approved several constitutional amendments proposed by the president. These amendments concern the expansion of the powers of the executive branch and changes in the procedure for forming the Council of Ministers. After voting in the Duma, the amendments must be ratified by the Constitutional Court and will come into force after their official publication. The introduction of amendments to the constitution is causing widespread debate in society, especially regarding the preservation of democracy and the protection of citizens' rights.

#### 2. Верхо́вный Суд и Борьба́ с Корру́пцией

На э́той неде́ле Верхо́вный суд Росси́и рассмотре́л ряд дел, свя́занных с обвине́ниями в корру́пции среди́ высокопоста́вленных чино́вников. В хо́де суде́бных заседа́ний бы́ли вы́явлены серьёзные наруше́ния в рабо́те ря́да госуда́рственных учрежде́ний и министе́рств. Генера́льный прокуро́р потребовал усилить меры по борьбе с коррупцией и предложил ввести новые законы для ужесточения наказания за коррупционные преступления. Законопроект уже готовится к внесению в парламент для обсуждения и последующего принятия.

## 2. The Supreme Court and the Fight Against Corruption

This week, the Supreme Court of Russia reviewed a series of cases related to accusations of corruption among high-ranking officials. During the court hearings, serious violations were uncovered in the work of several state institutions and ministries. The Attorney General called for stronger measures to combat corruption and proposed introducing new laws to toughen the penalties for corruption-related crimes. The bill is already being prepared for submission to parliament for discussion and subsequent adoption.

## 3. Обсуждение Законопроекта о Свободе Прессы в Совете Федерации

В Совете Федерации на этой неделе началось обсуждение нового законопроекта, направленного на усиление свободы прессы в России. Этот документ был подготовлен группой депутатов Государственной Думы и предусматривает дополнительные гарантии для журналистов и редакций. Ожидается, что законопроект будет принят после второго чтения и вступит в силу уже в следующем году. Некоторые сенаторы выразили обеспокоенность в связи с тем, что законопроект может столкнуться с сопротивлением со стороны исполнительной власти, которая опасается усиления контроля со стороны прессы.

## 3. Discussion of the Press Freedom Bill in the Federation Council

The Federation Council began discussing a new bill this week aimed at strengthening press freedom in Russia. This document was prepared by a group of deputies from the State Duma and provides additional guarantees for journalists and news outlets. It is expected that the bill will be passed after the second reading and come into force next year. Some senators have expressed concern that the bill may face resistance from the executive branch, which fears increased oversight by the press.

## 4. Утверждение Нового Регламента Министерством Юстиции

Министерство юстиции России недавно утвердило новый регламент, регулирующий работу адвокатуры и нотариата в стране. Этот документ был разработан для повышения стандартов юридической помощи и обеспечения более прозрачного процесса правоприменения. Новый регламент вступит в силу в следующем месяце и уже вызвал положительные отзывы среди юристов и правозащитников. Министр юстиции отметил, что данный регламент является важным шагом на пути к укреплению правовой системы России.

### 4. Approval of a New Regulation by the Ministry of Justice

The Ministry of Justice of Russia recently approved a new regulation governing the work of the legal profession and notaries in the country. This document was developed to raise the standards of legal assistance and ensure a more transparent law enforcement process. The new regulation will come into force next month and has already received positive feedback from lawyers and human rights activists. The Minister of Justice noted that this regulation is an important step toward strengthening Russia's legal system.

### 5. Отставка премьер-министра и формирование переходного правительства

В неожиданном повороте событий премьер-министр России подал в отставку на фоне разногласий с президентом по поводу экономической политики. В связи с этим президент объявил о формировании переходного правительства, которое будет действовать до новых парламентских выборов. Новый состав Совета Министров уже начал работу над разработкой антикризисных мер. Ожидается, что парламент рассмотрит и утвердит кандидатов на ключевые посты в ближайшие недели. Это решение вызвало волну обсуждений среди членов парламента и общества в целом, поскольку оно может повлиять на политическую стабильность в стране.

### 5. Resignation of the Prime Minister and Formation of a Transitional Government

In an unexpected turn of events, the Prime Minister of Russia submitted his resignation amid disagreements with the president over economic policy. In response, the president announced the formation of a transitional government that will operate until the next parliamentary elections. The new composition of the Council of Ministers has already begun work on developing anti-crisis measures. It is expected that parliament will review and approve candidates for key positions in the coming weeks. This decision has sparked discussions among members of parliament and the public at large, as it could affect political stability in the country.

## Систе́ма Госуда́рственного Управле́ния в Росси́и

Систе́ма госуда́рственного управле́ния в Росси́и осно́вывается на при́нципах демокра́тии и разделе́ния власте́й. Конститу́ция Росси́йской Федера́ции, при́нятая в 1993 году́, устана́вливает три основны́х ве́тви вла́сти: законода́тельную, исполни́тельную и суде́бную.

Законода́тельная власть предста́влена Федера́льным Собра́нием, кото́рое состои́т из двух пала́т: Госуда́рственной Ду́мы и Сове́та Федера́ции. Депута́ты Госуда́рственной Ду́мы избира́ются на всео́бщих вы́борах и занима́ются приня́тием зако́нов, рассмотре́нием законопрое́ктов и внесе́нием попра́вок в де́йствующее законода́тельство. Сове́т Федера́ции представля́ет интере́сы регио́нов и утвержда́ет зако́ны, при́нятые Госуда́рственной Ду́мой.

Исполни́тельная власть осуществля́ется президе́нтом и Сове́том Мини́стров во главе́ с премье́р-мини́стром. Президе́нт явля́ется главо́й госуда́рства, он назнача́ет премье́р-мини́стра, подпи́сывает зако́ны и издаёт исполни́тельные прика́зы. Министе́рства и други́е госуда́рственные учрежде́ния отвеча́ют за реализа́цию госуда́рственной поли́тики в разли́чных сфе́рах, таки́х как эконо́мика, образова́ние и здравоохране́ние.

Суде́бная власть в Росси́и незави́сима и предста́влена разли́чными суда́ми, включа́я Конституцио́нный суд, кото́рый следи́т за соотве́тствием зако́нов Конститу́ции, и Верхо́вный суд, кото́рый явля́ется вы́сшей суде́бной инста́нцией по гражда́нским и уголо́вным дела́м. Суды́ обеспе́чивают защи́ту прав гра́ждан и разреше́ние спо́ров в ра́мках де́йствующего законода́тельства.

Ва́жную роль в систе́ме игра́ет Генера́льный прокуро́р, кото́рый контроли́рует соблюде́ние зако́нов и ведёт борьбу́ с корру́пцией. Правова́я систе́ма Росси́и включа́ет мно́жество зако́нов и нормати́вных а́ктов, кото́рые регули́руют жизнь о́бщества и обеспе́чивают его́ стаби́льность.

Таки́м о́бразом, систе́ма госуда́рственного управле́ния в Росси́и представля́ет собо́й сло́жную и многоуро́вневую структу́ру, в кото́рой ва́жное значе́ние придаётся взаимоде́йствию всех ве́твей вла́сти для подде́ржания суверените́та и незави́симости госуда́рства.

# The System of Government in Russia

The system of government in Russia is based on the principles of democracy and the separation of powers. The Constitution of the Russian Federation, adopted in 1993, establishes three main branches of power: the legislative, executive, and judicial branches.

The legislative branch is represented by the Federal Assembly, which consists of two chambers: the State Duma and the Federation Council. State Duma deputies are elected in general elections and are responsible for passing laws, reviewing bills, and proposing amendments to existing legislation. The Federation Council represents the interests of the regions and approves laws passed by the State Duma.

The executive branch is headed by the president and the Council of Ministers, led by the prime minister. The president is the head of state, appoints the prime minister, signs laws, and issues executive orders. Ministries and other state institutions are responsible for implementing government policy in various areas such as the economy, education, and healthcare.

The judicial branch in Russia is independent and is represented by various courts, including the Constitutional Court, which ensures that laws comply with the Constitution, and the Supreme Court, which is the highest judicial authority for civil and criminal cases. The courts ensure the protection of citizens' rights and the resolution of disputes within the framework of existing legislation.

The Attorney General plays an important role in the system, overseeing the enforcement of laws and fighting corruption. Russia's legal system includes numerous laws and regulations that govern society and ensure its stability.

Thus, the system of government in Russia is a complex and multi-level structure where the interaction of all branches of power is crucial to maintaining the sovereignty and independence of the state.

## 1.1.3.3 Informative Article: The System of Government in the United States

Track **11**

### Система Госуда́рственного Управле́ния в Соединённых Шта́тах

Систе́ма госуда́рственного управле́ния в Соединённых Шта́тах Аме́рики постро́ена на при́нципах федерали́зма и разделе́ния власте́й. Основно́й докуме́нт, регули́рующий управле́ние страно́й, — это Конститу́ция США, при́нятая в 1787 году́. Она́ устана́вливает три основны́х ве́тви вла́сти: законода́тельную, исполни́тельную и суде́бную.

Законодательная власть представлена Конгрессом США, который состоит из двух палат: Сената и Палаты представителей. Сенаторы и члены Палаты представителей избираются на всеобщих выборах и занимаются разработкой и принятием законов, рассмотрением законопроектов и контролем за деятельностью исполнительной власти. Сенат также утверждает назначения на ключевые государственные должности и ратифицирует международные договоры.

Исполнительная власть осуществляется президентом, который является главой государства и правительства. Президент избирается на четырёхлетний срок и обладает широкими полномочиями, включая право издавать исполнительные приказы, заключать международные соглашения и командовать вооружёнными силами. Президентство также включает управление Советом министров (кабинетом), состоящим из руководителей министерств, которые отвечают за реализацию государственной политики в различных областях.

Судебная власть в США независима и представлена федеральной судебной системой во главе с Верховным судом. Верховный суд рассматривает дела, связанные с конституционными вопросами, и обладает правом отменять законы, если они противоречат Конституции. Эта система обеспечивает защиту прав граждан и поддержание законности в стране.

Важной особенностью американской системы является наличие государственных (штатных) правительств. Каждый штат имеет собственную конституцию, законодательную, исполнительную и судебную ветви власти. Губернаторы штатов возглавляют исполнительную власть на уровне штатов, а легислатуры штатов (местные парламенты) принимают законы, применимые только на территории конкретного штата. Штаты обладают значительной автономией в вопросах, которые не регулируются федеральным законодательством, что позволяет учитывать местные особенности и интересы.

Таким образом, система управления в Соединённых Штатах сочетает в себе сильную центральную власть и значительную независимость штатов, что позволяет эффективно управлять столь большой и разнообразной страной.

## The System of Government in the United States

The system of government in the United States is based on the principles of federalism and the separation of powers. The primary document that governs the country is the U.S. Constitution, adopted in 1787. It establishes three main branches of power: the legislative, executive, and judicial branches.

The legislative branch is represented by the U.S. Congress, which consists of two chambers: the Senate and the House of Representatives. Senators and members of the House of Representatives are elected in general elections and are responsible for drafting and passing laws, reviewing bills, and overseeing the activities of the executive branch. The Senate also approves appointments to key government positions and ratifies international treaties.

The executive branch is headed by the president, who is both the head of state and the head of government. The president is elected for a four-year term and has broad powers, including the right to issue executive orders, negotiate international agreements, and command the armed forces. The presidency also includes managing the Cabinet, consisting of the heads of departments who are responsible for implementing government policy in various areas.

The judicial branch in the United States is independent and is represented by the federal court system, headed by the Supreme Court. The Supreme Court hears cases related to constitutional issues and has the power to overturn laws if they conflict with the Constitution. This system ensures the protection of citizens' rights and the rule of law in the country.

An important feature of the American system is the existence of state governments. Each state has its own constitution and legislative, executive, and judicial branches of power. State governors head the executive branch at the state level, and state legislatures (local parliaments) pass laws that apply only within the state's territory. States have significant autonomy in matters not regulated by federal law, allowing for the consideration of local characteristics and interests.

Thus, the system of government in the United States combines strong central authority with significant state independence, enabling effective governance of such a large and diverse country.

# 1.2 International Relations and Diplomacy

## 1.2.1 Bilateral Relations Between Countries

вести/провести переговоры – to conduct negotiations, hold talks **Лидеры двух государств провели переговоры по укреплению экономических связей.** The leaders of the two states held talks on strengthening economic ties.

**взаимные интересы** – mutual interests Страны нашли взаимные интересы в области энергетики и торговли. The countries found mutual interests in energy and trade.

**взаимопонимание** – mutual understanding Встреча между лидерами способствовала укреплению взаимопонимания. The meeting between the leaders contributed to strengthening mutual understanding.

**визит** – visit Президент совершил официальный визит в Европу для укрепления дипломатических отношений. The president made an official visit to Europe to strengthen diplomatic relations.

**внешняя политика** – foreign policy Внешняя политика страны направлена на развитие партнёрских отношений с соседними государствами. The country's foreign policy is aimed at developing partnerships with neighboring states.

**внутренняя политика** – domestic policy Внутренняя политика страны фокусируется на реформах в сфере здравоохранения и образования. The country's domestic policy focuses on reforms in healthcare and education.

**военный договор** – military agreement Страны подписали новый военный договор, направленный на усиление безопасности в регионе. The countries signed a new military treaty aimed at enhancing regional security.

**военный союз** – military alliance Создание военного союза позволило значительно улучшить координацию действий в случае угрозы. The creation of a military alliance greatly improved the coordination of actions in case of a threat.

**восстановление отношений** – restoration of relations Восстановление дипломатических отношений между странами стало важным шагом на пути к миру. The restoration of diplomatic relations between the countries was an important step toward peace.

**враждебные отношения** – hostile relations Враждебные отношения между государствами привели к политической напряженности в регионе. Hostile relations between the states led to political tensions in the region.

**высокопоставленный** – high-level, high-ranking Высокопоставленные чиновники провели переговоры за закрытыми дверями. High-ranking officials held talks behind closed doors.

**госуда́рства** – states Госуда́рства-чле́ны ООН обя́заны соблюда́ть междунаро́дные догово́ры и соглаше́ния. UN member states are obligated to adhere to international treaties and agreements.

**госуда́рственный визи́т** – state visit Президе́нт соверши́л госуда́рственный визи́т в Кита́й для укрепле́ния стратеги́ческого партнёрства. The president made a state visit to China to strengthen the strategic partnership.

**двусторо́нние отноше́ния** – bilateral relations Двусторо́нние отноше́ния ме́жду э́тими стра́нами продолжа́ют развива́ться на осно́ве взаи́много уваже́ния. Bilateral relations between these countries continue to develop based on mutual respect.

**двусторо́нний** – bilateral На двусторо́нних перегово́рах обсужда́лись вопро́сы торго́вли и безопа́сности. Trade and security issues were discussed at the bilateral negotiations.

**двусторо́нний са́ммит** – bilateral summit Двусторо́нний са́ммит ме́жду ли́дерами двух стран прошёл в атмосфе́ре дове́рия и сотру́дничества. The bilateral summit between the two countries' leaders took place in an atmosphere of trust and cooperation.

**двусторо́нняя встре́ча** – bilateral meeting В хо́де двусторо́нней встре́чи мини́стры иностра́нных дел обсуди́ли торго́вые отноше́ния. During the bilateral meeting, the foreign ministers discussed trade relations.

**диплома́т** – diplomat Диплома́ты двух стран обменя́лись мне́ниями по вопро́сам междунаро́дной безопа́сности. The diplomats of the two countries exchanged views on international security issues.

**дипломати́ческая ми́ссия** – diplomatic mission Дипломати́ческая ми́ссия в ООН игра́ет ва́жную роль в поддержа́нии междунаро́дного ми́ра. The diplomatic mission at the UN plays an important role in maintaining international peace.

**дипломати́ческая но́та** – diplomatic note Дипломати́ческая но́та была́ пе́редана́ послу́ в знак проте́ста про́тив но́вых са́нкций. A diplomatic note was delivered to the ambassador as a protest against the new sanctions.

**дипломати́ческие отноше́ния** – diplomatic relations Дипломати́ческие отноше́ния ме́жду двумя́ стра́нами бы́ли устано́влены сра́зу по́сле обрете́ния незави́симости. Diplomatic relations between the two countries were established immediately after independence.

**дипломати́ческий** – diplomatic Дипломати́ческий кри́зис привёл к отзы́ву посло́в из обе́их стран. The diplomatic crisis led to the recall of ambassadors from both countries.

**дипломати́ческий иммуните́т** – diplomatic immunity Дипломати́ческий иммуните́т защища́ет сотру́дников посо́льства от суде́бного пресле́дования в стране́ пребыва́ния. Diplomatic immunity protects embassy staff from prosecution in the host country.

**диплома́тия** – diplomacy Диплома́тия игра́ет ключеву́ю роль в предотвраще́нии междунаро́дных конфли́ктов. Diplomacy plays a key role in preventing international conflicts.

**довери́тельные отноше́ния** – trusting relations Довери́тельные отноше́ния ме́жду стра́нами спосо́бствуют укрепле́нию междунаро́дного сотру́дничества. Trusting relations between countries contribute to strengthening international cooperation.

**догово́р** – treaty Догово́р о нераспростране́нии я́дерного ору́жия был подпи́сан большинство́м мировы́х держа́в. The Nuclear Non-Proliferation Treaty was signed by most world powers.

**дру́жественные отноше́ния** – friendly relations Дру́жественные отноше́ния ме́жду стра́нами спосо́бствуют разви́тию торго́вли и культу́рного обме́на. Friendly relations between countries contribute to the development of trade and cultural exchange.

**инвести́ции** – investments Прямы́е иностра́нные инвести́ции спосо́бствуют разви́тию инфраструкту́ры и эконо́мики страны́. Foreign direct investments contribute to the development of the country's infrastructure and economy.

**исключи́тельная экономи́ческая зо́на** – exclusive economic zone В исключи́тельной экономи́ческой зо́не страны́ веду́тся разве́дка и добы́ча приро́дных ресу́рсов. In the country's exclusive economic zone, exploration and extraction of natural resources are carried out.

**картогра́фия** – mapping, cartography Картогра́фия игра́ет ва́жную роль в определе́нии грани́ц и террито́рий. Cartography plays an important role in determining borders and territories.

**комме́рческий** – commercial Комме́рческие соглаше́ния ме́жду стра́нами спосо́бствуют ро́сту взаи́мной торго́вли. Commercial agreements between countries promote the growth of mutual trade.

**ко́нсул** – consul Ко́нсул предоста́вил по́мощь гра́жданам свое́й страны́, оказа́вшимся в затрудни́тельном положе́нии за грани́цей. The consul provided assistance to citizens of its country who found themselves in a difficult situation abroad.

**ко́нсульская слу́жба** – consular service Ко́нсульская слу́жба организова́ла эвакуа́цию гра́ждан во вре́мя кри́зиса. The consular service organized the evacuation of citizens during the crisis.

**ко́нсульский** – consular Ко́нсульский отде́л занима́ется оформле́нием виз и предоставле́нием други́х услу́г гра́жданам. The consular department handles visa processing and provides other services to citizens.

**ко́нсульство** – consulate Ко́нсульство бы́ло откры́то в но́вом го́роде для укрепле́ния дипломати́ческих свя́зей. The consulate was opened in a new city to strengthen diplomatic ties.

**конфли́кт** – conflict Дли́тельный конфли́кт ме́жду двумя́ стра́нами был урегули́рован благодаря́ посре́дничеству ООН. The long-standing conflict between the two countries was resolved through UN mediation.

**координа́ция** – coordination Координа́ция де́йствий ме́жду сою́зниками позво́лила дости́чь поста́вленных це́лей. Coordination of actions among the allies allowed them to achieve their goals.

**культу́рное сотру́дничество** – cultural cooperation Культу́рное сотру́дничество ме́жду стра́нами спосо́бствует укрепле́нию взаимопонима́ния. Cultural cooperation between countries contributes to strengthening mutual understanding.

**культу́рный обме́н** – cultural exchange В ра́мках культу́рного обме́на бы́ли организо́ваны вы́ставки и конце́рты. Exhibitions and concerts were organized as part of the cultural exchange.

**междунаро́дные отноше́ния** – international relations Междунаро́дные отноше́ния ме́жду стра́нами уху́дшились по́сле экономи́ческих са́нкций. International relations between the countries deteriorated after the economic sanctions.

**междунаро́дный** – international Междунаро́дный фо́рум по кли́мату собра́л уча́стников из бо́лее чем 50 стран. The international climate forum brought together participants from over 50 countries.

**Министе́рство иностра́нных дел** – Ministry of Foreign Affairs Министе́рство иностра́нных дел вы́пустило заявле́ние о подде́ржке междунаро́дных са́нкций. The Ministry of Foreign Affairs issued a statement in support of international sanctions.

**миротво́рческие уси́лия** – peacekeeping efforts Миротво́рческие уси́лия ООН привели́ к сниже́нию напряженности в конфли́ктном регио́не. The UN's peacekeeping efforts led to a reduction in tensions in the conflict region.

**наруше́ние догово́ра** – treaty violation Наруше́ние догово́ра мо́жет привести́ к междунаро́дным са́нкциям и ухудше́нию дипломати́ческих отноше́ний. Breach of a treaty can lead to international sanctions and a deterioration in diplomatic relations.

**обме́н визи́тами** – exchange of visits Обме́н визи́тами ме́жду ли́дерами госуда́рств спосо́бствовал укрепле́нию дипломати́ческих свя́зей. The exchange of visits between the heads of states contributed to strengthening diplomatic ties.

**обме́ниваться/обменя́ться визи́тами** – to exchange visits Ли́деры двух стран договори́лись обменя́ться визи́тами в сле́дующем году́. The leaders of the two countries agreed to exchange visits next year.

**оборо́на** – defense Стра́ны обсужда́ли вопро́сы совме́стной оборо́ны и противораке́тной защи́ты. The countries discussed issues of joint defense and missile defense.

**оборони́тельный сою́з** – defense alliance Стра́ны подписа́ли соглаше́ние о созда́нии оборони́тельного сою́за для противоде́йствия вне́шним угро́зам. The countries signed an agreement to establish a defensive alliance to counter external threats.

**образова́ние и нау́ка** – education and science Междунаро́дное сотру́дничество в о́бласти образова́ния и нау́ки спосо́бствует разви́тию иннова́ций. International cooperation in education and science promotes the development of innovations.

**ослабля́ть/осла́бить сотру́дничество** – to weaken cooperation Экономи́ческие са́нкции осла́били сотру́дничество ме́жду стра́нами. Economic sanctions weakened cooperation between the countries.

**отправля́ть/отпра́вить делега́цию** – to send a delegation Страна́ отпра́вила делега́цию на междунаро́дный са́ммит для уча́стия в перегово́рах. The country sent a delegation to the international summit to participate in negotiations.

**официа́льный визи́т** – official visit Во вре́мя официа́льного визи́та в Япо́нию президе́нт обсуди́л вопро́сы безопа́сности. During an official visit to Japan, the president discussed security issues.

**партнёрство** – partnership Стра́ны договори́лись о стратеги́ческом партнёрстве в о́бласти энерге́тики. The countries agreed on a strategic partnership in the energy sector.

**переговóрный процéсс** – negotiation process Переговóрный процéсс по урегули́рованию конфли́кта дли́лся нéсколько мéсяцев. The negotiation process to resolve the conflict lasted several months.

**переговóры** – negotiations Переговóры мéжду сторонáми привели́ к подписáнию ми́рного соглашéния. Negotiations between the parties led to the signing of a peace agreement.

**подпи́сывать/подписáть** – to sign Ли́деры стран подписáли соглашéние о взаи́мном ненападéнии. The country leaders signed a non-aggression pact.

**поли́тика** – policy Внéшняя поли́тика госудáрства напрáвлена на укреплéние междунарóдных свя́зей. The country's foreign policy is aimed at strengthening international ties.

**полити́ческие отношéния** – political relations Полити́ческие отношéния мéжду двумя́ госудáрствами улу́чшились пóсле смéны руковóдства. Political relations between the two states improved after the leadership change.

**полити́ческое сотру́дничество** – political cooperation Полити́ческое сотру́дничество мéжду сою́зниками позвóлило разрабóтать óбщую стратéгию в óбласти безопáсности. Political cooperation between allies enabled the development of a common security strategy.

**посóл** – ambassador Посóл Великобритáнии встрéтился с мини́стром инострáнных дел для обсуждéния двусторóнних вопрóсов. The British ambassador met with the foreign minister to discuss bilateral issues.

**посóльство** – embassy Росси́йское посóльство организовáло культу́рное мероприя́тие для укреплéния свя́зей мéжду стрáнами. The Russian embassy organized a cultural event to strengthen ties between the countries.

**предложе́ние** – proposal Одно́ из предложе́ний на встре́че каса́лось расшире́ния двусторо́ннего сотру́дничества. One of the proposals at the meeting was about expanding bilateral cooperation.

**прекраще́ние отноше́ний** – termination of relations Прекраще́ние дипломати́ческих отноше́ний ме́жду стра́нами привело́ к напряже́нности в регио́не. The severance of diplomatic relations between the countries led to tensions in the region.

**признава́ть/призна́ть** – to recognize Междунаро́дное сообщество призна́ло но́вую незави́симую респу́блику. The international community recognized the new independent republic.

**принима́ть/приня́ть (иностра́нного сано́вника)** – to receive (a foreign dignitary) Президе́нт при́нял иностра́нного сано́вника в свое́й резиде́нции для обсужде́ния ключевы́х вопро́сов. The president received the foreign dignitary at his residence to discuss key issues.

**проводи́ть/провести́ (встре́чу)** – to hold, arrange (a meeting) Ли́деры стран провели́ встре́чу, что́бы обсуди́ть пути́ укрепле́ния экономи́ческого сотру́дничества. The country leaders held a meeting to discuss ways to strengthen economic cooperation.

**протоко́л** – protocol В хо́де встре́чи был подпи́сан протоко́л о наме́рениях по разви́тию сотру́дничества. A protocol of intent for developing cooperation was signed during the meeting.

**разреша́ть/разреши́ть спор** – to settle/resolve a dispute Междунаро́дный суд помо́г разреши́ть спор ме́жду двумя́ госуда́рствами о грани́це. The International Court helped resolve the border dispute between the two states.

**разрыва́ть/разорва́ть догово́р** – to break a treaty Одна́ из сторо́н реши́ла разорва́ть догово́р из-за несоблюде́ния усло́вий. One of the parties decided to terminate the treaty due to non-compliance with the terms.

**ратифици́ровать** – to ratify Парла́мент ратифици́ровал междунаро́дное соглаше́ние о защи́те окружа́ющей среды́. The parliament ratified the international agreement on environmental protection.

**са́ммит** – summit На междунаро́дном са́ммите обсужда́лись вопро́сы глоба́льной безопа́сности и экономи́ческого сотру́дничества. The international summit discussed issues of global security and economic cooperation.

**свобо́дная зо́на** – free zone В регио́не была́ со́здана свобо́дная зо́на торго́вли для стимули́рования экономи́ческого ро́ста. A free trade zone was established in the region to stimulate economic growth.

**сниже́ние напряжённости** – de-escalation, reduction in tensions Перегово́ры привели́ к сниже́нию напряжённости ме́жду двумя́ госуда́рствами. Negotiations led to a reduction in tensions between the two states.

**совме́стное заявле́ние** – joint statement Ли́деры двух стран сде́лали совме́стное заявле́ние по по́воду но́вого соглаше́ния о сотру́дничестве. The leaders of the two countries made a joint statement regarding the new cooperation agreement.

**совме́стные уси́лия** – joint efforts Совме́стные уси́лия междунаро́дного соо́бщества помогли́ спра́виться с гуманита́рным кри́зисом. Joint efforts by the international community helped to address the humanitarian crisis.

**соглаше́ние** – agreement Соглаше́ние ме́жду госуда́рствами бы́ло подпи́сано в прису́тствии междунаро́дных наблюда́телей. The agreement between the states was signed in the presence of international observers.

**создава́ть/созда́ть** – to establish, create Стра́ны договори́лись созда́ть но́вый механи́зм для разреше́ния региона́льных конфли́ктов. The countries agreed to create a new mechanism for resolving regional conflicts.

**сотру́дничать/посотру́дничать** – to cooperate Госуда́рства согласи́лись сотру́дничать в борьбе́ с трансграни́чной престу́пностью. The states agreed to cooperate in combating transnational crime.

**сою́з** – alliance, union Стра́ны заключи́ли оборони́тельный сою́з для обеспе́чения безопа́сности в регио́не. The countries formed a defense alliance to ensure regional security.

**сою́зник** – ally Сою́зники договори́лись о совме́стных вое́нных уче́ниях в сле́дующем году́. The allies agreed on joint military exercises next year.

**стратеги́ческий** – strategic Стра́ны подписа́ли стратеги́ческое соглаше́ние о долгосро́чном сотру́дничестве в о́бласти энерге́тики. The countries signed a strategic agreement for long-term cooperation in the energy sector.

**стратеги́ческий партнёр** – strategic partner Росси́я рассма́тривает Кита́й как своего́ стратеги́ческого партнёра в Азиа́тско-Тихоокеа́нском регио́не. Russia considers China as its strategic partner in the Asia-Pacific region.

**сухопу́тная грани́ца** – land border Сухопу́тная грани́ца ме́жду двумя́ стра́нами была́ укреплена́ для предотвраще́ния нелега́льной мигра́ции. The land border between the two countries was reinforced to prevent illegal migration.

**тамо́женный сою́з** – customs union Тамо́женный сою́з позво́лил стра́нам-уча́стникам упрости́ть торго́вые проце́дуры и сни́зить тари́фы. The customs union allowed member countries to simplify trade procedures and reduce tariffs.

**торго́вый догово́р** – trade agreement Две страны́ подписа́ли торго́вый догово́р, напра́вленный на сниже́ние барье́ров для э́кспорта. The two countries signed a trade agreement aimed at reducing export barriers.

**торго́вый обме́н** – trade exchange Торго́вый обме́н ме́жду госуда́рствами значи́тельно вы́рос по́сле подписа́ния соглаше́ния о свобо́дной торго́вле. Trade exchange between the states significantly increased after signing the free trade agreement.

**укрепля́ть/укрепи́ть сотру́дничество** – to strengthen cooperation Междунаро́дные организа́ции стремя́тся укрепи́ть сотру́дничество в о́бласти охра́ны окружа́ющей среды́. International organizations aim to strengthen cooperation in environmental protection.

**улучша́ть/улу́чшить отноше́ния** – to improve relations Дипломати́ческие уси́лия помогли́ улу́чшить отноше́ния ме́жду госуда́рствами по́сле до́лгого конфли́кта. Diplomatic efforts helped improve relations between the states after a long conflict.

**устана́вливать/установи́ть** – to establish Две страны́ договори́лись установи́ть прямы́е дипломати́ческие отноше́ния по́сле до́лгого переры́ва. The two countries agreed to establish direct diplomatic relations after a long hiatus.

**усто́йчивое разви́тие** – sustainable development Междунаро́дное соо́бщество акти́вно подде́рживает прое́кты, напра́вленные на усто́йчивое разви́тие. The international community actively supports projects aimed at sustainable development.

**ухудша́ть/уху́дшить отноше́ния** – to deteriorate/worsen relations Экономи́ческие са́нкции уху́дшили отноше́ния ме́жду стра́нами. Economic sanctions worsened relations between the countries.

**экономический** – economic Экономический кризис привёл к снижению уровня жизни населения. The economic crisis led to a decline in the population's standard of living.

**экономический союз** – economic alliance Европейский Союз является примером успешного экономического союза. The European Union is an example of a successful economic alliance.

**экономическое сотрудничество** – economic cooperation Экономическое сотрудничество между государствами укрепляется благодаря новым торговым соглашениям. Economic cooperation between states is strengthened through new trade agreements.

### 1.2.1.1 Mini-Articles

Track **13**

#### 1. Официальный визит Президента России в Китай

На прошлой неделе президент России совершил официальный визит в Китай для обсуждения вопросов двустороннего сотрудничества. Во время визита были проведены переговоры с китайским руководством, в ходе которых стороны обсудили взаимные интересы в области экономики и обороны. Президент России и председатель КНР подписали совместное заявление о намерении укреплять дружественные отношения и развивать культурный обмен между двумя странами. Этот визит стал важным шагом на пути к улучшению отношений между государствами.

#### 1. Official Visit of the Russian President to China

Last week, the Russian president made an official visit to China to discuss issues of bilateral cooperation. During the visit, negotiations were held with the Chinese leadership, during which the parties discussed their mutual interests in the fields of economy and defense. The Russian president and the chairman of the PRC signed a joint statement expressing their intention to strengthen friendly relations and promote cultural exchange between the two countries. This visit was an important step towards improving relations between the states.

#### 2. Прекращение Дипломатических Отношений Между Странами

В результате серьёзного конфликта на границе, две соседние страны объявили о прекращении дипломатических отношений. Решение разорвать двусторонние отношения было принято после того, как одна из стран обвинила другую в нарушении договора о безопасности. Дипломатические миссии были закрыты, а послы отозваны. Ситуация вызывает опасения международного сообщества, которое призывает обе стороны к снижению напряжённости и возобновлению переговоров для мирного разрешения спора.

## 2. Termination of Diplomatic Relations Between Countries

As a result of a serious conflict at the border, two neighboring countries announced the termination of diplomatic relations. The decision to break bilateral relations was made after one country accused the other of violating a security treaty. Diplomatic missions were closed, and ambassadors were recalled. The situation is causing concern in the international community, which is calling on both sides to reduce tensions and resume negotiations for a peaceful resolution of the dispute.

## 3. Культурное сотрудничество между Францией и Россией

Франция и Россия продолжают развивать культурное сотрудничество. В рамках этого партнёрства планируется обмен визитами между представителями искусства и образования. Недавно в Москве состоялась двусторонняя встреча министров культуры обеих стран, на которой обсуждались новые проекты в области культурного обмена и образования. Совместные усилия направлены на укрепление доверительных и дружественных отношений между народами двух стран, несмотря на текущие сложности в политических отношениях.

## 3. Cultural Cooperation Between France and Russia

France and Russia continue to develop cultural cooperation. As part of this partnership, exchanges of visits between representatives of the arts and education are planned. Recently, a bilateral meeting of the ministers of culture of both countries was held in Moscow, where new projects in the field of cultural exchange and education were discussed. Joint efforts are aimed at strengthening trusting and friendly relations between the peoples of the two countries, despite the current difficulties in political relations.

## 4. Переговоры о Торговом Договоре между США и ЕС

Соединённые Штаты Америки и Европейский Союз начали переговоры о новом торговом договоре, который может открыть новые возможности для экономического сотрудничества. На двустороннем саммите, состоявшемся в Брюсселе, стороны обсудили условия будущего соглашения и подчеркнули важность поддержания взаимопонимания. Министерство иностранных дел США выразило уверенность в том, что новый договор укрепит торговый обмен между двумя экономическими гигантами и создаст прочную основу для долгосрочного стратегического партнёрства.

## 4. Negotiations on a Trade Agreement Between the USA and the EU

The United States of America and the European Union have begun negotiations on a new trade agreement that could open up new opportunities for economic cooperation. At the bilateral summit held in Brussels, the parties discussed the terms of the future agreement and emphasized the importance of maintaining mutual understanding. The U.S. State Department expressed confidence that the new agreement would strengthen trade exchange between the two economic giants and create a solid foundation for long-term strategic partnership.

## 5. Миротворческие Усилия ООН в Разрешении Международного Конфликта

Организация Объединённых Наций (ООН) продолжает свои миротворческие усилия по урегулированию международного конфликта, который длится уже несколько лет. Недавно состоялась двусторонняя встреча представителей враждующих стран, организованная при посредничестве ООН. В ходе переговоров обсуждались вопросы восстановления дружественных отношений и заключения нового военного договора. ООН призывает к укреплению сотрудничества между странами и надеется на достижение долгосрочного устойчивого развития в регионе.

## 5. UN Peacekeeping Efforts in Resolving an International Conflict

The United Nations (UN) continues its peacekeeping efforts to resolve an international conflict that has been ongoing for several years. Recently, a bilateral meeting of representatives of the warring countries, organized with UN mediation, took place. During the negotiations, issues of restoring friendly relations and concluding a new military treaty were discussed. The UN is calling for the strengthening of cooperation between the countries and hopes for the achievement of long-term sustainable development in the region.

**Ялтинская конференция 1945 года: важный этап**
**двусторонних отношений между СССР и Западом**

Ялтинская конференция, состоявшаяся в феврале 1945 года, стала одним из ключевых событий в истории двусторонних отношений между СССР и западными союзниками — США и Великобританией. Эта встреча лидеров трёх держав — Иосифа Сталина, Франклина Рузвельта и Уинстона Черчилля — имела важное значение для определения послевоенного устройства мира и укрепления политического сотрудничества между странами.

Оновные вопросы, обсуждаемые на конференции, касались послевоенного раздела Европы, создания Организации Объединённых Наций (ООН) и условий капитуляции нацистской Германии. Лидеры договорились о необходимости совместных миротворческих усилий для предотвращения будущих конфликтов и обеспечения устойчивого развития на европейском континенте.

Во время переговоров стороны также обсудили вопросы, связанные с экономическим сотрудничеством и восстановлением разрушенной войной Европы. Были приняты решения о создании зон влияния в Европе, что привело к разделению Германии и установлению границ между Востоком и Западом. Хотя этот компромисс позволил избежать прямого конфликта между СССР и Западом в ближайшие годы, он также заложил основы для будущей Холодной войны и напряжённых политических отношений между сверхдержавами.

Дипломатическая миссия СССР на Ялтинской конференции добилась значительных успехов, включая признание интересов Советского Союза в Восточной Европе и обеспечение его роли в новой мировой системе. Однако, несмотря на совместные усилия по достижению взаимопонимания, многие решения, принятые на конференции, вызвали критику в западных странах и стали причиной роста враждебных отношений в последующие десятилетия.

Двусторонние отношения между СССР и Западом в этот период были сложными и противоречивыми, что ярко проявилось на Ялтинской конференции. Она стала символом как культурного сотрудничества, так и политических разногласий, которые продолжали определять международные отношения вплоть до распада Советского Союза в 1991 году.

Таким образом, Ялтинская конференция 1945 года осталась важной вехой в истории международных отношений и наглядным примером того, как двусторонние встречи и переговоры могут повлиять на ход мировой истории.

## The Yalta Conference of 1945: A Key Stage in Bilateral Relations Between the USSR and the West

The Yalta Conference, held in February 1945, was one of the key events in the history of bilateral relations between the USSR and the Western allies—the United States and Great Britain. This meeting of the three world leaders—Joseph Stalin, Franklin Roosevelt, and Winston Churchill—was crucial in determining the post-war order and strengthening political cooperation between the countries.

The main issues discussed at the conference were the post-war division of Europe, the creation of the United Nations (UN), and the terms of Nazi Germany's surrender. The leaders agreed on the need for joint peacekeeping efforts to prevent future conflicts and ensure sustainable development on the European continent.

During the negotiations, the parties also discussed issues related to economic cooperation and the reconstruction of war-torn Europe. Decisions were made to establish spheres of influence in Europe, leading to the division of Germany and the establishment of borders between East and West. Although this compromise helped avoid direct conflict between the USSR and the West in the following years, it also laid the groundwork for the future Cold War and tense political relations between the superpowers.

The diplomatic mission of the USSR at the Yalta Conference achieved significant successes, including the recognition of Soviet interests in Eastern Europe and securing its role in the new world order. However, despite the joint efforts to achieve mutual understanding, many of the decisions made at the conference were criticized in Western countries and contributed to the growth of hostile relations in the subsequent decades.

Bilateral relations between the USSR and the West during this period were complex and contradictory, as vividly demonstrated at the Yalta Conference. It became a symbol of both cultural cooperation and political disagreements that continued to shape international relations until the dissolution of the Soviet Union in 1991.

Thus, the Yalta Conference of 1945 remains an important milestone in the history of international relations and a clear example of how bilateral meetings and negotiations can influence the course of world history.

# 1.2.2 Multilateral Organizations and Diplomacy

Track 15

**альянс** – alliance Вое́нный алья́нс ме́жду двумя́ стра́нами укрепи́л их оборо́носпосо́бность. The military alliance between the two countries strengthened their defense capabilities.

**Африка́нский Сою́з** – African Union Африка́нский Сою́з поддержа́л инициати́ву по укрепле́нию экономи́ческого сотру́дничества. The African Union supported the initiative to strengthen economic cooperation.

**бе́женцы** – refugees Прави́тельства двух стран обсуди́ли пробле́му размеще́ния бе́женцев на свои́х террито́риях. The governments of the two countries discussed the issue of housing refugees on their territories.

**Больша́я двадца́тка (G20)** – The G20 Ли́деры стран Большо́й двадца́тки (G20) встре́тились для обсужде́ния глоба́льных экономи́ческих вы́зовов. The leaders of the G20 countries met to discuss global economic challenges.

**борьба́ про́тив измене́ний кли́мата** – climate change mitigation Стра́ны договори́лись о совме́стных ме́рах в борьбе́ про́тив измене́ний кли́мата. The countries agreed on joint measures to combat climate change.

**борьба́ с террори́змом** – counter-terrorism Междунаро́дное сообщество объединя́ется в борьбе́ с террори́змом и экстреми́змом. The international community is uniting in the fight against terrorism and extremism.

**возража́ть/возрази́ть** – to object Мини́стр иностра́нных дел возрази́л про́тив предло́женных усло́вий соглаше́ния. The foreign minister objected to the proposed terms of the agreement.

**Всеми́рная организа́ция здравоохране́ния (ВОЗ)** – World Health Organization (WHO) Всеми́рная организа́ция здравоохране́ния (ВОЗ) вы́пустила но́вые рекоменда́ции по борьбе́ с пандеми́ей. The World Health Organization (WHO) issued new guidelines for combating the pandemic.

**Всеми́рная торго́вая организа́ция (ВТО)** – World Trade Organization (WTO) Всеми́рная торго́вая организа́ция (ВТО) игра́ет ключеву́ю роль в регули́ровании междунаро́дной торго́вли. The World Trade Organization (WTO) plays a key role in regulating international trade.

**Всеми́рный банк** – The World Bank Всеми́рный банк предоста́вил финанси́рование для разви́тия инфраструкту́ры в развива́ющихся стра́нах. The World Bank provided funding for infrastructure development in developing countries.

**встре́ча** – meeting Встре́ча мини́стров иностра́нных дел состоя́лась в Жене́ве для обсужде́ния вопро́сов безопа́сности. The meeting of foreign ministers took place in Geneva to discuss security issues.

**встреча́ться/встре́титься** – to meet Ли́деры двух стран встре́тились, что́бы обсуди́ть дальне́йшие шаги́ в разви́тии сотру́дничества. The leaders of the two countries met to discuss further steps in developing cooperation.

**высо́кий представи́тель** – high representative Высо́кий представи́тель ЕС по иностра́нным дела́м посети́л регио́н с официа́льным визи́том. The High Representative of the EU for Foreign Affairs visited the region on an official visit.

**Генера́льная Ассамбле́я ООН** – UN General Assembly На Генера́льной Ассамбле́е ООН обсужда́лись вопро́сы междунаро́дного пра́ва и безопа́сности. Issues of international law and security were discussed at the UN General Assembly.

**Генера́льный секрета́рь** – Secretary-General Генера́льный секрета́рь ООН призва́л к незамедли́тельным де́йствиям по предотвраще́нию гуманита́рного кри́зиса. The UN Secretary-General called for immediate action to prevent a humanitarian crisis.

**глоба́льное здравоохране́ние** – global health Вопро́сы глоба́льного здравоохране́ния ста́ли центра́льной те́мой конфере́нции ВОЗ. Issues of global health became the central topic of the WHO conference.

**глоба́льные вы́зовы** – global challenges Глоба́льные вы́зовы, таки́е как измене́ние кли́мата и пандеми́и, тре́буют скоордини́рованных де́йствий всех стран. Global challenges like climate change and pandemics require coordinated actions from all countries.

**деклара́ция** – declaration Стра́ны подписа́ли совме́стную деклара́цию о наме́рении боро́ться с глоба́льными угро́зами. The countries signed a joint declaration of intent to combat global threats.

**делега́т** – delegate Делега́ты от ка́ждой страны́ при́няли уча́стие в конфере́нции по права́м челове́ка. Delegates from each country participated in the human rights conference.

**делега́ция** – delegation Росси́йская делега́ция прибыла́ на перегово́ры в Брюссе́ль. The Russian delegation arrived in Brussels for negotiations.

**достига́ть/дости́чь безопа́сности и стаби́льности** – to achieve security and stability Стра́ны объедини́ли уси́лия, что́бы дости́чь безопа́сности и стаби́льности в регио́не. The countries joined forces to achieve security and stability in the region.

**Европе́йский Сою́з (ЕС)** – European Union (EU) Европе́йский Сою́з (ЕС) ввёл но́вые пра́вила для усиле́ния экономи́ческой интегра́ции ме́жду страна́ми-чле́нами. The European Union (EU) introduced new rules to enhance economic integration among member states.

**занима́ть/заня́ть пози́цию** – to take a position Страна́ заняла́ жёсткую пози́цию по вопро́су са́нкций. The country took a tough stance on the issue of sanctions.

**заседа́ние** – session, meeting Заседа́ние Сове́та Безопа́сности ООН прошло́ в закры́том режи́ме. The UN Security Council meeting was held behind closed doors.

**заявле́ние** – statement Министе́рство иностра́нных дел вы́пустило заявле́ние по по́воду после́дних собы́тий. The Ministry of Foreign Affairs issued a statement regarding the recent events.

**комите́т** – committee Комите́т по междунаро́дным отноше́ниям рассмотре́л предложе́ния по улучше́нию сотру́дничества с сосе́дними госуда́рствами. The Committee on International Relations reviewed proposals to enhance cooperation with neighboring states.

**консе́нсус** – consensus Стра́ны дости́гли консе́нсуса по вопро́су о распределе́нии квот на вы́бросы углеро́да. The countries reached a consensus on the issue of carbon emission quotas.

**конфере́нция** – conference На междунаро́дной конфере́нции обсужда́лись вопро́сы глоба́льного потепле́ния. The international conference discussed issues of global warming.

**Междунаро́дная организа́ция труда́ (МОТ)** – International Labour Organization (ILO) Междунаро́дная организа́ция труда́ (МОТ) вы́ступила с инициати́вой по улучше́нию усло́вий труда́ во всем ми́ре. The International Labour Organization (ILO) launched an initiative to improve working conditions worldwide.

**междунаро́дная торго́вля** – international trade Междунаро́дная торго́вля явля́ется ва́жным дви́гателем экономи́ческого ро́ста для мно́гих стран. International trade is an important driver of economic growth for many countries.

**междунаро́дное пра́во** – international law Междунаро́дное пра́во регули́рует отноше́ния ме́жду госуда́рствами и защища́ет права́ челове́ка. International law regulates relations between states and protects human rights.

**Междунаро́дный валю́тный фонд (МВФ)** – The International Monetary Fund (IMF) Междунаро́дный валю́тный фонд (МВФ) предложи́л програ́мму фина́нсовой по́мощи развива́ющимся стра́нам. The International Monetary Fund (IMF) proposed a financial assistance program for developing countries.

**Междунаро́дный суд** – The International Court of Justice Междунаро́дный суд рассмотре́л спор ме́жду двумя́ госуда́рствами о территориа́льных во́дах. The International Court of Justice reviewed a dispute between two states over territorial waters.

**Междунаро́дный уголо́вный суд (МУС)** – The International Criminal Court (ICC) Междунаро́дный уголо́вный суд (МУС) рассле́дует преступле́ния про́тив челове́чности и вое́нные преступле́ния. The International Criminal Court (ICC) investigates crimes against humanity and war crimes.

**мемора́ндум о взаи́мопонима́нии** – memorandum of understanding Стра́ны подписа́ли мемора́ндум о взаи́мопонима́нии, что́бы укрепи́ть сотру́дничество в о́бласти безопа́сности. The countries signed a memorandum of understanding to strengthen cooperation in security.

**многосторо́нний** – multilateral Многосторо́нние перегово́ры по я́дерному разоруже́нию прохо́дят под эги́дой ООН. Multilateral negotiations on nuclear disarmament are taking place under the auspices of the UN.

**многосторо́нняя диплома́тия** – multilateral diplomacy Многосторо́нняя диплома́тия позволя́ет достига́ть консе́нсуса ме́жду не́сколькими стра́нами. Multilateral diplomacy allows for reaching consensus among multiple countries.

**многосторо́нняя организа́ция** – multilateral organization Многосторо́нние организа́ции, таки́е как ООН и ВТО, спосо́бствуют междунаро́дному сотру́дничеству. Multilateral organizations like the UN and WTO promote international cooperation.

**обсуждать/обсудить** – to discuss Мини́стры иностра́нных дел обсуди́ли вопро́сы глоба́льной безопа́сности на встре́че в Жене́ве. The foreign ministers discussed global security issues at the meeting in Geneva.

**объединя́ть/объедини́ть** – to unite Стра́ны реши́ли объедини́ть уси́лия в борьбе́ с глоба́льными вы́зовами. The countries decided to unite their efforts in combating global challenges.

**организа́ция** – organization Междунаро́дная организа́ция была́ осно́вана для координа́ции уси́лий в борьбе́ с террори́змом. The international organization was established to coordinate efforts in the fight against terrorism.

**Организа́ция Объединённых На́ций (ООН)** – United Nations (UN) Организа́ция Объединённых На́ций (ООН) игра́ет ключеву́ю роль в поддержа́нии междунаро́дного ми́ра и безопа́сности. The United Nations (UN) plays a key role in maintaining international peace and security.

**Организа́ция по безопа́сности и сотру́дничеству в Евро́пе (ОБСЕ)** – Organization for Security and Co-operation in Europe (OSCE) Организа́ция по безопа́сности и сотру́дничеству в Евро́пе (ОБСЕ) наблюда́ет за соблюде́нием прав челове́ка в зо́не конфли́кта. The Organization for Security and Cooperation in Europe (OSCE) monitors human rights in the conflict zone.

**Организа́ция Североатланти́ческого догово́ра (НАТО)** – The North Atlantic Treaty Organization (NATO) Организа́ция Североатланти́ческого догово́ра (НАТО) явля́ется основны́м вое́нным алья́нсом за́падных стран. The North Atlantic Treaty Organization (NATO) is the main military alliance of Western countries.

**Организа́ция экономи́ческого сотру́дничества и разви́тия (ОЭСР)** – Organization for Economic Co-operation and Development (OECD) Организа́ция экономи́ческого сотру́дничества и разви́тия (ОЭСР) публику́ет отчёты о глоба́льных экономи́ческих тенде́нциях. The Organisation for Economic Co-operation and Development (OECD) publishes reports on global economic trends.

**отка́зываться/отказа́ться** – to refuse Одна́ из сторо́н отказа́лась продолжа́ть перегово́ры из-за разногла́сий по ключевы́м вопро́сам. One of the parties refused to continue negotiations due to disagreements on key issues.

**отноше́ния** – relations Дипломати́ческие отноше́ния ме́жду стра́нами улу́чшились по́сле подписа́ния соглаше́ния. Diplomatic relations between the countries improved after the agreement was signed.

**пове́стка дня** – agenda Пове́стка дня са́ммита включа́ла обсужде́ние глоба́льных экономи́ческих пробле́м. The summit's agenda included discussions on global economic issues.

**полити́ческое убе́жище** – political asylum Бе́женец по́дал заявле́ние на полити́ческое убе́жище в европе́йской стране́. The refugee applied for political asylum in a European country.

**посла́нник** – envoy Специа́льный посла́нник ООН был напра́влен в регио́н для соде́йствия ми́рным перегово́рам. A UN special envoy was sent to the region to facilitate peace talks.

**постоя́нный представи́тель** – permanent representative Постоя́нный представи́тель страны́ при ООН вы́ступил на заседа́нии Генера́льной Ассамбле́и. The country's permanent representative to the UN spoke at the General Assembly session.

**прекраща́ть/прекрати́ть** – to terminate, sever, cease Госуда́рства реши́ли прекрати́ть вое́нные де́йствия и перейти́ к ми́рным перегово́рам. The states decided to cease military actions and move to peace negotiations.

**региона́льное сотру́дничество** – regional cooperation Региона́льное сотру́дничество в о́бласти энерге́тики принесло́ значи́тельные экономи́ческие вы́годы. Regional cooperation in the energy sector has brought significant economic benefits.

**региона́льный** – regional Региона́льные организа́ции игра́ют ва́жную роль в поддержа́нии ми́ра и стаби́льности. Regional organizations play an important role in maintaining peace and stability.

**резолю́ция** – resolution Сове́т Безопа́сности ООН при́нял резолю́цию, призыва́ющую к неме́дленному прекраще́нию огня́. The UN Security Council adopted a resolution calling for an immediate ceasefire.

**рекомендова́ть/порекомендова́ть (резолю́цию)** – to recommend (a resolution) Сове́т безопа́сности ООН порекомендова́л резолю́цию о введе́нии са́нкций. The UN Security Council recommended a resolution to impose sanctions.

**са́нкции** – sanctions В отве́т на наруше́ние догово́ра бы́ли введены́ экономи́ческие са́нкции про́тив страны́. Economic sanctions were imposed on the country in response to the treaty violation.

**сессия** – session Во время очередной сессии Генеральной Ассамблеи ООН обсуждались вопросы международной безопасности. Issues of international security were discussed during the regular session of the UN General Assembly.

**Совет Безопасности ООН** – UN Security Council Совет Безопасности ООН принял резолюцию о введении новых санкций. The UN Security Council adopted a resolution to impose new sanctions.

**Совет Европы** – Council of Europe Совет Европы продвигает права человека и демократию среди своих членов. The Council of Europe promotes human rights and democracy among its members.

**специальный посланник** – special envoy Специальный посланник ООН отправился в зону конфликта для переговоров о перемирии. The UN special envoy traveled to the conflict zone for ceasefire negotiations.

**спор** – dispute Дипломатический спор между двумя странами был урегулирован благодаря посредничеству третьей стороны. The diplomatic dispute between the two countries was resolved through third-party mediation.

**торговая политика** – trade policy Государства обсудили меры по улучшению своей торговой политики в рамках двусторонних переговоров. The states discussed measures to improve their trade policy during bilateral negotiations.

**финансовый** – financial Международный валютный фонд оказывает финансовую помощь странам, испытывающим экономические трудности. The International Monetary Fund provides financial assistance to countries facing economic difficulties.

**форум** – forum На международном форуме обсуждались вопросы глобального экономического роста и устойчивого развития. The international forum discussed issues of global economic growth and sustainable development.

**хартия** – charter Хартия Объединённых Наций устанавливает основные принципы международного права и безопасности. The United Nations Charter establishes the fundamental principles of international law and security.

**экологическая устойчивость** – environmental sustainability Международные организации работают над проектами, направленными на обеспечение экологической устойчивости. International organizations are working on projects aimed at ensuring environmental sustainability.

**экономи́ческое разви́тие** – economic development Програ́ммы экономи́ческого разви́тия включа́ют инвести́ции в инфраструкту́ру и образова́ние. Economic development programs include investments in infrastructure and education.

## 1.2.2.1 Mini-Articles

Track **16**

### 1. Генера́льная Ассамбле́я ООН Приняла́ Резолю́цию по Борьбе́ с Террори́змом

На после́днем заседа́нии Генера́льной Ассамбле́и ООН была́ принята́ но́вая резолю́ция, напра́вленная на усиле́ние междунаро́дных уси́лий в борьбе́ с террори́змом. Делега́ты из бо́лее чем 190 стран обсужда́ли ме́ры по предотвраще́нию террористи́ческих а́ктов и улучше́нию глоба́льного обме́на информа́цией. Высо́кий представи́тель ЕС по вопро́сам вне́шней поли́тики вы́ступил с заявле́нием, подчёркива́ющим ва́жность многосторо́нней диплома́тии в реше́нии глоба́льных вы́зовов. При́нятая резолю́ция получи́ла широ́кую подде́ржку и была́ рекомендо́вана для внедре́ния на национа́льных у́ровнях.

### 1. The UN General Assembly Adopts a Resolution on Combating Terrorism

At the latest session of the UN General Assembly, a new resolution was adopted aimed at strengthening international efforts in combating terrorism. Delegates from over 190 countries discussed measures to prevent terrorist acts and improve global information sharing. The High Representative of the EU for Foreign Affairs made a statement emphasizing the importance of multilateral diplomacy in addressing global challenges. The adopted resolution received broad support and was recommended for implementation at the national levels.

### 2. Встре́ча Большо́й двадца́тки: борьба́ про́тив измене́ний кли́мата в пове́стке дня

На ежего́дной встре́че Большо́й двадца́тки (G20), кото́рая прошла́ в э́том году́ в Ри́ме, ли́деры стран-уча́стниц сосредото́чили своё внима́ние на вопро́сах борьбы́ про́тив измене́ний кли́мата. Обсужде́ния включа́ли пла́ны по сниже́нию вы́бросов углеро́да и усиле́нию экологи́ческой усто́йчивости. Несмотря́ на разногла́сия ме́жду уча́стниками, был дости́гнут консе́нсус о необходи́мости увеличе́ния инвести́ций в зелёные техноло́гии. Генера́льный секрета́рь ООН вы́разил наде́жду на успе́шное выполне́ние соглаше́ний, при́нятых на встре́че.

## 2. G20 Summit: Combating Climate Change on the Agenda

At the annual meeting of the G20, held this year in Rome, the leaders of the member countries focused on issues related to combating climate change. The discussions included plans to reduce carbon emissions and enhance environmental sustainability. Despite disagreements among participants, a consensus was reached on the need to increase investments in green technologies. The UN Secretary-General expressed hope for the successful implementation of the agreements made at the meeting.

## 3. Вклад Всемирного Банка в Экономическое Развитие Африканского Союза

Всемирный банк объявил о выделении значительных средств на поддержку программ экономического развития в странах-членах Африканского Союза. Финансовая помощь направлена на реализацию проектов, способствующих устойчивому развитию и снижению бедности. Специальный посланник Всемирного банка подчеркнул важность регионального сотрудничества для достижения безопасности и стабильности на африканском континенте. Эта инициатива была встречена с энтузиазмом и поддержана лидерами африканских государств.

## 3. The World Bank's Contribution to Economic Development in the African Union

The World Bank announced the allocation of significant funds to support economic development programs in the member countries of the African Union. The financial assistance is aimed at implementing projects that promote sustainable development and reduce poverty. The Special Envoy of the World Bank emphasized the importance of regional cooperation to achieve security and stability on the African continent. This initiative was met with enthusiasm and supported by the leaders of African states.

## 4. Организация по Безопасности и Сотрудничеству в Европе и Прекращение Конфликта

На прошедшей в Вене конференции Организации по Безопасности и Сотрудничеству в Европе (ОБСЕ) был рассмотрен вопрос о мирном урегулировании затяжного конфликта на Балканах. Участники конференции обсудили условия прекращения огня и подписали меморандум о взаимопонимании. Постоянный представитель ОБСЕ заявил, что организация продолжит следить за ситуацией и направит в регион специального посла́нника для координа́ции миротво́рческих уси́лий. Подпи́санный мемора́ндум был при́знан ва́жным ша́гом на пути́ к ми́ру в регио́не.

## 4. The Organization for Security and Cooperation in Europe and Conflict Resolution

At a recent conference of the Organization for Security and Cooperation in Europe (OSCE) held in Vienna, the issue of peacefully resolving the prolonged conflict in the Balkans was discussed. Conference participants discussed the terms of the ceasefire and signed a memorandum of understanding. The Permanent Representative of the OSCE stated that the organization would continue to monitor the situation and would send a Special Envoy to the region to coordinate peacekeeping efforts. The signed memorandum was recognized as an important step towards peace in the region.

## 5. Междунаро́дный Суд Рассмо́трит Спор о Торго́вой Поли́тике

Междунаро́дный суд на́чал рассмотре́ние де́ла о торго́вой поли́тике ме́жду двумя́ госуда́рствами, обвиня́ющими друг дру́га в наруше́нии усло́вий междунаро́дной торго́вли. Де́ло ста́ло предме́том серьёзных разногла́сий на после́дней се́ссии Всеми́рной торго́вой организа́ции (ВТО). Делега́ты стран-чле́нов ВТО вы́сказали свои́ пози́ции по спо́ру, но реше́ние конфли́кта бы́ло пе́редано в Междунаро́дный суд для дальне́йшего разбира́тельства. Генера́льный секрета́рь ВТО вы́разил наде́жду на справедли́вое реше́ние, кото́рое помо́жет восстанови́ть норма́льные отноше́ния ме́жду сторона́ми.

## 5. The International Court to Hear a Dispute Over Trade Policy

The International Court has begun hearing a case on trade policy between two states accusing each other of violating international trade conditions. The case became the subject of serious disagreements at the latest session of the World Trade Organization (WTO). Delegates from WTO member states expressed their positions on the dispute, but the resolution of the conflict was referred to the International Court for further consideration. The WTO Secretary-General expressed hope for a fair decision that would help restore normal relations between the parties.

**Ра́зные Взгля́ды на НА́ТО: Росси́я и За́пад**

Организа́ция Североатланти́ческого догово́ра (НА́ТО), со́зданная в 1949 году́, до́лгое вре́мя явля́ется предме́том разногла́сий ме́жду Росси́ей и За́падом. Многосторо́нняя организа́ция, объединя́ющая стра́ны Евро́пы и Се́верной Аме́рики, была́ изнача́льно со́здана для обеспе́чения коллекти́вной оборо́ны про́тив сове́тской угро́зы во вре́мя Холо́дной войны́. Одна́ко с оконча́нием Холо́дной войны́ взгля́ды на НА́ТО в Росси́и и на За́паде значи́тельно разошли́сь.

Росси́я традицио́нно рассма́тривает НА́ТО как вое́нный сою́з, представля́ющий угро́зу её безопа́сности. Расшире́ние НА́ТО на восто́к, включа́я приня́тие но́вых чле́нов из бы́вших стран Восто́чного бло́ка, вызыва́ет серьёзное беспоко́йство в Москве́. Росси́йские ли́деры неоднокра́тно выска́зывали возраже́ния про́тив дальне́йшего расшире́ния НА́ТО, утвержда́я, что э́то наруша́ет бала́нс сил в Евро́пе и подрыва́ет региона́льную стаби́льность. В 2022 году́ Росси́я да́же назвала́ дальне́йшее продвиже́ние НА́ТО к её грани́цам «кра́сной ли́нией», что ста́ло причи́ной ухудше́ния двусторо́нних отноше́ний ме́жду Росси́ей и За́падом.

С друго́й стороны́, за́падные стра́ны, включа́я чле́нов НА́ТО, счита́ют организа́цию ва́жным инструме́нтом для поддержа́ния дости́гнутой безопа́сности и стаби́льности в Евро́пе и за её преде́лами. НА́ТО игра́ет ключеву́ю роль в борьбе́ с терро́ризмом и реаги́ровании на глоба́льные вы́зовы, таки́е как киберугро́зы и измене́ние кли́мата. За́падные ли́деры ча́сто подчёркивают, что НА́ТО явля́ется оборони́тельным сою́зом, и его́ расшире́ние напра́влено на укрепле́ние безопа́сности его́ чле́нов, а не на созда́ние угро́зы Росси́и.

Ра́зные подхо́ды к НА́ТО отража́ют глубо́кие разногла́сия в вне́шней поли́тике Росси́и и За́пада. В то вре́мя как Москва́ рассма́тривает НА́ТО как фа́ктор, уси́ливающий напряжённость, За́пад ви́дит в нём механи́зм для обеспе́чения глоба́льной безопа́сности и стаби́льности. Э́ти противоре́чия продолжа́ют оставаться важным элементом международных отношений и влиять на диалог между Россией и Западом.

### Different Perspectives on NATO: Russia and the West

The North Atlantic Treaty Organization (NATO), established in 1949, has long been a subject of disagreement between Russia and the West. This multilateral organization, which unites countries from Europe and North America, was originally created to ensure collective defense against the Soviet threat during the Cold War. However, with the end of the Cold War, views on NATO have significantly diverged between Russia and the West.

Russia traditionally views NATO as a military alliance that poses a threat to its security. The eastward expansion of NATO, including the admission of new members from former Eastern Bloc countries, causes serious concern in Moscow. Russian leaders have repeatedly expressed objections to further NATO expansion, arguing that it disrupts the balance of power in Europe and undermines regional stability. In 2022, Russia even declared that further NATO advancement toward its borders was a "red line," leading to a deterioration in bilateral relations between Russia and the West.

On the other hand, Western countries, including NATO members, consider the organization an important tool for maintaining security and stability in Europe and beyond. NATO plays a key role in combating terrorism and responding to global challenges such as cyber threats and climate change. Western leaders often emphasize that NATO is a defensive alliance, and its expansion is aimed at strengthening the security of its members rather than threatening Russia.

These different approaches to NATO reflect deep disagreements in the foreign policies of Russia and the West. While Moscow sees NATO as a factor that increases tensions, the West views it as a mechanism for ensuring global security and stability. These contradictions continue to be a significant element in international relations and influence the dialogue between Russia and the West.

## 1.2.3 Conflict Resolution and Peacekeeping

Track 18

**анализ конфликта –** conflict analysis **Анализ конфликта показал, что основной причиной разногласий стали территориальные споры.** The analysis of the conflict revealed that territorial disputes were the main cause of disagreements.

**анализировать/проанализировать конфликт –** to analyze a conflict
**Эксперты проанализировали конфликт и предложили пути его разрешения.** Experts analyzed the conflict and suggested ways to resolve it.

**арбитра́ж** – arbitration Спор ме́жду двумя́ госуда́рствами был решён че́рез междунаро́дный арбитра́ж. The dispute between the two states was resolved through international arbitration.

**арбитра́жный** – arbitral Арбитра́жный суд вы́нес реше́ние в по́льзу пострада́вшей стороны́. The arbitration court ruled in favor of the affected party.

**арбитри́ровать** – to arbitrate, rule Су́дьи арбитри́ровали сло́жный междунаро́дный конфли́кт, кото́рый дли́лся не́сколько лет. The judges arbitrated a complex international conflict that had lasted for several years.

**безопа́сность** – security Междунаро́дные си́лы миротво́рцев бы́ли напра́влены в регио́н для обеспе́чения безопа́сности. International peacekeeping forces were deployed to the region to ensure security.

**боево́й** – militant, combat- Боевы́е де́йствия ме́жду сторона́ми конфли́кта привели́ к значи́тельным поте́рям среди́ гражда́нского населе́ния. The combat actions between the conflicting parties resulted in significant civilian casualties.

**вести́/провести́ перегово́ры** – to conduct negotiations ООН предложи́ла провести́ перегово́ры ме́жду сторона́ми конфли́кта для достиже́ния ми́рного соглаше́ния. The UN proposed holding negotiations between the parties to the conflict to reach a peace agreement.

**вмеша́тельство** – intervention, interference Вмеша́тельство вне́шних сил усугуби́ло вну́тренний конфли́кт в стране́. External interference exacerbated the internal conflict in the country.

**вну́тренний конфли́кт** – internal conflict Вну́тренний конфли́кт в стране́ вы́звал во́лну бе́женцев и экономи́ческий кри́зис. The internal conflict in the country caused a wave of refugees and an economic crisis.

**вое́нный** – military- Вое́нный конфли́кт ме́жду сосе́дними стра́нами затяну́лся на не́сколько лет. The military conflict between neighboring countries dragged on for several years.

**вооружённая оппози́ция** – armed opposition Вооружённая оппози́ция отказа́лась от уча́стия в ми́рных перегово́рах. The armed opposition refused to participate in peace talks.

**вооружённые группы** – armed groups Вооружённые группы контролируют несколько районов, что осложняет мирный процесс. Armed groups control several areas, complicating the peace process.

**вооружённый** – armed Вооружённые силы были приведены в боевую готовность для защиты границ. The armed forces were put on high alert to protect the borders.

**вооружённый конфликт** – armed conflict Вооружённый конфликт между этническими группами привёл к многочисленным жертвам. The armed conflict between ethnic groups resulted in numerous casualties.

**восстанавливать/восстановить контроль** – to regain control Правительственные силы смогли восстановить контроль над захваченными территориями. Government forces were able to regain control over the captured territories.

**восстанавливать/восстановить порядок** – to restore order Миротворцы помогли восстановить порядок в постконфликтной зоне. Peacekeepers helped restore order in the post-conflict zone.

**временное перемирие** – temporary truce Стороны согласились на временное перемирие для проведения гуманитарных операций. The parties agreed to a temporary truce to carry out humanitarian operations.

**всеобъемлющее мирное соглашение** – comprehensive peace agreement Всеобъемлющее мирное соглашение подписано всеми сторонами конфликта. A comprehensive peace agreement was signed by all parties to the conflict.

**вывод войск** – withdrawal Вывод войск из зоны конфликта был важным шагом к деэскалации напряжённости. The withdrawal of troops from the conflict zone was an important step towards de-escalating tensions.

**главный переговорщик** – chief negotiator Главный переговорщик выступил с предложением о новом раунде мирных переговоров. The chief negotiator proposed a new round of peace talks.

**гражданские жертвы** – civilian casualties В результате конфликта было зафиксировано большое количество гражданских жертв. A large number of civilian casualties were recorded as a result of the conflict.

**гуманитарная интервенция** – humanitarian intervention Гуманитарная интервенция была одобрена международным сообществом для предотвращения геноцида. Humanitarian intervention was approved by the international community to prevent genocide.

**гуманитарная помощь** – humanitarian aid Международные организации предоставили гуманитарную помощь жертвам конфликта. International organizations provided humanitarian aid to the victims of the conflict.

**демилитаризованная зона** – demilitarized zone Вдоль границы была установлена демилитаризованная зона для предотвращения новых столкновений. A demilitarized zone was established along the border to prevent further clashes.

**деэскалация** – de-escalation Деэскалация конфликта началась после подписания соглашения о прекращении огня. The de-escalation of the conflict began after the ceasefire agreement was signed.

**деэскалировать** – to de-escalate Международное сообщество призвало стороны деэскалировать ситуацию и начать переговоры. The international community urged the parties to de-escalate the situation and start negotiations.

**диалог** – dialogue Начало диалога между сторонами конфликта стало важным шагом к достижению мира. The initiation of dialogue between the parties to the conflict was an important step toward achieving peace.

**дипломатическое урегулирование** – diplomatic resolution Дипломатическое урегулирование конфликта стало приоритетом для международного сообщества. The diplomatic resolution of the conflict became a priority for the international community.

**договорённость** – agreement Стороны пришли к договорённости о прекращении огня и начале мирных переговоров. The parties reached an agreement on a ceasefire and the start of peace talks.

**достигать/достичь мира** – to achieve peace Обе стороны стремились достичь мира через переговоры и компромиссы. Both sides sought to achieve peace through negotiations and compromises.

**достигать/достичь общих интересов** – to achieve common interests Страны стремились достичь общих интересов в области безопасности и экономического сотрудничества. The countries aimed to achieve common interests in security and economic cooperation.

**защита гражданского населения** – protection of civilians Миротворческие силы ООН были направлены в зону конфликта для защиты гражданского населения. UN peacekeeping forces were deployed to the conflict zone to protect the civilian population.

**зона конфликта** – conflict zone В зоне конфликта продолжаются вооружённые столкновения между различными группировками. Armed clashes between various groups continue in the conflict zone.

**изолировать** – to isolate Вооружённые силы попытались изолировать район, чтобы предотвратить распространение конфликта. The armed forces tried to isolate the area to prevent the conflict from spreading.

**комиссия по примирению** – reconciliation commission Комиссия по примирению была создана для разрешения длительного конфликта между этническими группами. A reconciliation commission was established to resolve the long-standing conflict between ethnic groups.

**контролировать/проконтролировать** – to monitor Наблюдатели ООН контролируют соблюдение условий перемирия в регионе. UN observers are monitoring the adherence to the ceasefire conditions in the region.

**конфликт** – conflict Конфликт между двумя государствами привёл к многочисленным жертвам и разрушениям. The conflict between the two states led to numerous casualties and destruction.

**международная безопасность** – international security Поддержание международной безопасности требует скоординированных усилий всех государств. Maintaining international security requires coordinated efforts from all states.

**международные усилия по разрешению конфликтов** – international efforts to resolve conflicts Международные усилия по разрешению конфликтов включают дипломатические переговоры и миротворческие операции. International efforts to resolve conflicts include diplomatic negotiations and peacekeeping operations.

**международный конфликт** – international conflict Международный конфликт вызвал беспокойство у мирового сообщества, что привело к созыву экстренного заседания ООН. The international conflict raised concerns in the global community, leading to an emergency UN meeting.

**механи́зм урегули́рования** – resolution mechanism Механи́зм урегули́рования был разрабо́тан для ми́рного разреше́ния конфли́ктов на междунаро́дном у́ровне. A resolution mechanism was developed for the peaceful settlement of conflicts at the international level.

**мир** – peace Достиже́ние ми́ра в регио́не ста́ло возмо́жным благодаря́ уси́лиям междунаро́дных организа́ций. Achieving peace in the region became possible thanks to the efforts of international organizations.

**мири́ть/помири́ть** – to reconcile Междунаро́дные посре́дники пыта́лись помири́ть конфликту́ющие сто́роны и верну́ть их за стол перегово́ров. International mediators tried to reconcile the conflicting parties and bring them back to the negotiating table.

**ми́рная инициати́ва** – peace initiative Ми́рная инициати́ва ООН была́ подде́ржана большинство́м госуда́рств-чле́нов. The UN peace initiative was supported by most member states.

**ми́рная конфере́нция** – peace conference На ми́рной конфере́нции обсужда́лись пути́ прекраще́ния вое́нных де́йствий и восстановле́ния страны́. The peace conference discussed ways to end hostilities and rebuild the country.

**ми́рное соглаше́ние** – peace agreement Ми́рное соглаше́ние бы́ло подпи́сано по́сле до́лгих перегово́ров ме́жду конфликту́ющими сторона́ми. A peace agreement was signed after lengthy negotiations between the conflicting parties.

**ми́рное урегули́рование** – peaceful settlement Ми́рное урегули́рование спо́ра тре́бует терпе́ния и гото́вности к компроми́ссам. The peaceful settlement of the dispute requires patience and a willingness to compromise.

**ми́рный** – peaceful, peace- Ми́рное реше́ние пробле́мы бы́ло дости́гнуто благодаря́ компроми́ссам с обе́их сторо́н. A peaceful resolution of the issue was reached through compromises from both sides.

**ми́рный догово́р** – peace treaty Ми́рный догово́р закрепи́л но́вые грани́цы и пра́вила сосуществова́ния ме́жду двумя́ госуда́рствами. The peace treaty established new borders and rules of coexistence between the two states.

**ми́рный проце́сс** – peace process Ми́рный проце́сс затяну́лся из-за многочи́сленных разногла́сий ме́жду уча́стниками перегово́ров. The peace process was prolonged due to numerous disagreements among the negotiators.

**миротворец** – peacekeeper Миротворцы ООН сыграли ключевую роль в стабилизации ситуации в постконфликтной зоне. UN peacekeepers played a key role in stabilizing the situation in the post-conflict zone.

**миротворческая миссия** – peacekeeping mission Миротворческая миссия была направлена в регион для предотвращения возобновления боевых действий. A peacekeeping mission was sent to the region to prevent the resumption of hostilities.

**миротворческая операция ООН** – UN peacekeeping operation Миротворческая операция ООН включала мониторинг соблюдения прав человека и контроль за выполнением перемирия. The UN peacekeeping operation included monitoring human rights and overseeing the ceasefire.

**миротворческие силы** – peacekeeping forces Миротворческие силы были направлены в зону конфликта для предотвращения дальнейшего насилия. Peacekeeping forces were deployed to the conflict zone to prevent further violence.

**миротворческие усилия** – peacekeeping efforts Миротворческие усилия международного сообщества помогли предотвратить дальнейшее насилие в регионе. The international community's peacekeeping efforts helped prevent further violence in the region.

**миротворческий контингент** – peacekeeping contingent Миротворческий контингент был развернут для стабилизации ситуации в постконфликтной зоне. A peacekeeping contingent was deployed to stabilize the situation in the post-conflict zone.

**миротворчество** – peacekeeping Миротворчество требует постоянного диалога и компромиссов между конфликтующими сторонами. Peacekeeping requires continuous dialogue and compromises between conflicting parties.

**наблюдательная миссия** – observation mission Наблюдательная миссия ООН была создана для мониторинга выборов в постконфликтных регионах. A UN observation mission was established to monitor elections in post-conflict regions.

**напряжённость** – tensions Напряжённость между двумя странами усилилась после инцидента на границе. Tensions between the two countries escalated after the border incident.

**нарушать/нарушить перемирие** – to violate a ceasefire Вооружённые группы нарушили перемирие, возобновив боевые действия. Armed groups violated the ceasefire by resuming hostilities.

**нарушéния прав человéка** – human rights violations Международные организáции осудúли мáссовые нарушéния прав человéка в зóне конфлúкта. International organizations condemned the widespread human rights violations in the conflict zone.

**насúльственный** – violent Насúльственный харáктер конфлúкта привёл к огрóмным потéрям средú мúрного населéния. The violent nature of the conflict led to significant civilian casualties.

**национáльное примирéние** – national reconciliation Национáльное примирéние стáло ключевым этáпом на путú к восстановлéнию мúра в странé. National reconciliation became a key step toward restoring peace in the country.

**несовместúмый** – incompatible Их предложéния оказáлись несовместúмыми с интерéсами другóй стороны, что затруднúло процéсс переговóров. Their proposals were incompatible with the interests of the other side, complicating the negotiation process.

**обострéние** – escalation Обострéние конфлúкта вызвало беспокóйство у междунарóдного сообщества. The escalation of the conflict raised concerns within the international community.

**обостряться/обострúться** – to escalate Конфлúкт снóва обострúлся пóсле тогó, как было нарýшено перемúрие. The conflict escalated again after the ceasefire was violated.

**óбщие интерéсы** – common/shared interests Страны обсудúли óбщие интерéсы в óбласти безопáсности и экономúческого развúтия. The countries discussed common interests in security and economic development.

**окончáтельное разрешéние конфлúкта** – final resolution of the conflict Окончáтельное разрешéние конфлúкта потрéбует значúтельных усúлий и компромúссов от всех сторóн. The final resolution of the conflict will require significant efforts and compromises from all parties.

**операция по поддержáнию мúра** – peacekeeping operation ООН инициúровала операцию по поддержáнию мúра в регионе, охвáченном конфлúктом. The UN initiated a peacekeeping operation in the conflict-stricken region.

**осуществлять/осуществúть посрéдничество** – to mediate Междунарóдная организáция осуществúла посрéдничество мéжду конфликтýющими сторонáми. The international organization mediated between the conflicting parties.

**отводи́ть/отвести́ войска́** – to withdraw Сто́роны договори́лись отвести́ войска́ от ли́нии соприкоснове́ния в ра́мках переми́рия. The parties agreed to withdraw troops from the contact line as part of the truce.

**отка́зываться/отказа́ться** – to refuse Одна́ из сторо́н конфли́кта отказа́лась выполня́ть усло́вия переми́рия. One of the parties to the conflict refused to comply with the ceasefire conditions.

**отправля́ть/отпра́вить миротво́рческие си́лы** – to send peacekeeping forces ООН реши́ла отпра́вить миротво́рческие си́лы в зо́ну конфли́кта для стабилиза́ции ситуа́ции. The UN decided to send peacekeeping forces to the conflict zone to stabilize the situation.

**отступа́ть/отступи́ть** – to retreat Вооружённые си́лы бы́ли вы́нуждены отступи́ть из-за си́льного сопротивле́ния проти́вника. The armed forces were forced to retreat due to strong enemy resistance.

**перегова́риваться** – to negotiate Ли́деры стран перегова́риваются по телефо́ну, что́бы найти́ вы́ход из кри́зиса. The country leaders are negotiating by phone to find a way out of the crisis.

**перегово́рный** – negotiable, negotiation- Перегово́рный проце́сс был затруднён из-за отсу́тствия взаимопонима́ния ме́жду сторона́ми. The negotiation process was complicated by the lack of mutual understanding between the parties.

**перегово́ры** – negotiations Перегово́ры ме́жду конфли́ктующими сторона́ми продолжа́ются, но пока́ не принесли́ ощути́мых результа́тов. Negotiations between the conflicting parties are ongoing but have yet to yield significant results.

**переми́рие** – ceasefire , truce Сто́роны договори́лись о переми́рии, что́бы предотврати́ть дальне́йшее кровопроли́тие. The parties agreed on a ceasefire to prevent further bloodshed.

**поддержа́ние ми́ра** – maintaining peace Поддержа́ние ми́ра в регио́не тре́бует постоя́нного монито́ринга и дипломати́ческих уси́лий. Maintaining peace in the region requires constant monitoring and diplomatic efforts.

**подде́рживать/поддержа́ть безопа́сность** – to maintain security Междунаро́дные си́лы бы́ли напра́влены в регио́н, что́бы подде́рживать безопа́сность и стаби́льность. International forces were deployed to the region to maintain security and stability.

**поддéрживать/поддержáть мúрную инициатúву** – to support a peace initiative Лúдеры госудáрств вýразили готóвность поддержáть мúрную инициатúву для урегулúрования конфлúкта. The state leaders expressed their willingness to support a peace initiative to resolve the conflict.

**политúческий диалóг** – political dialogue Начáло политúческого диалóга мéжду противобóрствующими пáртиями стáло вáжным шáгом к примирéнию. The start of a political dialogue between opposing parties was an important step toward reconciliation.

**политúческий конфлúкт** – political conflict Политúческий конфлúкт в странé привёл к разделéнию óбщества и мáссовым протéстам. The political conflict in the country led to social division and mass protests.

**понимáние** – understanding Взаúмное понимáние мéжду сторонáми стáло ключóм к успéшным переговóрам. Mutual understanding between the parties became the key to successful negotiations.

**посрéдничать** – to mediate ООН предложúла посрéдничать в переговóрах мéжду конфликтýющими сторонáми. The UN offered to mediate in negotiations between the conflicting parties.

**посрéдничество** – mediation Успéшное посрéдничество помоглó достúчь компромúсса и предотвратúть эскалáцию конфлúкта. Successful mediation helped achieve a compromise and prevent the escalation of the conflict.

**постконфлúктное восстановлéние** – post-conflict reconstruction Постконфлúктное восстановлéние региóна потрéбовало значúтельных междунарóдных инвестúций. Post-conflict reconstruction of the region required significant international investments.

**постконфлúктное урегулúрование** – post-conflict resolution Постконфлúктное урегулúрование включáет в себя политúческие рефóрмы и примирéние óбщества. Post-conflict resolution includes political reforms and societal reconciliation.

**превентúвная дипломáтия** – preventive diplomacy Превентúвная дипломáтия напрáвлена на предотвращéние конфлúктов до их эскалáции. Preventive diplomacy is aimed at preventing conflicts before they escalate.

**предотвращáть/предотвратúть конфлúкт** – to prevent a conflict Дипломатúческие усúлия бýли напрáвлены на предотвращéние конфлúкта

**ме́жду сосе́дними госуда́рствами.** Diplomatic efforts were focused on preventing a conflict between neighboring states.

**прекраща́ть/прекрати́ть ого́нь** – to cease fire **Конфликту́ющие сто́роны договори́лись прекрати́ть ого́нь и нача́ть ми́рные перегово́ры.** The conflicting parties agreed to cease fire and begin peace talks.

**прекраще́ние огня́** – ceasefire **Прекраще́ние огня́ вступи́ло в си́лу по́сле не́скольких неде́ль напряжённых перегово́ров.** The ceasefire came into effect after several weeks of intense negotiations.

**примире́ние** – reconciliation **Проце́сс национа́льного примире́ния начался́ по́сле подписа́ния ми́рного соглаше́ния.** The process of national reconciliation began after the peace agreement was signed.

**примирённый** – reconciled **Примирённые сто́роны согласи́лись сотру́дничать в ра́мках но́вого полити́ческого диало́га.** The reconciled parties agreed to cooperate within the framework of the new political dialogue.

**примири́тельный проце́сс** – reconciliation process **Примири́тельный проце́сс был запу́щен при посре́дничестве междунаро́дных организа́ций.** The reconciliation process was initiated with the mediation of international organizations.

**примиря́ться/примири́ться** – to reconcile **По́сле до́лгих перегово́ров сто́роны реши́ли примири́ться и нача́ть совме́стную рабо́ту над восстановле́нием страны́.** After lengthy negotiations, the parties decided to reconcile and begin working together on the country's recovery.

**принужде́ние к ми́ру** – peace enforcement **Принужде́ние к ми́ру ста́ло необходи́мым ша́гом для прекраще́ния наси́лия в регио́не.** Peace enforcement became a necessary step to stop violence in the region.

**проводи́ть/провести́ миротво́рческую опера́цию** – to conduct a peacekeeping operation **ООН реши́ла провести́ миротво́рческую опера́цию для стабилиза́ции ситуа́ции в зо́не конфли́кта.** The UN decided to conduct a peacekeeping operation to stabilize the situation in the conflict zone.

**програ́мма восстановле́ния** – recovery program **Програ́мма восстановле́ния инфраструкту́ры была́ разрабо́тана для ускоре́ния постконфли́ктного восстановле́ния страны́.** The infrastructure recovery program was developed to expedite the post-conflict reconstruction of the country.

**программа разоруже́ния** – disarmament program Програ́мма разоруже́ния включа́ет уничтоже́ние нелега́льного ору́жия и контро́ль за его́ распростране́нием. The disarmament program includes the destruction of illegal weapons and control over their distribution.

**противостоя́ние** – confrontation, standoff Дли́тельное противостоя́ние ме́жду сторона́ми конфли́кта меша́ло нача́лу ми́рного проце́сса. The prolonged standoff between the conflicting parties hindered the start of the peace process.

**разоружа́ться/разоружи́ться** – to disarm Вооружённые гру́ппы согласи́лись разоружи́ться в ра́мках ми́рного соглаше́ния. The armed groups agreed to disarm as part of the peace agreement.

**разоруже́ние** – abandonment, disarmament Проце́сс разоруже́ния начался́ по́сле подписа́ния ми́рного соглаше́ния и созда́ния зо́ны безопа́сности. The disarmament process began after the peace agreement was signed and a security zone was established.

**разреша́ть/разреши́ть конфли́кт че́рез диало́г** – to resolve conflict through dialogue Междунаро́дное сообщество призва́ло сто́роны разреши́ть конфли́кт че́рез диало́г и перегово́ры. The international community called on the parties to resolve the conflict through dialogue and negotiations.

**разреше́ние конфли́кта** – conflict resolution Междунаро́дные уси́лия спосо́бствовали ми́рному разреше́нию конфли́кта ме́жду двумя́ стра́нами. International efforts contributed to the peaceful resolution of the conflict between the two countries.

**расширя́ть/расши́рить диало́г** – to expand dialogue Междунаро́дные организа́ции предложи́ли расши́рить диало́г ме́жду конфликту́ющими сторона́ми для достиже́ния про́чного ми́ра. International organizations suggested expanding the dialogue between conflicting parties to achieve lasting peace.

**Резолю́ция Сове́та Безопа́сности ООН** – UN Security Council resolution Резолю́ция Сове́та Безопа́сности ООН призыва́ет к неме́дленному прекраще́нию огня́ и гуманита́рной по́мощи. The UN Security Council resolution calls for an immediate ceasefire and humanitarian assistance.

**религио́зный конфли́кт** – religious conflict Религио́зный конфли́кт обостри́лся из-за разногла́сий ме́жду разли́чными этни́ческими гру́ппами. The religious conflict escalated due to disagreements between different ethnic groups.

**решать/решить конфликт** – to resolve a conflict Диплома́ты предложи́ли реши́ть конфли́кт че́рез прямы́е перегово́ры ме́жду ли́дерами сторо́н. Diplomats proposed resolving the conflict through direct negotiations between the leaders of the parties.

**сверже́ние** – overthrow, removal Сверже́ние режи́ма привело́ к полити́ческому ха́осу и возникнове́нию но́вых конфли́ктов. The overthrow of the regime led to political chaos and the emergence of new conflicts.

**снижа́ть/сни́зить напряжённость** – to reduce tension Ме́ры, при́нятые междунаро́дным соо́бществом, помогли́ сни́зить напряжённость в зо́не конфли́кта. Measures taken by the international community helped reduce tensions in the conflict zone.

**соблюда́ть/соблюсти́ переми́рие** – to observe a ceasefire ООН призвала́ все сто́роны стро́го соблюда́ть переми́рие и избега́ть провока́ций. The UN urged all parties to strictly observe the truce and avoid provocations.

**совмести́мый** – compatible Интере́сы обе́их сторо́н оказа́лись совмести́мыми, что позво́лило прийти́ к соглаше́нию. The interests of both parties proved to be compatible, allowing them to reach an agreement.

**совме́стный** – joint Стра́ны на́чали совме́стный прое́кт по восстановле́нию инфраструкту́ры в постконфли́ктных регио́нах. The countries launched a joint project to rebuild infrastructure in post-conflict regions.

**согла́сный** – agreeable Óба ли́дера бы́ли согла́сны с предло́женными усло́виями ми́рного соглаше́ния. Both leaders agreed to the terms of the proposed peace agreement.

**сосуществова́ть** – to coexist Ра́зные этни́ческие гру́ппы у́чатся сосуществова́ть в усло́виях многонаци́она́льного госуда́рства. Different ethnic groups are learning to coexist in a multinational state.

**спор** – dispute Спор ме́жду двумя́ стра́нами о грани́це привёл к обостре́нию дипломати́ческих отноше́ний. The dispute between the two countries over the border led to a deterioration in diplomatic relations.

**стаби́льность** – stability Полити́ческая стаби́льность в регио́не была́ восстано́влена благодаря́ междунаро́дным уси́лиям. Political stability in the region was restored thanks to international efforts.

**уме́ренный** – moderate Уме́ренные ли́деры обе́их сторо́н сыгра́ли ва́жную роль в достиже́нии ми́рного соглаше́ния. Moderate leaders on both sides played a crucial role in reaching a peace agreement.

**управле́ние конфли́ктами** – conflict management Управле́ние конфли́ктами включа́ет в себя́ превенти́вные ме́ры и посре́дничество. Conflict management involves preventive measures and mediation.

**урегули́рование конфли́ктов** – conflict resolution Урегули́рование конфли́ктов тре́бует ко́мплексного подхо́да, включа́ющего диало́г, примире́ние и рефо́рмы. Conflict resolution requires a comprehensive approach that includes dialogue, reconciliation, and reforms.

**урегули́ровать конфли́кт** – to settle a conflict Ли́деры стран обсуди́ли, как урегули́ровать конфли́кт без примене́ния си́лы. The country leaders discussed how to resolve the conflict without the use of force.

**уси́ливать/уси́лить миротво́рческие уси́лия** – to intensify peacekeeping efforts Междунаро́дное соо́бщество реши́ло уси́лить миротво́рческие уси́лия для предотвраще́ния эскала́ции конфли́кта. The international community decided to intensify peacekeeping efforts to prevent the escalation of the conflict.

**уси́лия по урегули́рованию** – settlement efforts Уси́лия по урегули́рованию конфли́кта включа́ли посре́дничество, перегово́ры и гуманита́рную по́мощь. Conflict resolution efforts included mediation, negotiations, and humanitarian aid.

**шаги́ к достиже́нию ми́ра** – steps to achieve peace Сто́роны сде́лали ва́жные шаги́ к достиже́нию ми́ра, подписа́в предвари́тельное соглаше́ние. The parties took important steps toward achieving peace by signing a preliminary agreement.

**экстреми́ст** – extremist Экстреми́сты сыгра́ли ключеву́ю роль в обостре́нии конфли́кта и эскала́ции наси́лия. Extremists played a key role in escalating the conflict and violence.

**эскала́ция** – escalation Эскала́ция конфли́кта вы́звала серьёзное беспоко́йство у междунаро́дного соо́бщества. The escalation of the conflict caused serious concern within the international community.

**этни́ческий конфли́кт** – ethnic conflict Этни́ческий конфли́кт в регио́не вы́звал ма́ссовое перемеще́ние населе́ния и гуманита́рный кри́зис. The ethnic conflict in the region caused mass displacement of people and a humanitarian crisis.

## 1.2.3.1 Mini-Articles

### 1. ООН усиливает миротворческие усилия в Африке

В ответ на обострение вооружённого конфликта в одной из стран Африки, Организация Объединённых Наций (ООН) приняла решение отправить миротворческие силы для обеспечения безопасности и стабилизации ситуации в регионе. Миротворческий контингент будет включать в себя военных и гражданских специалистов, которые займутся восстановлением порядка и поддержанием мира. Резолюция Совета Безопасности ООН также предусматривает предоставление гуманитарной помощи пострадавшему населению и создание демилитаризованной зоны для защиты мирных жителей.

### 1. UN Strengthens Peacekeeping Efforts in Africa

In response to the escalation of an armed conflict in an African country, the United Nations (UN) has decided to deploy peacekeeping forces to ensure security and stabilize the situation in the region. The peacekeeping contingent will include military and civilian specialists who will work on restoring order and maintaining peace. The UN Security Council Resolution also provides for the delivery of humanitarian aid to the affected population and the creation of a demilitarized zone to protect civilians.

### 2. Достижение временного перемирия в Сирии

После долгих переговоров между правительством Сирии и вооружённой оппозицией удалось достичь временного перемирия. Главный переговорщик от ООН подчеркнул, что это перемирие является первым шагом на пути к долгосрочному мирному урегулированию конфликта. Однако ситуация остаётся нестабильной, и стороны конфликта призваны соблюдать перемирие и воздерживаться от насилия. Международные наблюдатели будут следить за выполнением договорённостей и контролировать ситуацию на местах.

### 2. Achieving a Temporary Ceasefire in Syria

After lengthy negotiations between the Syrian government and the armed opposition, a temporary ceasefire was reached. The chief negotiator from the UN emphasized that this ceasefire is the first step toward a long-term peaceful resolution of the conflict. However, the situation remains unstable, and the conflicting parties are urged to observe the ceasefire and refrain from violence. International observers will monitor the implementation of the agreements and oversee the situation on the ground.

### 3. Мирная Конференция по Урегулированию Этнического Конфликта

В Женеве состоялась мирная конференция, организованная при поддержке ООН, посвящённая урегулированию затяжного этнического конфликта в одном из регионов Юго-Восточной Азии. Участники конференции, включая представителей всех сторон конфликта и международных организаций, обсудили пути достижения примирения и восстановления стабильности в регионе. В ходе конференции было подписано временное перемирие, а также разработаны шаги для проведения программы разоружения и постконфликтного восстановления.

### 3. Peace Conference on Ethnic Conflict Resolution

A peace conference organized with UN support was held in Geneva, focusing on the resolution of a protracted ethnic conflict in a Southeast Asian region. Participants in the conference, including representatives of all parties to the conflict and international organizations, discussed ways to achieve reconciliation and restore stability in the region. During the conference, a temporary ceasefire was signed, and steps were developed to implement a disarmament program and post-conflict recovery.

### 4. Международные Усилия по Предотвращению Религиозного Конфликта

На фоне роста напряжённости в одном из регионов Ближнего Востока, международное сообщество усиливает усилия по урегулированию возможного религиозного конфликта. Миротворческие усилия включают организацию диалога между религиозными лидерами и представителями местных сообществ для предотвращения эскалации. Превентивная дипломатия и посредничество ООН сыграли ключевую роль в снижении напряжённости и создании условий для мирного сосуществования различных религиозных групп в регионе.

### 4. International Efforts to Prevent a Religious Conflict

Amid rising tensions in a Middle Eastern region, the international community is intensifying efforts to resolve a potential religious conflict. Peacekeeping efforts include organizing a dialogue between religious leaders and local community representatives to prevent escalation. Preventive diplomacy and mediation by the UN have played a key role in reducing tensions and creating conditions for peaceful coexistence among different religious groups in the region.

### 5. Анализ конфликта и мирные инициативы в Украине

Эксперты ООН провели анализ конфликта на востоке Украины и предложили несколько мирных инициатив для его урегулирования. Среди предложенных мер — усиление миротворческих усилий, создание зоны конфликта для мониторинга ситуации и программа разоружения всех сторон. ООН также призвала все заинтересованные стороны к возобновлению диалога и поиску компромиссов для достижения долгосрочного мира и стабильности в регионе.

### 5. Conflict Analysis and Peace Initiatives in Ukraine

UN experts conducted a conflict analysis in eastern Ukraine and proposed several peace initiatives for its resolution. Among the proposed measures are strengthening peacekeeping efforts, creating a conflict zone for monitoring the situation, and a disarmament program for all parties. The UN also called on all interested parties to resume dialogue and seek compromises to achieve long-term peace and stability in the region.

## 1.2.3.2 Article: Conflict Resolution and Peacekeeping in Ukraine

Track 20

### Возможности урегулирования конфликта и миротворчества: взгляд с Украины

С начала полномасштабного вторжения России на территорию Украины в феврале 2022 года наша страна оказалась в эпицентре одного из самых тяжёлых вооружённых конфликтов в современной истории. Этот конфликт привёл к огромным разрушениям, многочисленным гражданским жертвам и затронул миллионы жизней. Сегодня перед Украиной и международным сообществом стоит вопрос: каким образом можно достичь мира и обеспечить безопасность в нашем регионе?

Украина, несмотря на агрессию, продолжает настаивать на необходимости диалога и мирного урегулирования конфликта. Наши дипломатические усилия направлены на поиск посредничества и международной поддержки для остановки кровопролития и восстановления территориальной целостности страны. Важнейшую роль в этом процессе играют международные усилия по разрешению конфликта и привлечение миротворческих сил ООН для контроля за выполнением возможных договорённостей.

На протяжении всего конфликта украинская сторона стремилась к достижению перемирия и разработке механизмов для деэскалации напряжённости. Однако неоднократные попытки заключить временное перемирие сталкивались с систематическими нарушениями со стороны российской армии и вооружённых групп, что привело к дальнейшей эскалации боевых действий.

Сейчас международное сообщество должно усилить давление на Россию с целью достижения всеобъемлющего мирного соглашения. Важно, чтобы любые переговоры основывались на принципах международного права и учитывали интересы Украины. ООН и другие международные организации должны активнее поддерживать инициативы по поддержанию мира и привлекать к ответственности тех, кто нарушает права человека и совершает военные преступления.

Одним из ключевых шагов к урегулированию конфликта может стать создание демилитаризованных зон и размещение миротворческого контингента на линии соприкосновения. Это позволит снизить риск дальнейшей эскалации и создать условия для политического диалога и поиска компромиссов.

Украина продолжает защищать своё право на независимость и суверенитет, и при поддержке международного сообщества мы сможем добиться справедливого и долгосрочного мира. Но для этого необходимо, чтобы все стороны конфликта осознали необходимость поиска компромиссов и прекращения военных действий. Только совместные усилия международного сообщества, включая миротворческие миссии, могут привести к постконфликтному восстановлению и стабильности в нашем регионе.

### Opportunities for Conflict Resolution and Peacekeeping: A Ukrainian Perspective

Since the beginning of Russia's full-scale invasion of Ukraine in February 2022, our country has found itself at the epicenter of one of the most severe armed conflicts in modern history. This conflict has led to massive destruction, numerous civilian casualties, and has affected millions of lives. Today, Ukraine and the international community face the question: how can we achieve peace and ensure security in our region?

Despite the aggression, Ukraine continues to insist on the need for dialogue and a peaceful resolution of the conflict. Our diplomatic efforts are focused on seeking mediation and international support to stop the bloodshed and restore the country's territorial integrity.

International efforts to resolve the conflict and the deployment of UN peacekeeping forces to monitor the implementation of possible agreements play a crucial role in this process.

Throughout the conflict, the Ukrainian side has strived to achieve a ceasefire and develop mechanisms for de-escalation. However, repeated attempts to reach a temporary truce have been met with systematic violations by the Russian army and armed groups, leading to further escalation of hostilities.

Now, the international community must increase pressure on Russia to achieve a comprehensive peace agreement. It is important that any negotiations are based on the principles of international law and take into account Ukraine's interests. The UN and other international organizations must more actively support peacekeeping initiatives and hold those who violate human rights and commit war crimes accountable.

One of the key steps towards conflict resolution could be the creation of demilitarized zones and the deployment of a peacekeeping contingent along the contact line. This would reduce the risk of further escalation and create conditions for political dialogue and the search for compromises.

Ukraine continues to defend its right to independence and sovereignty, and with the support of the international community, we can achieve a just and lasting peace. But to do so, all parties to the conflict must recognize the need to seek compromises and end military actions. Only the joint efforts of the international community, including peacekeeping missions, can lead to post-conflict recovery and stability in our region.

## 1.2.4 Humanitarian Aid and Disaster Relief

Track **21**

**антикри́зисные ме́ры** – crisis management measures Междунаро́дные организа́ции разрабо́тали антикри́зисные ме́ры для оказа́ния по́мощи пострада́вшим от стихи́йных бе́дствий. International organizations developed crisis management measures to assist those affected by natural disasters.

**апте́чка пе́рвой по́мощи** – first aid kit Волонтёры разда́ли апте́чки пе́рвой по́мощи же́ртвам землетрясе́ния. Volunteers distributed first aid kits to the earthquake victims.

**бе́женец** – refugee Ты́сячи бе́женцев поки́нули свои́ дома́ из-за́ конфли́кта в регио́не. Thousands of refugees fled their homes due to the conflict in the region.

**безопа́сность** – security, safety Обеспе́чение безопа́сности населе́ния в зо́не бе́дствия ста́ло приорите́том для спаса́тельных служб. Ensuring the safety of the population in the disaster zone became a priority for rescue services.

**благотвори́тельная организа́ция** – charitable organization
Благотвори́тельные организа́ции напра́вили свои́ ресу́рсы на по́мощь же́ртвам наводне́ния. Charitable organizations directed their resources to help flood victims.

**борьба́ с распростране́нием боле́зней** – combating the spread of diseases
Врачи́ сосредото́чились на борьбе́ с распростране́нием боле́зней в лагеря́х для бе́женцев. Doctors focused on combating the spread of diseases in refugee camps.

**вме́шиваться/вмеша́ться в** – to intervene in Междунаро́дные организа́ции вмеша́лись в кри́зис, что́бы обеспе́чить доста́вку гуманита́рной по́мощи. International organizations intervened in the crisis to ensure the delivery of humanitarian aid.

**водоснабже́ние и санитари́я** – water supply and sanitation Междунаро́дные организа́ции рабо́тают над восстановле́нием водоснабже́ния и санитари́и в разру́шенных райо́нах. International organizations are working to restore water supply and sanitation in devastated areas.

**волонтёр** – volunteer Волонтёры при́были в зо́ну бе́дствия, что́бы помо́чь с распределе́нием гуманита́рной по́мощи. Volunteers arrived in the disaster zone to assist with distributing humanitarian aid.

**восстана́вливать/восстанови́ть инфраструкту́ру** – to restore infrastructure
Вла́сти на́чали восстана́вливать инфраструкту́ру, разру́шенную в результа́те землетрясе́ния. Authorities began restoring the infrastructure destroyed by the earthquake.

**вре́менный** – temporary Вре́менные лагеря́ бы́ли устано́влены для размеще́ния люде́й, оста́вшихся без кро́ва по́сле наводне́ния. Temporary camps were set up to house people left homeless after the flood.

**Всеми́рная продово́льственная програ́мма** – World Food Programme (WFP) Всеми́рная продово́льственная програ́мма предоставля́ет пита́ние миллио́нам люде́й, пострада́вшим от конфли́ктов и стихи́йных бе́дствий. The World Food Programme provides food to millions of people affected by conflicts and natural disasters.

**грант** – grant Междунаро́дная организа́ция вы́делила грант на строи́тельство школ в пострада́вших от конфли́кта регио́нах. The international organization awarded a grant for building schools in conflict-affected regions.

**грузови́к с гуманита́рной по́мощью** – relief truck Грузовики́ с гуманита́рной по́мощью прибыли в зо́ну бе́дствия, доставля́я еду́ и медикаме́нты. Trucks carrying humanitarian aid arrived in the disaster zone, delivering food and medicine.

**гуманита́рная катастро́фа** – humanitarian disaster Ма́ссовая мигра́ция из-за войны́ привела́ к гуманита́рной катастро́фе в сосе́дних стра́нах. The mass migration due to the war led to a humanitarian catastrophe in neighboring countries.

**гуманита́рная ми́ссия** – humanitarian mission Гуманита́рная ми́ссия была́ напра́влена в регио́н для оказа́ния экстренной по́мощи пострада́вшим. A humanitarian mission was sent to the region to provide emergency assistance to those affected.

**гуманита́рная опера́ция** – humanitarian relief operation ООН начала́ гуманита́рную опера́цию по доста́вке продово́льствия и медикаме́нтов в осаждённые города́. The UN launched a humanitarian operation to deliver food and medicine to besieged cities.

**гуманита́рная организа́ция** – humanitarian organization Междунаро́дные гуманита́рные организа́ции предоста́вили по́мощь пострада́вшим от приро́дного бе́дствия. International humanitarian organizations provided aid to those affected by the natural disaster.

**гуманита́рная по́мощь** – humanitarian aid Гуманита́рная по́мощь включа́ет в себя́ продово́льствие, во́ду, лека́рства и вре́менное жильё для пострада́вших. Humanitarian aid includes food, water, medicine, and temporary shelter for the affected.

**гуманита́рная рабо́та** – humanitarian work Гуманита́рная рабо́та в зо́не бе́дствия тре́бует координа́ции и взаимоде́йствия ме́жду разли́чными организа́циями. Humanitarian work in the disaster zone requires coordination and cooperation among different organizations.

**гуманита́рный коридо́р** – humanitarian corridor Был откры́т гуманита́рный коридо́р для безопа́сной эвакуа́ции ми́рных жи́телей из зо́ны конфли́кта. A humanitarian corridor was opened for the safe evacuation of civilians from the conflict zone.

**гуманита́рный кри́зис** – humanitarian crisis Гуманита́рный кри́зис в результа́те конфли́кта привёл к о́строй нехва́тке продово́льствия и медикаме́нтов. The humanitarian crisis resulting from the conflict led to a severe shortage of food and medicine.

**долгосро́чное восстановле́ние** – long-term recovery Долгосро́чное восстановле́ние регио́на потре́бует значи́тельных инвести́ций и

**междунаро́дной по́мощи.** The long-term recovery of the region will require significant investment and international aid.

**доставля́ть/доста́вить** – to deliver Гуманита́рные организа́ции доста́вили во́ду и продово́льствие в райо́ны, пострада́вшие от за́сухи. Humanitarian organizations delivered water and food to drought-affected areas.

**до́ступ к образова́нию** – access to education Обеспе́чение до́ступа к образова́нию в лагеря́х для бе́женцев ста́ло приорите́тной зада́чей. Providing access to education in refugee camps has become a priority task.

**жили́щное строи́тельство** – housing construction Жили́щное строи́тельство начало́сь сра́зу по́сле ликвида́ции после́дствий землетрясе́ния. Housing construction began immediately after the earthquake disaster relief efforts.

**жильё** – housing Вре́менное жильё бы́ло постро́ено для люде́й, потеря́вших свои́ дома́ в результа́те наводне́ния. Temporary housing was built for people who lost their homes due to the flood.

**запа́сы по́мощи** – relief assistance, aid supplies Запа́сы по́мощи включа́ли в себя́ продово́льствие, во́ду, одея́ла и медикаме́нты для пострада́вших. The aid supplies included food, water, blankets, and medicine for the affected people.

**защи́та дете́й** – child protection Междунаро́дные организа́ции рабо́тают над защи́той дете́й, обеспе́чивая их безопа́сность и образова́ние в кри́зисных ситуа́циях. International organizations are working on child protection, ensuring their safety and education in crisis situations.

**защи́та прав челове́ка** – human rights protection Гуманита́рные ми́ссии уделя́ют осо́бое внима́ние защи́те прав челове́ка в конфли́ктных зо́нах. Humanitarian missions pay special attention to protecting human rights in conflict zones.

**катастро́фа** – catastrophe, disaster Катастро́фа привела́ к масшта́бным разруше́ниям и потре́бовала неме́дленной гуманита́рной по́мощи. The disaster caused widespread destruction and required immediate humanitarian assistance.

**координи́ровать/скоордини́ровать** – to coordinate Организа́ция Объединённых На́ций помогла́ скоордини́ровать уси́лия по оказа́нию по́мощи пострада́вшим. The United Nations helped coordinate efforts to assist those affected.

**кри́зис** – crisis Гуманита́рный кри́зис обостри́лся, и ты́сячи люде́й нужда́ются в **неотло́жной по́мощи.** The humanitarian crisis worsened, and thousands of people are in urgent need of assistance.

**ла́герь для бе́женцев** – refugee camp В ла́гере для бе́женцев была́ **организо́вана пода́ча горя́чего пита́ния и медици́нская по́мощь.** Hot meals and medical care were organized in the refugee camp.

**ликвида́ция после́дствий стихи́йных бе́дствий** – disaster relief **Ликвида́ция после́дствий стихи́йных бе́дствий потре́бует значи́тельных уси́лий и вре́мени.** The disaster relief effort will require significant time and effort.

**ликвиди́ровать после́дствия** – to mitigate consequences Спаса́тели рабо́тают **над тем, что́бы ликвиди́ровать после́дствия урага́на и восстанови́ть норма́льную жизнь в пострада́вших райо́нах.** Rescuers are working to mitigate the effects of the hurricane and restore normal life in the affected areas.

**лиши́вшиеся кро́ва** – displaced, homeless Ты́сячи люде́й, лиши́вшихся кро́ва из-**за наводне́ния, бы́ли размещены́ во вре́менных убе́жищах.** Thousands of people left homeless by the flood were placed in temporary shelters.

**медици́нская по́мощь** – medical assistance Врачи́ ока́зывают сро́чную **медици́нскую по́мощь пострада́вшим от землетрясе́ния.** Doctors are providing urgent medical assistance to earthquake victims.

**медици́нские услу́ги** – medical services В пострада́вших райо́нах был нала́жен **до́ступ к ба́зовым медици́нским услу́гам.** Access to basic medical services was established in the affected areas.

**медици́нское обору́дование** – medical equipment Междунаро́дная **организа́ция передала́ больни́цам медици́нское обору́дование для оказа́ния э́кстренной по́мощи.** An international organization provided hospitals with medical equipment for emergency care.

**междунаро́дная по́мощь** – international aid Междунаро́дная по́мощь была́ **жи́зненно необходи́ма для ликвида́ции после́дствий стихи́йного бе́дствия.** International aid was crucial for disaster relief efforts.

**междунаро́дная солида́рность** – international solidarity Междунаро́дная **солида́рность прояви́лась в ви́де гуманита́рной по́мощи и подде́ржки со стороны́ мно́гих стран.** International solidarity was demonstrated through humanitarian aid and support from many countries.

**Международный Красный Крест** – International Red Cross Международный Красный Крест развернул свою деятельность в зоне конфликта, оказывая помощь пострадавшим. The International Red Cross began operations in the conflict zone, providing assistance to those affected.

**мобилизация волонтёров** – volunteer mobilization Мобилизация волонтёров позволила быстро организовать помощь пострадавшим от наводнения. The mobilization of volunteers enabled a rapid response to help those affected by the flood.

**мобилизовать ресурсы** – to mobilize resources Правительство мобилизовало все доступные ресурсы для оказания помощи пострадавшим районам. The government mobilized all available resources to assist the affected areas.

**мониторить ситуацию** – to monitor the situation Международные организации продолжают мониторить ситуацию в пострадавших районах, чтобы оценить потребности населения. International organizations continue to monitor the situation in affected areas to assess the needs of the population.

**необходимый** – necessary, essential Необходимые ресурсы были доставлены в районы, пострадавшие от катастрофы, в кратчайшие сроки. Essential resources were delivered to the disaster-stricken areas as quickly as possible.

**обеспечивать/обеспечить безопасность** – to ensure security Военные силы были направлены в пострадавший регион для обеспечения безопасности гуманитарных работников. Military forces were deployed to the affected region to ensure the safety of humanitarian workers.

**оказывать/оказать** – to provide Международные организации оказали поддержку местным властям в организации эвакуации. International organizations provided support to local authorities in organizing the evacuation.

**операция по оказанию помощи** – relief operation Операция по оказанию помощи пострадавшим от землетрясения включала доставку продовольствия и медикаментов. The relief operation for earthquake victims included the delivery of food and medicine.

**Организация Объединённых Наций по делам беженцев (УВКБ)** – United Nations High Commissioner for Refugees (UNHCR) Организация Объединённых Наций по делам беженцев (УВКБ) оказывает помощь миллионам беженцев по всему миру. The United Nations High Commissioner for Refugees (UNHCR) assists millions of refugees worldwide.

**Организа́ция по координа́ции гуманита́рных вопро́сов (ОКГВ) –** Office for the Coordination of Humanitarian Affairs (OCHA) **Организа́ция по координа́ции гуманита́рных вопро́сов (ОКГВ) игра́ет ва́жную роль в управле́нии междунаро́дными гуманита́рными опера́циями.** The Office for the Coordination of Humanitarian Affairs (OCHA) plays a crucial role in managing international humanitarian operations.

**организа́ция по оказа́нию по́мощи –** relief organization **Организа́ции по оказа́нию по́мощи рабо́тают в сотру́дничестве с ме́стными властя́ми для обеспе́чения эффекти́вного распределе́ния ресу́рсов.** Aid organizations work in collaboration with local authorities to ensure effective distribution of resources.

**организо́вывать/организова́ть эвакуа́цию –** to organize evacuation **Ме́стные вла́сти организова́ли эвакуа́цию жи́телей из райо́нов, находя́щихся под угро́зой наводне́ния.** Local authorities organized the evacuation of residents from areas at risk of flooding.

**основны́е потре́бности –** basic needs **Гуманита́рные организа́ции сосредото́чены на удовлетворе́нии основны́х потре́бностей пострада́вших, таки́х как еда́, вода́ и жильё.** Humanitarian organizations are focused on meeting the basic needs of those affected, such as food, water, and shelter.

**осуществля́ть/осуществи́ть опера́ции –** to conduct operations **Гуманита́рные организа́ции осуществи́ли не́сколько спаса́тельных опера́ций в зо́не бе́дствия.** Humanitarian organizations carried out several rescue operations in the disaster zone.

**отправля́ть/отпра́вить –** to send **Междунаро́дное сообщество отпра́вило по́мощь в пострада́вшие от землетрясе́ния райо́ны.** The international community sent aid to the earthquake-affected areas.

**оце́нивать/оцени́ть уще́рб –** to assess damage **Экспе́рты при́были на ме́сто катастро́фы, что́бы оцени́ть уще́рб, нанесённый инфраструкту́ре.** Experts arrived at the disaster site to assess the damage to the infrastructure.

**пала́тка –** tent **Вре́менные лагеря́ для бе́женцев бы́ли обору́дованы пала́тками и необходи́мыми принадле́жностями.** Temporary refugee camps were equipped with tents and essential supplies.

**перемещённые ли́ца –** displaced, uprooted **В результа́те конфли́кта ты́сячи люде́й ста́ли перемещёнными ли́цами и нужда́ются в по́мощи.** Thousands of people became displaced as a result of the conflict and are in need of assistance.

**переполненный** – overcrowded Ла́герь для бе́женцев оказа́лся перепо́лненным, и мно́гие лю́ди бы́ли вы́нуждены иска́ть убе́жище в сосе́дних города́х. The refugee camp became overcrowded, and many people had to seek shelter in nearby towns.

**переселе́ние** – relocation Програ́мма переселе́ния пострада́вших семе́й была́ запу́щена для обеспе́чения их безопа́сности. A resettlement program for affected families was launched to ensure their safety.

**пита́ние** – food supply Гуманита́рные организа́ции обеспе́чивают пострада́вших регуля́рным пита́нием. Humanitarian organizations provide regular meals to those affected.

**пита́ние и напи́тки** – food and drink В усло́виях чрезвыча́йной ситуа́ции обеспе́чение пита́нием и напи́тками стано́вится крити́чески ва́жным. In an emergency, providing food and drinks becomes critically important.

**питьева́я вода́** – drinking water Питьева́я вода́ была́ доста́влена в пострада́вшие райо́ны, где существова́ла угро́за эпиде́мий. Drinking water was delivered to affected areas where there was a risk of epidemics.

**пла́ны эвакуа́ции** – evacuation plans Вла́сти разрабо́тали пла́ны эвакуа́ции для защи́ты населе́ния в слу́чае приро́дных катастро́ф. The authorities developed evacuation plans to protect the population in case of natural disasters.

**подде́ржка** – support, assistance Междунаро́дные организа́ции оказа́ли значи́тельную подде́ржку пострада́вшим от стихи́йного бе́дствия. International organizations provided substantial support to those affected by the natural disaster.

**поже́ртвовать проду́кты пита́ния** – to donate food items Ме́стные жи́тели поже́ртвовали проду́кты пита́ния для по́мощи тем, кто пострада́л от урага́на. Local residents donated food to help those affected by the hurricane.

**помога́ть/помо́чь пострада́вшим** – to help those affected Волонтёры рабо́тали круглосу́точно, что́бы помо́чь пострада́вшим в зо́не бе́дствия. Volunteers worked around the clock to help the victims in the disaster zone.

**по́мощь** – relief, aid Гуманита́рная по́мощь была́ доста́влена в регио́н, пострада́вший от наводне́ния. Humanitarian aid was delivered to the region affected by the flood.

**по́мощь в восстановле́нии** – reconstruction aid Междунаро́дные организа́ции предложи́ли по́мощь в восстановле́нии инфраструкту́ры по́сле урага́на. International organizations offered assistance in rebuilding infrastructure after the hurricane.

**пострада́вшие** – affected people, victims Пострада́вшие от землетрясе́ния нужда́ются в медици́нской по́мощи и безопа́сном жилье́. The earthquake victims need medical assistance and safe housing.

**пострада́вшие от бе́дствия** – disaster-affected Пострада́вшие от бе́дствия бы́ли эвакуи́рованы в безопа́сные райо́ны. The disaster victims were evacuated to safe areas.

**пострада́вшие райо́ны** – affected areas Гуманита́рные организа́ции сосредото́чили свои́ уси́лия на по́мощи пострада́вшим райо́нам. Humanitarian organizations focused their efforts on assisting the affected areas.

**предоставля́ть/предоста́вить убе́жище** – to provide shelter Прави́тельство предоста́вило убе́жище бе́женцам, спаса́вшимся от конфли́кта. The government provided shelter to refugees fleeing the conflict.

**привлека́ть/привле́чь волонтёров** – to engage volunteers Гуманита́рные организа́ции привлекли́ волонтёров для по́мощи в разда́че продово́льствия и воды́. Humanitarian organizations enlisted volunteers to help distribute food and water.

**програ́мма оказа́ния по́мощи** – aid program Програ́мма оказа́ния по́мощи была́ запу́щена для подде́ржки семе́й, пострада́вших от стихи́йного бе́дствия. An aid program was launched to support families affected by the natural disaster.

**програ́ммы вакцина́ции** – vaccination programs Програ́ммы вакцина́ции в ла́герях для бе́женцев помога́ют предотврати́ть вспы́шки боле́зней. Vaccination programs in refugee camps help prevent disease outbreaks.

**продово́льственная безопа́сность** – food security Обеспе́чение продово́льственной безопа́сности в зо́не бе́дствия ста́ло приорите́тной зада́чей для междунаро́дных организа́ций. Ensuring food security in the disaster zone became a priority for international organizations.

**продово́льственные запа́сы** – food supplies Продово́льственные запа́сы бы́ли бы́стро отпра́влены в райо́ны, где возни́кла угро́за го́лода. Food supplies were quickly sent to areas facing the threat of famine.

**противоэпидеми́ческие ме́ры** – anti-epidemic measures
Противоэпидеми́ческие ме́ры бы́ли введены́, что́бы предотврати́ть распростране́ние инфе́кций среди́ пострада́вших. Anti-epidemic measures were implemented to prevent the spread of infections among those affected.

**психологи́ческая подде́ржка** – psychological support Психологи́ческая подде́ржка была́ ока́зана же́ртвам бе́дствия для преодоле́ния после́дствий тра́вмы. Psychological support was provided to disaster victims to help them overcome trauma.

**пункт вре́менного размеще́ния** – temporary shelter Пу́нкты вре́менного размеще́ния бы́ли организо́ваны для семе́й, оста́вшихся без кро́ва по́сле землетрясе́ния. Temporary accommodation centers were set up for families left homeless after the earthquake.

**рабо́тники гуманита́рной по́мощи** – relief workers Рабо́тники гуманита́рной по́мощи прибыли́ в зо́ну конфли́кта, что́бы поддержа́ть пострада́вших. Humanitarian aid workers arrived in the conflict zone to assist those affected.

**разруши́тельный** – destructive Разруши́тельный торна́до оста́вил ты́сячи люде́й без кро́ва и разру́шил инфраструкту́ру. The destructive tornado left thousands of people homeless and destroyed infrastructure.

**распределе́ние по́мощи** – distribution of aid Координа́ция распределе́ния по́мощи ста́ла ва́жной зада́чей для волонтёров и гуманита́рных организа́ций. Coordinating the distribution of aid became an important task for volunteers and humanitarian organizations.

**распределя́ть/распредели́ть гуманита́рную по́мощь** – to distribute humanitarian aid Волонтёры помогли́ распредели́ть гуманита́рную по́мощь среди́ нужда́ющихся семе́й. Volunteers helped distribute humanitarian aid to families in need.

**реаги́ровать/отреаги́ровать на бе́дствие** – to respond to a disaster Междунаро́дное соо́бщество операти́вно отреаги́ровало на бе́дствие, напра́вив по́мощь пострада́вшим райо́нам. The international community quickly responded to the disaster by sending aid to the affected areas.

**самолёт с гуманита́рной по́мощью** – relief plane Самолёт с гуманита́рной по́мощью при́был в пострада́вший регио́н, доста́вив медикаме́нты и

**продово́льствие.** A plane carrying humanitarian aid arrived in the affected region, delivering medicine and food supplies.

**санита́рные усло́вия** – sanitary conditions Улучше́ние санита́рных усло́вий в ла́герях для бе́женцев ста́ло приорите́том для гуманита́рных организа́ций. Improving sanitary conditions in refugee camps became a priority for humanitarian organizations.

**сбор поже́ртвований** – fundraising В отве́т на катастро́фу был организо́ван сбор поже́ртвований для пострада́вших семе́й. A donation drive was organized in response to the disaster to help affected families.

**свя́занный с оказа́нием по́мощи** – relief-related Все мероприя́тия, свя́занные с оказа́нием по́мощи, бы́ли скоордини́рованы междунаро́дными аге́нтствами. All activities related to aid delivery were coordinated by international agencies.

**се́ктор здравоохране́ния** – health sector Се́ктор здравоохране́ния в пострада́вших райо́нах нужда́ется в подде́ржке для восстановле́ния услу́г. The healthcare sector in affected areas needs support to restore services.

**снабжа́ть/снабди́ть** – to supply Волонтёры снабди́ли се́мьи, пострада́вшие от бе́дствия, продово́льствием и предме́тами пе́рвой необходи́мости. Volunteers provided food and essential supplies to families affected by the disaster.

**собира́ть/собра́ть сре́дства** – to fundraise Благотвори́тельная организа́ция собрала́ сре́дства для пострада́вших от наводне́ния. The charity organization raised funds for flood victims.

**сотру́дничать/посотру́дничать в оказа́нии по́мощи** – to collaborate in relief efforts Стра́ны согласи́лись сотру́дничать в оказа́нии по́мощи пострада́вшим от землетрясе́ния. The countries agreed to cooperate in providing aid to earthquake victims.

**сочу́вствующий челове́к** – sympathetic person, sympathizer Сочу́вствующие лю́ди со всего́ ми́ра сде́лали поже́ртвования в подде́ржку пострада́вших от урага́на. Sympathetic people from around the world donated to support those affected by the hurricane.

**спаса́тельная опера́ция** – rescue operation Спаса́тельная опера́ция была́ развёрнута сра́зу по́сле землетрясе́ния для по́иска и спасе́ния вы́живших. A rescue operation was launched immediately after the earthquake to search for and rescue survivors.

**спасать/спасти** – to rescue Волонтёры рисковали жизнями, чтобы спасти людей из затопленных домов. Volunteers risked their lives to save people from flooded homes.

**стихийное бедствие** – natural disaster Стихийное бедствие нанесло огромный ущерб инфраструктуре и экономике региона. The natural disaster caused massive damage to the region's infrastructure and economy.

**убежище** – shelter Пострадавшим предоставили временное убежище в школах и спортзалах. Temporary shelter was provided for the affected in schools and gyms.

**улучшать/улучшить санитарные условия** – to improve health conditions Организация ООН приняла меры, чтобы улучшить санитарные условия в лагерях для беженцев. The UN took measures to improve sanitation in refugee camps.

**управление ресурсами** – resource management Эффективное управление ресурсами стало ключевым фактором успешного восстановления региона после катастрофы. Effective resource management became a key factor in the successful recovery of the region after the disaster.

**управление чрезвычайными ситуациями** – emergency management Национальные службы управления чрезвычайными ситуациями работали круглосуточно, чтобы помочь пострадавшим. The national emergency management services worked around the clock to assist the victims.

**финансирование** – funding Финансирование гуманитарных программ увеличилось благодаря поддержке международных доноров. Funding for humanitarian programs increased thanks to the support of international donors.

**финансовая помощь** – financial assistance Международная финансовая помощь позволила быстрее восстановить инфраструктуру после бедствия. International financial aid helped speed up the recovery of infrastructure after the disaster.

**фонд помощи** – relief fund Фонд помощи собрал значительные средства для оказания поддержки пострадавшим от стихийного бедствия. The relief fund raised substantial funds to support victims of the natural disaster.

**чистая вода** – clean water Чистая вода была доставлена в регионы, пострадавшие от засухи и нехватки водных ресурсов. Clean water was delivered to regions affected by drought and water shortages.

**чрезвыча́йная ситуа́ция** – emergency situation **Прави́тельство объяви́ло чрезвыча́йную ситуа́цию и разверну́ло спаса́тельные си́лы.** The government declared a state of emergency and deployed rescue teams.

**эвакуа́ция гражда́нского населе́ния** – evacuation of civilians **Эвакуа́ция гражда́нского населе́ния начала́сь сра́зу по́сле предупрежде́ния о возмо́жном наводне́нии.** The evacuation of civilians began immediately after the flood warning was issued.

**эвакуи́ровать** – to evacuate **Вла́сти эвакуи́ровали жи́телей из опа́сной зо́ны пе́ред нача́лом урага́на.** Authorities evacuated residents from the danger zone before the hurricane hit.

**э́кстренная по́мощь** – emergency aid **Э́кстренная по́мощь была́ ока́зана пострада́вшим от катастро́фы, включа́я продово́льствие и медикаме́нты.** Emergency aid was provided to the disaster victims, including food and medicine.

**энергоснабже́ние** – power supply **Восстановле́ние энергоснабже́ния ста́ло приорите́том по́сле стихи́йного бе́дствия.** Restoring power supply became a priority after the natural disaster.

**эпидемиологи́ческий надзо́р** – epidemiological surveillance **Эпидемиологи́ческий надзо́р был уси́лен, что́бы предотврати́ть вспы́шки боле́зней в пострада́вших райо́нах.** Epidemiological surveillance was increased to prevent disease outbreaks in affected areas.

### 1.2.4.1 Mini-Articles

Track **22**

#### 1. Гуманита́рная катастро́фа в А́фрике: междунаро́дная по́мощь и координа́ция

На фо́не продолжа́ющегося гуманита́рного кри́зиса в одно́й из африка́нских стран, Организа́ция Объединённых На́ций по дела́м бе́женцев (УВКБ) активи́ровала масшта́бную гуманита́рную опера́цию по оказа́нию по́мощи пострада́вшим. Междунаро́дная по́мощь напра́влена на обеспе́чение безопа́сности, водоснабже́ния и санита́рии, а та́кже до́ступа к образова́нию для ты́сяч бе́женцев и перемещённых лиц. Волонтёры и гуманита́рные организа́ции координи́руют свои́ уси́лия, что́бы доста́вить гуманита́рную по́мощь в пострада́вшие райо́ны и улу́чшить санита́рные усло́вия в перепо́лненных лагеря́х для бе́женцев.

### 1. Humanitarian Catastrophe in Africa: International Aid and Coordination

Amid the ongoing humanitarian crisis in an African country, the United Nations High Commissioner for Refugees (UNHCR) has activated a large-scale humanitarian operation to assist those affected. International aid is aimed at ensuring security, water supply and sanitation, and access to education for thousands of refugees and displaced persons. Volunteers and humanitarian organizations are coordinating their efforts to deliver humanitarian aid to affected areas and improve sanitary conditions in overcrowded refugee camps.

### 2. Спаса́тельная опера́ция в отве́т на стихи́йное бе́дствие в А́зии

В отве́т на разруши́тельное стихи́йное бе́дствие в одно́й из стран А́зии, ме́стные вла́сти при подде́ржке Междунаро́дного Кра́сного Креста́ на́чали масшта́бную спаса́тельную опера́цию. Рабо́тники гуманита́рной по́мощи и волонтёры уча́ствуют в эвакуа́ции гражда́нского населе́ния и разда́че гуманита́рной по́мощи. Основно́е внима́ние уделя́ется обеспе́чению медици́нской по́мощи пострада́вшим и психологи́ческой подде́ржке тех, кто лиши́лся кро́ва. Грузовики́ с гуманита́рной по́мощью уже́ доста́вили необходи́мые припа́сы, включа́я апте́чки пе́рвой по́мощи, пала́тки и чи́стую во́ду.

### 2. Rescue Operation in Response to a Natural Disaster in Asia

In response to a devastating natural disaster in an Asian country, local authorities, with the support of the International Red Cross, have launched a large-scale rescue operation. Humanitarian aid workers and volunteers are participating in the evacuation of civilians and the distribution of humanitarian aid. The main focus is on providing medical assistance to those affected and psychological support to those left homeless. Trucks carrying humanitarian aid have already delivered essential supplies, including first aid kits, tents, and clean water.

### 3. Борьба́ с Распростране́нием Боле́зней в Пострада́вших Райо́нах

По́сле разруши́тельного землетрясе́ния в Лати́нской Аме́рике возни́кла угро́за вспы́шек инфекцио́нных заболева́ний из-за плохи́х санита́рных усло́вий. Междунаро́дные гуманита́рные организа́ции, включа́я Всеми́рную организа́цию здравоохране́ния (ВОЗ), приступи́ли к реализа́ции програ́ммы вакцина́ции и противоэпидеми́ческих мер. Медици́нские услу́ги и медици́нское обору́дование были мобилизо́ваны для предотвраще́ния распростране́ния боле́зней. Мобилиза́ция волонтёров и координа́ция с ме́стными властя́ми позво́лили обеспе́чить безопа́сность населе́ния и стабилизи́ровать санита́рную обстано́вку в пострада́вших райо́нах.

### 3. Combating the Spread of Diseases in Affected Areas

After a devastating earthquake in Latin America, there was a threat of outbreaks of infectious diseases due to poor sanitary conditions. International humanitarian organizations, including the World Health Organization (WHO), have begun implementing vaccination programs and anti-epidemic measures. Medical services and medical equipment have been mobilized to prevent the spread of diseases. Volunteer mobilization and coordination with local authorities have helped ensure the safety of the population and stabilize the sanitary situation in affected areas.

### 4. Восстановле́ние инфраструкту́ры по́сле стихи́йного бе́дствия на Бли́жнем Восто́ке

Стра́ны Бли́жнего Восто́ка, пострада́вшие от разруши́тельных наводне́ний, на́чали долгосро́чное восстановле́ние разру́шенной инфраструкту́ры при подде́ржке междунаро́дного соо́бщества. Фонд по́мощи и междунаро́дные гра́нты предоста́вили фина́нсовые сре́дства для восстановле́ния энергоснабже́ния, жили́щного строи́тельства и улучше́ния водоснабже́ния и санита́рии. Осо́бое внима́ние уделя́ется строи́тельству пу́нктов вре́менного размеще́ния и восстановле́нию до́ступа к чи́стой воде́. Благотвори́тельные организа́ции и волонтёры акти́вно уча́ствуют в распределе́нии по́мощи и подде́ржке пострада́вших.

### 4. Infrastructure Recovery After a Natural Disaster in the Middle East

Middle Eastern countries affected by devastating floods have begun the long-term recovery of damaged infrastructure with the support of the international community. Relief funds and international grants have provided financial resources for the restoration of power supply, housing construction, and improvement of water supply and sanitation. Special attention is being paid to the construction of temporary shelters and the restoration of access to clean water. Charitable organizations and volunteers are actively involved in the distribution of aid and supporting those affected.

### 5. Гуманитарная Миссия ООН: Поддержка Беженцев в Европе

На фоне продолжающегося кризиса с беженцами в Европе, Организация Объединённых Наций по координации гуманитарных вопросов (ОКГВ) организовала масштабную гуманитарную миссию. Оновные цели миссии включают предоставление убежища и гуманитарной помощи тысячам беженцев, а также улучшение санитарных условий в переполненных лагерях. Международная солидарность и мобилизация ресурсов позволили создать гуманитарные коридоры для безопасного перемещения беженцев и доставки помощи. Временные меры включают обеспечение медицинских услуг и питания, а также поддержку детей и их доступ к образованию.

### 5. UN Humanitarian Mission: Supporting Refugees in Europe

Amid the ongoing refugee crisis in Europe, the United Nations Office for the Coordination of Humanitarian Affairs (OCHA) has organized a large-scale humanitarian mission. The main goals of the mission include providing shelter and humanitarian aid to thousands of refugees, as well as improving sanitary conditions in overcrowded camps. International solidarity and resource mobilization have allowed the creation of humanitarian corridors for the safe movement of refugees and the delivery of aid. Temporary measures include the provision of medical services and food, as well as support for children and their access to education.

## 1.2.4.2 Interview with an Aid Worker

Track **23**

**Журналист:** Добрый день, Анна Ивановна. Спасибо, что согласились дать нам интервью. Как сейчас обстоят дела с гуманитарной ситуацией в Украине?

**Анна Ивановна:** Добрый день. Ситуация остаётся сложной, особенно в регионах, пострадавших от боевых действий. Мы наблюдаем значительный рост количества перемещённых лиц и беженцев, нуждающихся в гуманитарной помощи. Волонтёры и гуманитарные организации делают всё возможное, чтобы обеспечить людей необходимыми вещами, такими как питание, медицинская помощь и жильё.

**Журналист:** Какие самые насущные потребности у людей, с которыми вы работаете?

**Анна Ивановна:** Одной из самых острых проблем является нехватка чистой воды и медицинских услуг. Мы также сталкиваемся с дефицитом медицинского оборудования и лекарств. В некоторых районах ситуация с санитарными условиями оставляет желать лучшего, и это вызывает серьёзные опасения по поводу возможных вспышек инфекционных заболеваний. Кроме того, многие люди лишились своих домов, и мы работаем над организацией временного жилья для них.

**Журналист:** Как международное сообщество помогает в этих условиях?

**Анна Ивановна:** Международное сообщество активно поддерживает наши усилия. Гуманитарные организации со всего мира отправляют грузовики с гуманитарной помощью, включая питание, аптечки первой помощи и палатки. Международный Красный Крест и Организация Объединённых Наций по координации гуманитарных вопросов (ОКГВ) играют важную роль в координации усилий и мобилизации ресурсов. Мы также получаем финансовую помощь от различных благотворительных организаций, что помогает нам закупать необходимые припасы.

**Журналист:** Как вам удаётся координировать такую масштабную помощь в условиях продолжающихся боевых действий?

**Анна Ивановна:** Это действительно непросто. Мы работаем в тесном сотрудничестве с местными властями и международными партнёрами для того, чтобы координировать наши усилия и обеспечить безопасность как гуманитарных работников, так и получателей помощи. Иногда мы вынуждены работать в условиях перемирия, которое может быть нарушено в любой момент. Однако мы делаем всё возможное, чтобы гуманитарная помощь доходила до тех, кто в ней нуждается больше всего.

**Журналист:** Что вас больше всего впечатляет в вашей работе?

**Анна Ивановна:** Меня вдохновляет мобилизация волонтёров и готовность людей помогать друг другу в самых трудных условиях. Несмотря на все трудности, я вижу, как люди проявляют солидарность и готовы жертвовать своим временем и ресурсами ради помощи другим. Это даёт надежду на то, что даже в самых тяжёлых обстоятельствах можно найти силы для восстановления и продолжения жизни.

**Журналист:** Спасибо, Анна Ивановна, за ваш важный труд и за то, что поделились с нами своим опытом.

**Анна Ивановна:** Спасибо вам за внимание к нашей работе и за возможность рассказать о том, что происходит на местах. Мы будем продолжать работать, чтобы помочь людям справиться с этими трудными временами.

**Journalist:** Good afternoon, Anna Ivanovna. Thank you for agreeing to this interview. How is the humanitarian situation in Ukraine right now?

**Anna Ivanovna:** Good afternoon. The situation remains difficult, especially in regions affected by the fighting. We are seeing a significant increase in the number of displaced persons and refugees who need humanitarian aid. Volunteers and humanitarian organizations are doing everything possible to provide people with essential items such as food, medical assistance, and shelter.

**Journalist:** What are the most urgent needs of the people you are working with?

**Anna Ivanovna:** One of the most pressing problems is the shortage of clean water and medical services. We are also facing a shortage of medical equipment and medicines. In some areas, sanitary conditions are far from ideal, which raises serious concerns about potential outbreaks of infectious diseases. Additionally, many people have lost their homes, and we are working to organize temporary housing for them.

**Journalist:** How is the international community helping in these circumstances?

**Anna Ivanovna:** The international community is actively supporting our efforts. Humanitarian organizations from around the world are sending trucks with humanitarian aid, including food, first aid kits, and tents. The International Red Cross and the United Nations Office for the Coordination of Humanitarian Affairs (OCHA) play a key role in coordinating efforts and mobilizing resources. We are also receiving financial assistance from various charitable organizations, which helps us purchase the necessary supplies.

**Journalist:** How are you managing to coordinate such large-scale aid in the midst of ongoing hostilities?

**Anna Ivanovna:** It's certainly challenging. We work closely with local authorities and international partners to coordinate our efforts and ensure the safety of both humanitarian workers and aid recipients. Sometimes we have to work under ceasefire conditions, which can be broken at any moment. However, we do everything we can to ensure that humanitarian aid reaches those who need it most.

**Journalist:** What impresses you the most about your work?

**Anna Ivanovna:** I'm inspired by the mobilization of volunteers and the willingness of people to help each other in the most difficult conditions. Despite all the challenges, I see how people show solidarity and are willing to sacrifice their time and resources to help others. This gives hope that even in the most difficult circumstances, we can find the strength for recovery and to continue living.

**Journalist:** Thank you, Anna Ivanovna, for your important work and for sharing your experience with us.

**Anna Ivanovna:** Thank you for your attention to our work and for giving me the opportunity to talk about what's happening on the ground. We will continue to work to help people get through these difficult times.

# Unit 2
## Crime

**Crime** is an intricate and multifaceted aspect of society that pervades all cultures and nations, affecting individuals and communities on both personal and systemic levels. This unit aims to provide an overview of crime-related vocabulary in Russian. By delving into the lexicon of various types of crimes, it offers a unique opportunity to understand how criminal events are reported and discussed in Russian media, from both linguistic and sociocultural perspectives.

We begin this exploration with **Violent Crime**, and it is here that we need to note a significant disclaimer. This section contains discussions and vocabulary pertaining to murder, rape, child abuse, and similar violent crimes. Such content may be disturbing or triggering for some readers, so please proceed with discretion.

From there, we expand our focus to **Property Crimes**, which includes stealing, fraud, vandalism, and arson, diving into the language used to describe these criminal activities in Russian media.

The unit concludes with **Drug-Related Crimes**, where we explore the language used in Russian media to discuss drug possession and usage, drug manufacturing, dealing, trafficking, and even driving under the influence.

As you journey through the unit, it's important to note that the boundaries in the usage of certain terms in Russian, especially within the 'Theft and Robbery' section, can be somewhat fluid. Some terms might appear interchangeable, with subtle or even no practical differences in meaning. The choice of one term over another can often boil down to personal preference or the stylistic approach of the journalist or media outlet. While understanding these nuances is part of the learning process, it's also important to not get too caught up in these distinctions. As you become more comfortable and fluent in media Russian, you'll naturally develop a feel for which term to use in a given context.

As challenging as some of these topics might be, understanding the language used around them is vital for gaining a nuanced understanding of Russian media discourse and the cultural, societal, and legal dynamics that shape it.

**вызыва́ть/вы́звать поли́цию** — to call the police Очеви́дцы неме́дленно вы́звали поли́цию по́сле того́, как услы́шали кри́ки о по́мощи. Witnesses immediately called the police after hearing cries for help.

**допро́с** — interrogation Подозрева́емого доста́вили в уча́сток для проведе́ния допро́са. The suspect was taken to the station for questioning.

**же́ртва** — victim Же́ртва нападе́ния дала́ подро́бные показа́ния о случи́вшемся. The victim of the assault gave detailed testimony about what happened.

**злоумы́шленник** — perpetrator Злоумы́шленник пыта́лся скры́ться с ме́ста преступле́ния, но был заде́ржан поли́цией. The perpetrator attempted to flee the crime scene but was apprehended by the police.

**лови́ть/пойма́ть с поли́чным** — to catch red-handed Поли́ция пойма́ла злоумы́шленника с поли́чным во вре́мя кра́жи со взло́мом. The police caught the perpetrator red-handed during a burglary.

**ме́сто преступле́ния** — crime scene Полице́йские оцепи́ли ме́сто преступле́ния, что́бы собра́ть ули́ки. The police cordoned off the crime scene to collect evidence.

**осмо́тр ме́ста происше́ствия** — crime scene examination Осмо́тр ме́ста происше́ствия показа́л, что бы́ло испо́льзовано огнестре́льное ору́жие. The crime scene investigation revealed that a firearm was used.

**подозрева́емый** — suspect Подозрева́емый в ограбле́нии был аресто́ван и доста́влен в полице́йский уча́сток. The suspect in the robbery was arrested and taken to the police station.

**показа́ния свиде́теля** — witness testimony Показа́ния свиде́теля помогли́ поли́ции в установле́нии ли́чности подозрева́емого. The witness's testimony helped the police identify the suspect.

**полице́йский отчёт** — police report Полице́йский отчёт соде́ржит всю информа́цию о происше́ствии и де́йствиях сотру́дников поли́ции. The police report contains all the information about the incident and the actions of the officers.

**полице́йское рассле́дование** — police investigation Полице́йское рассле́дование продолжа́ется, и но́вые ули́ки мо́гут появи́ться в ближа́йшее вре́мя. The police investigation is ongoing, and new evidence may emerge soon.

**преступле́ние** — crime Преступле́ние произошло́ ра́но у́тром, когда́ у́лицы бы́ли почти́ пусты́ми. The crime occurred early in the morning when the streets were nearly empty.

**привлече́ние к отве́тственности** — prosecution В результа́те рассле́дования злоумы́шленник был привлечён к отве́тственности и осуждён. As a result of the investigation, the perpetrator was held accountable and convicted.

**призна́ние вины́** — confession Подозрева́емый дал призна́ние вины́ в хо́де допро́са, что ста́ло ва́жным доказа́тельством для сле́дствия. The suspect confessed during interrogation, which became important evidence for the investigation.

**протоко́л осмо́тра ме́ста происше́ствия** — crime scene report Протоко́л осмо́тра ме́ста происше́ствия включа́ет фотогра́фии и описа́ние всех на́йденных ули́к. The crime scene report includes photographs and descriptions of all the evidence found.

**свиде́тель** — witness Свиде́тель ограбле́ния сообщи́л поли́ции ва́жные дета́ли, кото́рые помогли́ в пои́мке подозрева́емого. The witness to the robbery provided the police with important details that helped catch the suspect.

**сле́дователь** — investigator Сле́дователь продолжа́ет рабо́тать над де́лом, собира́я но́вые доказа́тельства. The investigator continues working on the case, gathering new evidence.

**сле́дствие** — investigation Сле́дствие установи́ло, что престу́пник де́йствовал в одино́чку. The investigation revealed that the criminal acted alone.

**слёжка** — surveillance Поли́ция организова́ла слёжку за подозрева́емым, что́бы собра́ть бо́льше доказа́тельств его́ вины́. The police set up surveillance on the suspect to gather more evidence of his guilt.

**собира́ть/собра́ть ули́ки** — to collect evidence Экспе́рты-криминали́сты прибыли́ на ме́сто происше́ствия, что́бы собра́ть ули́ки. Forensic experts arrived at the scene to collect evidence.

**ули́ка** — evidence На́йденная на ме́сте преступле́ния ули́ка помогла́ сле́дствию вы́йти на след престу́пника. The evidence found at the crime scene helped the investigation track down the criminal.

# 2.1 Violent Crime

Track 25

**нападе́ние** — assault Нападе́ние произошло́ по́здно ве́чером, когда́ же́ртва возвраща́лась домо́й. The assault occurred late at night when the victim was returning home.

**обстоя́тельства преступле́ния** — circumstances of the crime Обстоя́тельства преступле́ния остаю́тся нея́сными, и сле́дователи продолжа́ют рабо́тать над раскры́тием де́ла. The circumstances of the crime remain unclear, and investigators are continuing to work on solving the case.

**о́рдер на аре́ст** — arrest warrant Суд вы́дал о́рдер на аре́ст подозрева́емого в уби́йстве. The court issued an arrest warrant for the murder suspect.

**преступле́ние из не́нависти** — hate crime Уби́йство бы́ло классифици́ровано как преступле́ние из не́нависти, поско́льку оно́ бы́ло напра́влено про́тив представи́телей меньшинства́. The murder was classified as a hate crime because it targeted members of a minority group.

**сле́дственное де́ло** — investigation file Сле́дственное де́ло по фа́кту уби́йства остаётся откры́тым, пока́ все доказа́тельства не бу́дут со́браны. The murder investigation remains open until all the evidence is gathered.

## 2.1.1 Murder and Homicide

Track 26

**ауто́псия** — autopsy Ауто́псия показа́ла, что причи́ной сме́рти ста́ло удуше́ние. The autopsy revealed that the cause of death was suffocation.

**баллисти́ческая эксперти́за** — ballistic analysis Баллисти́ческая эксперти́за подтверди́ла, что на́йденная пу́ля была́ вы́пущена из ору́жия подозрева́емого. The ballistic examination confirmed that the bullet found was fired from the suspect's weapon.

**возбужда́ть/возбуди́ть уголо́вное де́ло** — to initiate a criminal case Поли́ция возбуди́ла уголо́вное де́ло по фа́кту двойно́го уби́йства, соверше́нного в це́нтре го́рода. The police initiated a criminal case regarding the double murder committed in the city center.

**двойное убийство** — double murder Двойное убийство шокировало местное сообщество и стало предметом масштабного расследования. The double murder shocked the local community and became the subject of a large-scale investigation.

**доказательство вины** — proof of guilt Найденные отпечатки пальцев на месте преступления стали главным доказательством вины подозреваемого. The fingerprints found at the crime scene became the main evidence of the suspect's guilt.

**домашнее убийство** — domestic homicide Домашнее убийство вызвало волну обсуждений о домашнем насилии в обществе. The domestic homicide sparked discussions about domestic violence in society.

**казнь** — execution Преступник был приговорён к смертной казни за совершение нескольких жестоких убийств. The criminal was sentenced to execution for committing multiple brutal murders.

**кровавый след** — bloodstain Полицейские следовали по кровавому следу, который вёл от места преступления к убежищу подозреваемого. The police followed the bloody trail leading from the crime scene to the suspect's hideout.

**массовое убийство** — mass murder Массовое убийство в школе потрясло всю страну и вызвало волну негодования. The mass murder at the school shocked the entire country and caused an outcry.

**мотив** — motive Следствие установило, что мотивом убийства была ревность. The investigation revealed that jealousy was the motive for the murder.

**насильственная смерть** — violent death Насильственная смерть мужчины вызвала подозрения у следователей, и было начато расследование. The violent death of the man raised suspicions among investigators, and an investigation was launched.

**непреднамеренное убийство** — unintentional murder (manslaughter) Суд признал водителя виновным в непреднамеренном убийстве пешехода и приговорил его к тюремному сроку. The court found the driver guilty of manslaughter and sentenced him to prison.

**непредумышленное убийство** — involuntary manslaughter Подозреваемый был обвинён в непредумышленном убийстве после драки, закончившейся смертью человека. The suspect was charged with involuntary manslaughter after a fight that ended in someone's death.

**неумы́шленное уби́йство** — unintentional murder (manslaughter) Суд учёл, что убийство бы́ло неумы́шленным, и смягчи́л наказа́ние обвиня́емому. The court considered the killing to be unintentional and reduced the defendant's sentence.

**обвине́ние в уби́йстве** — murder charge Подозрева́емый получи́л обвине́ние в уби́йстве пе́рвой сте́пени и был аресто́ван. The suspect was charged with first-degree murder and was arrested.

**ору́дие уби́йства** — murder weapon Ору́дие уби́йства бы́ло на́йдено недалеко́ от ме́ста преступле́ния, что помогло́ сле́дствию. The murder weapon was found near the crime scene, aiding the investigation.

**отпеча́тки па́льцев** — fingerprints Отпеча́тки па́льцев, обнару́женные на ору́дии уби́йства, совпа́ли с отпеча́тками подозрева́емого. The fingerprints found on the murder weapon matched the suspect's fingerprints.

**отягча́ющие обстоя́тельства** — aggravating circumstances При вынесе́нии пригово́ра суд учёл отягча́ющие обстоя́тельства, таки́е как жесто́кость преступле́ния. When delivering the sentence, the court took into account aggravating circumstances, such as the cruelty of the crime.

**полити́ческое уби́йство** — political assassination Полити́ческое уби́йство вы́звало во́лну проте́стов и осужде́ний со стороны́ междунаро́дного соо́бщества. The political assassination sparked a wave of protests and condemnation from the international community.

**получа́ть/получи́ть пожи́зненное заключе́ние** — to receive a life sentence Обвиня́емый был при́знан вино́вным в преднаме́ренном уби́йстве и получи́л пожи́зненное заключе́ние. The defendant was found guilty of premeditated murder and received a life sentence.

**преднаме́ренное уби́йство** — premeditated murder Сле́дствие установи́ло, что убийство бы́ло преднаме́ренным и тща́тельно сплани́рованным. The investigation determined that the murder was intentional and carefully planned.

**преступле́ние на по́чве стра́сти** — crime of passion Преступле́ние на по́чве стра́сти бы́ло соверше́но в поры́ве ре́вности и гне́ва. The crime of passion was committed in a fit of jealousy and anger.

**ритуа́льное уби́йство** — ritual murder Поли́ция рассле́дует де́ло о возмо́жном ритуа́льном уби́йстве, свя́занное с ме́стными верова́ниями. The police are investigating a case of possible ritual murder linked to local beliefs.

**серийное убийство** — serial murder Серийное убийство в небольшом городе вызвало панику среди его жителей. The serial killings in the small town caused panic among its residents.

**следы крови** — blood traces Следы крови, найденные на месте преступления, были отправлены на анализ ДНК. Blood traces found at the crime scene were sent for DNA analysis.

**смертельная рана** — fatal wound Жертва получила смертельную рану, которая привела к её скоропостижной смерти. The victim sustained a fatal wound that led to their sudden death.

**смертельный исход** — fatal outcome Несчастный случай привёл к смертельному исходу, несмотря на попытки врачей спасти пострадавшего. The accident resulted in a fatal outcome despite the doctors' attempts to save the victim.

**смягчающие обстоятельства** — mitigating circumstances Суд учёл смягчающие обстоятельства, такие как раскаяние обвиняемого, и вынес более мягкий приговор. The court considered mitigating circumstances, such as the defendant's remorse, and issued a more lenient sentence.

**совершать/совершить убийство** — to commit murder Подозреваемый признался в том, что совершил убийство с целью ограбления. The suspect confessed to committing murder with the intent to rob.

**судебная экспертиза** — forensic examination Судебная экспертиза подтвердила, что отпечатки пальцев на месте преступления принадлежат обвиняемому. The forensic examination confirmed that the fingerprints at the crime scene belonged to the defendant.

**судмедэксперт** — medical examiner Судмедэксперт провёл аутопсию и установил точное время смерти. The forensic pathologist conducted the autopsy and determined the exact time of death.

**убийство** — murder Убийство было совершено в ночное время, и полиция продолжает искать свидетелей. The murder was committed at night, and the police are still searching for witnesses.

**убийство из мести** — revenge killing Убийство из мести было тщательно спланировано, и следователи пытаются установить мотивы преступника. The revenge killing was carefully planned, and investigators are trying to determine the motives of the perpetrator.

**убийство из самооборо́ны** – self-defense killing Суд призна́л, что обвиня́емый соверши́л убийство из самооборо́ны и освободи́л его́ от отве́тственности. The court ruled that the defendant committed the murder in self-defense and acquitted him of any responsibility.

**убийство на по́чве ре́вности** – crime of passion Убийство на по́чве ре́вности произошло́ по́сле продолжи́тельного конфли́кта ме́жду супру́гами. The jealousy-fueled murder occurred after a prolonged conflict between the spouses.

**убийство по на́йму** – contract killing (hit) Поли́ция рассле́дует де́ло об убийстве по на́йму, свя́занном с организо́ванной престу́пностью. The police are investigating a contract killing linked to organized crime.

**убийство челове́ка** – homicide Убийство челове́ка ста́ло гла́вной те́мой обсужде́ний в ме́стных новостя́х. The murder of a person became the main topic of discussion in the local news.

**убийца** – murderer Убийца был заде́ржан на ме́сте преступле́ния и по́зже созна́лся в соде́янном. The killer was apprehended at the crime scene and later confessed to the crime.

**уголо́вное рассле́дование** – criminal investigation Уголо́вное рассле́дование по де́лу об убийстве ведётся уже́ не́сколько ме́сяцев. The criminal investigation into the murder case has been ongoing for several months.

**умы́шленное убийство** – intentional murder Обвиня́емый был при́знан вино́вным в умы́шленном убийстве и приговорён к дли́тельному сро́ку заключе́ния. The defendant was found guilty of premeditated murder and sentenced to a lengthy prison term.

### 2.1.1.1 Mini-Articles

Track **27**

#### 1. Уголо́вное Рассле́дование Сери́йных Убийств в Москве́

В Москве́ продолжа́ется уголо́вное рассле́дование се́рии жесто́ких преступле́ний, соверше́нных в разли́чных райо́нах го́рода. Сле́дователи уже́ провели́ не́сколько суде́бных эксперти́з, включа́я ауто́псию жертв и баллисти́ческую эксперти́зу на́йденного ору́жия. По предвари́тельным да́нным, речь идёт о сери́йных убийствах с одина́ковым моти́вом — убийца оставля́ет характерные следы крови на месте преступления. Следствие активно изучает орудие убийства и другие улики, чтобы установить личность преступника.

## 1. Criminal Investigation of Serial Murders in Moscow

A criminal investigation into a series of brutal crimes committed in various parts of Moscow is ongoing. Investigators have already conducted several forensic examinations, including autopsies of the victims and ballistic analysis of the recovered weapon. Preliminary data suggest that these are serial murders with a consistent motive—the killer leaves distinctive blood traces at the crime scenes. The investigation is actively studying the murder weapon and other evidence to establish the identity of the perpetrator.

## 2. Двойное Убийство на Юге России: Расследование Продолжается

На юге России произошло страшное двойное убийство, которое потрясло местное сообщество. Полиция возбудила уголовное дело по факту преднамеренного убийства. На месте преступления обнаружены кровавые следы и возможные отпечатки пальцев убийцы. В данный момент следователи проверяют возможные мотивы преступления и рассматривают версию о домашнем убийстве. Эксперты готовят судебную экспертизу, чтобы установить точную причину смертельного исхода.

## 2. Double Murder in Southern Russia: Investigation Continues

A horrific double murder has shaken a local community in southern Russia. The police have opened a criminal case on charges of premeditated murder. Bloodstains and possible fingerprints of the killer were found at the crime scene. Investigators are currently exploring potential motives for the crime and considering the possibility of a domestic murder. Experts are preparing a forensic examination to determine the exact cause of the fatal outcome.

## 3. Обвинение в Убийстве из Мести: Подсудимый Получил Пожизненное Заключение

Сегодня суд вынес приговор по делу об убийстве из мести. Подсудимый был признан виновным в умышленном убийстве и получил пожизненное заключение. Согласно материалам дела, обвиняемый совершил насильственную смерть жертвы из-за длительного конфликта. Суд учёл отягчающие обстоятельства, включая планирование преступления и использование опасного оружия. Защита пыталась представить смягчающие обстоятельства, но суд их не принял во внимание.

### 3. Revenge Murder Conviction: Defendant Sentenced to Life Imprisonment

Today, the court delivered a verdict in a revenge murdercase. The defendant was found guilty of intentional homicide and sentenced to life imprisonment. According to the case materials, the accused caused the victim's violent death due to a prolonged conflict. The court considered aggravating circumstances, including the planning of the crime and the use of a dangerous weapon. The defense attempted to present mitigating circumstances, but the court did not take them into account.

### 4. Расследование Политического Убийства в Столице

В столице проводится масштабное расследование, связанное с подозрением на политическое убийство известного общественного деятеля. На месте преступления были найдены следы крови и возможные улики, которые указывают на заказной характер преступления. Эксперты уже провели аутопсию и обнаружили смертельную рану на теле жертвы, которая стала причиной смертельного исхода. Ведётся проверка возможных политических мотивов и причастности различных группировок.

### 4. Investigation of a Political Murder in the Capital

A large-scale investigation is underway in the capital, involving the suspected political murder of a prominent public figure. Blood traces and possible evidence suggesting a contract killing were found at the crime scene. Experts have already conducted an autopsy and discovered a fatal wound on the victim's body, which caused the fatal outcome. Authorities are investigating possible political motives and the involvement of various groups.

### 5. Массовое Убийство в Школе: Виновный Получит Суровый Приговор

В небольшом городе произошло трагическое массовое убийство в школе, которое унесло жизни нескольких учеников и учителей. Подозреваемый был задержан на месте преступления и обвинён в преднамеренном убийстве. На судебном процессе было представлено множество доказательств, включая доказательства вины и судебную экспертизу орудия убийства. Подсудимому грозит суровый приговор, вплоть до пожизненного заключения или даже казни. Трагедия вызвала общественный резонанс и подняла вопросы о безопасности в учебных заведениях.

## 5. Mass Murder at School: Perpetrator Faces Severe Sentence

A tragic mass murder occurred at a school in a small town, claiming the lives of several students and teachers. The suspect was apprehended at the crime scene and charged with premeditated murder. During the trial, numerous pieces of evidence were presented, including proof of guilt and forensic analysis of the murder weapon. The defendant faces a severe sentence, possibly life imprisonment or even execution. The tragedy has sparked public outcry and raised questions about safety in educational institutions.

## 2.1.1.2 Police Report

Track 28

### Полицейский Отчёт

Город: Санкт-Петербург

Дата: 12 августа 2024 года

Время: 03:15

Офицер: капитан Иванов Сергей Николаевич

Звание: капитан полиции

Место происшествия: Невский проспект, дом 25, квартира 7

**Описание происшествия:**

12 августа 2024 года в 02:45 на пульт дежурного поступил звонок о возможном убийстве по адресу Невский проспект, дом 25, квартира 7. На место происшествия немедленно выехала оперативная группа.

По прибытии на место в 03:15 было обнаружено тело мужчины, примерно 45 лет, с явными признаками насильственной смерти. На теле жертвы была обнаружена смертельная рана в области грудной клетки, что свидетельствует о применении орудия убийства, предположительно ножа. На полу квартиры были зафиксированы следы крови.

**Сотрудниками полиции были проведены следующие мероприятия:**

1. Аутопсия была назначена и проведена судмедэкспертом для установления точной причины смертельного исхода.

2. Оперативники изъяли орудие убийства, обнаруженное на месте происшествия.

3. Были взяты отпечатки пальцев с места преступления для дальнейшего анализа и идентификации возможного подозреваемого.

4. Начато уголовное расследование по статье 105 УК РФ ("Убийство").

В ходе расследования выяснилось, что погибший имел долгие конфликты с соседями по поводу шумного поведения. Это может быть связано с мотивом преступления, рассматривается версия убийства на почве ревности или конфликта.

В данный момент продолжается сбор улик и судебная экспертиза всех найденных доказательств. Опрашиваются свидетели и соседи погибшего для установления возможных подозреваемых. Судмедэксперт проводит дополнительные исследования для установления времени смерти и характера полученных ран.

**Дальнейшие действия:**

- Продолжить уголовное расследование для выявления всех обстоятельств преступления.

- Провести баллистическую экспертизу найденных улик.

- Направить материалы дела в прокуратуру для возбуждения уголовного дела.

Подпись: капитан Иванов Сергей Николаевич

### Police Report

City: St. Petersburg

Date: August 12, 2024

Time: 03:15

Officer: Captain Ivanov Sergey Nikolaevich

Rank: Police Captain

Location of Incident: Nevsky Prospekt, House 25, Apartment 7

## Incident Description:

On August 12, 2024, at 02:45, a call was received by the duty officer regarding a possible murder at Nevsky Prospekt, House 25, Apartment 7. An operational group was immediately dispatched to the scene.

Upon arrival at 03:15, the body of a male, approximately 45 years old, with clear signs of violent death was discovered. The victim had a fatal wound in the chest area, indicating the use of a murder weapon, presumably a knife. Blood traceswere observed on the apartment floor.

## The following actions were taken by the police:

1. An autopsy was ordered and conducted by the forensic expert to determine the exact cause of fatality.

2. The murder weapon found at the scene was collected by investigators.

3. Fingerprints were taken from the crime scene for further analysis and identification of possible suspects.

4. A criminal investigation under Article 105 of the Criminal Code of the Russian Federation ("Murder") has been initiated.

During the investigation, it was revealed that the deceased had ongoing conflicts with neighbors over noisy behavior. This may be related to the motive for the crime, and the possibility of murder driven by jealousy or conflict is being considered.

At present, evidence collection and forensic examination of all discovered evidence are ongoing. Witnesses and neighbors of the deceased are being interviewed to identify possible suspects. The forensic expert is conducting additional research to determine the time of death and the nature of the injuries sustained.

## Further Actions:

- Continue the criminal investigation to establish all circumstances of the crime.

- Conduct a ballistic analysis of the evidence found.

- Submit case materials to the prosecutor's office for the initiation of criminal proceedings.

Signature: Captain Ivanov Sergey Nikolaevich

### 2.1.1.3 Conversation About a Crime

**Алексе́й:** Приве́т, И́горь! Ты слы́шал о том жу́тком уби́йстве, кото́рое произошло́ на Не́вском?

**И́горь:** Приве́т, Лёша! Да, я как раз чита́л об э́том сего́дня у́тром. Ка́жется, э́то бы́ло преднаме́ренное уби́йство, е́сли я не ошиба́юсь. Говоря́т, нашли́ ору́дие уби́йства пря́мо на ме́сте преступле́ния.

**Алексе́й:** Да, я то́же об э́том слы́шал. Уби́йство произошло́ в кварти́ре, и поли́ция обнару́жила следы́ кро́ви по всему́ по́лу. Же́ртва, ка́жется, получи́ла смерте́льную ра́ну в грудь.

**И́горь:** Вот э́то да... И что, есть каки́е-то подозрева́емые?

**Алексе́й:** Пока́ ничего́ конкре́тного не говоря́т. Но вро́де бы поли́ция уже́ начала́ уголо́вное рассле́дование и собира́ет доказа́тельства вины́. Же́ртва, говоря́т, ча́сто ссо́рился с сосе́дями, возмо́жно, э́то уби́йство из ме́сти.

**И́горь:** Интере́сно, каки́е ули́ки они́ нашли́. Наверняка́ проводя́т суде́бную экспе́ртизу и анализи́руют отпеча́тки па́льцев. И, наве́рное, ещё бу́дут де́лать баллисти́ческую экспе́ртизу, е́сли ору́жие действи́тельно бы́ло огнестре́льным.

**Алексе́й:** Да, всё возмо́жно. Э́то, коне́чно, жу́ткая исто́рия. Осо́бенно е́сли э́то ока́жется уби́йство на по́чве ре́вности и́ли что-то в э́том ро́де. Таки́е преступле́ния всегда́ ка́жутся осо́бенно траги́чными.

**И́горь:** То́чно. Наде́юсь, поли́ция бы́стро разберётся и пойма́ет уби́йцу. Мне ка́жется, таки́е слу́чаи стано́вятся всё бо́лее ча́стыми, осо́бенно в больши́х города́х.

**Алексе́й:** К сожале́нию, да. Ну, бу́дем наде́яться, что правосу́дие восторжеству́ет и вино́вного привлеку́т к отве́тственности.

**И́горь:** Абсолю́тно согла́сен. Гла́вное, что́бы бо́льше никто́ не пострада́л.

**Alexey:** Hi, Igor! Did you hear about that horrible murder that happened on Nevsky?

**Igor:** Hey, Lyosha! Yeah, I just read about it this morning. It seems like it was a premeditated murder, if I'm not mistaken. They say they found the murder weapon right at the crime scene.

**Alexey:** Yeah, I heard that too. The murder happened in an apartment, and the police found blood traces all over the floor. The victim apparently had a fatal wound to the chest.

**Igor:** Wow... Do they have any suspects?

**Alexey:** Nothing specific yet. But it seems the police have already started a criminal investigation and are gathering evidence of guilt. They say the victim often quarreled with his neighbors, so it could be a revenge murder.

**Igor:** I wonder what evidence they found. They're probably doing a forensic examination and analyzing fingerprints. And they'll likely conduct a ballistic analysis too, if the weapon was indeed a firearm.

**Alexey:** Yeah, that's possible. It's a creepy story, especially if it turns out to be a jealousy-driven murder or something like that. Crimes like that always seem especially tragic.

**Igor:** Definitely. I hope the police figure it out quickly and catch the killer. It seems like cases like this are becoming more frequent, especially in big cities.

**Alexey:** Unfortunately, yeah. Well, let's hope justice is served and the guilty party is brought to justice.

**Igor:** Absolutely. The most important thing is that no one else gets hurt.

## 2.1.2 Assault and Domestic Violence

Track **30**

**агре́ссия** — aggression Агре́ссия со стороны́ партнёра ча́сто явля́ется пе́рвым при́знаком дома́шнего наси́лия. Aggression from a partner is often the first sign of domestic violence.

**анони́мное сообще́ние** — anonymous report Же́ртва отпра́вила анони́мное сообще́ние в поли́цию, что́бы сообщи́ть о нападе́нии. The victim sent an anonymous tip to the police to report the assault.

**ата́ка** — attack Ата́ка произошла́ на у́лице по́здно ве́чером, когда́ потерпе́вший возвраща́лся домо́й. The attack occurred on the street late at night as the victim was returning home.

**бытово́е наси́лие** – intimate partner violence Бытово́е наси́лие остаётся одно́й из са́мых сло́жных пробле́м, с кото́рой ста́лкиваются правоохрани́тельные о́рганы. Domestic violence remains one of the most challenging issues for law enforcement agencies.

**дома́шнее наси́лие** – domestic violence Дома́шнее наси́лие мо́жет включа́ть как физи́ческое, так и эмоциона́льное злоупотребле́ние. Domestic violence can include both physical and emotional abuse.

**жесто́кое обраще́ние** – abuse, cruelty Поли́ция рассле́дует слу́чаи жесто́кого обраще́ния с детьми́ в э́той семье́. The police are investigating cases of child abuse in this family.

**жесто́кое обраще́ние с супру́гом** – spousal abuse Жесто́кое обраще́ние с супру́гом мо́жет привести́ к серьёзным после́дствиям для всех чле́нов семьи́. Spousal abuse can lead to serious consequences for all family members.

**защи́та потерпе́вшего** – restraining order В ра́мках защи́ты потерпе́вшего суд вы́нес вре́менный запрети́тельный о́рдер. As part of victim protection, the court issued a temporary restraining order.

**защища́ть/защити́ть себя́** – to defend oneself Же́ртва пыта́лась защити́ть себя́, но агре́ссор был сильне́е. The victim tried to defend herself, but the aggressor was stronger.

**злоупотребле́ние** – abuse Злоупотребле́ние вла́стью и контро́ль над партнёром ча́сто явля́ются ча́стью схе́мы дома́шнего наси́лия. Abuse of power and control over a partner are often part of the domestic violence pattern.

**злоупотребле́ние алкого́лем** – alcohol abuse (as a factor in domestic violence) Злоупотребле́ние алкого́лем ча́сто приво́дит к вспы́шкам наси́лия в семье́. Alcohol abuse often leads to outbreaks of domestic violence.

**избие́ние** – beating Же́ртва избие́ния была́ доста́влена в больни́цу с многочи́сленными тра́вмами. The victim of the beating was taken to the hospital with multiple injuries.

**класть/положи́ть коне́ц наси́лию** – to put an end to violence Прави́тельство внедря́ет но́вые програ́ммы, что́бы положи́ть коне́ц наси́лию в о́бществе. The government is implementing new programs to put an end to violence in society.

**контро́ль** – control Контро́ль над фина́нсовыми ресу́рсами явля́ется одно́й из форм экономи́ческого наси́лия. Control over financial resources is one form of economic abuse.

**ме́ра пресече́ния** – preventive measure Суд избра́л ме́ру пресече́ния в ви́де дома́шнего аре́ста для подозрева́емого в наси́лии. The court imposed house arrest as a preventive measure for the domestic violence suspect.

**нападе́ние с примене́нием ору́жия** – assault with a weapon Нападе́ние с примене́нием ору́жия рассма́тривается как осо́бо тя́жкое преступле́ние. An armed assault is considered a particularly serious crime.

**наси́лие в семье́** – violence in the family Наси́лие в семье́ ча́сто остаётся незаме́ченным, так как же́ртвы боя́тся обрати́ться за по́мощью. Domestic violence often goes unnoticed as victims are afraid to seek help.

**наси́лие над детьми́** – child abuse Наси́лие над детьми́ мо́жет оста́вить глубо́кие психологи́ческие тра́вмы, кото́рые бу́дут сопровожда́ть их всю жизнь. Child abuse can leave deep psychological scars that will follow them for life.

**обраща́ться/обрати́ться за по́мощью** – to seek help Же́ртвы наси́лия мо́гут обрати́ться за по́мощью в специализи́рованные це́нтры. Victims of violence can seek help at specialized centers.

**оказа́ние пе́рвой по́мощи** – providing first aid Оказа́ние пе́рвой по́мощи же́ртвам дома́шнего наси́лия тре́бует осо́бого внима́ния и осторо́жности. Administering first aid to victims of domestic violence requires special care and caution.

**ока́зывать/оказа́ть давле́ние** – to exert pressure Агре́ссор ока́зывал психологи́ческое давле́ние на же́ртву, что́бы она́ не обраща́лась в поли́цию. The abuser exerted psychological pressure on the victim to prevent her from contacting the police.

**о́рдер на защи́ту** – protective order Суд вы́дал о́рдер на защи́ту, запреща́ющий обвиня́емому приближа́ться к же́ртве. The court issued a protective order prohibiting the defendant from approaching the victim.

**патологи́ческое поведе́ние** – pathological behavior Патологи́ческое поведе́ние агре́ссора привело́ к многоле́тнему ци́клу наси́лия в семье́. The abuser's pathological behavior led to a years-long cycle of domestic violence.

**патриархальное насилие** – patriarchal violence Патриархальное насилие часто связано с культурными нормами, которые оправдывают контроль над женщинами. Patriarchal violence is often linked to cultural norms that justify control over women.

**побои** – battery Жертва обратилась в полицию после очередных побоев со стороны супруга. The victim contacted the police after another beating by her spouse.

**повторяющееся насилие** – repeated violence Повторяющееся насилие в семье требует немедленного вмешательства со стороны правоохранительных органов. Repeated domestic violence requires immediate intervention by law enforcement.

**подавать/подать жалобу** – to file a complaint Жертва решила подать жалобу в полицию на своего агрессивного партнёра. The victim decided to file a complaint with the police against her aggressive partner.

**получать/получить телесные повреждения** – to sustain injuries В результате нападения женщина получила серьёзные телесные повреждения и была госпитализирована. As a result of the assault, the woman sustained serious bodily injuries and was hospitalized.

**преследование** – harassment Преследование жертвы продолжалось даже после того как она переехала в другой город. The stalking of the victim continued even after she moved to another city.

**принуждение** – coercion Принуждение к насилию рассматривается как уголовное преступление и наказывается по закону. Coercion to violence is considered a criminal offense and is punishable by law.

**проявлять/проявить агрессию** – to show aggression Обидчик проявил агрессию В ходе ссоры, что привело к физическому насилию. The offender showed aggression during the argument, which led to physical violence.

**психологическая поддержка** – psychological support Психологическая поддержка необходима жертвам насилия для восстановления после травмы. Psychological support is essential for victims of violence to recover from trauma.

**психологическая экспертиза** – psychological evaluation Психологическая экспертиза установила, что обвиняемый страдает от серьёзных расстройств, которые могут объяснять его поведение. The psychological evaluation determined that the defendant suffers from serious disorders that may explain his behavior.

**психологи́ческое наси́лие** – psychological violence Психологи́ческое наси́лие мо́жет включа́ть угро́зы, униже́ния и манипуля́ции, напра́вленные на подавле́ние же́ртвы. Psychological abuse can include threats, humiliation, and manipulation aimed at subduing the victim.

**роди́тельское наси́лие** – parental violence Роди́тельское наси́лие ока́зывает дли́тельное негати́вное возде́йствие на психи́ческое здоро́вье дете́й. Parental violence has a lasting negative impact on children's mental health.

**сексуа́льное наси́лие** – sexual violence Же́ртва сексуа́льного наси́лия обрати́лась в кри́зисный центр для получе́ния по́мощи и подде́ржки. The victim of sexual violence sought help and support from a crisis center.

**семе́йное наси́лие** – family violence Семе́йное наси́лие ча́сто скрыва́ется, поско́льку же́ртвы боя́тся осужде́ния со стороны́ о́бщества. Domestic violence often goes unnoticed because victims fear societal judgment.

**силовы́е ме́тоды** – use of force Оби́дчик применя́л силовы́е ме́тоды, чтобы контроли́ровать и запу́гивать свою́ же́ртву. The offender used forceful methods to control and intimidate his victim.

**скло́нность к наси́лию** – tendency to violence Скло́нность к наси́лию мо́жет проявля́ться с де́тства и уси́ливаться в зре́лом во́зрасте. A tendency toward violence can manifest in childhood and intensify in adulthood.

**соверша́ть/соверши́ть нападе́ние** – to commit assault Подозрева́емый соверши́л нападе́ние на свою́ супру́гу в состоя́нии алкого́льного опьяне́ния. The suspect assaulted his wife while under the influence of alcohol.

**сообща́ть/сообщи́ть о наси́лии** – to report violence Же́ртвы должны́ чу́вствовать себя́ в безопа́сности, сообща́я о наси́лии в правоохрани́тельные о́рганы. Victims should feel safe when reporting violence to law enforcement.

**ста́лкинг** – stalking Ста́лкинг мо́жет включа́ть постоя́нное пресле́дование, угро́зы и попы́тки контро́ля над жи́знью же́ртвы. Stalking can involve persistent harassment, threats, and attempts to control the victim's life.

**станови́ться/стать же́ртвой** – to become a victim Ка́ждый мо́жет стать же́ртвой наси́лия, незави́симо от во́зраста, по́ла и́ли социа́льного ста́туса. Anyone can become a victim of violence, regardless of age, gender, or social status.

**телесные повреждения** — bodily injuries В результате нападения женщина получила серьёзные телесные повреждения, включая переломы и ушибы. The assault left the woman with serious bodily injuries, including fractures and bruises.

**угроза** — threat Угроза со стороны агрессора заставила жертву искать убежище в кризисном центре. The abuser's threat forced the victim to seek refuge in a crisis center.

**угроза применения насилия** — threat of violence Угроза применения насилия заставила жертву подчиниться требованиям агрессора. The threat of violence forced the victim to comply with the abuser's demands.

**угрозы жизни** — threats to life Обидчик неоднократно высказывал угрозы жизни в адрес своей жертвы. The offender repeatedly made threats to the victim's life.

**физическое насилие** — physical violence Физическое насилие часто сопровождается психологическим давлением и угрозами. Physical violence is often accompanied by psychological pressure and threats.

**экономическое насилие** — economic abuse Экономическое насилие включает контроль над финансовыми ресурсами жертвы и ограничение её доступа к деньгам. Economic abuse includes controlling the victim's financial resources and restricting their access to money.

**эмоциональное насилие** — emotional abuse Эмоциональное насилие может нанести глубокие душевные раны, которые требуют долгого времени на восстановление. Emotional abuse can cause deep emotional wounds that take a long time to heal.

## 2.1.2.1 Mini-Articles

Track **31**

### 1. В Петербурге Произошло Жестокое Нападение с Применением Оружия

Вчера вечером в одном из центральных районов Санкт-Петербурга произошло нападение с применением оружия. По словам очевидцев, агрессор проявил крайнюю агрессию и напал на прохожего с ножом. Пострадавший получил серьёзные телесные повреждения и был доставлен в больницу, где ему оказали первую помощь. Полиция получила анонимное сообщение о нападении и немедленно выехала на место происшествия. Ведётся расследование, и рассматриваются различные силовые методы по задержанию преступника.

### 1. Violent Armed Assault in St. Petersburg

Last night, a violent armed assault took place in one of the central districts of St. Petersburg. According to witnesses, the assailant displayed extreme aggression and attacked a passerby with a knife. The victim sustained serious bodily injuries and was taken to the hospital, where he received first aid. The police received an anonymous tip about the assault and immediately rushed to the scene. An investigation is underway, and various forceful methods are being considered to apprehend the perpetrator.

### 2. Домашнее Насилие: Введение Мер Пресечения в Москве

В Москве продолжаются усилия по борьбе с домашним насилием. В связи с участившимися случаями жестокого обращения с супругами и детьми, власти усилили контроль за исполнением законов, направленных на защиту потерпевших. Жертвы бытового насилия могут обратиться в полицию за ордером на защиту, что позволяет ограничить доступ агрессора к их жилью. Также активно применяется психологическая поддержка для тех, кто стал жертвой повторяющегося насилия. Важно, чтобы пострадавшие не боялись обратиться за помощью и сообщили о своих проблемах.

### 2. Domestic Violence: Implementation of Preventive Measures in Moscow

Efforts to combat domestic violence continue in Moscow. In response to the increasing number of cases of spousal abuse and child abuse, authorities have strengthened the enforcement of laws aimed at protecting victims. Victims of domestic violence can contact the police to obtain a protection order, which restricts the aggressor's access to their residence. Psychological support is also being actively provided to those who have become victims of repeated violence. It is crucial for victims not to be afraid to seek helpand to report their problems.

### 3. Злоупотребление Алкоголем и Насилие в Семье

Недавно в Новосибирске произошёл трагический случай, связанный с злоупотреблением алкоголем и насилием в семье. Мужчина, находясь в состоянии сильного опьянения, совершил избиение своей жены и угрожал ей физической расправой. Женщина успела обратиться в полицию, которая оперативно отреагировала на вызов и задержала агрессора. Пострадавшая получила психологическую поддержку и находится в безопасности. Этот случай вновь подчёркивает важность работы с населением по предупреждению домашнего насилия и борьбе с патологическим поведением.

### 3. Alcohol Abuse and Family Violence

A tragic incident involving alcohol abuse and family violence recently occurred in Novosibirsk. A man, heavily intoxicated, beat his wife and threatened her with physical harm. The woman managed to contact the police, who responded quickly and arrested the aggressor. The victim received psychological support and is now safe. This case once again highlights the importance of working with the public to prevent domestic violence and address pathological behavior.

### 4. Введение Новых Программ по Борьбе с Патриархальным Насилием

В ряде регионов России запускаются новые программы, направленные на борьбу с патриархальным насилием и психологическим насилием в семьях. В рамках этих программ создаются кризисные центры, где жертвы семейного насилия могут получить психологическую поддержку и защиту. Особое внимание уделяется борьбе с жестоким обращением с супругом и профилактике сексуального насилия. Власти также планируют усилить меры по защите потерпевших и расширить доступ к правовой помощи.

### 4. Launch of New Programs to Combat Patriarchal Violence

New programs aimed at combating patriarchal violence and psychological abuse in families are being launched in several regions of Russia. As part of these programs, crisis centers are being established where victims of family violence can receive psychological support and protection. Special attention is being paid to addressing spousal abuse and preventing sexual violence. Authorities also plan to strengthen measures for protecting victims and expand access to legal assistance.

### 5. Сталкинг и Преследование: Введение Законов о Защите Жертв

В Санкт-Петербурге был принят новый закон, направленный на борьбу с сталкингом и преследованием. Закон предусматривает введение мер пресечения для тех, кто занимается угрозами и психологическим давлением на своих жертв. Важной частью закона стало предоставление жертвам права на ордер на защиту и возможность подавать жалобу на агрессора. Местные власти надеются, что этот закон поможет снизить количество случаев психологического насилия и обеспечит защиту потерпевших.

## 5. Stalking and Harassment: Introduction of Laws to Protect Victims

A new law aimed at combating stalking and harassmentwas passed in St. Petersburg. The law introduces preventive measures for those engaging in threats and psychological pressure on their victims. An important part of the law is granting victims the right to obtain a protection order and the ability to file a complaint against the offender. Local authorities hope that this law will help reduce the number of psychological abuse cases and ensure protection for victims.

## 2.1.2.2 Court Report

Track 32

### Судебный Отчёт: Дело о Домашнем Насилии

Город: Москва

Дата: 15 августа 2024 года

Суд: Тверской районный суд

Судья: Иванова Мария Алексеевна

Дело №: 245/2024

Обвиняемый: Сергеев Андрей Викторович, 42 года

Потерпевшая: Сергеева Ольга Николаевна, 38 лет

Обвинение: Домашнее насилие, избиение, угроза применения насилия

**Обстоятельства дела:**

В Тверском районном суде Москвы завершилось судебное разбирательство по делу о домашнем насилии, где в качестве обвиняемого выступал Андрей Сергеев. Обвиняемый был арестован в апреле 2024 года после того, как его жена, Ольга Сергеева, подала жалобу в полицию, заявив о жестоком обращении со стороны мужа. Согласно материалам дела, обвиняемый неоднократно проявлял агрессию и применял физическое насилие к своей супруге, что привело к серьёзным телесным повреждениям.

На судебном заседании было установлено, что обвиняемый злоупотреблял алкоголем, что усугубляло его патологическое поведение. Жертва неоднократно становилась объектом принуждения и угроз. В частности, в ночь на 14 апреля 2024 года Сергеев нанёс супруге многочисленные удары, после чего угрожал ей физической расправой, если она обратится за помощью. Потерпевшая, несмотря на психологическое насилие, сумела обратиться в полицию и сообщить о происходящем.

В ходе судебного разбирательства были представлены доказательства вины обвиняемого, включая психологическую экспертизу, которая подтвердила наличие у потерпевшей посттравматического стрессового расстройства (ПТСР). Кроме того, были заслушаны показания свидетелей и медицинские заключения, подтверждающие наличие телесных повреждений у потерпевшей.

### Решение суда:

Суд признал Андрея Сергеева виновным по всем пунктам обвинения. Учитывая тяжесть совершённых преступлений и повторяющееся насилие, суд приговорил обвиняемого к трём годам лишения свободы в исправительной колонии общего режима. Кроме того, Сергееву был выдан ордер на защиту, запрещающий ему приближаться к потерпевшей и контактировать с ней в течение пяти лет после освобождения.

### Заявление суда:

Судья Иванова Мария Алексеевна подчеркнула, что такие случаи домашнего насилия не должны оставаться безнаказанными. В своём заключительном слове судья отметила важность обеспечения защиты потерпевших и призвала всех, кто сталкивается с насилием в семье, не бояться обращаться за помощью и сообщать о происходящем.

Подпись: Судья Иванова М.А.

### Court Report: Domestic Abuse Case

City: Moscow

Date: August 15, 2024

Court: Tverskoy District Court

Judge: Maria Alekseevna Ivanova

Case No.: 245/2024

Defendant: Andrey Viktorovich Sergeev, 42 years old

Victim: Olga Nikolaevna Sergeeva, 38 years old

Charges: Domestic violence, assault, threat of violence

## Case Details:

The Tverskoy District Court of Moscow concluded the trial of a domestic violence case in which Andrey Sergeev was the defendant. The defendant was arrested in April 2024 after his wife, Olga Sergeeva, filed a complaint with the police, alleging abuse by her husband. According to the case materials, the defendant repeatedly displayed aggression and used physical violence against his wife, resulting in serious bodily injuries.

During the court hearing, it was established that the defendant abused alcohol, which exacerbated his pathological behavior. The victim was repeatedly subjected to coercion and threats. Specifically, on the night of April 14, 2024, Sergeev inflicted numerous blows on his wife and then threatened her with physical harm if she sought help. Despite the psychological abuse, the victim managed to contact the police and report the situation.

Evidence of the defendant's guilt was presented during the trial, including a psychological examination that confirmed the victim had post-traumatic stress disorder (PTSD). Additionally, witness testimonies and medical reports were presented, confirming the presence of bodily injuries on the victim.

## Court's Decision:

The court found Andrey Sergeev guilty on all charges. Considering the severity of the crimes committed and the repeated violence, the court sentenced the defendant to three years in a general regime correctional colony. Additionally, Sergeev was issued a protection order, prohibiting him from approaching or contacting the victim for five years after his release.

## Court Statement:

Judge Maria Alekseevna Ivanova emphasized that such cases of domestic violence must not go unpunished. In her closing remarks, the judge highlighted the importance of ensuring protection for victims and urged anyone facing family violence not to fear seeking help and reporting the situation.

Signature: Judge Ivanova M.A.

## 2.1.3 Abductions and Ransoms

**аге́нтство по борьбе́ с похище́ниями** — anti-kidnapping agency **Аге́нтство по борьбе́ с похище́ниями неме́дленно приступи́ло к рассле́дованию де́ла о пропа́же бизнесме́на.** The anti-kidnapping agency immediately began investigating the disappearance of the businessman.

**брать/взять зало́жников** — to take hostages **Престу́пники взя́ли не́сколько челове́к в зало́жники и потре́бовали вы́куп.** The criminals took several people hostage and demanded a ransom.

**быть освобождённым** — to be released **по́сле до́лгих перегово́ров зало́жники бы́ли освобождены́ без упла́ты вы́купа.** After lengthy negotiations, the hostages were released without the ransom being paid.

**вести́/провести́ перегово́ры** — to negotiate **Специа́льная гру́ппа поли́ции вела́ перегово́ры с похити́телями, пыта́ясь договори́ться об освобожде́нии зало́жников.** A special police unit conducted negotiations with the kidnappers, trying to secure the release of the hostages.

**вести́/провести́ по́иски** — to conduct a search **Поли́ция продолжа́ет вести́ по́иски пропа́вшего челове́ка, кото́рый, как подозрева́ется, был похи́щен.** The police continue searching for the missing person, who is suspected to have been abducted.

**видеоза́пись с тре́бованиями** — ransom video **Похити́тели присла́ли видеоза́пись с тре́бованиями, угрожа́я уби́ть зало́жников, е́сли их усло́вия не бу́дут вы́полнены.** The kidnappers sent a video recording of their demands, threatening to kill the hostages if their conditions were not met.

**выдвига́ть/вы́двинуть тре́бования** — to make demands **Престу́пники вы́двинули тре́бования, включа́я значи́тельную су́мму вы́купа и безопа́сный вы́ход из страны́.** The criminals made demands, including a substantial ransom and safe passage out of the country.

**вы́куп** — ransom **Ро́дственники зало́жника собира́ли де́ньги на вы́куп, что́бы освободи́ть его́ из пле́на.** The hostage's relatives were raising money for the ransom to free him from captivity.

**вымога́тельство** — extortion **Поли́ция арестова́ла подозрева́емого за вымога́тельство кру́пной су́ммы де́нег у семьи́ похи́щенного.** The police arrested a suspect for extorting a large sum of money from the kidnapped person's family.

**вымогательство выкупа** — ransom extortion Вымогательство выкупа является серьёзным преступлением, за которое предусмотрено суровое наказание. Ransom extortion is a serious crime that carries a severe penalty.

**выплачивать/выплатить выкуп** — to pay ransom Семья похищенного решила выплатить выкуп, чтобы гарантировать его безопасность. The kidnapped person's family decided to pay the ransom to ensure his safety.

**длительное удержание** — prolonged detention Заложники находились в длительном удержании, прежде чем полиции удалось их освободить. The hostages were held for a long time before the police managed to free them.

**заложник** — hostage Заложники были связаны и удерживались в заброшенном здании на окраине города. The hostages were tied up and held in an abandoned building on the outskirts of the city.

**зона поиска** — search area Полиция расширила зону поиска, чтобы охватить возможные места, где могут удерживать заложников. The police expanded the search area to cover possible locations where the hostages might be held.

**координаты похитителей** — abductors' location Следователи пытались определить точные координаты похитителей с помощью прослеживания телефонных звонков. Investigators tried to pinpoint the kidnappers' exact coordinates by tracing phone calls.

**ложное похищение** — false abduction Полиция выяснила, что ложное похищение было организовано с целью получения выкупа. The police discovered that the fake kidnapping was staged to obtain a ransom.

**место содержания** — place of captivity Место содержания заложников было обнаружено благодаря анонимному звонку в полицию. The location where the hostages were held was discovered thanks to an anonymous tip to the police.

**насильственное похищение** — forced abduction Насильственное похищение произошло на глазах у свидетелей, которые немедленно вызвали полицию. The violent abduction took place in front of witnesses who immediately called the police.

**незаконное удержание** — unlawful detention Преступники были обвинены в незаконном удержании заложников с целью вымогательства выкупа. The criminals were charged with the unlawful detention of hostages for ransom.

**обеспе́чивать/обеспе́чить безопа́сность зало́жников** — to ensure hostage safety Поли́ция предпринима́ла все ме́ры, что́бы обеспе́чить безопа́сность зало́жников во вре́мя опера́ции по их освобожде́нию. The police took all measures to ensure the safety of the hostages during the rescue operation.

**освобожда́ть/освободи́ть зало́жника** — to free a hostage Специа́льная гру́ппа суме́ла освободи́ть зало́жников без еди́ного вы́стрела. The special team managed to free the hostages without a single shot being fired.

**освобожде́ние зало́жников** — hostage release Опера́ция по освобожде́нию зало́жников была́ успе́шной, и все они́ бы́ли доста́влены в безопа́сное ме́сто. The hostage rescue operation was successful, and all hostages were brought to safety.

**перегово́рщик** — negotiator Профессиона́льный перегово́рщик вёл диало́г с похити́телями, стара́ясь избежа́ть наси́лия. A professional negotiator was conducting a dialogue with the kidnappers, trying to avoid violence.

**перегово́ры о вы́купе** — ransom negotiations Перегово́ры о вы́купе затяну́лись, поско́льку похити́тели вы́двинули но́вые тре́бования. The ransom negotiations dragged on as the kidnappers made new demands.

**план похище́ния** — kidnapping plot Сле́дователи вы́яснили, что план похище́ния был тща́тельно проду́ман и зара́нее сплани́рован. Investigators discovered that the kidnapping plan was carefully thought out and premeditated.

**платёж за вы́куп** — ransom payment Семья́ согласи́лась на платёж за вы́куп, что́бы верну́ть своего́ бли́зкого домо́й. The family agreed to make the ransom payment to bring their loved one home.

**подде́рживать/поддержа́ть связь** — to maintain contact Перегово́рщик подде́рживал связь с похити́телями, что́бы убеди́ть их освободи́ть зало́жников. The negotiator maintained contact with the kidnappers to persuade them to release the hostages.

**полити́ческое похище́ние** — political kidnapping Полити́ческое похище́ние бы́ло соверше́но в знак проте́ста про́тив де́йствий прави́тельства. The political kidnapping was carried out as a protest against the government's actions.

**похити́тель** — abductor, kidnapper Похити́тель связа́лся с ро́дственниками зало́жника и потре́бовал вы́куп. The kidnapper contacted the hostage's relatives and demanded a ransom.

**похища́ть/похи́тить челове́ка** — to abduct a person Престу́пники похи́тили челове́ка, тре́буя за его́ освобожде́ние кру́пную су́мму де́нег. The criminals kidnapped a person, demanding a large sum of money for their release.

**похище́ние** — abduction, kidnapping Поли́ция рассле́дует гро́мкое похище́ние бизнесме́на, произоше́дшее на про́шлой неде́ле. The police are investigating the high-profile kidnapping of a businessman that occurred last week.

**похище́ние иностра́нцев** — abduction/kidnapping of foreigners Похище́ние иностра́нцев ста́ло ча́стым явле́нием в э́том регио́не, где де́йствуют вооружённые группиро́вки. The kidnapping of foreigners has become common in this region, where armed groups operate.

**похище́ние ребёнка** — child abduction/kidnapping Поли́ция объяви́ла трево́гу по́сле похище́ния ребёнка, произоше́дшего в це́нтре го́рода. The police issued an alert after the kidnapping of a child in the city center.

**похище́ние с испо́льзованием ору́жия** — armed abduction/kidnapping Похище́ние с испо́льзованием ору́жия бы́ло тща́тельно сплани́ровано и осуществлено́ не́сколькими вооружёнными престу́пниками. The armed kidnapping was carefully planned and carried out by several armed criminals.

**похище́ние с це́лью вы́купа** — kidnapping for ransom Похище́ние с це́лью вы́купа ста́ло причи́ной ма́ссовых проте́стов про́тив безде́йствия власте́й. The ransom kidnapping led to mass protests against the authorities' inaction.

**похище́ние с це́лью принужде́ния** — abduction/kidnapping for coercion Похище́ние с це́лью принужде́ния же́ртвы к соверше́нию преступле́ния бы́ло раскры́то благодаря́ операти́вной рабо́те поли́ции. The kidnapping to coerce the victim into committing a crime was solved thanks to the police's swift action.

**похище́ние с це́лью сексуа́льной эксплуата́ции** — abduction/kidnapping for sexual exploitation Поли́ция рассле́дует се́рию похище́ний с це́лью сексуа́льной эксплуата́ции в э́том райо́не. The police are investigating a series of kidnappings for sexual exploitation in this area.

**похище́ние с це́лью торго́вли людьми́** — human trafficking abduction/kidnapping Похище́ние с це́лью торго́вли людьми́ явля́ется серьёзным междунаро́дным преступле́нием, тре́бующим неме́дленного вмеша́тельства. Kidnapping for human trafficking is a serious international crime that requires immediate intervention.

**похище́ние с це́лью шантажа́** — abduction/kidnapping for extortion Похище́ние с це́лью шантажа́ привело́ к кру́пному расследованию и аре́сту не́скольких подозрева́емых. The blackmail kidnapping led to a major investigation and the arrest of several suspects.

**пресле́довать похити́телей** — to pursue abductors Поли́ция пресле́довала похити́телей по всему́ го́роду, пыта́ясь их задержа́ть. The police pursued the kidnappers throughout the city, trying to apprehend them.

**престу́пник** — criminal Престу́пник, подозрева́емый в похище́нии, был заде́ржан при попы́тке пересе́чь грани́цу. The criminal suspected of kidnapping was detained while trying to cross the border.

**привлека́ть/привле́чь поли́цию** — to involve the police Роди́тели неме́дленно привлекли́ поли́цию по́сле исчезнове́ния их ребёнка. The parents immediately involved the police after their child went missing.

**проведе́ние спецопера́ции** — conducting a special operation Поли́ция гото́вится к проведе́нию спецопера́ции по освобожде́нию зало́жников. The police are preparing to carry out a special operation to rescue the hostages.

**пропа́вший без ве́сти** — missing person Пропа́вший без ве́сти челове́к был на́йден живы́м по́сле не́скольких дней по́исков. The missing person was found alive after several days of searching.

**рассле́довать похище́ние** — to investigate the abduction/kidnapping Поли́ция продолжа́ет рассле́довать похище́ние и и́щет возмо́жных свиде́телей. The police are continuing to investigate the kidnapping and are searching for potential witnesses.

**свя́зываться/связа́ться с похити́телями** — to contact the abductors/kidnappers Роди́тели похи́щенного ребёнка пыта́лись связа́ться с похити́телями, что́бы узна́ть о его́ состоя́нии. The parents of the kidnapped child tried to contact the kidnappers to learn about his condition.

**связь с похити́телями** — communication with abductors Связь с похити́телями была́ устано́влена че́рез анони́мное письмо́, в кото́ром содержа́лись тре́бования. Contact with the kidnappers was made through an anonymous letter containing their demands.

**семе́йное похище́ние** — family abduction (e.g., by a non-custodial parent) Семе́йное похище́ние бы́ло организо́вано одни́м из ро́дственников с це́лью получить наследство. The family kidnapping was orchestrated by a relative to obtain an inheritance.

**серьёзная опасность** — grave danger Заложники находились в серьёзной опасности, так как похитители угрожали их убить. The hostages were in grave danger as the kidnappers threatened to kill them.

**скрытное похищение** — covert abduction Скрытное похищение произошло ночью, когда жертва спала в своём доме. The covert kidnapping took place at night while the victim was asleep in their home.

**спасательная операция** — rescue operation Спасательная операция по освобождению заложников заняла несколько часов и завершилась успешно. The rescue operation to free the hostages took several hours and was successful.

**спецназ** — special forces (SWAT team) Спецназ был привлечён для проведения штурма здания, где удерживались заложники. The special forces were brought in to storm the building where the hostages were held.

**требовать/потребовать выкуп** — to demand ransom Похитители потребовали выкуп за освобождение заложника, угрожая его жизни. The kidnappers demanded a ransom for the release of the hostage, threatening his life.

**угрожать убийством** — to threaten with murder Похитители угрожали убийством заложника, если их требования не будут выполнены. The kidnappers threatened to kill the hostage if their demands were not met.

**угроза жизни** — threat to life Угроза жизни заложников вынудила полицию действовать быстро и решительно. The threat to the hostages' lives forced the police to act quickly and decisively.

**удерживать/удержать заложника** — to hold a hostage Похитители удерживали заложников в течение нескольких дней, пока велись переговоры. The kidnappers held the hostages for several days while negotiations took place.

**фальшивый выкуп** — fake ransom Полиция использовала фальшивый выкуп, чтобы обмануть похитителей и задержать их. The police used a fake ransom to deceive the kidnappers and apprehend them.

**шантаж** — blackmail Похитители прибегли к шантажу, чтобы вынудить семью заплатить выкуп. The kidnappers resorted to blackmail to force the family to pay the ransom.

## 2.1.3.1 Mini-Articles

### 1. Похищение Иностранцев в Екатеринбурге: Полиция Ведёт Поиски

В Екатеринбурге произошло похищение двух иностранных граждан, которых, по предварительным данным, удерживают в неизвестном месте содержания. Полиция активно ведёт поиски и координирует свои действия с агентством по борьбе с похищениями. Ситуация осложняется тем, что похитители угрожают убийством заложников, если их требования не будут выполнены. Ведутся переговоры о выкупе с похитителями, и власти предпринимают все меры для обеспечения безопасности заложников.

### 1. Abduction of Foreigners in Yekaterinburg: Police Search Underway

In Yekaterinburg, the abduction of two foreign nationals has taken place, and according to preliminary reports, they are being held in an unknown location. The police are actively searching and coordinating their efforts with the anti-abduction agency. The situation is complicated by the fact that the kidnappers are threatening to kill the hostages if their demands are not met. Ransom negotiations are ongoing with the kidnappers, and authorities are taking all measures to ensure the safety of the hostages.

### 2. Полицейская Операция по Освобождению Заложника в Казани

В Казани была успешно проведена спасательная операция по освобождению заложника. Похитители удерживали мужчину в течение трёх дней и требовали крупный выкуп за его освобождение. Полиция, при поддержке спецназа, смогла обнаружить координаты похитителей и организовать проведение спецоперации. Все заложники были освобождены без какого-либо вреда для их жизни, а преступники задержаны на месте.

### 2. Police Operation to Free Hostage in Kazan

In Kazan, a successful rescue operation was carried out to free a hostage. The kidnappers had held the man for three days, demanding a large ransom for his release. The police, with the support of special forces, were able to identify the kidnappers' coordinates and organize a special operation. All the hostages were freed without any harm, and the criminals were apprehended at the scene.

### 3. Похищение Ребёнка в Красноярске: Начато Расследование

В Красноярске начато расследование по делу о похищении ребёнка. Мальчик пропал накануне вечером, и родители получили видеозапись с требованиями от похитителей, в которой они требуют выкуп за возвращение ребёнка. Ведётся тщательный анализ всех полученных данных, и полиция связывается с похитителями, пытаясь установить их местоположение. В районе введён особый режим, и усилены меры безопасности для скорейшего разрешения ситуации.

### 3. Child Abduction in Krasnoyarsk: Investigation Launched

The boy disappeared the night before, and the parents received a video recording with demandsfrom the kidnappers, in which they demand a ransom for the child's return. A thorough analysis of all the data received is underway, and the police are contacting the kidnappers to try to establish their location. A special regime has been introduced in the area, and security measures have been strengthened for a speedy resolution of the situation.

### 4. Политическое Похищение во Владикавказе: Опасность для Жизни

Во Владикавказе произошло политическое похищение, в результате которого несколько человек были взяты в заложники. Похитители выдвинули политические требования и угрожают убить заложников, если их условия не будут выполнены. Власти ведут переговоры с похитителями, но ситуация остаётся крайне напряжённой, поскольку существует реальная угроза жизни заложников. В район происшествия направлены подразделения спецназа для возможного проведения операции по освобождению.

### 4. Political Kidnapping in Vladikavkaz: Life-Threatening Situation

In Vladikavkaz, a political kidnapping occurred, resulting in several people being taken hostage. The kidnappers have made political demands and are threatening to kill the hostages if their conditions are not met. Authorities are negotiating with the kidnappers, but the situation remains extremely tense, as there is a real threat to the lives of the hostages. Special forces units have been deployed to the area for a possible operation to free the hostages.

### 5. Фальшивый Выкуп: Семейное Похищение в Нижнем Новгороде

В Нижнем Новгороде произошло семейное похищение, которое оказалось ложным похищением с целью вымогательства выкупа. Мужчина инсценировал похищение своего сына, чтобы получить деньги от родственников жены.

Полиция быстро раскрыла преступление, и подозреваемый был задержан. Выплата выкупа не состоялась, и мальчик был возвращён в семью невредимым. Сейчас мужчина находится под стражей, и против него возбуждено уголовное дело по факту шантажа и ложного вызова.

### 5. Fake Ransom: Family Abduction in Nizhny Novgorod

In Nizhny Novgorod, a family abduction turned out to be a false kidnapping aimed at extorting ransom. A man staged the kidnapping of his own son to obtain money from his wife's relatives. The police quickly uncovered the crime, and the suspect was arrested. The ransom payment was not made, and the boy was returned to his family unharmed. The man is now in custody, and a criminal case has been initiated against him for extortion and making a false report.

## 2.1.3.2 Historical Report: The Kidnapping of Ivan Kaspersky

### Похищение Ивана Касперского: Как Молодого Человека Удалось Спасти

В апреле 2011 года Россия и мир были потрясены новостью о похищении Ивана Касперского, сына известного российского эксперта по кибербезопасности Евгения Касперского. Иван, в то время 20-летний студент Московского физико-технического института, был похищен по дороге на работу в Москве. Это преступление быстро стало одной из самых резонансных историй в России за последние годы.

Похитители потребовали выкуп в размере 3 миллионов евро за его освобождение, угрожая убийством молодого человека в случае невыполнения их требований. Ситуация усугублялась тем, что у Ивана были проблемы со здоровьем, и его семья крайне беспокоилась о его безопасности.

Родители Ивана немедленно связались с властями, и российские спецслужбы начали проведение спецоперации для его спасения. Были задействованы лучшие специалисты, и начались переговоры с похитителями. В течение нескольких дней полиция вела поиски и собирала информацию, чтобы обнаружить координаты похитителей.

Спустя пять дней после похищения Иван был найден и освобождён в результате тщательно спланированной операции, проведённой сотрудниками ФСБ и МВД. Он был спасён без уплаты выкупа и невредимым доставлен к своей семье. несколько человек, причастных к похищению, были арестованы и привлечены к уголовной ответственности.

Этот случай привлёк внимание общественности к проблеме похищений с целью выкупа в России и подчеркнул необходимость усиления мер безопасности для защиты граждан. История Ивана Касперского завершилась благополучно, но она также показала, насколько серьёзным и опасным может быть подобное преступление.

### The Kidnapping of Ivan Kaspersky: How the Young Man Was Rescued

In April 2011, Russia and the world were shocked by the news of the kidnapping of Ivan Kaspersky, the son of the renowned Russian cybersecurity expert Eugene Kaspersky. Ivan, a 20-year-old student at the Moscow Institute of Physics and Technology at the time, was abducted on his way to work in Moscow. This crime quickly became one of the most high-profile cases in Russia in recent years.

The kidnappers demanded a ransom of 3 million euros for his release, threatening to kill the young man if their demands were not met. The situation was made more urgent by the fact that Ivan had health issues, causing his family extreme concern for his safety.

Ivan's parents immediately contacted the authorities, and Russian special services launched a special operation to rescue him. The best specialists were involved, and negotiations with the kidnappers began. Over the course of several days, the police conducted searches and gathered information to locate the kidnappers' coordinates.

Five days after the abduction, Ivan was found and freed in a carefully planned operation carried out by FSB and Ministry of Internal Affairs officers. He was rescued without the ransom being paid and was returned safely to his family. Several people involved in the kidnapping were arrested and brought to justice.

This case drew public attention to the problem of kidnappings for ransom in Russia and highlighted the need for increased security measures to protect citizens. Ivan Kaspersky's story had a happy ending, but it also demonstrated how serious and dangerous such a crime can be.

# 2.2 Property Crimes

## 2.2.1 Theft and Robbery

**взла́мывать/взлома́ть замо́к** — to pick a lock Престу́пник взлома́л замо́к на две́ри, что́бы прони́кнуть в кварти́ру и соверши́ть кра́жу. The criminal picked the lock on the door to break into the apartment and commit theft.

**взлом** — burglary Взлом произошёл но́чью, когда́ хозя́ева до́ма отсу́тствовали. The break-in occurred at night while the homeowners were away.

**видеоза́пись с ка́меры наблюде́ния** — surveillance footage Видеоза́пись с ка́меры наблюде́ния помогла́ поли́ции идентифици́ровать граби́теля. The footage from the surveillance camera helped the police identify the robber.

**вла́мываться/вломи́ться в дом** — to break into a house Граби́тели вломи́лись в дом че́рез окно́, разби́в стекло́. The robbers broke into the house through a window, smashing the glass.

**вооружённое ограбле́ние** — armed robbery Вооружённое ограбле́ние ювели́рного магази́на зако́нчилось перестре́лкой с поли́цией. The armed robbery of a jewelry store ended in a shootout with the police.

**вор** — thief Вор был по́йман на ме́сте преступле́ния и аресто́ван поли́цией. The thief was caught at the scene of the crime and arrested by the police.

**воровство́** — stealing Воровство́ ли́чных веще́й из маши́н стано́вится всё бо́лее распространённым в э́том райо́не. The theft of personal items from cars is becoming increasingly common in this area.

**воровство́ со взло́мом** — breaking and entering Поли́ция рассле́дует се́рию слу́чаев воровства́ со взло́мом в бога́тых райо́нах го́рода. The police are investigating a series of burglaries in wealthy neighborhoods.

**восстана́вливать/восстанови́ть похи́щенное** — to recover stolen items Правоохрани́тельные о́рганы суме́ли восстанови́ть часть похи́щенного иму́щества по́сле пои́мки престу́пников. Law enforcement was able to recover some of the stolen property after apprehending the criminals.

**восстановле́ние укра́денного иму́щества** — recovery of stolen property Восстановле́ние укра́денного иму́щества ста́ло приорите́тной зада́чей для полиции после серии ограблений. Recovering stolen property became a priority for the police after a series of robberies.

**грабёж** — mugging Грабёж в центре города привлёк внимание СМИ из-за дерзости преступников. The robbery in the city center attracted media attention due to the audacity of the criminals.

**грабитель** — robber Грабитель скрылся с места преступления на украденной машине. The robber fled the crime scene in a stolen car.

**грабить/ограбить** — to rob Преступники ограбили банк и скрылись с крупной суммой денег. The criminals robbed the bank and escaped with a large sum of money.

**защищать/защитить имущество** — to protect property Владелец магазина пытался защитить своё имущество от грабителей, но был ранен. The shop owner tried to protect his property from the robbers but was injured.

**изымать/изъять украденное** — to seize stolen goods Полиция изъяла украденное имущество во время обыска квартиры подозреваемого. The police seized the stolen property during a search of the suspect's apartment.

**карманная кража** — pickpocketing Карманная кража произошла в метро, когда пассажир отвлёкся на свой телефон. The pickpocketing occurred on the subway when the passenger was distracted by his phone.

**краденое имущество** — stolen property Подозреваемый пытался продать краденое имущество на чёрном рынке. The suspect attempted to sell the stolen goods on the black market.

**кража** — theft Кража ювелирных украшений из дома произошла, когда хозяева были в отпуске. The theft of jewelry from the house occurred while the owners were on vacation.

**кража автомобиля** — car theft Кража автомобилей увеличилась в этом районе за последние несколько месяцев. Car thefts have increased in this area over the past few months.

**кража в магазине** — shoplifting Подозреваемый был задержан на месте преступления за кражу в магазине. The suspect was caught at the scene for shoplifting.

**кра́жа велосипе́да** — bicycle theft Кра́жа велосипе́да произошла́ на парко́вке, несмотря́ на то что он был пристёгнут замко́м. The bicycle theft occurred in the parking lot, even though it was secured with a lock.

**кра́жа ли́чных веще́й** — personal theft Кра́жа ли́чных веще́й из гости́ничного но́мера была́ зафикси́рована ка́мерой видеонаблюде́ния. The theft of personal belongings from the hotel room was caught on the surveillance camera.

**кра́жа со взло́мом** — theft with breaking and entering Кра́жа со взло́мом произошла́ в одно́м из домовладе́ний в це́нтре го́рода. A burglary occurred in one of the residences in the city center.

**кра́жа со взло́мом замка́** — lock picking Престу́пник соверши́л кра́жу со взло́мом замка́, прони́кнув в кварти́ру че́рез дверь. The criminal committed theft by breaking the lock and entering the apartment through the door.

**красть/укра́сть** — to steal Престу́пник попыта́лся укра́сть драгоце́нности, но был заде́ржан охра́ной. The thief tried to steal the jewelry but was apprehended by security.

**криминалисти́ческая эксперти́за** — forensic examination Криминалисти́ческая эксперти́за установи́ла, что отпеча́тки па́льцев на ме́сте преступле́ния принадлежа́т подозрева́емому. Forensic examination determined that the fingerprints at the crime scene belonged to the suspect.

**лови́ть/пойма́ть престу́пника** — to catch the perpetrator Поли́ция пойма́ла престу́пника, кото́рый был заме́шан в се́рии ограбле́ний. The police caught the criminal who was involved in a series of robberies.

**наноси́ть/нанести́ уще́рб** — to cause damage Граби́тели нанесли́ значи́тельный уще́рб магази́ну во вре́мя ограбле́ния. The robbers caused significant damage to the store during the robbery.

**обнару́живать/обнару́жить следы́** — to find traces Поли́ция обнару́жила следы́ взло́ма на окне́, че́рез кото́рое прони́кли граби́тели. The police found traces of the break-in at the window through which the robbers entered.

**обы́скивать/обыска́ть помеще́ние** — to search the premises Поли́ция обыска́ла помеще́ние подозрева́емого и нашла́ укра́денное иму́щество. The police searched the suspect's premises and found the stolen property.

**ограбле́ние** – robbery Ограбле́ние произошло́ в разга́р рабо́чего дня, когда́ в ба́нке бы́ло мно́го посети́телей. The robbery took place in the middle of the workday when the bank was crowded with customers.

**ограбле́ние ба́нка** – bank robbery Ограбле́ние ба́нка зако́нчилось захва́том зало́жников и после́дующей опера́цией спецна́за. The bank robbery ended with a hostage situation and a special forces operation.

**ограбле́ние инкасса́торов** – armored car robbery Вооружённое ограбле́ние инкасса́торов произошло́ на вы́езде из го́рода. The armed robbery of cash couriers took place on the outskirts of the city.

**опозна́ние** – identification Опозна́ние подозрева́емого состоя́лось в полице́йском уча́стке при уча́стии свиде́телей. The identification of the suspect took place at the police station with the participation of witnesses.

**о́рдер на о́быск** – search warrant Судья́ вы́дал о́рдер на о́быск в до́ме подозрева́емого, где могли́ храни́ться укра́денные ве́щи. The judge issued a search warrant for the suspect's house, where the stolen goods might be stored.

**перепрода́жа кра́деного** – reselling stolen goods Поли́ция арестова́ла гру́ппу, занима́вшуюся перепрода́жей кра́деного иму́щества на чёрном ры́нке. The police arrested a group involved in reselling stolen goods on the black market.

**перехва́т** – interception Полице́йские устро́или перехва́т по́сле получе́ния информа́ции о гото́вящемся ограбле́нии. The police set up an interception after receiving information about the planned robbery.

**подава́ть/пода́ть заявле́ние о кра́же** – to file a theft report Потерпе́вший по́дал заявле́ние о кра́же ли́чных веще́й в поли́цию. The victim filed a theft report with the police about the stolen personal belongings.

**полице́йская обла́ва** – police raid Полице́йская обла́ва на подозрева́емых в ограбле́нии прошла́ на окра́ине го́рода. The police raid on robbery suspects took place on the outskirts of the city.

**похища́ть/похи́тить це́нности** – to steal valuables Граби́тели похи́тили це́нности на су́мму бо́лее миллио́на до́лларов. The robbers stole valuables worth over a million dollars.

**похище́ние иму́щества** – property theft Похище́ние иму́щества произошло́ при взло́ме одного́ из эли́тных домо́в. The theft of property occurred during the break-in at one of the luxury homes.

**пресле́довать граби́теля** – to pursue the robber Полице́йские пресле́довали граби́теля по всему́ го́роду, пре́жде чем задержа́ть его́. The police chased the robber throughout the city before apprehending him.

**приме́ты подозрева́емого** – suspect's description Свиде́тели предоста́вили поли́ции подро́бные приме́ты подозрева́емого в ограбле́нии. Witnesses provided the police with detailed descriptions of the robbery suspect.

**присвое́ние** – appropriation Присвое́ние чужо́го иму́щества явля́ется уголо́вным преступле́нием и нака́зывается зако́ном. Misappropriation of someone else's property is a criminal offense and is punishable by law.

**проверя́ть/прове́рить за́писи с ка́мер** – to check surveillance footage Поли́ция проверя́ет за́писи с ка́мер видеонаблюде́ния в райо́не, где произошло́ ограбле́ние. The police are reviewing surveillance footage from the area where the robbery took place.

**протоко́л осмо́тра** – crime scene report Протоко́л осмо́тра ме́ста преступле́ния включа́л подро́бное описа́ние обнару́женных ули́к. The crime scene examination report included a detailed description of the evidence found.

**сеть престу́пников** – criminal network Поли́ция раскры́ла сеть престу́пников, занима́вшихся уго́ном автомоби́лей по всему́ го́роду. The police uncovered a network of criminals involved in car thefts throughout the city.

**скрыва́ть/скры́ться с ме́ста престу́пления** – to flee the scene Граби́тель скры́лся с ме́ста преступле́ния до прие́зда поли́ции. The robber fled the crime scene before the police arrived.

**следы́ преступле́ния** – crime traces Следы́ преступле́ния ука́зывали на то, что взлом был тща́тельно сплани́рован. The traces of the crime indicated that the break-in was carefully planned.

**соверша́ть/соверши́ть кра́жу** – to commit theft Престу́пник соверши́л кра́жу ювели́рных изде́лий из витри́ны магази́на. The criminal stole jewelry from the store display case.

**угóн автомобиля** — carjacking Угóн автомобиля произошёл на многолюдной парковке, когда хозяин на минуту отошёл. The car theft occurred in a crowded parking lot when the owner stepped away for a minute.

**ущéрб** — damage, loss Ограблéние нанеслó значительный ущéрб, и магазин не смог срáзу возобновить рабóту. The robbery caused significant damage, and the store was unable to resume operations immediately.

**фиксировать/зафиксировать крáжу** — to record the theft Кáмера видеонаблюдéния зафиксировала крáжу, что помоглó полиции в расслéдовании. The surveillance camera recorded the theft, which helped the police in the investigation.

**хищéние** — larceny Хищéние крупных сумм дéнег из сéйфа бáнка было обнаружено на слéдующий день. The embezzlement of large sums of money from the bank's safe was discovered the next day.

**электрóнная крáжа** — cyber theft Электрóнная крáжа дáнных клиéнтов былá совершéна хáкерами, получившими дóступ к сéрверу компáнии. The electronic theft of customer data was carried out by hackers who gained access to the company's server.

### 2.2.1.1 Mini-Articles

Track **37**

#### 1. Вооружённое Ограблéние Бáнка в Волгогрáде: Полиция Началá Операцию

В Волгогрáде произошлó вооружённое ограблéние одногó из крупных бáнков. Грабители ворвáлись в здáние и потрéбовали от сотрудников передáть им крупную сумму дéнег. Видеозáпись с кáмеры наблюдéния зафиксировала момéнт, когдá преступники с оружием в рукáх влáмываются в здáние. Полиция ужé началá полицéйскую облáву и преслéдование грабителей, котóрые скрылись с мéста преступлéния на угнанном автомобиле. Оперативники тáкже проверяют зáписи с кáмер и проводят криминалистическую экспертизу улик, нáйденных на мéсте преступлéния.

#### 1. Armed Bank Robbery in Volgograd: Police Launch Operation

An armed robbery took place at a major bank in Volgograd. The robbers broke into the building and demanded a large sum of money from the staff. Surveillance camera footagecaptured the moment when the criminals, armed, broke intothe building. The police have already launched a manhuntand are pursuing the robbers, who fled the scene in a stolen vehicle. Investigators are also reviewing the camera footage and conducting a forensic examination of the evidence found at the crime scene.

## 2. В Екатеринбурге Зафиксирован Рост Карманных Краж

В Екатеринбурге за последний месяц наблюдается значительный рост карманных краж. Воры, действующие в людных местах, используют момент, когда жертвы отвлекаются, чтобы похитить личные вещи. Полиция призывает граждан быть бдительными и не оставлять ценные вещи без присмотра. Местные правоохранительные органы уже проводят операции по выявлению преступников и их сети. Задержаны несколько подозреваемых, у которых было изъято краденое имущество. Гражданам, пострадавшим от таких преступлений, рекомендуется подавать заявления о краже для содействия в расследовании.

## 2. Increase in Pickpocketing Reported in Yekaterinburg

Yekaterinburg has seen a significant rise in pickpocketingover the past month. Thieves operating in crowded places take advantage of moments when victims are distracted to steal personal belongings. The police are urging citizens to be vigilant and not to leave valuables unattended. Local law enforcement agencies are already conducting operations to identify criminals and their network. Several suspects have been detained, and stolen property has been recovered. Citizens who have fallen victim to such crimes are encouraged to file theft reports to assist in the investigation.

## 3. Кража Со Взломом в Сочи: Полиция Ищет Преступников

В Сочи произошло кража со взломом, В ходе которой неизвестные преступники взломали замок и проникли в частный дом. Воры похитили ценности, включая драгоценности и электронику. Полиция провела протокол осмотра места преступления и обнаружила следы взлома. На данный момент ведётся работа по опознанию подозреваемых и восстановлению украденного имущества. Правоохранительные органы также планируют проверить записи с камер наблюдения, чтобы получить дополнительные улики.

## 3. Burglary in Sochi: Police Searching for Criminals

A burglary occurred in Sochi, during which unknown criminals broke a lock and entered a private home. The thieves stole valuables, including jewelry and electronics. The police conducted a crime scene examination and discovered signs of a break-in. Currently, work is underway to identify the suspects and recover the stolen property. Law enforcement agencies also plan to review surveillance footage to gather additional evidence.

## 4. Угон Автомобиля в Новосибирске: Полиция Преследует Преступников

В Новосибирске произошёл угон автомобиля прямо с охраняемой парковки. Преступники, взломав систему безопасности машины, скрылись на ней в неизвестном направлении. Видеозапись с камеры наблюдения зафиксировала момент угона, и полиция немедленно начала преследование. В городе организованы блокпосты для задержания угонщиков. Полиция также надеется на помощь граждан, которые могли видеть момент угона или приметы подозреваемого. Ведётся работа по восстановлению похищенного автомобиля.

## 4. Car Theft in Novosibirsk: Police Pursue Criminals

A car theft took place in Novosibirsk right from a guarded parking lot. The criminals bypassed the car's security system and fled in it to an unknown location. Surveillance camera footage captured the moment of the theft, and the police immediately began a pursuit. Roadblocks have been set up around the city to catch the car thieves. The police are also hoping for assistance from citizens who may have seen the theft or noticed suspect descriptions. Efforts are underway to recover the stolen vehicle.

## 5. Кража Со Взломом в Магазине Электроники в Казани

В Казани произошла кража со взломом в крупном магазине электроники. Преступники ночью взломали замок и проникли в помещение, откуда похитили дорогую технику. Ущерб от кражи оценивается в несколько миллионов рублей. Видеозаписи с камер наблюдения зафиксировали момент проникновения, и полиция уже начала преследование грабителей. Правоохранительные органы также провели обыск помещения и изъяли найденные улики для дальнейшего расследования. Ведётся работа по восстановлению украденного имущества.

## 5. Burglary at an Electronics Store in Kazan

A burglary occurred at a large electronics store in Kazan. The criminals broke a lock at night and entered the premises, stealing expensive equipment. The damage from the theft is estimated at several million rubles. Surveillance camera footage captured the moment of the break-in, and the police have already begun pursuing the robbers. Law enforcement agencies also searched the premises and seized the evidence found for further investigation. Efforts are underway to recover the stolen property.

## 2.2.1.2 Public Service Announcement

Track **38**

**Внима́ние: Участи́вшиеся Кра́жи в Райо́не**

Уважа́емые жи́тели и го́сти на́шего райо́на,

В после́днее вре́мя в на́шем райо́не отмеча́ется рост числа́ краж и грабе́жей. Поли́ция призыва́ет всех быть осо́бенно внима́тельными и принима́ть ме́ры для защи́ты своего́ иму́щества. Во́ры и граби́тели акти́вно де́йствуют в многолю́дных места́х, включа́я торго́вые це́нтры, па́рки и обще́ственный тра́нспорт.

Карма́нные кра́жи и кра́жи ли́чных веще́й происхо́дят всё ча́ще, осо́бенно в часы́ пик. Мы рекоменду́ем вам не оставля́ть це́нные ве́щи без присмо́тра, испо́льзовать замки́ и сигнализа́ции для защи́ты ва́шего иму́щества, а та́кже сообща́ть о любы́х подозри́тельных ли́цах или де́йствиях в поли́цию.

Осо́бенно ва́жно быть осторо́жными при хране́нии свои́х веще́й на у́лице или в обще́ственных места́х. В слу́чаях кра́жи со взло́мом или грабежа́ неме́дленно обраща́йтесь в поли́цию и подава́йте заявле́ние о кра́же. Это помо́жет правоохрани́тельным о́рганам быстре́е реаги́ровать и находи́ть престу́пников.

Поли́ция уси́ливает патрули́рование райо́на и прово́дит операти́вные мероприя́тия по задержа́нию престу́пников. Мы та́кже про́сим жи́телей предоставля́ть информа́цию о любы́х слу́чаях похище́ния иму́щества или подозри́тельных де́йствиях в ва́шем райо́не.

По́мните, что ва́ша бди́тельность и своевре́менное обраще́ние в поли́цию мо́гут помо́чь предотврати́ть преступле́ния и обеспе́чить безопа́сность всех жи́телей райо́на.

**Attention: Increased Thefts in the Area**

Dear residents and visitors of our neighborhood,

Recently, there has been a rise in the number of thefts and robberies in our area. The police urge everyone to be especially vigilant and take measures to protect their property. Thieves and robbers are actively operating in crowded places, including shopping centers, parks, and public transport.

Pickpocketing and theft of personal belongings are becoming more frequent, especially during rush hours. We recommend that you do not leave valuables unattended, use locks and alarms to protect your property, and report any suspicious individuals or activities to the police.

It is particularly important to be cautious when keeping your belongings outdoors or in public places. In cases of burglary or robbery, immediately contact the police and file a theft report. This will help law enforcement respond more quickly and apprehend the criminals.

The police are increasing patrols in the area and conducting operations to apprehend criminals. We also ask residents to provide information on any instances of property theft or suspicious activities in your neighborhood.

Remember, your vigilance and timely contact with the police can help prevent crimes and ensure the safety of all residents in the area.

## 2.2.2 Fraud and Embezzlement

**ана́лиз бухга́лтерских докуме́нтов** — analysis of accounting documents **Экспе́рты провели́ ана́лиз бухга́лтерских докуме́нтов, что́бы вы́явить при́знаки фина́нсового моше́нничества.** Experts conducted an analysis of accounting documents to identify signs of financial fraud.

**аре́ст иму́щества** — asset seizure **Суд постанови́л аре́ст иму́щества обвиня́емого в корпорати́вной растра́те.** The court ordered the seizure of the property of the defendant accused of corporate embezzlement.

**афе́ра** — scam **Поли́ция раскры́ла кру́пную афе́ру, свя́занную с незако́нным присвое́нием госуда́рственных средств.** The police uncovered a major scam involving the illegal appropriation of government funds.

**ба́нковское моше́нничество** — bank fraud **Ба́нковское моше́нничество бы́ло обнару́жено благодаря́ систе́ме вну́треннего а́удита.** The bank fraud was detected thanks to the internal audit system.

**вести́ двойну́ю бухгалте́рию** — to keep double books **Компа́ния вела́ двойну́ю бухгалте́рию, что́бы скрыть свои́ реа́льные дохо́ды от нало́говых о́рганов.** The company maintained double-entry accounting to hide its actual income from tax authorities.

**видеоза́пись** — video recording (as evidence) **Видеоза́пись из о́фиса показа́ла, как сотру́дник фальсифици́рует докуме́нты для хище́ния средств.** The video footage from the office showed an employee falsifying documents to embezzle funds.

**возвраща́ть/верну́ть похи́щенные сре́дства** — to recover stolen funds **Обвиня́емый был вы́нужден верну́ть похи́щенные сре́дства по́сле суде́бного разбира́тельства.** The defendant was forced to return the stolen funds after the court proceedings.

**выма́нивать/вы́манить де́ньги** — to swindle money **Моше́нник вы́манил кру́пную су́мму де́нег у же́ртвы под предло́гом инвести́ции в фальши́вый прое́кт.** The fraudster tricked the victim into giving a large sum of money under the pretext of investing in a fake project.

**документа́льные доказа́тельства** — documentary evidence **Прокурату́ра предста́вила документа́льные доказа́тельства, подтвержда́ющие фа́кты фина́нсовых махина́ций.** The prosecution presented documentary evidence confirming the facts of financial manipulations.

**запра́шивать/запроси́ть докуме́нты** — to request documents **Сле́дователи запроси́ли фина́нсовые докуме́нты компа́нии для прове́рки на нали́чие при́знаков моше́нничества.** Investigators requested the company's financial documents to check for signs of fraud.

**защища́ть/защити́ть акти́вы** — to protect assets **Компа́ния приняла́ ме́ры для защи́ты свои́х акти́вов от возмо́жного моше́нничества со стороны́ сотру́дников.** The company took measures to protect its assets from potential fraud by employees.

**идентификацио́нное моше́нничество** — identity fraud **Идентификацио́нное моше́нничество ста́ло одно́й из са́мых распространённых форм киберпреступле́ний.** Identity fraud has become one of the most common forms of cybercrime.

**интерне́т-моше́нничество** — online fraud **Интерне́т-моше́нничество включа́ет в себя́ таки́е схе́мы, как фи́шинг и фальши́вые онла́йн-магази́ны.** Internet fraud includes schemes like phishing and fake online stores.

**контро́ль за расхо́дами** — expense monitoring **В компа́нии был уси́лен контро́ль за расхо́дами по́сле выявле́ния слу́чая корпорати́вной растра́ты.** The company tightened its expense controls after uncovering a case of corporate embezzlement.

**корпорати́вная растра́та** — corporate embezzlement **Руководи́тель был уво́лен за корпорати́вную растра́ту и переда́чу конфиденциа́льной информа́ции конкуре́нтам.** The executive was fired for corporate embezzlement and leaking confidential information to competitors.

**корпоративное мошенничество** — corporate fraud Корпоративное мошенничество было раскрыто благодаря анонимному сообщению от сотрудника компании. Corporate fraud was uncovered thanks to an anonymous tip from an employee.

**кредитное мошенничество** — credit fraud Полиция задержала группу, занимавшуюся кредитным мошенничеством с использованием поддельных документов. The police arrested a group involved in credit fraud using forged documents.

**ложные документы** — false documents Ложные документы были использованы для получения крупного кредита, который позже не был возвращён. Fake documents were used to obtain a large loan that was later not repaid.

**ложные инвестиции** — false investments Компания привлекала средства через ложные инвестиции, обещая высокую прибыль, но фактически занималась мошенничеством. The company raised funds through fake investments, promising high returns but actually committing fraud.

**ложь** — lie Ложь была основой схемы мошенничества, направленной на обман инвесторов. Lies were the foundation of the fraud scheme aimed at deceiving investors.

**мошенник** — fraudster Мошенник использовал поддельные документы и фиктивные компании для незаконного присвоения денег. The fraudster used fake documents and shell companies to illegally appropriate money.

**мошенничество** — fraud Мошенничество с кредитными картами стало серьёзной проблемой для банковского сектора. Credit card fraud has become a serious issue for the banking sector.

**мошенничество с недвижимостью** — real estate fraud Мошенничество с недвижимостью включало продажу несуществующих объектов и подделку правоустанавливающих документов. Real estate fraud involved the sale of non-existent properties and the forgery of ownership documents.

**налоговое мошенничество** — tax fraud Власти обнаружили масштабное налоговое мошенничество, связанное с уклонением от уплаты налогов крупными компаниями. The authorities uncovered large-scale tax fraud involving tax evasion by major corporations.

**незаконное использование средств** — unauthorized use of funds Менеджер был обвинён в незаконном использовании средств компании для личных нужд. The manager was accused of illegally using company funds for personal expenses.

**незако́нное присвое́ние** – misappropriation Незако́нное присвое́ние акти́вов компа́нии привело́ к серьёзным фина́нсовым поте́рям и уголо́вному рассле́дованию. The illegal appropriation of company assets led to significant financial losses and a criminal investigation.

**обма́н** – deception Обма́н клие́нтов че́рез подде́льные инвестицио́нные предложе́ния привёл к кру́пному сканда́лу. Deceiving clients through fake investment offers led to a major scandal.

**обнаруже́ние фина́нсовых махина́ций** – detection of financial fraud Обнаруже́ние фина́нсовых махина́ций ста́ло результа́том вну́треннего а́удита компа́нии. The detection of financial fraud was the result of an internal company audit.

**обнару́живать/обнару́жить моше́нничество** – to uncover fraud Ауди́торы смогли́ обнару́жить моше́нничество благодаря́ тща́тельной прове́рке всех фина́нсовых транза́кций. Auditors were able to uncover fraud through a thorough review of all financial transactions.

**обнару́живать/обнару́жить фальши́вые по́дписи** – to detect forged signatures Специали́сты по по́черку обнару́жили фальши́вые по́дписи на не́скольких ва́жных контра́ктах. Handwriting experts discovered forged signatures on several important contracts.

**осуществля́ть/осуществи́ть прове́рку транза́кций** – to audit transactions Банк на́чал осуществля́ть прове́рку всех транза́кций по́сле выявле́ния подозри́тельной акти́вности на счета́х клие́нтов. The bank began reviewing all transactions after detecting suspicious activity in customers' accounts.

**отка́т** – kickback Сотру́дники компа́нии бы́ли уво́лены за получе́ние отка́тов при заключе́нии контра́ктов с поставщика́ми. Company employees were fired for receiving kickbacks when signing contracts with suppliers.

**отмыва́ние де́нег** – money laundering Моше́нники испо́льзовали сло́жные схе́мы для отмыва́ния де́нег че́рез сеть подста́вных компа́ний. The fraudsters used complex schemes to launder money through a network of shell companies.

**пирамида́льная схе́ма** – ponzi scheme Пирамида́льная схе́ма обру́шилась, оста́вив ты́сячи люде́й без их сбереже́ний. The pyramid scheme collapsed, leaving thousands of people without their savings.

**подде́лка** – forgery Подде́лка фина́нсовых отчётов была́ вы́явлена при проведе́нии вну́треннего ауди́та. The forgery of financial statements was discovered during an internal audit.

**подде́лка докуме́нтов** – document forgery Подде́лка докуме́нтов позво́лила моше́нникам получи́ть до́ступ к ба́нковским счета́м жертв. Forged documents allowed the fraudsters to access the victims' bank accounts.

**подде́лка по́дписей** – signature forgery Подде́лка по́дписей на контра́ктах была́ вы́явлена экспе́ртами по по́черку. The forgery of signatures on contracts was detected by handwriting experts.

**подде́лывать/подде́лать докуме́нты** – to forge documents Моше́нник подде́лал докуме́нты, что́бы созда́ть ви́димость лега́льной сде́лки. The fraudster forged documents to create the appearance of a legitimate transaction.

**подозрева́ть/заподо́зрить в моше́нничестве** – to suspect of fraud Руково́дство компа́нии заподо́зрило своего́ сотру́дника в моше́нничестве по́сле обнаруже́ния фина́нсовых несоотве́тствий. The company's management suspected their employee of fraud after discovering financial discrepancies.

**показа́ния** – testimony Свиде́тель дал показа́ния, подтвержда́ющие уча́стие обвиня́емого в моше́нничестве. The witness provided testimony confirming the defendant's involvement in the fraud.

**предоставля́ть/предоста́вить доказа́тельства** – to provide evidence Прокурату́ра предоста́вила суду́ убеди́тельные доказа́тельства прича́стности обвиня́емого к фина́нсовым махина́циям. The prosecution presented the court with compelling evidence of the defendant's involvement in financial fraud.

**предъявля́ть/предъяви́ть обвине́ние в растра́те** – to charge with embezzlement Бы́вшему фина́нсовому дире́ктору предъяви́ли обвине́ние в растра́те средств компа́нии. The former CFO was charged with embezzlement of company funds.

**привлека́ть/привле́чь к отве́тственности за моше́нничество** – to prosecute for fraud Подозрева́емый был привлечён к отве́тственности за моше́нничество в кру́пном разме́ре. The suspect was held accountable for large-scale fraud.

**привлека́ть/привле́чь к уголо́вной отве́тственности** – to bring to criminal liability Обвиня́емый был привлечён к уголо́вной отве́тственности за отмыва́ние де́нег и нало́говое моше́нничество. The defendant was brought to criminal justice for money laundering and tax fraud.

**присва́ивать/присво́ить де́ньги** — to embezzle funds Сотру́дник присво́ил де́ньги компа́нии, подде́лывая фина́нсовые отчёты. The employee embezzled company money by falsifying financial reports.

**присвое́ние акти́вов** — asset misappropriation Присвое́ние акти́вов компа́нии руководи́телем ста́ло предме́том уголо́вного рассле́дования. The embezzlement of company assets by the executive became the subject of a criminal investigation.

**присвое́ние де́нег** — misappropriation of funds Ме́неджера обвини́ли в присвое́нии де́нег, принадлежа́щих компа́нии. The manager was accused of embezzling company funds.

**присвое́ние иму́щества** — property embezzlement Дире́ктор был уво́лен за присвое́ние иму́щества, кото́рое принадлежа́ло компа́нии. The director was fired for misappropriating company property.

**прове́рка счето́в** — account verification Прове́рка счето́в вы́явила несоотве́тствия, ука́зывающие на возмо́жное моше́нничество. The audit of the accounts revealed discrepancies pointing to possible fraud.

**прове́рка транза́кций** — transaction audit Прове́рка транза́кций показа́ла не́сколько подозри́тельных опера́ций, тре́бующих дальне́йшего рассле́дования. The transaction review revealed several suspicious operations that required further investigation.

**проверя́ть/прове́рить фина́нсовую отчётность** — to check financial statements Ауди́торы тща́тельно прове́рили фина́нсовую отчётность компа́нии, что́бы вы́явить любы́е при́знаки моше́нничества. The auditors thoroughly checked the company's financial statements to identify any signs of fraud.

**проводи́ть/провести́ фина́нсовую прове́рку** — to conduct a financial audit Компа́ния реши́ла провести́ фина́нсовую прове́рку по́сле того́, как бы́ли обнару́жены несоотве́тствия в отчётах. The company decided to conduct a financial audit after discrepancies were found in the reports.

**раскры́тие схе́мы** — uncovering the scheme Раскры́тие схе́мы моше́нничества привело́ к аре́сту не́скольких высокопоста́вленных сотру́дников. The uncovering of the fraud scheme led to the arrest of several high-ranking employees.

**расследование мошённичества** – fraud investigation Расследование мошённичества продолжается, и новые улики могут появиться в ближайшее время. The fraud investigation is ongoing, and new evidence may emerge soon.

**растрата** – embezzlement Финансовый директор был обвинён в растрате средств компании на личные нужды. The CFO was accused of embezzling company funds for personal use.

**скрывать/скрыться от правосудия** – to evade justice Подозреваемый попытался скрыться от правосудия, но был задержан на границе. The suspect tried to evade justice but was detained at the border.

**совершать/совершить мошённичество** – to commit fraud Преступник совершил мошённичество, используя поддельные документы для получения кредита. The criminal committed fraud by using fake documents to obtain a loan.

**страховое мошённичество** – insurance fraud Страховое мошённичество включает в себя фальсификацию заявлений на выплату компенсации. Insurance fraud involves falsifying claims for compensation.

**телефонное мошённичество** – telephone fraud Полиция арестовала группу, занимавшуюся телефонным мошённичеством и обманом пожилых людей. The police arrested a group involved in phone scams targeting the elderly.

**фальсификация** – falsification Фальсификация финансовых документов была обнаружена при проведении внутреннего аудита. The falsification of financial documents was discovered during an internal audit.

**финансовая проверка** – financial audit Финансовая проверка показала, что в компании были серьёзные проблемы с бухгалтерским учётом. The financial audit revealed serious accounting problems within the company.

**финансовое мошённичество** – financial fraud Финансовое мошённичество было раскрыто благодаря слаженной работе правоохранительных органов. The financial fraud was uncovered thanks to the coordinated efforts of law enforcement.

**финансовое преступление** – financial crime Финансовое преступление было совершено через сложную сеть подставных компаний и банковских счетов. The financial crime was committed through a complex network of shell companies and bank accounts.

**хище́ние** – embezzlement Хище́ние де́нег из ка́ссы бы́ло зафикси́ровано на ка́мере видеонаблюде́ния. The theft of money from the cash register was caught on a surveillance camera.

**хище́ние бюдже́тных средств** – embezzlement of budget funds Хище́ние бюдже́тных средств на кру́пную су́мму бы́ло раскры́то благодаря́ незави́симому рассле́дованию. The embezzlement of a large amount of public funds was uncovered thanks to an independent investigation.

**хище́ние на рабо́чем ме́сте** – workplace embezzlement Рабо́тник был уво́лен за хище́ние на рабо́чем ме́сте, кото́рое бы́ло вы́явлено в хо́де вну́тренней прове́рки. The employee was fired for workplace theft, which was discovered during an internal audit.

## 2.2.2.1 Mini-Articles

Track **40**

### 1. Раскры́то Кру́пное Корпорати́вное Моше́нничество в Сама́ре

В Сама́ре сотру́дники правоохрани́тельных о́рганов провели́ успе́шную опера́цию по раскры́тию схе́мы корпорати́вного моше́нничества, в результа́те кото́рой компа́ния потеря́ла миллио́ны рубле́й. В хо́де рассле́дования бы́ло обнару́жено, что фина́нсовый дире́ктор компа́нии осуществля́л подде́лку докуме́нтов и вёл двойну́ю бухгалте́рию с це́лью незако́нного присвое́ния средств. Полице́йские провели́ фина́нсовую прове́рку и ана́лиз бухга́лтерских докуме́нтов, что позво́лило вы́явить престу́пные де́йствия и арестова́ть подозрева́емого. В настоя́щее вре́мя прово́дится рассле́дование моше́нничества, и дире́ктору компа́нии предъя́влены обвине́ния в растра́те.

### 1. Major Corporate Fraud Uncovered in Samara

In Samara, law enforcement officers conducted a successful operation to uncover a corporate fraud scheme that resulted in the company losing millions of rubles. During the investigation, it was discovered that the company's financial director had been falsifying documents and maintaining double accounting records to embezzle funds. The police conducted a financial audit and analyzed accounting documents, which helped reveal the criminal activities and arrest the suspect. A fraud investigation is currently underway, and the company's director has been charged with embezzlement.

## 2. Банковское Мошенничество в Ростове-на-Дону: Возвращены Похищенные Средства

В Ростове-на-Дону раскрыта крупная афера, связанная с банковским мошенничеством. Группа мошенников использовала подделку документов и подделку подписей, чтобы выманить деньги у нескольких банковских клиентов. В результате оперативных действий полиции похищенные средства были возвращены законным владельцам. На основании документальных доказательств преступники были привлечены к уголовной ответственности. В ходе расследования также были обнаружены фальшивые подписи, использованные в мошеннических операциях, что позволило быстро установить виновных.

## 2. Bank Fraud in Rostov-on-Don: Stolen Funds Recovered

A major scheme involving bank fraud has been uncovered in Rostov-on-Don. A group of fraudsters used forged documents and forged signatures to swindle money from several bank clients. As a result of the police's swift actions, the stolen funds were returned to their rightful owners. Based on the documentary evidence, the criminals were brought to criminal justice. During the investigation, fake signatures used in fraudulent transactions were also discovered, allowing the authorities to quickly identify those responsible.

## 3. Телефонное Мошенничество в Нижнем Новгороде: Злоумышленники Использовали Ложные Инвестиции

В Нижнем Новгороде полиция задержала группу лиц, подозреваемых в телефонном мошенничестве и обмане граждан через ложные инвестиции. Мошенники звонили жертвам и убеждали их вложить деньги в несуществующие проекты. В результате обмана многие люди потеряли свои сбережения. Полицейские провели проверку транзакций и установили, что все переводы были направлены на счета злоумышленников. Ведётся расследование, а подозреваемые ожидают суда. Жертвам обещано возвращение похищенных средств.

## 3. Phone Fraud in Nizhny Novgorod: Criminals Used Fake Investments

In Nizhny Novgorod, the police arrested a group of individuals suspected of phone fraud and deceiving citizens through fake investments. The fraudsters called victims and persuaded them to invest money in non-existent projects. As a result of the deception, many people lost their savings. The police conducted transaction checks and found that all the transfers had been directed to the accounts of the criminals. An investigation is ongoing, and the suspects are awaiting trial. Victims have been promised the return of stolen funds.

## 4. Хищение Бюджетных Средств в Казани: Начато Расследование

В Казани возбуждено уголовное дело по факту хищения бюджетных средств в одном из государственных учреждений. Финансовая проверка выявила серьёзные нарушения в использовании средств, выделенных на строительство социального объекта. Сотрудники правоохранительных органов подозревают, что некоторые руководители проекта незаконно присвоили значительную часть средств через систему откатов и фальсификацию финансовых отчётов. В настоящее время проводится расследование мошенничества и проверка всех подозрительных транзакций.

## 4. Embezzlement of Budget Funds in Kazan: Investigation Launched

A criminal case has been initiated in Kazan regarding the embezzlement of budget funds at a government institution. A financial audit revealed serious violations in the use of funds allocated for the construction of a social facility. Law enforcement suspects that some project managers illegally appropriated a significant portion of the funds through a system of kickbacks and falsification of financial reports. A fraud investigation is currently underway, and all suspicious transactions are being checked.

## 5. Интернет-Мошенничество в Красноярске: Преступники Использовали Пирамидальную Схему

В Красноярске разоблачена крупная схема интернет-мошенничества, в которой были замешаны десятки людей. Мошенники создали пирамидальную схему, обещая участникам огромные прибыли от инвестиций в криптовалюту. Однако большинство инвесторов потеряли свои деньги, так как средства были незаконно присвоены организаторами схемы. Правоохранительные органы обнаружили доказательства преступной деятельности и привлекли подозреваемых к уголовной ответственности. Полиция призывает граждан быть осторожными и не вкладывать деньги в сомнительные интернет-проекты.

## 5. Internet Fraud in Krasnoyarsk: Criminals Used Pyramid Scheme

A major internet fraud scheme involving dozens of people has been exposed in Krasnoyarsk. The fraudsters created a pyramid scheme, promising participants huge profits from investments in cryptocurrency. However, most investors lost their money, as the funds were illegally appropriated by the scheme's organizers. Law enforcement authorities discovered evidence of the criminal activities and broughtthe suspects to criminal justice. The police are urging citizens to be cautious and not to invest in questionable online projects.

## 2.2.2.2 Historical Account: The Bernie Madoff Scandal

Track 41

### Мошенничество Берни Мэдоффа

Бернард (Берни) Мэдофф — один из самых известных мошенников в истории финансов. Его имя стало синонимом финансового мошенничества и пирамидальной схемы, которая привела к потерям в десятки миллиардов долларов и нанесла огромный ущерб тысячам инвесторов по всему миру.

Схема Мэдоффа, начатая ещё в 1970-х годах, выглядела как успешный инвестиционный фонд, который обещал стабильные и высокие доходы. На самом деле, его деятельность представляла собой классическое мошенничество, основанное на привлечении новых инвесторов, деньги которых использовались для выплат более ранним инвесторам. Это позволило ему скрывать реальные убытки и поддерживать иллюзию успешного бизнеса.

В декабре 2008 года, в разгар мирового финансового кризиса, схема рухнула, когда Мэдофф не смог привлечь новых средств для покрытия обязательств перед своими клиентами. Инвесторы начали массово выводить свои деньги, и стало очевидно, что фонд не может выполнить свои обязательства.

Расследование мошенничества выявило, что на протяжении десятилетий Мэдофф подделывал документы и предоставлял ложные отчёты своим инвесторам и регуляторам. Было обнаружено незаконное присвоение миллиардов долларов, которые он использовал для личного обогащения и поддержания своего образа жизни.

Федеральное бюро расследований (ФБР) и Комиссия по ценным бумагам и биржам США провели масштабное расследование, В ходе которого были выявлены документальные доказательства мошенничества. Мэдофф был арестован в декабре 2008 года и в 2009 году признал себя виновным по всем пунктам обвинения, включая хищение и финансовое мошенничество.

В результате судебного процесса Мэдофф был приговорён к 150 годам лишения свободы, что стало одним из самых жёстких приговоров в истории США за финансовое преступление. На его имя был наложен арест имущества, и началось возвращение похищенных средств пострадавшим инвесторам.

Дело Берни Мэдоффа стало предупреждением для всего финансового мира о необходимости более строгого контроля за расходами и надзора за инвестиционными фондами, а также о том, как легко можно стать жертвой корпоративного мошенничества, если не проявлять должной осторожности.

## Bernie Madoff's Fraud

Bernard (Bernie) Madoff is one of the most notorious fraudsters in financial history. His name has become synonymous with financial fraud and the pyramid scheme that led to losses of tens of billions of dollars and caused enormous damage to thousands of investors worldwide.

Madoff's scheme, which began in the 1970s, appeared to be a successful investment fund that promised stable and high returns. In reality, his activities were a classic fraud, based on attracting new investors whose money was used to pay earlier investors. This allowed him to hide the real losses and maintain the illusion of a successful business.

In December 2008, amid the global financial crisis, the scheme collapsed when Madoff could not attract new funds to meet his obligations to his clients. Investors began withdrawing their money en masse, and it became clear that the fund could not meet its obligations.

The fraud investigation revealed that for decades Madoff had been falsifying documents and providing false reports to his investors and regulators. It was discovered that billions of dollars had been illegally appropriated, which he used for personal enrichment and to maintain his lifestyle.

The Federal Bureau of Investigation (FBI) and the U.S. Securities and Exchange Commission (SEC) conducted a large-scale investigation that uncovered documentary evidence of the fraud. Madoff was arrested in December 2008 and in 2009 pleaded guilty to all charges, including embezzlement and financial fraud.

As a result of the trial, Madoff was sentenced to 150 years in prison, one of the harshest sentences in U.S. history for a financial crime. His assets were seized, and efforts began to recover stolen funds for the affected investors.

The Bernie Madoff case served as a warning to the entire financial world about the need for stricter expenditure control and oversight of investment funds, as well as how easy it is to fall victim to corporate fraud if due diligence is not exercised.

## 2.2.3 Vandalism and Arson

**ана́лиз причи́н возгора́ния** — cause of fire analysis Пожа́рные провели́ ана́лиз причи́н возгора́ния и установи́ли, что пожа́р был вы́зван умы́шленным поджо́гом. The firefighters conducted an analysis of the causes of the fire and determined that it was caused by arson.

**аресто́вывать/арестова́ть подозрева́емого** — to arrest a suspect Поли́ция арестова́ла подозрева́емого, кото́рого ви́дели ря́дом с ме́стом поджо́га. The police arrested a suspect who was seen near the scene of the arson.

**ванда́л** — vandal Ванда́л повреди́л па́мятник, нанеся́ на него́ граффи́ти. The vandal damaged the monument by spray-painting it with graffiti.

**вандали́зм** — vandalism Вандали́зм в го́роде дости́г крити́ческого у́ровня, и вла́сти на́чали кампа́нию по борьбе́ с э́тим явле́нием. Vandalism in the city has reached a critical level, and the authorities have launched a campaign to combat it.

**вандали́зм в па́рках** — park vandalism Вандали́зм в па́рках привёл к разруше́нию де́тских площа́док и спорти́вных объе́ктов. Vandalism in parks has led to the destruction of playgrounds and sports facilities.

**вандали́зм в уче́бных заведе́ниях** — school vandalism Вандали́зм в уче́бных заведе́ниях нано́сит уще́рб образова́тельным учрежде́ниям и отвлека́ет ресу́рсы от уче́бного проце́сса. Vandalism in educational institutions harms schools and diverts resources away from the educational process.

**вандали́зм на кла́дбищах** — cemetery vandalism Вандали́зм на кла́дбищах вызыва́ет возмуще́ние у жи́телей, так как э́то оскорбля́ет па́мять усо́пших. Vandalism in cemeteries outrages residents as it desecrates the memory of the deceased.

**восстана́вливать/восстанови́ть повреждённое иму́щество** — to restore damaged property Городски́е вла́сти пообеща́ли восстанови́ть повреждённое иму́щество по́сле а́кта вандали́зма. The city authorities promised to restore the damaged property after the act of vandalism.

**вред, нанесённый огнём** — fire damage Вред, нанесённый огнём, был насто́лько серьёзным, что зда́ние не подлежа́ло восстановле́нию. The damage caused by the fire was so severe that the building could not be restored.

**вызыва́ть/вы́звать пожа́р** — to set a fire Неосторо́жное обраще́ние с огнём мо́жет вы́звать пожа́р и нанести́ серьёзный уще́рб. Careless handling of fire can cause a fire and cause serious damage.

**выявля́ть/вы́явить вино́вных** — to identify the culprits Поли́ция ведёт рассле́дование, что́бы вы́явить вино́вных в поджо́ге. The police are conducting an investigation to identify those responsible for the arson.

**горю́чие материа́лы** — flammable materials В подва́ле зда́ния бы́ли на́йдены горю́чие материа́лы, что ука́зывает на возмо́жный поджо́г. Flammable materials were found in the building's basement, indicating possible arson.

**граффи́ти** — graffiti Ванда́лы нарисова́ли граффи́ти на стене́ истори́ческого зда́ния, что вы́звало возмуще́ние среди́ ме́стных жи́телей. Vandals spray-painted graffiti on the wall of a historic building, causing outrage among local residents.

**лесно́й поджо́г** — forest arson (wildfire arson) Лесно́й поджо́г нанёс огро́мный уще́рб экосисте́ме, уничто́жив ты́сячи гекта́ров ле́са. The forest arson caused enormous damage to the ecosystem, destroying thousands of hectares of forest.

**ликвиди́ровать пожа́р** — to extinguish a fire Пожа́рные суме́ли бы́стро ликвиди́ровать пожа́р, предотврати́в его́ распростране́ние на сосе́дние зда́ния. The firefighters were able to quickly extinguish the fire, preventing it from spreading to neighboring buildings.

**материа́льный уще́рб** — material damage Материа́льный уще́рб от поджо́га оцени́ли в не́сколько миллио́нов рубле́й. The material damage from the arson was estimated at several million rubles.

**наноси́ть/нанести́ уще́рб иму́ществу** — to cause property damage Ванда́лы нанесли́ серьёзный уще́рб иму́ществу, повреди́в о́кна и две́ри зда́ния. The vandals caused significant property damage by breaking windows and doors in the building.

**наруше́ние обще́ственного поря́дка** — breach of public order Наруше́ние обще́ственного поря́дка и а́кты вандали́зма заста́вили вла́сти уси́лить ме́ры безопа́сности. Public order violations and acts of vandalism prompted authorities to increase security measures.

**обнаруже́ние ули́к** — evidence discovery Обнаруже́ние ули́к на ме́сте поджо́га помогло́ поли́ции установи́ть подозрева́емого. The discovery of evidence at the arson site helped the police identify a suspect.

**обнару́живать/обнару́жить следы́ поджо́га** — to detect traces of arson
Пожа́рные обнару́жили следы́ поджо́га, ука́зывающие на умы́шленное возгора́ние. Firefighters found traces of arson, indicating that the fire was deliberately set.

**опро́с свиде́телей** — witness questioning Поли́ция начала́ опро́с свиде́телей, что́бы получи́ть информа́цию о подозрева́емых в поджо́ге. The police began interviewing witnesses to gather information about the suspected arsonists.

**оскверне́ние па́мятников** — desecration of monuments Оскверне́ние па́мятников вы́звало возмуще́ние среди́ ме́стного населе́ния и потре́бовало неме́дленных де́йствий со стороны́ власте́й. The desecration of monuments outraged the local population and required immediate action by the authorities.

**оскверне́ние религио́зных зда́ний** — vandalism of religious buildings Оскверне́ние религио́зных зда́ний счита́ется серьёзным преступле́нием и приво́дит к жёстким наказа́ниям. The desecration of religious buildings is considered a serious crime and leads to severe punishments.

**остана́вливать/останови́ть поджо́г** — to prevent arson Пожа́рные прибыли́ во́время и смогли́ останови́ть поджо́г до того́, как ого́нь распространи́лся. The firefighters arrived in time and managed to stop the arson before the fire spread.

**отклоне́ние пожа́ра** — fire deviation (to intentionally mislead investigators) Благодаря́ операти́вным де́йствиям пожа́рных удало́сь отклони́ть пожа́р от жилы́х зда́ний. Thanks to the prompt actions of the firefighters, the fire was diverted away from residential buildings.

**перепи́ска с подозрева́емым** — correspondence with suspect Перепи́ска с подозрева́емым была́ испо́льзована как доказа́тельство его́ прича́стности к поджо́гу. Correspondence with the suspect was used as evidence of his involvement in the arson.

**поврежде́ние обще́ственного иму́щества** — damage to public property Поврежде́ние обще́ственного иму́щества в результа́те вандали́зма привело́ к больши́м затра́там на ремо́нт. The damage to public property from vandalism resulted in high repair costs.

**поджига́тель** — arsonist Поджига́тель был заде́ржан на ме́сте преступле́ния и аресто́ван поли́цией. The arsonist was caught at the scene and arrested by the police.

**поджигáть/поджéчь здáние** — to set fire to a building Престýпник поджёг здáние, чтóбы скрыть следы́ другóго преступлéния. The criminal set the building on fire to cover up evidence of another crime.

**поджигáть/поджéчь машúну** — to set a car on fire Неизвéстные подожгли́ машúну, припаркóванную вóзле дóма, и скры́лись с мéста преступлéния. Unknown individuals set fire to a car parked near a house and fled the scene.

**поджóг** — arson Полúция расслéдует слýчай поджóга, котóрый произошёл на окрáине гóрода. The police are investigating an arson case that occurred on the outskirts of the city.

**поджóг жилóго дóма** — residential arson Поджóг жилóго дóма привёл к эвакуáции всех жильцóв и начáлу крупномасштáбного расслéдования. The arson of a residential building led to the evacuation of all residents and the launch of a large-scale investigation.

**поджóг из мéсти** — revenge arson Поджóг был совершён из мéсти пóсле дли́тельного конфли́кта мéжду сосéдями. The arson was committed out of revenge after a long-standing conflict between neighbors.

**поджóг коммéрческой недви́жимости** — commercial property arson Поджóг коммéрческой недви́жимости нанёс владéльцам значи́тельный финáнсовый ущéрб. The arson of commercial property caused significant financial losses to the owners.

**поджóг по нáйму** — arson for hire Подозревáемый был арестóван за поджóг по нáйму, организóванный с цéлью получéния страхóвки. The suspect was arrested for a contract arson organized to collect insurance money.

**поджóг с полити́ческими цéлями** — politically motivated arson Поджóг с полити́ческими цéлями был осуждён мéстными и междунарóдными организáциями. The politically motivated arson was condemned by local and international organizations.

**поджóг с цéлью страховóго мошéнничества** — arson for insurance fraud Полúция подозревáет, что поджóг был совершён с цéлью страховóго мошéнничества. The police suspect that the arson was committed as part of an insurance fraud scheme.

**поджóг трáнспортного срéдства** — vehicle arson Поджóг трáнспортного срéдства был зафикси́рован кáмерами наблюдéния. The arson of the vehicle was captured by surveillance cameras.

**пожа́рная экспертиза** — fire investigation Пожа́рная экспертиза подтверди́ла, что ого́нь был вы́зван испо́льзованием горю́чих материа́лов. The fire investigation confirmed that the fire was caused by the use of flammable materials.

**по́иск злоумы́шленников** — search for perpetrators По́иск злоумы́шленников, прича́стных к поджо́гу, продолжа́ется, и поли́ция призыва́ет свиде́телей сообща́ть любу́ю информа́цию. The search for the perpetrators involved in the arson is ongoing, and the police are urging witnesses to come forward with any information.

**по́рча автомоби́лей** — vehicle vandalism Ванда́лы соверши́ли по́рчу автомоби́лей, оста́вив глубо́кие цара́пины и разби́в стёкла. The vandals damaged cars, leaving deep scratches and breaking windows.

**по́рча иму́щества** — property defacement Ванда́лы нанесли́ значи́тельный ущерб, занима́ясь по́рчей иму́щества на террито́рии шко́лы. The vandals caused significant damage by vandalizing property on the school grounds.

**предотвраща́ть/предотврати́ть дальне́йшие поврежде́ния** — to prevent further damage Пожа́рные смогли́ предотврати́ть дальне́йшие поврежде́ния зда́ния, бы́стро ликвиди́ровав ого́нь. The firefighters were able to prevent further damage to the building by quickly extinguishing the fire.

**привлека́ть/привле́чь к отве́тственности за поджо́г** — to prosecute for arson Престу́пник был привлечён к отве́тственности за поджо́г и пригово́рён к тюре́мному заключе́нию. The perpetrator was held accountable for arson and sentenced to prison.

**разбива́ние о́кон** — window smashing Разбива́ние о́кон ста́ло регуля́рным проявле́нием вандали́зма в э́том райо́не. Breaking windows has become a regular act of vandalism in this area.

**разбива́ть/разби́ть окно́** — to smash a window Ванда́л разби́л окно́ магази́на, что́бы прони́кнуть внутрь и соверши́ть кра́жу. The vandal broke a store window to get inside and commit theft.

**разрисо́вывать/разрисова́ть сте́ны** — to deface walls with graffiti Молоды́е лю́ди разрисова́ли сте́ны зда́ния граффи́ти, нанеся́ ущерб истори́ческому фаса́ду. The youths spray-painted the walls of the building, damaging the historic facade.

**рассле́довать слу́чай поджо́га** — to investigate an arson case Поли́ция рассле́дует слу́чай поджо́га, кото́рый произошёл в жило́м райо́не про́шлой

**ночью.** The police are investigating an arson case that occurred in a residential area last night.

**снима́ть/(за)снять акт вандали́зма** — to capture an act of vandalism on video Ка́мера наблюде́ния засняла́ акт вандали́зма, что помогло́ поли́ции идентифици́ровать подозрева́емых. The surveillance camera recorded the act of vandalism, helping the police identify the suspects.

**соверша́ть/соверши́ть акт вандали́зма** — to commit vandalism Вандалы соверши́ли акт вандали́зма, повреди́в па́мятник и оста́вив его́ в непригодном состоя́нии. The vandals committed an act of vandalism by damaging the monument and leaving it in disrepair.

**умы́шленное уничтоже́ние иму́щества** — willful destruction of property Престу́пник был аресто́ван за умы́шленное уничтоже́ние иму́щества и поджо́г. The perpetrator was arrested for willful destruction of property and arson.

**умы́шленный поджо́г** — intentional arson Умышленный поджог был соверше́н с це́лью мести, и престу́пник был бы́стро заде́ржан. The deliberate arson was committed out of revenge, and the perpetrator was quickly apprehended.

**уничтоже́ние ули́к** — destruction of evidence Поджига́тель попыта́лся уничто́жить ули́ки, чтобы избежа́ть наказа́ния, но был по́йман. The arsonist tried to destroy the evidence to avoid punishment but was caught.

**устана́вливать/установи́ть ли́чность ванда́ла** — to identify the vandal Поли́ция установи́ла ли́чность ванда́ла с по́мощью видеоза́писей с места преступле́ния. The police identified the vandal using video footage from the crime scene.

**устана́вливать/установи́ть причи́ну пожа́ра** — to establish the cause of the fire Пожа́рные экспе́рты установи́ли причи́ну пожа́ра и подтверди́ли, что он был вы́зван поджо́гом. The fire experts determined the cause of the fire and confirmed it was arson.

**уще́рб иму́ществу** — property damage Поджо́г нанёс огро́мный уще́рб иму́ществу, и владе́льцам предстои́т восстанови́ть всё за́ново. The arson caused extensive property damage, and the owners will have to rebuild everything.

**хулига́нский поджо́г** — malicious arson Хулига́нский поджо́г автомоби́лей произошёл на парко́вке, что вы́звало беспоко́йство среди́ ме́стных жи́телей. The reckless arson of vehicles occurred in a parking lot, causing concern among local residents.

**хулига́нство** – hooliganism Хулига́нство, свя́занное с нанесе́нием ущерба обще́ственному иму́ществу, ре́зко возросло́ в после́дние ме́сяцы. Vandalism involving damage to public property has sharply increased in recent months.

## 2.2.3.1 Mini-Articles

### 1. Поджо́г Комме́рческого Зда́ния в Омске: Поли́ция Ведёт Рассле́дование

В Омске произошло́ умы́шленный поджо́г комме́рческого зда́ния, в результа́те кото́рого ого́нь по́лностью уничто́жил не́сколько офи́сных помеще́ний. Поли́ция начала́ рассле́дование и уже́ провела́ пожа́рную эксперти́зу, что́бы установи́ть причи́ну пожа́ра. Предвари́тельно устано́влено, что горю́чие материа́лы бы́ли наме́ренно размещены́ в не́скольких места́х зда́ния, что вы́звало быстрое распростране́ние огня́. Ме́стные вла́сти оце́нивают материа́льный уще́рб и рабо́тают над обнаруже́нием ули́к, кото́рые помо́гут вы́явить вино́вных и привле́чь их к отве́тственности.

### 1. Arson of Commercial Building in Omsk: Police Investigation Underway

An arson occurred in Omsk, where a commercial building was intentionally set on fire, resulting in several office spaces being completely destroyed by the blaze. The police have launched an investigation and have already conducted a fire examination to determine the cause of the fire. Preliminary findings suggest that flammable materials were deliberately placed in multiple locations within the building, causing the fire to spread rapidly. Local authorities are assessing the material damage and working on gathering evidence to identify the perpetrators and bring them to justice.

### 2. Вандали́зм на Кла́дбище в Екатеринбу́рге: Оскверне́ние Па́мятников

В Екатеринбу́рге неизве́стные вандалы соверши́ли акт вандали́зма на одно́м из городски́х кла́дбищ. Они́ разби́ли о́кна в часо́вне и оскверни́ли па́мятники, разрисова́в их граффи́ти. Поли́ция начала́ по́иск злоумы́шленников и собира́ет ули́ки, что́бы установи́ть ли́чность вандалов. Этот слу́чай вы́звал обще́ственное возмуще́ние, и ме́стные жи́тели призыва́ют к усиле́нию охра́ны кла́дбища. Вла́сти обеща́ют восстанови́ть повреждённое иму́щество и уси́лить ме́ры безопа́сности, что́бы предотврати́ть подо́бные инциде́нты в бу́дущем.

## 2. Vandalism at Cemetery in Yekaterinburg: Desecration of Monuments

In Yekaterinburg, unknown vandals committed an act of vandalism at one of the city's cemeteries. They smashed windows in the chapel and desecrated monuments, covering them with graffiti. The police have begun a search for the culprits and are collecting evidence to identify the vandals. This incident has caused public outrage, and local residents are calling for increased security at the cemetery. Authorities have promised to restore the damaged propertyand strengthen security measures to prevent similar incidents in the future.

## 3. Поджог Автомобиля в Казани: Полиция Ищет Поджигателя

В Казани произошёл поджог транспортного средства, припаркованного возле жилого дома. Пожарные быстро прибыли на место и смогли ликвидировать пожар до того, как огонь распространился на соседние машины. Пожарная экспертиза уже начата, чтобы установить причину возгорания и выяснить, было ли это умышленное уничтожение имущества. Полиция также проводит опрос свидетелей и проверяет возможные мотивы преступления, включая поджог из мести. Подозреваемый пока не найден, но следствие продолжается.

## 3. Car Arson in Kazan: Police Search for the Arsonist

A car arson occurred in Kazan, where a vehicle parked near a residential building was set on fire. Firefighters quickly arrived at the scene and were able to extinguish the firebefore it spread to nearby cars. A fire examination has already begun to determine the cause of the fire and establish whether it was an intentional destruction of property. The police are also questioning witnesses and investigating possible motives for the crime, including arson for revenge. The suspect has not yet been found, but the investigation continues.

## 4. Вандализм в Учебных Заведения в Новосибирске: Повреждено Имущество

В Новосибирске несколько школ и университетов подверглись актам вандализма. Вандалы разрисовали стены и разбили окна в зданиях, причинив значительный ущерб имуществу. Правоохранительные органы начали поиск злоумышленников и собирают видеозаписи с камер наблюдения, чтобы установить личность виновных. Местные власти осудили эти действия и пообещали принять меры для восстановления повреждённого имущества. Студентам и преподавателям рекомендуется сообщать о любых подозрительных действиях, чтобы предотвратить дальнейшие случаи вандализма.

### 4. Vandalism in Educational Institutions in Novosibirsk: Property Damaged

Several schools and universities in Novosibirsk were targeted in acts of vandalism. Vandals sprayed graffiti on the wallsand smashed windows in the buildings, causing significant property damage. Law enforcement agencies have begun a search for the perpetrators and are collecting surveillance footage to identify those responsible. Local authorities condemned these actions and promised to take measures to restore the damaged property. Students and teachers are advised to report any suspicious activity to prevent further incidents of vandalism.

### 5. Лесной Поджог в Красноярском Крае: Борьба с Огоньком Продолжается

В Красноярском крае продолжается борьба с крупным лесным поджогом, который охватил тысячи гектаров леса. Поджигатели использовали горючие материалы для создания многочисленных очагов возгорания, что привело к значительным потерям лесных массивов и угрозе для близлежащих населённых пунктов. Местные пожарные службы и спасатели работают круглосуточно, чтобы предотвратить дальнейшие повреждения и остановить поджог. Полиция проводит расследование и ищет виновных, чтобы привлечь их к ответственности за этот акт умышленного поджога.

### 5. Forest Arson in Krasnoyarsk Krai: Firefighting Efforts Continue

In Krasnoyarsk Krai, efforts are ongoing to combat a large-scale forest arson that has engulfed thousands of hectares of forest. Arsonists used flammable materials to create multiple ignition points, leading to significant loss of forestland and posing a threat to nearby settlements. Local firefighting and rescue services are working around the clock to prevent further damage and stop the arson. The police are conducting an investigation and searching for the culprits to hold them accountable for this act of intentional arson.

### 2.2.3.2 Editorial on Vandalism

Track 44

### Вандализм — Угроза Нашему Обществу

Вандализм — это не просто нарушение закона. Это явление, которое наносит серьёзный ущерб имуществу, разрушает общественные ценности и угрожает нашему обществу. Когда вандалы разрушают общественное имущество, оскверняют памятники или разрисовывают стены граффити, они не только наносят материальный урон, но и подрывают наше чувство безопасности и уважения к общественному пространству.

Вандализм в учебных заведениях и вандализм на кладбищах особенно болезненны для общества. Эти действия демонстрируют отсутствие уважения к памяти и культуре, разрушают то, что является важным для нашей истории и коллективной идентичности. Кроме того, повреждение общественного имущества и нанесение ущерба имуществу создают дополнительные расходы для налогоплательщиков, так как восстановление таких объектов требует значительных финансовых вложений.

Вандализм часто является следствием хулиганства и нарушения общественного порядка. Однако стоит помнить, что он может быть и формой выражения протеста или злобы, направленной против общества. Тем не менее, независимо от мотивов, такие действия недопустимы. Общественное пространство принадлежит всем, и его порча не только нарушает закон, но и оскорбляет общественные ценности.

Чтобы бороться с этой проблемой, необходимы как превентивные меры, так и строгие санкции. Важно выявлять виновных и привлекать их к ответственности за совершение актов вандализма. Также необходимо повышать осведомлённость населения о последствиях вандализма, привлекая внимание к тому, что каждый из нас несёт ответственность за сохранение чистоты и порядка в наших городах и посёлках.

Воспитание уважения к общественному пространству должно начинаться с раннего возраста, в семье и школе. Только так можно предотвратить умышленное уничтожение имущества и создать общество, где каждый уважает труд других и ценит общественные блага.

## Vandalism: A Threat to Our Society

Vandalism is not just a violation of the law. It is a phenomenon that causes serious property damage, destroys public values, and threatens our society. When vandals destroy public property, desecrate monuments, or deface walls with graffiti, they not only cause material damage but also undermine our sense of security and respect for public space.

Vandalism in educational institutions and vandalism in cemeteries are particularly painful for society. These actions demonstrate a lack of respect for memory and culture, destroying what is important to our history and collective identity. Additionally, damage to public property and property damage create additional costs for taxpayers, as restoring such objects requires significant financial investment.

Vandalism is often a result of hooliganism and public disorder. However, it is important to remember that it can also be a form of protest or anger directed against society. Nevertheless, regardless of motives, such actions are unacceptable. Public space belongs to everyone, and its defacement not only violates the law but also insults public values.

To combat this problem, both preventive measures and strict sanctions are necessary. It is important to identify those responsible and hold them accountable for committing acts of vandalism. It is also necessary to raise public awareness about the consequences of vandalism, emphasizing that each of us is responsible for maintaining cleanliness and order in our cities and towns.

Instilling respect for public space must begin at an early age, in the family and school. Only in this way can we prevent the intentional destruction of property and create a society where everyone respects the work of others and values public goods.

# 2.3 Drug-related Crimes

Track 45

**амфетами́ны** — amphetamines **Поли́ция обнару́жила кру́пную па́ртию амфетами́нов в хо́де ре́йда на подпо́льную лаборато́рию.** The police found a large batch of amphetamines during a raid on an underground lab.

**гаши́ш** — hashish **Контрабанди́сты пыта́лись провезти́ гаши́ш че́рез грани́цу, спря́тав его́ в грузовике́ с овоща́ми.** The smugglers attempted to transport hashish across the border by hiding it in a truckload of vegetables.

**герои́н** — heroin **Герои́н был изъя́т у подозрева́емого, кото́рый занима́лся прода́жей нарко́тиков в жило́м райо́не.** Heroin was seized from a suspect who was dealing drugs in a residential area.

**кокаи́н** — cocaine **Поли́ция задержа́ла мужчи́ну с кру́пной па́ртией кокаи́на, спря́танной в бага́жнике его́ автомоби́ля.** The police arrested a man with a large quantity of cocaine hidden in the trunk of his car.

**ЛСД** — LSD **ЛСД был на́йден в кварти́ре, где организова́ли нелега́льную вечери́нку с употребле́нием нарко́тиков.** LSD was found in an apartment where an illegal drug-fueled party was held.

**марихуа́на** – marijuana В хо́де о́быска в до́ме подозрева́емого была́ обнару́жена марихуа́на и обору́дование для её выра́щивания. Marijuana and equipment for growing it were found during a search of the suspect's home.

**наркоконтро́ль** – drug control Вла́сти уси́лили наркоконтро́ль в порта́х и аэропо́ртах для борьбы́ с междунаро́дным оборо́том нарко́тиков. Authorities have increased drug enforcement in ports and airports to combat international drug trafficking.

**нарко́тики** – drugs Подозрева́емый был аресто́ван за распростране́ние нарко́тиков среди́ несовершенноле́тних. The suspect was arrested for distributing drugs to minors.

**незако́нные нарко́тики** – illegal drugs Незако́нные нарко́тики бы́ли изъя́ты во вре́мя полице́йской опера́ции в це́нтре го́рода. Illegal drugs were seized during a police operation in the city center.

**о́быск** – search О́быск в до́ме подозрева́емого привёл к обнаруже́нию кру́пной па́ртии запрещённых веще́ств. The search of the suspect's house led to the discovery of a large quantity of illegal substances.

**о́пиум** – opium О́пиум был обнару́жен в тайнике́, устро́енном в подва́ле ста́рого зда́ния. Opium was found in a hidden compartment in the basement of an old building.

**опио́иды** – opioids Злоупотребле́ние опио́идами ста́ло серьёзной пробле́мой, вызыва́я мно́жество смерте́льных слу́чаев от передозиро́вки. Opioid abuse has become a serious problem, causing many fatal overdoses.

**психоакти́вные вещества́** – psychoactive substances Психоакти́вные вещества́, обнару́женные в кварти́ре подозрева́емого, бы́ли изъя́ты и отпра́влены на эксперти́зу. The psychoactive substances found in the suspect's apartment were confiscated and sent for analysis.

**психоде́лики** – psychedelics Престу́пная гру́ппа занима́лась прода́жей психоде́ликов на подпо́льных вечери́нках и фестива́лях. The criminal group was involved in selling psychedelics at underground parties and festivals.

**синтети́ческие нарко́тики** – synthetic drugs Поли́ция арестова́ла гру́ппу престу́пников, кото́рые занима́лись произво́дством и распростране́нием синтети́ческих нарко́тиков в большо́м го́роде. The police arrested a group of criminals involved in the production and distribution of synthetic drugs in a large city.

## 2.3.1 Possession and Usage

**аре́ст за владе́ние нарко́тиками** — arrest for drug possession Мужчи́на был аресто́ван за владе́ние нарко́тиками по́сле того́, как поли́ция нашла́ паке́т с запрещёнными вещества́ми у него́ в маши́не. The man was arrested for drug possession after the police found a bag of illegal substances in his car.

**быть по́йманным с нарко́тиками** — to be caught with drugs Подозрева́емый был по́йман с нарко́тиками при попы́тке пересе́чь грани́цу. The suspect was caught with drugs while attempting to cross the border.

**веще́ственные доказа́тельства** — physical evidence Вещественные доказа́тельства, включа́я нарко́тики, бы́ли предъя́влены в суде́ про́тив обвиня́емого. The physical evidence, including the drugs, was presented in court against the defendant.

**владе́ние нарко́тиками** — drug possession Владе́ние нарко́тиками счита́ется серьёзным преступле́нием, осо́бенно е́сли они́ предназна́чены для прода́жи. Possession of drugs is considered a serious crime, especially if they are intended for sale.

**владе́ть/завладе́ть нарко́тиками** — to possess drugs Подозрева́емый утвержда́л, что не знал о том, что он владе́л нарко́тиками, обнару́женными в его́ су́мке. The suspect claimed he was unaware that he possessed the drugs found in his bag.

**выявля́ть/вы́явить следы́ нарко́тиков** — to detect drug traces Поли́ция провела́ о́быск автомоби́ля и вы́явила следы́ нарко́тиков на за́днем сиде́нии. The police searched the car and found traces of drugs on the back seat.

**задержа́ние** — detention Задержа́ние подозрева́емого произошло́ по́сле того́, как поли́ция получи́ла информа́цию о его́ прича́стности к наркоторго́вле. The suspect was detained after the police received information about his involvement in drug trafficking.

**заде́рживать/задержа́ть за употребле́ние нарко́тиков** — to detain for drug use Поли́ция задержа́ла не́скольких челове́к за употребле́ние нарко́тиков на вечери́нке. The police detained several people for drug use at a party.

**запрещённые вещества́** — banned substances Поли́ция изъя́ла запрещённые вещества́, обнару́женные в кварти́ре подозрева́емого. The police seized the illegal substances found in the suspect's apartment.

**изыма́ть/изъя́ть нарко́тики** – to seize drugs В хо́де ре́йда поли́ция изъя́ла нарко́тики и арестова́ла не́скольких подозрева́емых. During the raid, the police seized drugs and arrested several suspects.

**контро́льная заку́пка** – controlled buy Полице́йские провели́ контро́льную заку́пку, что́бы раскры́ть сеть распространи́телей нарко́тиков. The police conducted a controlled buy to expose a network of drug dealers.

**конфиска́ция нарко́тиков** – drug confiscation Конфиска́ция нарко́тиков была́ проведена́ по́сле обнаруже́ния кру́пной па́ртии запрещённых веще́ств в грузовике́. The confiscation of drugs was carried out after a large shipment of illegal substances was found in a truck.

**ли́чное употребле́ние** – personal use Подозрева́емый утвержда́л, что нарко́тики предназнача́лись то́лько для его́ ли́чного употребле́ния. The suspect claimed that the drugs were intended for personal use only.

**ме́сто хране́ния нарко́тиков** – drug storage location Поли́ция обнару́жила ме́сто хране́ния нарко́тиков в забро́шенном зда́нии на окра́ине го́рода. The police discovered a drug storage site in an abandoned building on the outskirts of the city.

**метамфетами́н** – methamphetamine Метамфетами́н был на́йден в до́ме подозрева́емого, кото́рый занима́лся его́ произво́дством и прода́жей. Methamphetamine was found in the suspect's house, where he was producing and selling it.

**назнача́ть/назна́чить прове́рку на нарко́тики** – to order a drug test Суд назна́чил прове́рку на нарко́тики для всех подозрева́емых, аресто́ванных В хо́де ре́йда. The court ordered a drug test for all suspects arrested during the raid.

**наркома́н** – drug addict Наркома́н был заде́ржан поли́цией за хране́ние кру́пной па́ртии нарко́тиков. The drug addict was detained by the police for possession of a large quantity of drugs.

**наркоти́ческие вещества́** – narcotic substances На ме́сте преступле́ния бы́ли обнару́жены наркоти́ческие вещества́, спря́танные в тайнике́. Narcotic substances were found at the crime scene hidden in a stash.

**наруше́ние зако́на** – violation of the law Наруше́ние зако́на, свя́занное с употребле́нием нарко́тиков, мо́жет привести́ к серьёзным после́дствиям. Breaking the law related to drug use can have serious consequences.

**нарушитель** — offender Нарушитель был задержан на месте преступления и доставлен в полицейский участок для допроса. The offender was apprehended at the scene and taken to the police station for questioning.

**нести ответственность за владение** — to be held responsible for possession Подозреваемый утверждал, что он не несёт ответственность за владение наркотиками, найденными в его доме. The suspect claimed that he was not responsible for the possession of drugs found in his house.

**обвинение во владении наркотиками** — drug possession charge Обвинение во владении наркотиками было предъявлено мужчине после обыска его автомобиля. The man was charged with drug possession after his car was searched.

**обвинять/обвинить во владении наркотиками** — to charge with drug possession Подозреваемого обвинили во владении наркотиками, которые он хранил у себя дома. The suspect was accused of possessing drugs that he had stored at home.

**обнаружение наркотиков** — drug discovery Обнаружение наркотиков в его машине стало поводом для его ареста и дальнейшего расследования. The discovery of drugs in his car led to his arrest and further investigation.

**обнаружение следов наркотиков** — detection of drug traces Полицейские нашли следы наркотиков на одежде подозреваемого. The police found traces of drugs on the suspect's clothing.

**обнаруживать/обнаружить наркотики** — to discover drugs Полиция обнаружила наркотики, спрятанные в тайнике за стеной в квартире подозреваемого. The police found drugs hidden in a secret compartment behind a wall in the suspect's apartment.

**обследование на наркотики** — drug screening Обследование на наркотики показало, что подозреваемый недавно употреблял запрещённые вещества. The drug test revealed that the suspect had recently used illegal substances.

**опрос подозреваемого** — interrogation of the suspect Опрос подозреваемого дал полиции новую информацию о возможных сообщниках. The interrogation of the suspect provided the police with new information about possible accomplices.

**переносить/перенести наркотики** — to carry drugs Преступник пытался перенести наркотики через границу, спрятав их в своём багаже. The criminal attempted to transport drugs across the border by hiding them in his luggage.

**переноска наркотиков** — drug carrying Переноска наркотиков в крупных партиях является тяжким преступлением, караемым длительным сроком заключения. Transporting large quantities of drugs is a serious crime punishable by a long prison sentence.

**подвергаться/подвергнуться тесту на наркотики** — to undergo a drug test Все подозреваемые подверглись тесту на наркотики после ареста на месте преступления. All suspects were subjected to a drug test after being arrested at the scene.

**подозревать/заподозрить в употреблении наркотиков** — to suspect of drug use Полиция заподозрила молодого человека в употреблении наркотиков после его неадекватного поведения. The police suspected the young man of drug use after his erratic behavior.

**полицейская операция** — police operation В ходе полицейской операции был задержан наркоторговец, находившийся в розыске. During the police operation, a drug dealer who was on the run was captured.

**полицейская проверка** — police check Полицейская проверка в клубе привела к аресту нескольких человек за употребление наркотиков. The police inspection at the club led to the arrest of several people for drug use.

**признаваться/признаться в употреблении** — to confess to usage Подозреваемый признался в употреблении наркотиков во время допроса. The suspect confessed to drug use during the interrogation.

**проверка на наличие наркотиков** — check for drugs Проверка на наличие наркотиков была проведена среди участников вечеринки, после того как полиция получила наводку. A drug test was conducted among partygoers after the police received a tip-off.

**протокол допроса** — interrogation report Протокол допроса подозреваемого был представлен в суде в качестве доказательства его причастности к наркоторговле. The transcript of the suspect's interrogation was presented in court as evidence of his involvement in drug trafficking.

**скрывать/скрыться от полиции** — to evade the police Подозреваемый попытался скрыться от полиции, но был задержан на месте. The suspect tried to flee from the police but was apprehended at the scene.

**сотрудничать/посотрудничать с полицией** — to cooperate with the police Подозреваемый согласился сотрудничать с полицией в обмен на смягчение

**наказа́ния.** The suspect agreed to cooperate with the police in exchange for a reduced sentence.

**тест на нарко́тики** — drug test Тест на нарко́тики показа́л положи́тельный результа́т, что ста́ло основа́нием для задержа́ния подозрева́емого. The drug test came back positive, which led to the suspect's detention.

**употребле́ние запрещённых веще́ств** — use of banned substances Употребле́ние запрещённых веще́ств в обще́ственных места́х кара́ется зако́ном. The use of illegal substances in public places is punishable by law.

**употребле́ние нарко́тиков** — drug usage Подозрева́емого арестова́ли за употребле́ние нарко́тиков и хране́ние кру́пной па́ртии запрещённых веще́ств. The suspect was arrested for drug use and possession of a large quantity of illegal substances.

**употребле́ние нарко́тиков в обще́ственных места́х** — public drug use Употребле́ние нарко́тиков в обще́ственных места́х ре́зко возросло́, что вы́звало беспоко́йство у власте́й. Drug use in public places has sharply increased, causing concern among authorities.

**употребля́ть/употреби́ть нарко́тики** — to use drugs Молодо́й челове́к был заде́ржан за то, что употребля́л нарко́тики на террито́рии шко́лы. The young man was detained for using drugs on school grounds.

**хране́ние нарко́тиков** — drug storage Хране́ние нарко́тиков в кру́пных объёмах мо́жет привести́ к дли́тельному тюре́мному сро́ку. Possession of large quantities of drugs can lead to a long prison sentence.

**храни́ть/сохрани́ть нарко́тики** — to store drugs Подозрева́емый пыта́лся сохрани́ть нарко́тики в тайнике́ в свое́й кварти́ре, но был заде́ржан поли́цией. The suspect tried to hide the drugs in a secret compartment in his apartment but was caught by the police.

**экста́зи** — ecstasy В хо́де о́быска поли́ция обнару́жила экста́зи и други́е синтети́ческие нарко́тики. During the search, the police found ecstasy and other synthetic drugs.

## 2.3.1.1 Mini-Articles

### 1. Арест за Владение Наркотиками в Санкт-Петербурге

В Санкт-Петербурге полиция провела полицейскую операцию, В ходе которой был произведён арест за владение наркотиками. Подозреваемый был задержан на месте и при обыске у него были обнаружены наркотики. Экспертиза подтвердила наличие запрещённых веществ, включая метамфетамин. На основании найденных вещественных доказательств подозреваемому было предъявлено обвинение во владении наркотиками. Полиция продолжает расследование, чтобы установить место хранения наркотиков и возможных соучастников.

### 1. Drug Possession Arrest in St. Petersburg

In St. Petersburg, the police conducted a police operationduring which a suspect was arrested for drug possession. The suspect was detained on the spot, and during the search, drugs were discovered. An examination confirmed the presence of illegal substances, including methamphetamine. Based on the found physical evidence, the suspect was charged with drug possession. The police are continuing the investigation to determine the storage location of the drugs and possible accomplices.

### 2. Контрольная Закупка и Конфискация Наркотиков в Екатеринбурге

В Екатеринбурге сотрудники полиции провели успешную контрольную закупку, что позволило выявить преступную группу, занимающуюся владением наркотиками и их распространением. После проведения операции были изъяты наркотики в крупном размере, в том числе экстази и метамфетамин. Полиция также обнаружила место хранения наркотиков, где были найдены наркотические вещества. Все задержанные признались в употреблении и хранении запрещённых веществ. Против них выдвинуты обвинения и начато судебное разбирательство.

### 2. Controlled Buy and Drug Seizure in Yekaterinburg

In Yekaterinburg, police officers conducted a successful controlled buy, which led to the discovery of a criminal group involved in drug possession and distribution. Following the operation, a large amount of drugs was seized, including ecstasy and methamphetamine. The police also found the drug storage location, where narcotic substances were discovered. All detainees confessed to using and storing illegal substances. Charges have been brought against them, and legal proceedings have begun.

### 3. Обнаружение Наркотиков в Школе в Новосибирске: Полицейская Проверка

В одной из школ Новосибирска была проведена полицейская проверка после подозрений на употребление наркотиков учениками. В ходе операции были обнаружены наркотики в личных вещах нескольких учащихся. Подозреваемые были задержаны за употребление наркотиков и доставлены в полицейский участок для дальнейшего опроса. Всем подозреваемым назначены тесты на наркотики, результаты которых подтвердили наличие запрещённых веществ в организме. Полиция продолжает расследование, чтобы установить источник наркотиков в школе.

### 3. Drug Discovery in School in Novosibirsk: Police Check

A police check was conducted at a school in Novosibirsk after suspicions arose about drug use by students. During the operation, drugs were found in the personal belongings of several students. The suspects were detained for drug use and taken to the police station for further questioning. All suspects were ordered to undergo drug tests, the results of which confirmed the presence of illegal substances in their systems. The police are continuing the investigation to determine the source of the drugs at the school.

### 4. Нарушитель Пойман с Наркотиками в Москве: Обнаружение Следов

В Москве был задержан нарушитель, которого полиция подозревала в употреблении наркотиков. В ходе обследования на наркотики у него были обнаружены следы наркотических веществ, включая метамфетамин. Полиция также провела обыск в его доме, где были обнаружены дополнительные запрещённые вещества. Подозреваемый был арестован и доставлен в участок, где он признался в употреблении и хранении наркотиков. Ведётся расследование, и ему грозит серьёзное наказание за нарушение закона.

### 4. Offender Caught with Drugs in Moscow: Discovery of Traces

An offender was detained in Moscow after the police suspected him of drug use. During a drug examination, traces of narcotic substances, including methamphetamine, were found. The police also conducted a search of his home, where additional illegal substances were found. The suspect was arrested and taken to the station, where he confessed to using and storing drugs. An investigation is underway, and he faces severe punishment for breaking the law.

## 5. Тесты на Наркотики в Общественных Местах в Казани: Профилактическая Операция

В Казани полиция начала масштабную профилактическую операцию, направленную на выявление употребления наркотиков в общественных местах. В рамках операции были проведены тесты на наркотики у подозрительных лиц, находившихся в парках и на улицах города. У нескольких человек были обнаружены следы наркотиков, и их немедленно задержали для дальнейшего расследования. Полиция продолжает проверку на наличие наркотиков и сотрудничает с местными органами здравоохранения для предотвращения употребления запрещённых веществ в общественных местах.

## 5. Drug Tests in Public Places in Kazan: Preventive Operation

In Kazan, the police launched a large-scale preventive operation aimed at detecting drug use in public places. As part of the operation, drug tests were conducted on suspicious individuals found in parks and on the streets of the city. Several people were found to have traces of drugs, and they were immediately detained for further investigation. The police are continuing drug checks and are cooperating with local health authorities to prevent the use of illegal substances in public places.

## 2.3.1.2 Public Service Announcement

Track 48

### Внимание: Проблема Наркозависимости

Уважаемые жители!

Наркозависимость — это серьёзная проблема, которая угрожает здоровью и благополучию как отдельных людей, так и всего общества. Употребление наркотиков ведёт к разрушению личности, потере социальных связей и может привести к тяжёлым последствиям, включая нарушение закона и нарушение общественного порядка.

Мы призываем всех быть внимательными к себе и своим близким. Если вы столкнулись с проблемой наркозависимости или подозреваете, что кто-то из ваших друзей или родственников употребляет запрещённые вещества, немедленно обратитесь за помощью. Существуют специализированные организации и горячие линии, которые могут предоставить консультации и поддержку.

Важно помнить, что употребление наркотиков может повлечь за собой серьёзные юридические последствия, включая арест за владение наркотиками и уголовную ответственность. Кроме того, употребление наркотиков в общественных местах не только противозаконно, но и опасно для окружающих.

Если вы стали свидетелем употребления наркотиков или подозреваете незаконное хранение и распространение наркотиков, немедленно сообщите об этом в полицию. Ваша помощь может спасти чью-то жизнь и предотвратить преступление.

Здоровый образ жизни и отказ от наркотиков — это шаг к лучшему будущему. Берегите себя и своих близких!

## Attention: The Problem of Drug Addiction

Dear residents,

Drug addiction is a serious issue that threatens the health and well-being of both individuals and society as a whole. Drug use leads to the destruction of the individual, the loss of social connections, and can result in severe consequences, including breaking the law and disturbing public order.

We urge everyone to be mindful of themselves and their loved ones. If you are facing the problem of drug addictionor suspect that someone close to you is using illegal substances, seek help immediately. There are specialized organizations and hotlines that can provide counseling and support.

It is important to remember that drug use can lead to serious legal consequences, including arrest for drug possessionand criminal liability. Additionally, using drugs in public places is not only illegal but also dangerous to others.

If you witness drug use or suspect illegal possession and distribution of drugs, report it to the police immediately. Your help could save someone's life and prevent a crime.

A healthy lifestyle and rejecting drugs are steps toward a better future. Take care of yourself and your loved ones!

# 2.3.2 Drug Manufacturing, Trafficking, and Dealing

**аре́ст за контраба́нду** — arrest for smuggling Поли́ция произвела́ аре́ст за контраба́нду кру́пной па́ртии нарко́тиков на грани́це с Ме́ксикой. The police made an arrest for smuggling a large batch of drugs at the Mexican border.

**аресто́вывать/арестова́ть наркоторго́вца** — to arrest a drug dealer В результа́те спецопера́ции удало́сь арестова́ть наркоторго́вца, де́йствовавшего в центра́льном райо́не го́рода. As a result of a special operation, a drug dealer operating in the city center was arrested.

**введе́ние под прикры́тием** — undercover introduction Полице́йский был введён под прикры́тием в гру́ппу наркоторго́вцев для сбо́ра доказа́тельств. A police officer was placed undercover in a group of drug dealers to gather evidence.

**вести́ наркоби́знес** — to run a drug business Подозрева́емый вёл наркоби́знес из свое́й кварти́ры, испо́льзуя социа́льные се́ти для по́иска клие́нтов. The suspect ran his drug business from his apartment, using social media to find clients.

**возду́шная контраба́нда** — air smuggling Возду́шная контраба́нда нарко́тиков была́ вы́явлена благодаря́ сла́женной рабо́те тамо́женной слу́жбы и авиацио́нной поли́ции. The air smuggling of drugs was uncovered thanks to the coordinated efforts of the customs service and aviation police.

**выра́щивание наркоти́ческих расте́ний** — cultivation of narcotic plants Незако́нное выра́щивание наркоти́ческих расте́ний в большо́м масшта́бе было́ обнару́жено в се́льской ме́стности. The illegal cultivation of narcotic plants on a large scale was discovered in a rural area.

**выявля́ть/вы́явить маршру́ты контраба́нды** — to identify smuggling routes Сле́дователи смогли́ вы́явить маршру́ты контраба́нды, по кото́рым нарко́тики поступа́ли в страну́. Investigators were able to identify the smuggling routes through which drugs were brought into the country.

**ди́лер** — dealer Ди́лер был заде́ржан с кру́пной па́ртией нарко́тиков при попы́тке прода́ть её на у́лице. The dealer was apprehended with a large batch of drugs while attempting to sell it on the street.

**задержа́ние контрабанди́стов** — detention of smugglers Задержа́ние контрабанди́стов произошло́ на грани́це по́сле того́, как их автомоби́ль был

**остано́влен для досмо́тра.** The smugglers were detained at the border after their vehicle was stopped for inspection.

**заде́рживать/задержа́ть контрабанди́ста** — to detain a smuggler
**Пограни́чники задержа́ли контрабанди́ста, пыта́вшегося провезти́ нарко́тики в тайнике́ автомоби́ля.** The border guards detained a smuggler who was attempting to transport drugs in a hidden compartment of a car.

**закла́дка нарко́тиков** — drug drop (hidden stash for buyers) **В хо́де полице́йской опера́ции была́ обнару́жена закла́дка нарко́тиков в одно́м из подъе́здов.** During the police operation, a drug stash was found in one of the building entrances.

**заку́пка нарко́тиков** — drug buy **Полице́йские провели́ контро́льную заку́пку нарко́тиков, что́бы собра́ть доказа́тельства про́тив ди́лера.** The police conducted a controlled drug purchase to gather evidence against the dealer.

**изготовле́ние нарко́тиков** — drug fabrication **В подва́ле до́ма была́ обнару́жена обору́дованная всем необходи́мым лаборато́рия по изготовле́нию нарко́тиков.** A drug manufacturing lab fully equipped with everything needed was found in the basement of the house.

**изъя́тие нарко́тиков** — drug seizure **Поли́ция провела́ изъя́тие нарко́тиков на су́мму бо́лее миллио́на до́лларов В хо́де ре́йда на подпо́льную лаборато́рию.** The police seized drugs worth over a million dollars during a raid on an underground lab.

**изыма́ть/изъя́ть па́ртию нарко́тиков** — to seize a batch of drugs
**Тамо́женники изъя́ли кру́пную па́ртию нарко́тиков, спря́танную в конте́йнере с фру́ктами.** Customs officers seized a large batch of drugs hidden in a container of fruit.

**ингредие́нты для произво́дства** — ingredients for production **В лаборато́рии бы́ли обнару́жены ингредие́нты для произво́дства синтети́ческих нарко́тиков.** Ingredients for the production of synthetic drugs were found in the lab.

**конта́ктная сеть** — contact network **Сле́дователи раскры́ли конта́ктную сеть, че́рез кото́рую ди́леры распространя́ли нарко́тики по всему́ го́роду.** Investigators uncovered a contact network through which dealers distributed drugs across the city.

**контраба́нда нарко́тиков** — drug smuggling **Контраба́нда нарко́тиков че́рез грани́цу была́ организо́вана с испо́льзованием подде́льных докуме́нтов.** The drug smuggling across the border was organized using fake documents.

**контрабанди́ст** — smuggler Контрабанди́ст пыта́лся провезти́ нарко́тики в скры́том отсе́ке своего́ автомоби́ля, но был заде́ржан на тамо́жне. The smuggler attempted to transport drugs in a hidden compartment of his car but was detained at customs.

**контраба́ндные маршру́ты** — smuggling routes Полице́йские смогли́ перекры́ть не́сколько контраба́ндных маршру́тов, по кото́рым нарко́тики поступа́ли в страну́. The police managed to block several smuggling routes through which drugs were entering the country.

**конфиска́ция иму́щества** — asset forfeiture В ра́мках борьбы́ с наркоторго́влей была́ проведена́ конфиска́ция иму́щества, принадлежа́щего главаря́м наркокарте́ля. As part of the fight against drug trafficking, the property belonging to the drug cartel leaders was confiscated.

**кура́тор** — overseer (of drug trafficking operations) Кура́тор наркосе́ти был заде́ржан при координа́ции кру́пной поста́вки нарко́тиков. The curator of the drug network was detained while coordinating a large drug shipment.

**курье́р** — courier Курье́р был заде́ржан с нарко́тиками в багаже́ при попы́тке пересе́чь грани́цу. The courier was detained with drugs in his luggage while attempting to cross the border.

**лаборато́рия по произво́дству нарко́тиков** — drug lab Поли́ция обнару́жила лаборато́рию по произво́дству нарко́тиков в забро́шенном скла́де на окра́ине го́рода. The police discovered a drug manufacturing lab in an abandoned warehouse on the outskirts of the city.

**лаборато́рное обору́дование** — lab equipment Лаборато́рное обору́дование для произво́дства нарко́тиков бы́ло изъя́то В хо́де ре́йда на подпо́льную лаборато́рию. Lab equipment for drug production was seized during a raid on the underground lab.

**легализо́вывать/легализова́ть дохо́ды от нарко́тиков** — to launder drug money Престу́пники пыта́лись легализова́ть дохо́ды от нарко́тиков че́рез сеть подставны́х компа́ний. The criminals attempted to launder drug money through a network of shell companies.

**ликвиди́ровать подпо́льную сеть** — to dismantle an underground network В результа́те спецопера́ции поли́ции удало́сь ликвиди́ровать подпо́льную сеть наркоторговцев. As a result of a police operation, the underground drug trafficking network was dismantled.

**международная контрабанда** – international smuggling Международная контрабанда наркотиков осуществляется через сложные сети с участием разных стран. International drug smuggling is carried out through complex networks involving multiple countries.

**международное сотрудничество** – international cooperation Международное сотрудничество между правоохранительными органами помогло перекрыть основные каналы поставок наркотиков. International cooperation between law enforcement agencies helped block major drug supply channels.

**морская контрабанда** – maritime smuggling Морская контрабанда наркотиков была обнаружена на борту грузового судна, направлявшегося в Европу. Maritime drug smuggling was detected aboard a cargo ship en route to Europe.

**наркобизнес** – drug business Наркобизнес приносил огромные доходы, пока полиция не ликвидировала главные каналы поставок. The drug business generated huge profits until the police dismantled the main supply channels.

**нарковойна** – drug war Нарковойна между конкурирующими картелями привела к массовым убийствам в регионе. The drug war between rival cartels led to mass killings in the region.

**наркомафия** – drug cartel Наркомафия контролировала крупные поставки наркотиков в страну, пока не была ликвидирована полицией. The drug mafia controlled large shipments of drugs into the country until it was taken down by the police.

**наркоторговец** – drug trafficker Наркоторговец был арестован во время сделки с крупной партией наркотиков. The drug dealer was arrested during a transaction involving a large batch of drugs.

**наркоторговля** – drug trade Наркоторговля в регионе привела к увеличению числа преступлений и арестов. Drug trafficking in the region has led to an increase in crime and arrests.

**наркотрафик под прикрытием** – undercover drug trafficking Полицейский, работающий под прикрытием, помог разоблачить наркотрафик под прикрытием международной компании. An undercover police officer helped expose drug trafficking under the cover of an international company.

**наруше́ние грани́ц** – border violation Наруше́ние грани́ц для контраба́нды нарко́тиков ча́сто осуществля́ется с испо́льзованием подде́льных докуме́нтов. Border violations for drug smuggling are often carried out using fake documents.

**незако́нная торго́вля** – illegal trade Незако́нная торго́вля нарко́тиками остаётся серьёзной пробле́мой для правоохрани́тельных о́рганов. The illegal drug trade remains a serious problem for law enforcement agencies.

**незако́нное произво́дство** – illegal production Незако́нное произво́дство нарко́тиков бы́ло обнару́жено в лаборато́рии, находя́щейся в промы́шленной зо́не. Illegal drug production was discovered in a lab located in an industrial area.

**обеспе́чивать/обеспе́чить контро́ль над грани́цами** – to secure border control Вла́сти принима́ют ме́ры для обеспе́чения контро́ля над грани́цами с це́лью борьбы́ с наркоторго́влей. The authorities are taking steps to ensure border control to combat drug trafficking.

**обнаруже́ние маршру́тов** – route detection Обнаруже́ние маршру́тов наркотра́фика помогло́ сократи́ть пото́к запрещённых веще́ств в страну́. The discovery of drug trafficking routes helped reduce the flow of illegal substances into the country.

**обнаруже́ние нарколаборато́рии** – discovery of a drug lab Обнаруже́ние нарколаборато́рии ста́ло результа́том до́лгой рабо́ты поли́ции и операти́вных разрабо́ток. The discovery of the drug lab was the result of extensive police work and intelligence operations.

**обнару́живать/обнару́жить лаборато́рию** – to discover a lab Поли́ция обнару́жила лаборато́рию по произво́дству синтети́ческих нарко́тиков в забро́шенном зда́нии. The police discovered a synthetic drug lab in an abandoned building.

**операти́вная разрабо́тка** – undercover operation Операти́вная разрабо́тка по де́лу наркоторго́вцев позво́лила раскры́ть междунаро́дную сеть контраба́нды. The intelligence operation on the drug dealers' case led to the uncovering of an international smuggling network.

**опто́вая прода́жа** – wholesale distribution Опто́вая прода́жа нарко́тиков осуществля́лась че́рез сеть дове́ренных лиц в разли́чных регио́нах страны́. The wholesale distribution of drugs was carried out through a network of trusted contacts in various regions of the country.

**организо́вывать/организова́ть поста́вки нарко́тиков** – to arrange drug shipments Гру́ппа престу́пников организова́ла регуля́рные поста́вки нарко́тиков из сосе́дней страны́. The criminal group organized regular drug shipments from a neighboring country.

**перевози́ть/перевезти́ нарко́тики че́рез грани́цу** – to transport drugs across the border Контрабанди́сты попыта́лись перевезти́ нарко́тики че́рез грани́цу, спря́тав их в грузовике́ с ме́белью. The smugglers attempted to transport drugs across the border by hiding them in a furniture truck.

**перево́зка нарко́тиков** – drug transportation Перево́зка нарко́тиков на да́льние расстоя́ния тре́бует тща́тельной подгото́вки и испо́льзования скры́тых маршру́тов. The transportation of drugs over long distances requires careful planning and the use of hidden routes.

**перепра́вка нарко́тиков** – drug transport Перепра́вка нарко́тиков че́рез грани́цу была́ организо́вана с испо́льзованием небольши́х ло́док в ночно́е вре́мя. The smuggling of drugs across the border was organized using small boats at night.

**перепрода́жа нарко́тиков** – resale of drugs Перепрода́жа нарко́тиков на у́лицах го́рода была́ основны́м исто́чником дохо́да для ме́стных ди́леров. The resale of drugs on city streets was the main source of income for local dealers.

**перерабо́тка нарко́тиков** – drug processing Перерабо́тка нарко́тиков происходи́ла в подпо́льной лаборато́рии, обнару́женной поли́цией. The processing of drugs took place in an underground lab discovered by the police.

**перехва́т нарко́тиков** – drug interception Полице́йские успе́шно осуществи́ли перехва́т нарко́тиков, кото́рые перевози́лись по мо́рю в конте́йнере. The police successfully intercepted drugs being transported by sea in a container.

**подпо́льная лаборато́рия** – underground lab Подпо́льная лаборато́рия по произво́дству нарко́тиков была́ замаскиро́вана под обы́чный склад. The underground drug lab was disguised as an ordinary warehouse.

**подпо́льная сеть** – underground network Подпо́льная сеть наркоторго́вцев была́ ликвиди́рована в хо́де спецопера́ции. The underground network of drug dealers was dismantled during a special operation.

**покупа́тель нарко́тиков** – drug buyer Покупа́тель нарко́тиков был заде́ржан поли́цией сра́зу по́сле соверше́ния сде́лки. The drug buyer was detained by the police immediately after the transaction.

**поста́вка** – supply Поста́вка нарко́тиков и́з-за грани́цы была́ заде́ржана благодаря́ сла́женным де́йствиям правоохрани́тельных о́рганов. The drug shipment from abroad was intercepted thanks to the coordinated efforts of law enforcement.

**поста́вки нарко́тиков** – drug shipments Поли́ция перекры́ла основны́е кана́лы поста́вок нарко́тиков, тем са́мым нару́шив де́ятельность кру́пного наркокарте́ля. The police blocked the main drug supply channels, disrupting the operations of a major drug cartel.

**прекурсо́ры** – precursors (chemical substances used in drug production) Прекурсо́ры, испо́льзуемые для произво́дства синтети́ческих нарко́тиков, бы́ли изъя́ты при о́быске на скла́де. Precursors used for producing synthetic drugs were seized during a warehouse raid.

**пресека́ть/пресе́чь контраба́нду** – to intercept smuggling Вла́сти успе́шно пресекли́ контраба́нду кру́пной па́ртии нарко́тиков, сле́дуя наво́дке от информа́тора. Authorities successfully stopped the smuggling of a large drug shipment based on a tip from an informant.

**престу́пная сеть** – criminal network Престу́пная сеть, занима́вшаяся наркоторго́влей, была́ разоблачена́ благодаря́ сотру́дничеству с междунаро́дными о́рганами. The criminal network involved in drug trafficking was exposed thanks to cooperation with international agencies.

**прода́жа нарко́тиков** – drug sale Прода́жа нарко́тиков че́рез интерне́т набира́ет оборо́ты, несмотря́ на уси́лия правоохрани́тельных о́рганов. Online drug sales are gaining momentum despite the efforts of law enforcement agencies.

**производи́ть/произвести́ нарко́тики** – to manufacture drugs Престу́пная гру́ппа производи́ла нарко́тики в скры́той лаборато́рии и сбыва́ла их че́рез чёрный ры́нок. The criminal group produced drugs in a hidden lab and sold them on the black market.

**произво́дство нарко́тиков** – drug manufacturing Произво́дство нарко́тиков бы́ло организо́вано в отдалённом райо́не, что́бы избежа́ть обнаруже́ния. Drug production was set up in a remote area to avoid detection.

**разоблача́ть/разоблачи́ть наркогруппиро́вку** – to expose a drug ring Поли́ция смогла́ разоблачи́ть наркогруппиро́вку, кото́рая занима́лась контраба́ндой нарко́тиков че́рез морски́е по́рты. The police managed to expose a drug ring involved in smuggling drugs through seaports.

**разоблаче́ние наркома́фии** – exposing the drug cartel Разоблаче́ние наркома́фии ста́ло результа́том многоле́тнего рассле́дования с привлече́нием междунаро́дных экспе́ртов. The exposure of the drug mafia was the result of a years-long investigation involving international experts.

**распростране́ние нарко́тиков** – drug trafficking Распростране́ние нарко́тиков среди́ молодёжи в э́том райо́не ста́ло серьёзной пробле́мой для власте́й. The distribution of drugs among young people in this area has become a serious problem for the authorities.

**рассле́дование контраба́нды** – smuggling investigation Рассле́дование контраба́нды нарко́тиков привело́ к аре́сту не́скольких ключевы́х фигура́нтов де́ла. The investigation into drug smuggling led to the arrest of several key figures in the case.

**рассле́довать наркокарте́ль** – to investigate a drug cartel Междунаро́дные аге́нтства объединя́ют уси́лия, что́бы рассле́довать де́ятельность кру́пного наркокарте́ля. International agencies are joining forces to investigate the operations of a major drug cartel.

**реце́пт на произво́дство** – production formula Реце́пт на произво́дство синтети́ческих нарко́тиков был обнару́жен в лаборато́рии вме́сте с прекурсо́рами. A recipe for producing synthetic drugs was found in the lab along with the precursors.

**ро́зничная прода́жа** – retail sale Ро́зничная прода́жа нарко́тиков осуществля́ется че́рез сеть у́личных торго́вцев, контроли́руемую наркогруппиро́вкой. The retail sale of drugs is carried out through a network of street dealers controlled by a drug gang.

**сбор урожа́я о́пиума** – opium harvesting Сбор урожа́я о́пиума в отдалённых регио́нах продолжа́ется несмотря́ на уси́лия власте́й по его́ уничтоже́нию. The harvesting of opium in remote regions continues despite the authorities' efforts to destroy it.

**сбыва́ть/сбыть нарко́тики** – to deal drugs Подозрева́емый пыта́лся сбыть нарко́тики на ме́стном ры́нке, но был заде́ржан поли́цией. The suspect attempted to sell drugs at a local market but was apprehended by the police.

**сбыт нарко́тиков** – drug dealing Сбыт нарко́тиков че́рез междунаро́дные кана́лы был пресечён в результа́те скоордини́рованных де́йствий не́скольких стран. The international distribution of drugs was stopped through coordinated efforts by several countries.

**сбытчик** — pusher Сбытчик наркотиков был арестован во время полицейской операции по пресечению наркоторговли. The drug dealer was arrested during a police operation to crack down on drug trafficking.

**сделка** — deal Сделка по продаже крупной партии наркотиков была сорвана благодаря вмешательству полиции. The deal to sell a large shipment of drugs was thwarted by the police intervention.

**секретный груз** — concealed cargo Секретный груз наркотиков был замаскирован под партию легальных товаров для ввоза в страну. The secret shipment of drugs was disguised as a batch of legal goods for import into the country.

**сотрудничать/посотрудничать с международными органами** — to cooperate with international bodies Местные правоохранительные органы решили сотрудничать с международными органами для ликвидации наркосети. Local law enforcement decided to cooperate with international agencies to dismantle the drug network.

**спецоперация** — special operation Спецоперация по ликвидации подпольной на??колаборатории была проведена с участием сил специального назначения. The special operation to dismantle the underground drug lab was carried out with the involvement of special forces.

**таможенный контроль** — customs control Усиленный таможенный контроль на границе позволил пресечь несколько попыток контрабанды наркотиков. Enhanced customs control at the border prevented several attempts at drug smuggling.

**торговать/поторговать наркотиками** — to traffic drugs Подозреваемый был задержан за попытку торговать наркотиками в районе школы. The suspect was detained for attempting to sell drugs near a school.

**торговля наркотиками через интернет** — online drug trade Торговля наркотиками через интернет набирает популярность, несмотря на попытки блокировки сайтов правоохранительными органами. Online drug trafficking is gaining popularity despite efforts by law enforcement to block websites.

**транзит наркотиков** — drug transit Транзит наркотиков через страну увеличился в последние годы, став основной проблемой для властей. Drug transit through the country has increased in recent years, becoming a major problem for the authorities.

**у́личный торго́вец нарко́тиками** — street dealer У́личный торго́вец нарко́тиками был аресто́ван с кру́пной па́ртией герои́на при себе́. The street drug dealer was arrested with a large quantity of heroin in his possession.

**уничтожа́ть/уничто́жить урожа́й наркоти́ческих расте́ний** — to destroy a crop of narcotic plants Вла́сти регуля́рно прово́дят опера́ции по уничтоже́нию урожа́я наркоти́ческих расте́ний в труднодосту́пных райо́нах. The authorities regularly carry out operations to destroy drug crops in remote areas.

**хими́ческое произво́дство** — chemical production Хими́ческое произво́дство нарко́тиков тре́бует до́ступа к преку́рсорам и специа́льному обору́дованию. The chemical production of drugs requires access to precursors and specialized equipment.

**чёрный ры́нок** — black market Нарко́тики, произведённые в подпо́льных лаборато́риях, попада́ют на чёрный ры́нок, где их распространя́ют среди́ населе́ния. Drugs produced in underground labs make their way to the black market, where they are distributed among the population.

### 2.3.2.1 Mini-Articles

Track **50**

#### 1. Ликвида́ция Подпо́льной Лаборато́рии в Москве́: Спецопера́ция Поли́ции

В Москве́ была́ проведена́ успе́шная спецопера́ция по ликвида́ции подпо́льной лаборато́рии по произво́дству нарко́тиков. В хо́де опера́ции бы́ли изъя́ты нарко́тики на су́мму не́сколько миллио́нов рубле́й, а та́кже лаборато́рное обору́дование и ингредие́нты для произво́дства запрещённых веще́ств. Поли́ция смогла́ обнару́жить лаборато́рию благодаря́ информа́ции, полу́ченной в ра́мках введе́ния под прикры́тием. Подозрева́емые, включа́я кура́тора и гла́вного наркоторго́вца, бы́ли аресто́ваны и обвинены́ в изготовле́нии нарко́тиков и распростране́нии нарко́тиков.

#### 1. Liquidation of an Underground Laboratory in Moscow: Police Special Operation

In Moscow, a successful special operation was conducted to liquidate an underground laboratory for drug production. During the operation, drugs were seized worth several million rubles, along with laboratory equipment and ingredients for production of illegal substances.

The police were able to discover the laboratory thanks to information obtained through undercover work. The suspects, including the supervisor and the main drug dealer, were arrested and charged with drug manufacturing and drug distribution.

## 2. Международная Контрабанда Наркотиков: Задержание Контрабандистов в Санкт-Петербурге

В Санкт-Петербурге была пресечена международная контрабанда наркотиков. Полиция задержала нескольких контрабандистов, которые пытались переправить большую партию наркотиков через границу по морскому маршруту. В результате операции были изъяты партии наркотиков, а также арестовано несколько курьеров. Расследование показало, что преступная группа использовала контрабандные маршруты, проходящие через несколько стран. В операции принимали участие сотрудники таможни и международные партнёры, что позволило обнаружить маршруты контрабанды и ликвидировать подпольную сеть.

## 2. International Drug Trafficking: Smugglers Detained in St. Petersburg

In St. Petersburg, international drug trafficking was disrupted. The police detained several smugglers who were attempting to smuggle a large batch of drugs across the border via a sea route. During the operation, batches of drugs were seized, and several couriers were arrested. The investigation revealed that the criminal group used smuggling routes that passed through several countries. The operation involved customs officers and international partners, which helped to identify smuggling routes and eliminate the underground network.

## 3. Арест Наркоторговца в Новосибирске: Изъятие Крупной Партии

В Новосибирске полиция арестовала известного наркоторговца, подозреваемого в организации поставок наркотиков в регион. В ходе задержания у него была изъята крупная партия наркотиков, предназначенная для оптовой продажи. Правоохранительные органы выяснили, что торговец был связан с наркокартелями за границей и контролировал контактную сеть уличных дилеров. Ведётся расследование для выявления других участников преступной сети и расследования деятельности картеля.

## 3. Drug Dealer Arrested in Novosibirsk: Large Batch Seized

In Novosibirsk, the police arrested a well-known drug dealersuspected of organizing drug supplies to the region. During the arrest, a large batch of drugs intended for wholesale distribution was seized. Law enforcement agencies discovered that the dealer was connected to drug cartelsabroad and controlled a network of street dealers. An investigation is underway to identify other participants in the criminal network and to investigate the cartel's activities.

## 4. Воздушная Контрабанда Наркотиков в Екатеринбурге: Арест Контрабандистов

В Екатеринбурге была пресечена попытка воздушной контрабанды наркотиков. Сотрудники полиции совместно с таможенными органами задержали контрабандистов в аэропорту, которые пытались перевезти наркотики в тайниках, спрятанных в багаже. Наркотики были изъяты, а подозреваемые арестованы на месте. В результате операции также удалось выявить контрабандные маршруты и разоблачить преступную группу, занимающуюся международной контрабандой. Ведётся работа по обнаружению и ликвидации других участников сети.

## 4. Airborne Drug Trafficking in Yekaterinburg: Smugglers Arrested

An attempt at airborne drug trafficking was thwarted in Yekaterinburg. Police officers, in cooperation with customs authorities, detained smugglers at the airport who were trying to transport drugs hidden in luggage compartments. The drugs were seized, and the suspects were arrested on the spot. The operation also managed to uncover smuggling routes and expose a criminal group involved in international smuggling. Efforts are underway to identify and eliminate other members of the network.

## 5. Уничтожение Урожая Наркотических Растений в Приморском Крае

В Приморском крае сотрудники правоохранительных органов провели операцию по уничтожению урожая наркотических растений. В результате операции были уничтожены плантации, где незаконно выращивались растения, используемые для производства наркотиков. Операция была проведена в рамках борьбы с незаконным производством и распространением наркотиков в регионе. Полиция также провела арест нескольких лиц, подозреваемых в выращивании наркотических растений и сбыте наркотиков на чёрном рынке.

## 5. Destruction of Narcotic Plant Crops in Primorsky Krai

In Primorsky Krai, law enforcement officers conducted an operation to destroy a crop of narcotic plants. As a result of the operation, plantations where plants used for drug production were illegally grown were destroyed. The operation was carried out as part of the fight against illegal production and drug distribution in the region. The police also arrested several individuals suspected of cultivating narcotic plants and selling drugs on the black market.

## 2.3.2.2 TV Show Overview: Breaking Bad

Track **51**

### Обзо́р Телесериа́ла: "Во Все Тя́жкие"

"Во Все Тя́жкие" (оригина́льное назва́ние: Breaking Bad) — э́то культо́вый америка́нский телесериа́л, со́зданный Ви́нсом Ги́ллиганом. Сериа́л трансли́ровался с 2008 по 2013 год и получи́л широ́кое призна́ние как кри́тиков, так и зри́телей. "Во Все Тя́жкие" стал одни́м из са́мых влия́тельных и обсужда́емых сериа́лов в исто́рии телеви́дения.

Гла́вный геро́й сериа́ла, Уо́лтер Уа́йт, кото́рого игра́ет Бра́йан Крэ́нстон, — скро́мный учи́тель хи́мии в ста́рших кла́ссах в Альбуке́рке, штат Нью-Ме́ксико. В нача́ле сериа́ла Уо́лтер узнаёт, что у него́ диагности́рован рак лёгких, и осознаёт, что его́ семье́ грози́т фина́нсовая нестаби́льность по́сле его́ сме́рти. Что́бы обеспе́чить бу́дущее свое́й семьи́, Уо́лтер реша́ет заня́ться изготовле́нием нарко́тиков, а и́менно метамфетами́на, и вступа́ет в наркоби́знес.

Уо́лтер сотру́дничает с бы́вшим ученико́м, Дже́сси Пинкма́ном (Ааро́н Пол), и вме́сте они́ создаю́т высокока́чественный метамфетами́н, что вско́ре приво́дит их на верши́ну наркотра́фика. Одна́ко их незако́нная де́ятельность втя́гивает их в мир престу́пных сете́й, наркокарте́лей и постоя́нной угро́зы со стороны́ правоохрани́тельных о́рганов. Уо́лтер постепе́нно превраща́ется из обы́чного учи́теля в безжа́лостного наркобаро́на, изве́стного как Ха́йзенберг.

"Во Все Тя́жкие" иссле́дует те́мы мора́льного паде́ния, жа́дности, вла́сти и после́дствий приня́тия амора́льных реше́ний. Сериа́л ма́стерски пока́зывает, как изнача́льно благи́е наме́рения мо́гут привести́ к разруши́тельным результа́там. В тече́ние пяти́ сезо́нов зри́тели наблюда́ют за превраще́нием Уо́лтера Уа́йта, его́ борьбо́й с вну́тренними и вне́шними де́монами, а та́кже за разруше́нием его́ семьи́ и окружа́ющих.

Сериа́л получи́л многочи́сленные награ́ды, включа́я пре́мию "Э́мми", и был при́знан одни́м из лу́чших в исто́рии телеви́дения. Бра́йан Крэ́нстон и Ааро́н

Пол получи́ли высо́кую оце́нку за свои́ ро́ли, а Ви́нс Ги́ллиган был отме́чен за ма́стерское повествова́ние и режиссу́ру.

### TV Show Overview: "Breaking Bad"

"Breaking Bad" (original title: Breaking Bad) is a cult American TV series created by Vince Gilligan. The show aired from 2008 to 2013 and received widespread acclaim from both critics and viewers. "Breaking Bad" has become one of the most influential and discussed series in television history.

The main character of the series, Walter White, played by Bryan Cranston, is a modest high school chemistry teacher in Albuquerque, New Mexico. At the beginning of the series, Walter is diagnosed with lung cancer, and he realizes that his family is facing financial instability after his death. To secure his family's future, Walter decides to get involved in drug manufacturing, specifically methamphetamine, and enters the drug trade.

Walter teams up with a former student, Jesse Pinkman (Aaron Paul), and together they create high-quality methamphetamine, which quickly catapults them to the top of the drug trafficking world. However, their illegal activities draw them into a world of criminal networks, drug cartels, and constant threats from law enforcement. Walter gradually transforms from an ordinary teacher into a ruthless drug lord known as Heisenberg.

"Breaking Bad" explores themes of moral decay, greed, power, and the consequences of immoral decisions. The series masterfully depicts how initially good intentions can lead to devastating results. Over the course of five seasons, viewers witness Walter White's transformation, his struggle with internal and external demons, and the destruction of his family and those around him.

The series received numerous awards, including Emmy Awards, and was recognized as one of the best in television history. Bryan Cranston and Aaron Paul were highly praised for their performances, and Vince Gilligan was lauded for his masterful storytelling and direction.

## 2.3.3 Driving Under the Influence

Track 52

**автомоби́льная ава́рия** – car accident **Автомоби́льная ава́рия произошла́ из-за того́, что води́тель был в состоя́нии алкого́льного опьяне́ния.** The car accident occurred because the driver was under the influence of alcohol.

**администрати́вное задержа́ние** – administrative detention **Води́тель, отказа́вшийся пройти́ тест на алкого́ль, был подве́ргнут администрати́вному**

**задержа́нию.** The driver who refused to take a breathalyzer test was placed under administrative detention.

**алкого́льное опьяне́ние** – alcohol intoxication Води́тель был аресто́ван за вожде́ние в состоя́нии алкого́льного опьяне́ния по́сле того́, как алкоте́стер показа́л превыше́ние допусти́мого у́ровня. The driver was arrested for driving under the influence of alcohol after the breathalyzer showed an excessive level.

**алкоте́стер** – breathalyzer Полице́йский испо́льзовал алкоте́стер, что́бы прове́рить у́ровень алкого́ля в кро́ви води́теля на ме́сте остано́вки. The officer used a breathalyzer to check the driver's blood alcohol level at the stop.

**ана́лиз кро́ви** – blood test Води́тель был напра́влен на ана́лиз кро́ви для подтвержде́ния нали́чия алкого́ля в органи́зме. The driver was sent for a blood test to confirm the presence of alcohol in his system.

**ана́лиз мочи́** – urine test Ана́лиз мочи́ показа́л нали́чие нарко́тиков в органи́зме води́теля, заде́ржанного за опа́сное вожде́ние. The urine test revealed the presence of drugs in the driver's system, who was detained for reckless driving.

**води́ть/вести́ в нетре́звом ви́де** – to drive under the influence Подозрева́емого обвини́ли в том, что он вёл автомоби́ль в нетре́звом ви́де и подве́рг опа́сности други́х води́телей. The suspect was charged with driving under the influence and endangering other drivers.

**вожде́ние в нетре́звом ви́де** – drunk driving Вожде́ние в нетре́звом ви́де явля́ется серьёзным наруше́нием и мо́жет привести́ к лише́нию води́тельских прав. Drunk driving is a serious offense and can lead to the revocation of a driver's license.

**вожде́ние в состоя́нии опьяне́ния** – driving under the influence (DUI) Вожде́ние в состоя́нии опьяне́ния привело́ к ава́рии, в кото́рой пострада́ли не́сколько челове́к. Driving under the influence resulted in an accident that injured several people.

**вожде́ние под возде́йствием нарко́тиков** – drug-impaired driving Води́тель был аресто́ван за вожде́ние под возде́йствием нарко́тиков, что явля́ется уголо́вным преступле́нием. The driver was arrested for driving under the influence of drugs, which is a criminal offense.

**задержа́ние за вожде́ние в нетре́звом ви́де** – DUI arrest Задержа́ние за вожде́ние в нетре́звом ви́де произошло́ по́сле того́, как води́тель прое́хал на кра́сный свет. The arrest for drunk driving occurred after the driver ran a red light.

**задéрживать/задержáть водúтеля** — to detain the driver Полицéйские задержáли водúтеля, котóрый пытáлся скры́ться пóсле авáрии в состоя́нии опьянéния. The police detained the driver who tried to flee after causing an accident while intoxicated.

**идтú/пойтú под суд** — to go to court Водúтель, обвиня́емый в вождéнии в состоя́нии опьянéния, пойдёт под суд на слéдующей недéле. The driver accused of driving under the influence will go on trial next week.

**исправúтельные рабóты** — community service Суд приговорúл водúтеля, пóйманного за вождéние в нетрéзвом вúде, к исправúтельным рабóтам. The court sentenced the driver caught for drunk driving to community service.

**контрóль на дорóгах** — road check В выходны́е дни полúция усúлила контрóль на дорóгах для выявлéния водúтелей в состоя́нии опьянéния. The police increased road checks on the weekend to identify drivers under the influence.

**лишáть/лишúть водúтельских прав** — to revoke the driver's license Водúтель был лишён водúтельских прав за повтóрное вождéние в нетрéзвом вúде. The driver was stripped of his license for repeated drunk driving.

**лишéние водúтельских прав** — license suspension Лишéние водúтельских прав явля́ется стандáртным наказáнием за вождéние в состоя́нии опьянéния. The revocation of a driver's license is the standard penalty for driving under the influence.

**лишéние свобóды** — incarceration Водúтель, обвиня́емый в вождéнии под воздéйствием наркóтиков, был приговорён к лишéнию свобóды. The driver accused of driving under the influence of drugs was sentenced to imprisonment.

**назначáть/назнáчить штраф** — to impose a fine Суд назнáчил крýпный штраф водúтелю, задéржанному за нарушéние прáвил дорóжного движéния в состоя́нии опьянéния. The court imposed a hefty fine on the driver detained for a DUI traffic violation.

**наклáдывать/наложúть ограничéния на вождéние** — to impose driving restrictions Водúтелю, пóйманному в состоя́нии наркотúческого опьянéния, бы́ли налóжены ограничéния на вождéние. The driver caught under the influence of drugs was given driving restrictions.

**наркотúческое опьянéние** — drug intoxication Водúтель находúлся в состоя́нии наркотúческого опьянéния и не мог адеквáтно управля́ть

**транспортным средством.** The driver was under the influence of drugs and was unable to properly operate the vehicle.

**наруше́ние** – violation Наруше́ние пра́вил доро́жного движе́ния в состоя́нии алкого́льного опьяне́ния привело́ к серьёзной ава́рии. The traffic violation while under the influence of alcohol resulted in a serious accident.

**наруше́ние пра́вил доро́жного движе́ния** – traffic violation Води́тель был оштрафо́ван за наруше́ние пра́вил доро́жного движе́ния в состоя́нии алкого́льного опьяне́ния. The driver was fined for violating traffic rules while intoxicated.

**наруше́ние режи́ма тре́звости** – violation of sobriety conditions Води́тель, нару́шивший режи́м тре́звости, был неме́дленно лишён води́тельских прав. The driver who violated the sobriety regulations was immediately stripped of his license.

**наруше́ние усло́вий освобожде́ния** – violation of release conditions Води́тель был сно́ва аресто́ван за наруше́ние усло́вий освобожде́ния по́сле задержа́ния за вожде́ние в нетре́звом ви́де. The driver was re-arrested for violating the conditions of his release after being detained for drunk driving.

**нетре́звый води́тель** – drunk driver Нетре́звый води́тель был остано́влен поли́цией по́сле того́, как он вёл автомоби́ль зигза́гами по доро́ге. The drunk driver was stopped by the police after he was swerving his car on the road.

**обвине́ние в вожде́нии в состоя́нии опьяне́ния** – DUI charge Води́телю бы́ло предъя́влено обвине́ние в вожде́нии в состоя́нии опьяне́ния по́сле того́, как алкоте́стер показа́л превыше́ние допусти́мого у́ровня алкого́ля. The driver was charged with driving under the influence after the breathalyzer showed an excessive level of alcohol.

**обнаруже́ние алкого́ля в кро́ви** – detection of alcohol in blood Обнаруже́ние алкого́ля в кро́ви води́теля ста́ло основа́нием для его́ аре́ста на ме́сте происше́ствия. The detection of alcohol in the driver's blood led to his arrest at the scene.

**обнару́живать/обнару́жить алкого́ль в кро́ви** – to detect alcohol in the blood Ана́лиз кро́ви води́теля обнару́жил алкого́ль в коли́честве, превыша́ющем допусти́мый у́ровень. The driver's blood test revealed alcohol levels above the legal limit.

**ограниче́ние на вожде́ние** – driving restriction Води́телю, нару́шившему пра́вила, бы́ли нало́жены ограниче́ния на вожде́ние на срок одного́ го́да. The driver who broke the rules was given driving restrictions for a year.

**освиде́тельствование** – medical examination Освиде́тельствование показа́ло, что води́тель находи́лся в состоя́нии наркоти́ческого опьяне́ния. The examination revealed that the driver was under the influence of drugs.

**остана́вливать/останови́ть за наруше́ние** – to pull over for a violation Поли́ция останови́ла води́теля за наруше́ние пра́вил доро́жного движе́ния и заподо́зрила его́ в пья́нстве. The police stopped the driver for a traffic violation and suspected him of being drunk.

**отправля́ть/отпра́вить на принуди́тельное лече́ние** – to send to mandatory treatment Води́теля отпра́вили на принуди́тельное лече́ние по́сле его́ повто́рного аре́ста за вожде́ние в состоя́нии опьяне́ния. The driver was sent to mandatory treatment after his second arrest for driving under the influence.

**оформле́ние протоко́ла** – report filing Оформле́ние протоко́ла за́няло не́сколько часо́в, так как води́тель отка́зывался проходи́ть тест на алкого́ль. Filing the report took several hours because the driver refused to take a breathalyzer test.

**патру́льная маши́на** – patrol car Патру́льная маши́на останови́ла подозри́тельного води́теля, кото́рый вёл себя́ агресси́вно на доро́ге. The patrol car stopped a suspicious driver who was behaving aggressively on the road.

**пе́репись свиде́телей** – witness documentation Поли́ция провела́ пе́репись свиде́телей, что́бы собра́ть бо́льше информа́ции о ДТП с уча́стием нетре́звого води́теля. The police conducted a witness survey to gather more information about the accident involving a drunk driver.

**полице́йский рейд** – police raid Полице́йский рейд по прове́рке води́телей на нали́чие алкого́ля в кро́ви привёл к не́скольким аре́стам. The police raid to check drivers for alcohol resulted in several arrests.

**положи́тельный результа́т те́ста** – positive test result Положи́тельный результа́т те́ста на алкого́ль стал основа́нием для лише́ния води́тельских прав. The positive result of the alcohol test led to the revocation of the driver's license.

**получа́ть/получи́ть наказа́ние** – to receive a penalty Води́тель получи́л наказа́ние в ви́де кру́пного штра́фа и лише́ния води́тельских прав. The driver received a penalty in the form of a hefty fine and license revocation.

**получа́ть/получи́ть усло́вный срок** – to receive probation Суд постанови́л, что води́тель, впервы́е попа́вшийся на вожде́нии в нетре́звом ви́де, до́лжен

**получи́ть усло́вный срок.** The court ruled that the driver, caught for the first time driving under the influence, should receive a suspended sentence.

**попада́ть/попа́сть в ДТП по вине́ нетре́звого води́теля** — to be involved in an accident caused by a drunk driver **Семья́ попа́ла в серьёзное ДТП по вине́ нетре́звого води́теля, кото́рый вы́ехал на встре́чную полосу́.** The family was involved in a serious accident caused by a drunk driver who crossed into the oncoming lane.

**правонаруши́тель** — offender **Правонаруши́тель был заде́ржан на ме́сте происше́ствия по́сле отка́за пройти́ тест на алкого́ль.** The offender was detained at the scene after refusing to take a breathalyzer test.

**превыша́ть/превы́сить допусти́мый у́ровень алкого́ля** — to exceed the legal alcohol limit **Води́тель превы́сил допусти́мый у́ровень алкого́ля, что бы́ло вы́явлено при остано́вке патру́льной маши́ной.** The driver exceeded the legal alcohol limit, which was detected during a traffic stop by a patrol car.

**превыше́ние допусти́мого у́ровня** — exceeding the legal limit **Превыше́ние допусти́мого у́ровня алкого́ля в кро́ви води́теля ста́ло основа́нием для его́ аре́ста.** Exceeding the legal blood alcohol limit led to the driver's arrest.

**преде́льно допусти́мый у́ровень алкого́ля** — legal blood alcohol limit **Води́тель отказа́лся проходи́ть тест, хотя́ бы́ли основа́ния полага́ть, что он превы́сил преде́льно допусти́мый у́ровень алкого́ля.** The driver refused to take a test despite indications that he had exceeded the legal alcohol limit.

**признава́ть/призна́ть вину́** — to plead guilty **Води́тель призна́л вину́ в вожде́нии в состоя́нии опьяне́ния и согласи́лся на сотру́дничество с властя́ми.** The driver admitted guilt in driving under the influence and agreed to cooperate with authorities.

**принуди́тельное лече́ние** — mandatory treatment **Суд постанови́л, что води́тель, неоднокра́тно наруша́вший зако́н в состоя́нии алкого́льного опьяне́ния, до́лжен пройти́ принуди́тельное лече́ние.** The court ruled that the driver, who repeatedly violated the law while intoxicated, must undergo mandatory treatment.

**принуди́тельное медици́нское освиде́тельствование** — compulsory medical examination **Води́тель был напра́влен на принуди́тельное медици́нское освиде́тельствование по́сле отка́за пройти́ тест на алкого́ль.** The driver was sent for mandatory medical examination after refusing to take a breathalyzer test.

**про́ба на дыха́ние** — breath test Про́ба на дыха́ние показа́ла превыше́ние допусти́мого у́ровня алкого́ля, что ста́ло основа́нием для задержа́ния води́теля. The breath test showed an alcohol level above the legal limit, leading to the driver's arrest.

**прове́рка на нарко́тики** — drug screening Води́теля напра́вили на прове́рку на нарко́тики по́сле того́, как он был заде́ржан за опа́сное вожде́ние. The driver was sent for a drug test after being detained for reckless driving.

**прове́рка на состоя́ние опьяне́ния** — sobriety test Поли́ция провела́ прове́рку на состоя́ние опьяне́ния у всех води́телей, остано́вленных на блокпо́сту. The police conducted sobriety checks on all drivers stopped at the checkpoint.

**проводи́ть/провести́ тест на нарко́тики** — to conduct a drug test Полице́йские провели́ тест на нарко́тики, что́бы вы́яснить, находи́лся ли води́тель под возде́йствием запрещённых веще́ств. The police conducted a drug test to determine if the driver was under the influence of illegal substances.

**протоко́л задержа́ния** — arrest report Протоко́л задержа́ния води́теля за вожде́ние в состоя́нии опьяне́ния был офо́рмлен на ме́сте происше́ствия. The arrest report for the driver detained for drunk driving was filed at the scene.

**проходи́ть/пройти́ прове́рку на состоя́ние опьяне́ния** — to pass a sobriety check Води́тель был обя́зан пройти́ прове́рку на состоя́ние опьяне́ния по́сле того́, как его́ автомоби́ль был остано́влен за наруше́ние ПДД. The driver was required to undergo a sobriety test after his car was stopped for a traffic violation.

**проходи́ть/пройти́ тест на алкого́ль** — to take a breathalyzer test Води́тель отказа́лся пройти́ тест на алкого́ль, что привело́ к его́ неме́дленному задержа́нию. The driver refused to take a breathalyzer test, leading to his immediate detention.

**свиде́тельские показа́ния** — witness testimony Свиде́тельские показа́ния подтверди́ли, что води́тель был в нетре́звом состоя́нии на моме́нт ава́рии. The witness testimonies confirmed that the driver was intoxicated at the time of the accident.

**суде́бное разбира́тельство** — court hearing Суде́бное разбира́тельство по де́лу о вожде́нии в состоя́нии опьяне́ния начнётся на сле́дующей неде́ле. The court proceedings for the DUI case will begin next week.

**тест на алкого́ль** — alcohol test Тест на алкого́ль показа́л, что води́тель значи́тельно превы́сил допусти́мый у́ровень. The alcohol test showed that the driver had significantly exceeded the legal limit.

**тюре́мное заключе́ние** — imprisonment Води́тель, неоднокра́тно наруша́вший зако́н в состоя́нии опьяне́ния, был приговорён к тюре́мному заключе́нию. The driver, who repeatedly broke the law while intoxicated, was sentenced to imprisonment.

**уголо́вная отве́тственность** — criminal liability Вожде́ние в состоя́нии си́льного опьяне́ния мо́жет привести́ к уголо́вной отве́тственности. Driving under severe intoxication can lead to criminal liability.

**усло́вный срок** — probation Суд назна́чил води́телю усло́вный срок с обяза́тельством пройти́ лече́ние от алкоголи́зма. The court gave the driver a suspended sentence with the requirement to undergo treatment for alcoholism.

**устана́вливать/установи́ть факт вожде́ния в нетре́звом ви́де** — to establish DUI Поли́ция установи́ла факт вожде́ния в нетре́звом ви́де благодаря́ за́писи с ка́меры наблюде́ния. The police confirmed the fact of drunk driving based on footage from a surveillance camera.

**фикса́ция доказа́тельств** — evidence recording Фикса́ция доказа́тельств на ме́сте происше́ствия была́ проведена́ бы́стро и ка́чественно, что помогло́ в дальне́йшем расследовании. The collection of evidence at the scene was carried out quickly and efficiently, aiding the subsequent investigation.

**фикси́ровать/зафикси́ровать наруше́ние** — to record a violation Патру́льная маши́на зафикси́ровала наруше́ние води́теля, кото́рый прое́хал на кра́сный свет в состоя́нии алкого́льного опьяне́ния. The patrol car recorded the violation of the driver who ran a red light while under the influence of alcohol.

**штраф** — fine Води́телю был назна́чен кру́пный штраф за вожде́ние в нетре́звом ви́де, а та́кже его́ лиши́ли прав на год. The driver was fined heavily for drunk driving and had his license suspended for a year.

## 2.3.3.1 Mini-Articles

### 1. Вождение в Нетрезвом Виде: Полицейский Рейд в Новосибирске

В Новосибирске прошёл масштабный полицейский рейд, направленный на выявление водителей, которые ведут в нетрезвом виде. В ходе рейда было остановлено более ста автомобилей, и несколько водителей были задержаны за вождение в состоянии опьянения. У них был проведён тест на алкоголь с использованием алкотестера, который показал превышение допустимого уровня алкоголя. Все нарушители были доставлены в отделение полиции, где были оформлены протоколы задержания, и водители будут наказаны в соответствии с законом.

### 1. Driving Under the Influence: Police Raid in Novosibirsk

A large-scale police raid was conducted in Novosibirsk to identify drivers who were driving under the influence. During the raid, more than a hundred vehicles were stopped, and several drivers were detained for driving while intoxicated. They were given an alcohol test using a breathalyzer, which showed exceeding the legal alcohol limit. All violators were taken to the police station, where detention reports were filed, and the drivers will be punished according to the law.

### 2. Автомобильная Авария в Казани: Нетрезвый Водитель Спровоцировал ДТП

В Казани произошла серьёзная автомобильная авария, в результате которой пострадали несколько человек. Виновником ДТП оказался нетрезвый водитель, который вёл в состоянии алкогольного опьянения и не справился с управлением. Полиция прибыла на место происшествия и провела принудительное медицинское освидетельствование водителя, подтвердив обнаружение алкоголя в крови. Водитель был задержан, и против него выдвинуты обвинения в вождении в состоянии опьянения. Ему грозит лишение водительских прав и, возможно, тюремное заключение.

### 2. Car Accident in Kazan: Drunk Driver Causes Accident

A serious car accident occurred in Kazan, resulting in several people being injured. The culprit was a drunk driver who was driving under the influence of alcohol and lost control of the vehicle. The police arrived at the scene and conducted a mandatory medical examination of the driver, confirming the presence of alcohol in his blood. The driver was detained, and charges of driving under the influence have been filed against him. He faces license revocation and possibly imprisonment.

### 3. Контроль на Дорогах: Проверка на Наркотики в Екатеринбурге

В Екатеринбурге полиция усилила контроль на дорогах с целью выявления водителей, которые водят под воздействием наркотиков. В ходе рейдов было остановлено несколько автомобилей, и водителям предложили пройти тест на наркотики. В нескольких случаях положительный результат теста привёл к задержанию водителя. Против нарушителей будут выдвинуты обвинения, включая лишение водительских прав и принудительное лечение. Полиция продолжает активные проверки для повышения безопасности на дорогах.

### 3. Road Control: Drug Testing in Yekaterinburg

In Yekaterinburg, the police have increased road control to identify drivers who are driving under the influence of drugs. During the raids, several vehicles were stopped, and drivers were asked to take a drug test. In several cases, a positive test result led to the detention of the driver. The violators will face charges, including license revocation and mandatory treatment. The police continue to carry out active checks to improve road safety.

### 4. Лишение Водительских Прав за Вождение в Нетрезвом Виде в Москве

В Москве водитель, пойманный за вождением в нетрезвом виде, был приговорён к лишению водительских прав сроком на два года. После задержания водителя полицейскими был проведён тест на алкоголь, который показал превышение допустимого уровня. В ходе судебного разбирательства водитель признал вину и согласился с назначенным наказанием. Помимо лишения прав, суд также назначил ему штраф и условный срок. Это дело подчёркивает важность соблюдения закона и трезвости за рулём.

### 4. License Revocation for Driving Under the Influence in Moscow

In Moscow, a driver caught driving under the influence was sentenced to license revocation for two years. After the driver was detained by the police, an alcohol test was conducted, which showed exceeding the legal limit. During the court proceedings, the driver pleaded guilty and accepted the punishment. In addition to the license revocation, the court also imposed a fine and a suspended sentence. This case highlights the importance of obeying the law and driving sober.

### 5. Принудительное Лечение за Вождение Под Воздействием Наркотиков в Красноярске

В Красноярске водитель был приговорён к принудительному лечению после того, как был пойман за вождением под воздействием наркотиков. Во время полицейской проверки он отказался пройти тест на наркотики, что привело к его административному задержанию. В ходе дальнейшего расследования были собраны свидетельские показания и фиксация доказательств его нарушения. Суд назначил водителю принудительное лечение и ограничение на вождение в течение нескольких лет. Это дело стало важным примером борьбы с нарушением правил дорожного движения.

### 5. Mandatory Treatment for Driving Under the Influence of Drugs in Krasnoyarsk

In Krasnoyarsk, a driver was sentenced to mandatory treatment after being caught driving under the influence of drugs. During a police check, he refused to take a drug test, which led to his administrative detention. Further investigation gathered witness testimony and evidence documentation of his violation. The court ordered the driver to undergo mandatory treatment and imposed a driving restriction for several years. This case became an important example in the fight against traffic violations.

## 2.3.3.2 Informative Article: Drinking and Driving

Track 54

### Вождение в Состоянии Опьянения в России: Непреходящая Проблема

Вождение в состоянии опьянения остаётся серьёзной проблемой в России, несмотря на продолжающиеся усилия по снижению потребления алкоголя и улучшению безопасности на дорогах. Страна добилась значительных успехов за последние годы, но статистика показывает, что для борьбы с этим опасным поведением необходимо предпринять дополнительные меры.

### Дорожные Аварии, Связанные с Алкоголем

В 2020 году в России произошло почти 15 600 автомобильных аварий, связанных с вождением в нетрезвом виде. Эти аварии представляют серьёзную угрозу общественной безопасности, так как часто приводят к тяжёлым последствиям. Вождение в состоянии алкогольного опьянения является одной из ведущих причин дорожно-транспортных происшествий, в результате которых в одном только году более 2 000 человек погибли и около 18 000 получили ранения. Эти цифры подчёркивают постоянную проблему обеспечения безопасности на российских дорогах от нетрезвых водителей.

## Влияние Мер по Контролю за Алкоголем

В последние годы Россия ввела строгие меры по контролю за потреблением алкоголя, направленные на снижение исторически высоких уровней его потребления в стране. С 2003 по 2016 год эти усилия привели к замечательному снижению потребления алкоголя на 43% по всей стране. Это сокращение, безусловно, способствовало снижению числа происшествий, связанных с алкоголем, но продолжение нарушений правил дорожного движения из-за вождения в состоянии опьянения показывает, что необходимы дальнейшие действия.

## Правовые Последствия и Контроль

Российское законодательство предусматривает серьёзные наказания для тех, кто попадается за вождением в нетрезвом виде. Водителям, у которых обнаруживается превышение допустимого уровня алкоголя в крови, грозит лишение водительских прав, штрафы, а в некоторых случаях и тюремное заключение. Полиция регулярно проводит контроль на дорогах и тесты на алкоголь, чтобы выявить и задержать нетрезвых водителей, особенно в праздники и другие периоды повышенного риска.

Помимо юридических санкций, Россия усилила свои усилия по повышению осведомлённости общественности о опасностях вождения в состоянии опьянения. Запущены кампании, направленные на информирование водителей о рисках, и государство продолжает продвигать важность трезвого вождения через СМИ и общественные объявления.

## Путь Вперёд

Хотя сокращение потребления алкоголя в России является положительной тенденцией, статистика аварий, связанных с алкогольным опьянением, показывает, что эта проблема остаётся актуальной. Продолжение строгого исполнения законов, наряду с постоянным обучением населения, является необходимым для дальнейшего сокращения числа аварий, вызванных нетрезвыми водителями.

Реша́я коре́нные причи́ны вожде́ния в состоя́нии опьяне́ния и подде́рживая постоя́нное внима́ние к безопа́сности на доро́гах, Росси́я мо́жет продолжа́ть де́лать шаги́ вперёд в защи́те свои́х гра́ждан и сниже́нии траги́ческих после́дствий ава́рий, свя́занных с алкого́лем.

## Driving Under the Influence in Russia: A Persistent Problem

Driving under the influence remains a serious issue in Russia, despite ongoing efforts to reduce alcohol consumption and improve road safety. The country has made significant progress in recent years, but the statistics show that more needs to be done to combat this dangerous behavior.

### Alcohol-Related Road Accidents

In 2020, nearly 15,600 car accidents in Russia were related to driving under the influence. These accidents pose a serious threat to public safety, as they often result in severe consequences. Drunk driving is one of the leading causes of traffic accidents, with more than 2,000 people killed and around 18,000 injured in a single year due to alcohol-related crashes. These numbers highlight the ongoing problem of keeping Russian roads safe from drunk drivers.

### The Impact of Alcohol Control Measures

In recent years, Russia has implemented strict alcohol control measures aimed at reducing the country's historically high levels of alcohol consumption. Between 2003 and 2016, these efforts led to a remarkable 43% reduction in alcohol consumption across the country. This decrease has undoubtedly contributed to a reduction in alcohol-related incidents, but the continued violations of traffic laws due to driving under the influence indicate that further action is necessary.

### Legal Consequences and Enforcement

Russian law imposes severe penalties on those caught driving under the influence. Drivers found to have exceeded the legal blood alcohol limit face license revocation, fines, and, in some cases, imprisonment. The police regularly conduct road checks and alcohol tests to identify and apprehend intoxicated drivers, particularly during holidays and other high-risk periods.

In addition to legal sanctions, Russia has increased efforts to raise public awareness about the dangers of driving under the influence. Campaigns aimed at educating drivers about the risks have been launched, and the government continues to promote the importance of sober driving through media and public service announcements.

## The Road Ahead

While the reduction in alcohol consumption in Russia is a positive trend, the statistics on alcohol-related accidentsshow that this issue remains a critical concern. Continued strict enforcement of laws, along with ongoing public education, is essential to further reducing the number of accidents caused by intoxicated drivers.

By addressing the root causes of driving under the influence and maintaining a strong focus on road safety, Russia can continue to make progress in protecting its citizens and reducing the tragic toll of alcohol-related accidents.

# Unit 3
## Arts and Entertainment

The arts are expressive reflections of a society, portraying its values, history, and hopes. In the media, they're discussed and explored extensively, and understanding the language that frames these discussions is vital for engaging with the richness of the Russian cultural landscape.

In this unit, we traverse the wide spectrum of **Arts and Entertainment**, diving into two broad sections: Performing Arts, and Visual Arts. Each section is designed to familiarize you with the varied terminologies used to describe, critique, and appreciate these forms of expression.

The first section, **Performing Arts**, starts with the world of Theater and Drama. Here, we'll discover vocabulary linked with stage productions and theatrical performances. Next, we move to the rhythm of Music and Dance, exploring terms that describe different styles, instruments, and dance forms. We conclude this section with Film and Television, immersing ourselves in the rich lexicon associated with cinematic arts and broadcasting. It's important to note that certain vocabulary is applicable to both 'Theater and Drama' and 'Film and Television.' To avoid repetition, most terms are presented in one subsection or the other, but remember that their usage can extend across both areas.

Transitioning from the stage to the canvas, the second section focuses on **Visual Arts**. We'll begin by exploring the language of Painting and Sculpture, followed by Graphic Design, introducing you to the terms that define these powerful mediums of visual communication. We then turn our gaze towards the grandeur of Architecture, understanding the words that describe the aesthetic and functional aspects of buildings and structures. We conclude this section, and the unit, with Fashion, exploring the language that describes styles, trends, and the people behind them.

By the end of this unit, you'll have expanded your vocabulary to include a colorful palette of terms related to Arts and Entertainment. These new words and phrases will enable you to understand, and even participate in, vibrant discussions about culture in Russian media.

# 3.1 Performing Arts

## 3.1.1 Theater and Drama

Track 55

**автобиографическая пьеса** – autobiographical play Автобиографическая пьеса рассказала историю жизни драматурга, включая его личные переживания и трудности. The autobiographical play told the story of the playwright's life, including his personal experiences and struggles.

**акт** – act Первый акт пьесы завершился на драматической ноте, оставив зрителей в напряжении. The first act of the play ended on a dramatic note, leaving the audience in suspense.

**актёр** – actor Актёр исполнил свою роль с такой эмоциональной глубиной, что зрители были тронуты до слёз. The actor performed his role with such emotional depth that the audience was moved to tears.

**актёрская игра** – acting performance Актёрская игра в этом спектакле была высоко оценена критиками за её правдоподобность и искренность. The acting in this play was highly praised by critics for its authenticity and sincerity.

**актёрское мастерство** – acting Актёрское мастерство студента впечатлило преподавателей, и он получил главную роль в предстоящей постановке. The student's acting skills impressed the instructors, and he was given the lead role in the upcoming production.

**актриса** – actress Актриса не смогла убедительно сыграть свою роль; её игра выглядела однообразной и лишённой эмоций, что сильно испортило впечатление от спектакля. The actress failed to convincingly portray her role; her performance was monotonous and lacked emotion, which greatly detracted from the play.

**антракт** – intermission Во время антракта зрители вышли в фойе, чтобы обсудить увиденное и выпить кофе. During the intermission, the audience went to the lobby to discuss the performance and have a coffee.

**аплодисменты** – applause После завершения спектакля зал разразился громкими аплодисментами, выражая восхищение актёрами. After the performance ended, the audience erupted in loud applause, expressing their admiration for the actors.

**арти́ст** – performer Арти́ст был изве́стен свои́ми выдаю́щимися ро́лями как в теа́тре, так и в кино́. The performer was known for his outstanding roles in both theater and film.

**бале́т** – ballet Бале́т «Лебеди́ное о́зеро» стал настоя́щим собы́тием сезо́на и привлёк многочи́сленных зри́телей. The ballet "Swan Lake" became a highlight of the season and attracted a large audience.

**взаимоде́йствовать/повзаимоде́йствовать с партнёрами** – to interact with co-actors На сце́не актёры должны́ уме́ло взаимоде́йствовать с партнёрами, что́бы созда́ть убеди́тельное представле́ние. On stage, actors must skillfully interact with their partners to create a convincing performance.

**восприя́тие пу́блики** – audience reception Восприя́тие пу́блики бы́ло позити́вным, и спекта́кль получи́л высо́кие оце́нки от зри́телей. The audience's reception was positive, and the play received high ratings from the viewers.

**роль второ́го пла́на** – supporting role Несмотря́ на то что она́ игра́ла роль второ́го пла́на, её персона́ж оказа́лся ключевы́м для разви́тия сюже́та. Although she played a supporting role, her character proved crucial to the plot's development.

**выходи́ть/вы́йти на сце́ну** – to go on stage Актёр вы́шел на сце́ну с уве́ренностью, гото́вый испо́лнить свою́ роль. The actor stepped onto the stage with confidence, ready to perform his role.

**гла́вная репети́ция** – dress rehearsal Гла́вная репети́ция прошла́ успе́шно, и все уча́стники бы́ли гото́вы к премье́ре. The final rehearsal went well, and everyone was ready for the premiere.

**гла́вная роль** – lead role Актри́са получи́ла гла́вную роль в но́вой постано́вке класси́ческой пье́сы. The actress was cast in the lead role in the new production of a classic play.

**грим** – makeup Грим помо́г актёрам перевоплоти́ться в свои́х персона́жей и доба́вить глубину́ их о́бразам. Makeup helped the actors transform into their characters and add depth to their portrayals.

**де́йствие** – action Де́йствие спекта́кля развора́чивалось в викториа́нскую эпо́ху, что подчёркивалось декора́циями и костю́мами. The play's action was set in the Victorian era, highlighted by the sets and costumes.

**декора́ции** – scenery, set Декора́ции бы́ли сли́шком просты́ми и не соотве́тствовали о́бщей атмосфе́ре постано́вки, что создава́ло ощуще́ние недорабо́тки. The sets were too simplistic and didn't match the overall atmosphere of the production, creating a sense of incompleteness.

**держа́ть/удержа́ть аудито́рию в напряже́нии** – to keep the audience on edge Постано́вка не смогла́ удержа́ть аудито́рию в напряже́нии, и зри́тели теря́ли интере́с к сюже́ту уже́ в середи́не спекта́кля. The production failed to keep the audience on the edge of their seats, and viewers lost interest in the plot halfway through the play.

**диало́г** – dialogue Диало́ги персона́жей бы́ли насы́щены эмо́циями и отража́ли глубину́ их вну́треннего ми́ра. The characters' dialogue was full of emotion and reflected the depth of their inner worlds.

**дина́мика сце́ны** – stage dynamics Дина́мика сце́ны меня́лась с ка́ждой но́вой сце́ной, подде́рживая интере́с зри́телей. The dynamics of the scene shifted with each new act, keeping the audience engaged.

**дра́ма** – drama Дра́ма была́ чрезме́рно мелодрамати́чной, и эмоциона́льные сце́ны вы́глядели наи́гранно, что оста́вило зри́телей равноду́шными. The drama was overly melodramatic, and the emotional scenes felt forced, leaving the audience indifferent.

**драмату́рг** – playwright Драмату́рг написа́л пье́су, кото́рая ста́ла хи́том сезо́на и получи́ла не́сколько награ́д. The playwright wrote a play that became the hit of the season and won several awards.

**дублёр** – understudy Дублёр гото́в был вы́йти на сце́ну в слу́чае, е́сли гла́вный актёр не смог бы сыгра́ть свою́ роль. The understudy was ready to step in if the lead actor was unable to perform.

**заключи́тельный покло́н** – final bow Заключи́тельный покло́н актёров был встре́чен бу́рными аплодисме́нтами и во́згласами "Бра́во!" The actors' final bow was met with thunderous applause and shouts of "Bravo!"

**за́навес** – curtain Когда́ за́навес подня́лся, зри́тели уви́дели великоле́пные декора́ции и на́чали аплоди́ровать. When the curtain rose, the audience saw the stunning set and began to applaud.

**звуково́е оформле́ние** — sound design Звуково́е оформле́ние спекта́кля доба́вило глубину́ и атмосфе́ру ка́ждому де́йствию. The sound design of the play added depth and atmosphere to each act.

**зри́тель** — audience member Зри́тели бы́ли поглощены́ де́йствием на сце́не и не отрыва́ли глаз от актёров. The audience was captivated by the action on stage and couldn't take their eyes off the actors.

**зри́тельный зал** — auditorium Зри́тельный зал был запо́лнен до отка́за, все места́ бы́ли за́няты. The auditorium was packed, with every seat occupied.

**игра́ть/сыгра́ть безупре́чно** — to give a flawless performance Актри́са сыгра́ла свою́ роль безупре́чно, получи́в восто́рженные о́тзывы от кри́тиков. The actress performed flawlessly, receiving rave reviews from critics.

**игра́ть/сыгра́ть роль** — to play a role Актёр сыгра́л свою́ роль сли́шком наи́гранно, что сде́лало персона́жа карикату́рным и невырази́тельным. The actor played his role with too much exaggeration, making the character seem caricatured and unremarkable.

**импровиза́ция** — improvisation В одно́м из моме́нтов спекта́кля актёры прибе́гли к импровиза́ции, что доба́вило выступле́нию жи́вости. At one point during the play, the actors resorted to improvisation, adding liveliness to the performance.

**импровизи́ровать/проимпровизи́ровать на сце́не** — to improvise on stage Актёр был вы́нужден импровизи́ровать на сце́не, когда́ его́ партнёр забы́л текст. The actor had to improvise on stage when his partner forgot the lines.

**инсцениро́вка** — staging Инсцениро́вка рома́на оказа́лась успе́шной, и зри́тели высоко́ оцени́ли адапта́цию. The dramatization of the novel was successful, and the audience highly appreciated the adaptation.

**интерпрета́ция** — interpretation Интерпрета́ция класси́ческой пье́сы была́ нестанда́ртной и вы́звала спо́ры среди́ кри́тиков. The interpretation of the classic play was unconventional and sparked debate among critics.

**класси́ческая дра́ма** — classical drama Класси́ческая дра́ма была́ поста́влена с больши́м уваже́нием к оригина́лу, но с совреме́нными элеме́нтами. The classic drama was staged with great respect for the original but with modern elements.

**коме́дия** – comedy Коме́дия, поста́вленная молоды́м режиссёром, вы́звала гро́мкий смех и бу́рные аплодисме́нты зри́телей. The comedy directed by a young director elicited loud laughter and enthusiastic applause from the audience.

**конфли́кт** – conflict Конфли́кт ме́жду персона́жами был недоста́точно раскры́т, и его́ разреше́ние каза́лось неубеди́тельным и поспе́шным. The conflict between the characters was underdeveloped, and its resolution felt unconvincing and rushed.

**костю́мы** – costumes Костю́мы для спекта́кля бы́ли сши́ты вручну́ю, что́бы максима́льно то́чно переда́ть эпо́ху. The costumes for the play were handmade to accurately reflect the era.

**костю́мы и декора́ции** – costumes and sets Костю́мы и декора́ции спекта́кля помогли́ погрузи́ть зри́телей в атмосфе́ру средневеко́вья. The costumes and set design of the play helped immerse the audience in the atmosphere of the Middle Ages.

**кри́тик** – critic Кри́тик отме́тил блестя́щее исполне́ние гла́вной ро́ли, но указа́л на сла́бые сто́роны сюже́та. The critic praised the brilliant performance in the lead role but pointed out weaknesses in the plot.

**крити́ческое восприя́тие** – critical reception Крити́ческое восприя́тие спекта́кля оказа́лось сме́шанным: одни́ хвали́ли игру́ актёров, други́е критикова́ли постано́вку. The critical reception of the play was mixed: some praised the acting, while others criticized the production.

**кули́сы** – wings (of a stage) За кули́сами цари́ла напряжённая атмосфе́ра, пока́ актёры гото́вились к вы́ходу на сце́ну. Behind the scenes, there was a tense atmosphere as the actors prepared to take the stage.

**кульмина́ция** – climax Кульмина́ция спекта́кля наступи́ла, когда́ гла́вный геро́й сде́лал шоки́рующее призна́ние. The climax of the play came when the main character made a shocking confession.

**массо́вка** – extras В спекта́кле уча́ствовала больша́я массо́вка, состоя́щая из деся́тков актёров, игра́вших в ро́ли горожа́н. The play featured a large group of background extras, consisting of dozens of actors playing the roles of townspeople.

**моноло́г** – monologue Моноло́г гла́вного геро́я был эмоциона́льно насы́щен и раскры́л вну́тренние пережива́ния персона́жа. The main character's monologue was emotionally charged and revealed the character's inner turmoil.

**музыка́льное сопровожде́ние** – musical accompaniment Музыка́льное сопровожде́ние уси́лило драмати́зм сцен и созда́ло напряжённую атмосфе́ру. The musical accompaniment heightened the drama of the scenes and created a tense atmosphere.

**мю́зикл** – musical Мю́зикл стал настоя́щим хито́м сезо́на, привлека́я по́лные за́лы зри́телей ка́ждую неде́лю. The musical became a major hit of the season, attracting full houses every week.

**надева́ть/наде́ть костю́м** – to put on a costume Актёр наде́л костю́м своего́ персона́жа и сра́зу вошёл в ну́жное настрое́ние. The actor put on his character's costume and immediately got into the right mood.

**настра́ивать/настро́ить освеще́ние** – to set the lighting Те́хники настра́ивали освеще́ние сце́ны, чтобы созда́ть необходи́мое настрое́ние для ка́ждой сце́ны. The technicians adjusted the stage lighting to create the right mood for each scene.

**ова́ция** – ovation Спекта́кль заверши́лся бу́рной ова́цией, зри́тели не унима́лись, до́лго аплоди́руя актёрам. The play ended with a standing ovation, and the audience continued to applaud the actors for a long time.

**о́пера** – opera О́пера «Травиа́та» в постано́вке э́того теа́тра получи́ла высо́кие оце́нки как от зри́телей, так и от кри́тиков. The opera "La Traviata" in this theater's production received high praise from both the audience and critics.

**опуска́ться/опусти́ться** – (curtain) to fall Когда́ за́навес опусти́лся, зал разрази́лся ова́циями, выража́я благода́рность актёрам. When the curtain fell, the hall erupted in applause, expressing appreciation for the actors.

**оце́нка** – evaluation Оце́нка спекта́кля кри́тиками была́ положи́тельной, осо́бенно отмеча́лась игра́ гла́вных актёров. The critics' evaluation of the play was positive, with particular praise for the lead actors' performances.

**пантоми́ма** – pantomime Пантоми́ма оказа́лась ску́чной и предсказу́емой, не вы́звав до́лжного о́тклика у зри́телей, кото́рые ожида́ли бо́льшего. The pantomime was dull and predictable, failing to resonate with the audience, who expected more.

**персона́ж** – character Персона́ж, кото́рого игра́л актёр, был сло́жным и многогра́нным, тре́бующим осо́бого мастерства́. The character played by the actor was complex and multifaceted, requiring special skill.

**повторе́ние спекта́кля** – revival (of a play) Повторе́ние спекта́кля состоя́лось че́рез неде́лю по́сле премье́ры и собра́ло по́лный зал. The play was repeated a week after the premiere and drew a full house.

**получа́ть/получи́ть призна́ние кри́тиков** – to receive critical acclaim Постано́вка получи́ла призна́ние кри́тиков за нова́торский подхо́д и си́льные актёрские рабо́ты. The production received critical acclaim for its innovative approach and strong performances.

**постано́вка** – production Постано́вка пье́сы была́ вы́полнена в совреме́нном сти́ле, что придало́ ей но́вый смысл. The staging of the play was done in a modern style, giving it a new meaning.

**премье́ра** – premiere Премье́ра спекта́кля прошла́ с больши́м успе́хом, и актёры получи́ли мно́жество поздравле́ний. The premiere of the play was a great success, and the actors received many congratulations.

**премье́рный пока́з** – opening night Премье́рный пока́з спекта́кля собра́л по́лный зал, и зри́тели оста́лись под больши́м впечатле́нием. The premiere of the play drew a full house, and the audience was deeply impressed.

**приде́рживаться/придержа́ться сцена́рия** – to stick to the script Актёры стара́лись приде́рживаться сцена́рия, чтобы сохрани́ть а́вторский за́мысел. The actors tried to stick to the script to preserve the author's intent.

**прова́л** – flop Несмотря́ на уси́лия актёров, спекта́кль оказа́лся прова́лом и был снят с репертуа́ра. Despite the actors' efforts, the play was a failure and was removed from the repertoire.

**проло́г** – prologue Проло́г спекта́кля был сли́шком затя́нутым и не смог захвати́ть внима́ние зри́телей, что негати́вно сказа́лось на восприя́тии всей постано́вки. The prologue of the play was too long and failed to capture the audience's attention, negatively impacting the overall reception of the production.

**пье́са** – play (script) Пье́са, напи́санная совреме́нным драмату́ргом, привлекла́ внима́ние пу́блики свое́й актуа́льностью. The play, written by a contemporary playwright, attracted the audience's attention with its relevance.

**развя́зка** – resolution Развя́зка пье́сы была́ неожи́данной и произвела́ си́льное впечатле́ние на зри́телей. The play's ending was unexpected and left a strong impression on the audience.

**режиссёр** – director Режиссёр постановки был известен своими оригинальными интерпретациями классических произведений. The director of the production was known for his original interpretations of classic works.

**режиссёрская работа** – directing work Режиссёрская работа в этом спектакле была высоко оценена критиками за творческий подход и новаторство. The directing in this play was highly praised by critics for its creative approach and innovation.

**режиссировать/срежиссировать постановку** – to direct a production Молодой режиссёр срежиссировал постановку, добавив к ней современные элементы. The young director staged the production, adding modern elements to it.

**режиссура** – directing Режиссура спектакля отличалась новаторскими решениями и оригинальными сценическими приёмами. The play's direction was characterized by innovative decisions and original stage techniques.

**реквизит** – props Реквизит для спектакля включал антикварные предметы, чтобы создать подлинную атмосферу. The props for the play included antique items to create an authentic atmosphere.

**репетировать/отрепетировать** – to rehearse Актёры репетировали каждый день, чтобы добиться идеального исполнения своих ролей. The actors rehearsed every day to achieve a perfect performance of their roles.

**репетиция** – rehearsal Генеральная репетиция прошла без заминок, и все были готовы к премьерному показу. The final rehearsal went smoothly, and everyone was ready for the premiere.

**реплика** – line (spoken by a character) Реплики персонажей были написаны так, чтобы подчеркнуть их индивидуальность и характер. The characters' lines were written to highlight their individuality and personality.

**рецензия** – review Рецензия на спектакль была опубликована в ведущих изданиях и привлекла внимание широкой публики. The review of the play was published in major publications and attracted wide public attention.

**световое оформление** – lighting design Световое оформление спектакля создало нужное настроение и подчёркивало ключевые моменты. The lighting design of the play set the right mood and highlighted key moments.

**совреме́нная дра́ма** – contemporary drama Совреме́нная дра́ма, поста́вленная в теа́тре, затро́нула актуа́льные социа́льные пробле́мы. The modern drama staged in the theater addressed pressing social issues.

**социа́льная дра́ма** – social drama Социа́льная дра́ма не смогла́ произвести́ до́лжного впечатле́ния, так как сцена́рий был пове́рхностным, а персона́жи — недоста́точно разви́тыми. The social drama failed to make an impact, as the script was shallow and the characters were underdeveloped.

**спекта́кль** – play, performance Спекта́кль был ску́чным и затя́нутым, без я́сной иде́и и дина́мики, что оста́вило зри́телей разочаро́ванными. The play was dull and drawn out, lacking a clear idea and dynamics, leaving the audience disappointed.

**сце́на** – stage На сце́не развора́чивались эмоциона́льно насы́щенные сце́ны, кото́рые держа́ли зри́телей в напряже́нии. The stage was filled with emotionally charged scenes that kept the audience on edge.

**сце́на (в пье́се)** – scene Сце́на, где гла́вный геро́й де́лает призна́ние, ста́ла ключево́й в пье́се. The scene where the main character makes a confession was pivotal in the play.

**сцена́рий** – script Сцена́рий был напи́сан с глубо́ким понима́нием челове́ческой приро́ды и вы́звал си́льный о́тклик у зри́телей. The script was written with deep insight into human nature and resonated strongly with the audience.

**сюже́т** – plot Сюже́т спекта́кля оказа́лся предсказу́емым и лишённым оригина́льности, что сде́лало его́ легко́ забыва́емым. The plot of the play was predictable and lacked originality, making it easily forgettable.

**теа́тр** – theater Теа́тр был запо́лнен до отка́за на премье́ру, и биле́ты бы́ли раску́плены задо́лго до пока́за. The theater was packed for the premiere, and tickets sold out well in advance.

**теа́тр абсу́рда** – theater of the absurd Теа́тр абсу́рда предста́вил спекта́кль, в кото́ром абсу́рдные ситуа́ции поднима́ли ва́жные филосо́фские вопро́сы. The theater of the absurd presented a play where absurd situations raised important philosophical questions.

**театра́льное иску́сство** – theatrical art В э́том спекта́кле театра́льное иску́сство бы́ло сведено́ к ми́нимуму, и постано́вка вы́глядела как сла́бая имита́ция лу́чших рабо́т. In this play, the art of theater was reduced to a minimum, and the production seemed like a weak imitation of better works.

**театра́льное представле́ние** – theatrical performance Театра́льное представле́ние вы́звало бу́рю аплодисме́нтов и восто́рженные отзы́вы зри́телей. The theatrical performance was met with a storm of applause and enthusiastic reviews from the audience.

**траге́дия** – tragedy Траге́дия, осно́ванная на древнегре́ческом ми́фе, заста́вила зри́телей заду́маться о ве́чных вопро́сах жи́зни и сме́рти. The tragedy, based on an ancient Greek myth, made the audience reflect on the eternal questions of life and death.

**тру́ппа** – troupe Тру́ппа не продемонстри́ровала необходи́мой синхро́нности, и их выступле́ние вы́глядело разро́зненным и пло́хо подгото́вленным. The troupe did not demonstrate the necessary cohesion, and their performance appeared disjointed and poorly rehearsed.

**успе́х** – success Премье́ра спекта́кля име́ла огро́мный успе́х, и все биле́ты на после́дующие пока́зы бы́ли про́даны. The premiere of the play was a huge success, and all tickets for the following performances were sold out.

**уча́стие в спекта́кле** – participation in a play Актёр при́нял уча́стие в спекта́кле в ка́честве приглашённой звезды́, что привлекло́ дополни́тельное внима́ние к постано́вке. The actor participated in the play as a guest star, drawing extra attention to the production.

**фина́льная сце́на** – final scene Фина́льная сце́на спекта́кля оста́вила зри́телей в напряже́нии, заверши́в исто́рию неожи́данным о́бразом. The final scene of the play left the audience in suspense, ending the story in an unexpected way.

**худо́жник по декора́циям** – set designer Рабо́та худо́жника по декора́циям не соотве́тствовала зая́вленному у́ровню, и сце́ны вы́глядели сли́шком упрощёнными и безвку́сными. The set designer's work did not live up to expectations, with the scenes appearing overly simplistic and tasteless.

**худо́жник по костю́мам** – costume designer Худо́жник по костю́мам разрабо́тал аутенти́чные костю́мы, идеа́льно подходя́щие к эпо́хе, в кото́рой развора́чивалось де́йствие. The costume designer created authentic costumes that perfectly matched the era in which the action took place.

**эпило́г** – epilogue Эпило́г пье́сы дал зри́телям возмо́жность переосмы́слить уви́денное и заду́маться о бу́дущем геро́ев. The epilogue of the play gave the audience a chance to reflect on what they had seen and think about the characters' futures.

## 3.1.1.1 Mini-Articles

### 1. Премьера Автобиографической Пьесы в Москве

Вчера в одном из московских театров состоялась долгожданная премьера новой автобиографической пьесы известного драматурга. Спектакль, основанный на реальных событиях из жизни автора, вызвал большой интерес публики. Актёрская игра была на высоте, особенно впечатлила главная роль, которую исполнил ведущий актёр театра. После заключительной сцены занавес опустился под бурные аплодисменты, и артисты получили овацию от зрителей. Критики уже дали свои первые рецензии, и большинство из них положительно оценивают как постановку, так и режиссёрскую работу.

### 1. Premiere of an Autobiographical Play in Moscow

Yesterday, a highly anticipated premiere of a new autobiographical play by a well-known playwright took place at a Moscow theater. The play, based on real events from the author's life, attracted great interest from the audience. The acting was outstanding, particularly the lead role performed by the theater's leading actor. After the final scene, the curtain fell to thunderous applause, and the performers received an ovation from the audience. Critics have already published their first reviews, and most of them are positive about both the production and the direction.

### 2. Классическая Драма в Санкт-Петербурге: Возвращение на Сцену

В Санкт-Петербурге состоялось повторение спектакля по мотивам известной классической драмы. Театральная труппа с успехом вернула на сцену этот шедевр, который не оставил равнодушным ни одного зрителя. Декорации и костюмы были выполнены в стиле эпохи, что помогло создать уникальную атмосферу. Динамика сцены и мастерство актёров позволили удержать аудиторию в напряжении до самой развязки. По окончании спектакля артисты получили заслуженные аплодисменты, и критики отметили высокое качество исполнения.

### 2. Classical Drama in St. Petersburg: A Return to the Stage

In St. Petersburg, a revival of a famous classical drama was held. The theater troupe successfully brought this masterpiece back to the stage, leaving no audience member indifferent. The sets and costumes were designed in the style of the period, helping to create a unique atmosphere. The stage dynamics and the actors' skill kept the audience on the edge of their seats until the very denouement. At the end of the performance, the actors received well-deserved applause, and critics praised the high quality of the performance.

### 3. Совреме́нная Дра́ма и Траге́дия: Но́вая Постано́вка в Екатеринбу́рге

Теа́тр Екатеринбу́рга предста́вил но́вую постано́вку, осно́ванную на совреме́нной дра́ме с элеме́нтами траге́дии. Сцена́рий повеству́ет о социа́льных пробле́мах, что де́лает спекта́кль актуа́льным для сего́дняшнего дня. Режиссёр испо́льзовал импровиза́цию и нестанда́ртные сцени́ческие реше́ния, что́бы созда́ть осо́бую дина́мику сце́ны. Актёры сыгра́ли свои́ ро́ли безупре́чно, что первокла́ссно бы́ло при́нято пу́бликой. Крити́ческое восприя́тие спекта́кля пока́ неоднозна́чное, но премье́ра уже́ получи́ла призна́ние за оригина́льность и сме́лость исполне́ния.

### 3. Modern Drama and Tragedy: A New Production in Yekaterinburg

The Yekaterinburg Theater presented a new production based on a modern drama with elements of tragedy. The script addresses social issues, making the play relevant to today's world. The director used improvisation and unconventional stage techniques to create a special stage dynamic. The actors performed their roles flawlessly, resulting in a top-notch audience reception. The critical reception of the play is still mixed, but the premiere has already been recognized for its originality and boldness in execution.

### 4. Коме́дия и Музыка́льное Сопровожде́ние: Спекта́кль в Ни́жнем Но́вгороде

В Ни́жнем Но́вгороде состоя́лся спекта́кль по моти́вам изве́стной коме́дии, в кото́ром музыка́льное сопровожде́ние ста́ло неотъе́млемой ча́стью представле́ния. Звуково́е оформле́ние и светово́е оформле́ние бы́ли на высоте́, создава́я необходи́мую атмосфе́ру для ка́ждого де́йствия на сце́не. Актёры не то́лько игра́ли свои́ ро́ли, но и акти́вно взаимоде́йствовали с партнёрами на сце́не, что доба́вило дополни́тельную дина́мику. Зри́тели бы́ли в восто́рге и награди́ли тру́ппу аплодисме́нтами. Спекта́кль получи́л положи́тельные реце́нзии от кри́тиков, кото́рые отме́тили уда́чное сочета́ние коме́дии и му́зыки.

### 4. Comedy and Musical Accompaniment: A Play in Nizhny Novgorod

A play based on a famous comedy was held in Nizhny Novgorod, where the musical accompaniment became an integral part of the performance. The sound design and lighting design were top-notch, creating the necessary atmosphere for each action on stage. The actors not only played their roles but also actively interacted with their partners on stage, adding extra dynamics. The audience was delighted and rewarded the troupe with applause.

The play received positive reviews from critics, who noted the successful combination of comedy and music.

### 5. Социа́льная Дра́ма: Постано́вка в Каза́ни

В Каза́ни состоя́лась премье́ра но́вой социа́льной дра́мы, кото́рая заста́вила зри́телей заду́маться о совреме́нных пробле́мах о́бщества. Сцена́рий был напи́сан изве́стным драмату́ргом, а режиссёрская рабо́та позво́лила раскры́ть всю глубину́ конфли́кта и персона́жей. Актёрская игра́ была́ на высо́ком у́ровне, осо́бенно в фина́льной сце́не, где гла́вная роль была́ испо́лнена с большо́й эмоциона́льностью. Костю́мы и декора́ции помогли́ созда́ть реалисти́чную атмосфе́ру, а звуково́е оформле́ние уси́лило драмати́ческий эффе́кт. Спекта́кль получи́л положи́тельные оце́нки и был высоко́ оценён кри́тиками.

### 5. Social Drama: A Production in Kazan

In Kazan, the premiere of a new social drama took place, prompting the audience to reflect on contemporary societal issues. The script was written by a well-known playwright, and the direction revealed the full depth of the conflict and characters. The acting was of a high standard, especially in the final scene, where the lead role was performed with great emotional intensity. The costumes and sets helped create a realistic atmosphere, and the sound design enhanced the dramatic effect. The play received positive reviews and was highly praised by critics.

## 3.1.1.2 Theater Critic's Review

Track **57**

### Реце́нзия Кри́тика: Постано́вка «Не́доросль» в Александри́нском Теа́тре в Москве́

Вчера́ в Александри́нском теа́тре в Москве́ состоя́лась премье́ра класси́ческой коме́дии Дени́са Фонви́зина «Не́доросль». Эта постано́вка привлекла́ внима́ние как люби́телей теа́тра, так и профессиона́льных кри́тиков, кото́рые с нетерпе́нием жда́ли но́вого прочте́ния изве́стного произведе́ния.

Начнём с положи́тельных моме́нтов. Актёрская игра́ в э́том спекта́кле заслу́живает высо́ких похва́л. Гла́вная роль Митрофа́на, испо́лненная молоды́м, но уже́ о́пытным актёром, была́ я́ркой и запомина́ющейся. Он суме́л переда́ть всю коми́чность и одновреме́нно траги́чность персона́жа, уде́рживая восприя́тие пу́блики на протяже́нии всего́ де́йствия. Декора́ции и костю́мы, созданные опытными художниками, удачно дополняли атмосферу XVIII века и помогли зрителю погрузиться в эпоху.

Однако не обошлось и без недостатков. Режиссёрская работа оставила неоднозначное впечатление. В некоторых сценах динамика сцены была затянутой, что немного ослабило напряжение аудитории. Кроме того, попытка режиссёра внести элементы современной интерпретации в классический текст вызвала смешанные чувства. Хотя такие решения могут быть интересными, в данном случае они не всегда удачно сочетались с общей атмосферой спектакля.

Музыкальное сопровождение также вызвало вопросы. В некоторых моментах музыка заглушала диалоги персонажей, что мешало зрителям полностью воспринять текст. Возможно, стоит пересмотреть звуковое оформление, чтобы оно лучше служило спектаклю, а не отвлекало от него.

В целом, несмотря на некоторые недостатки, «Недоросль» в этой постановке оказался удачным. Костюмы и декорации, а также актёрское мастерство труппы заслуживают особого упоминания. Спектакль получил положительные рецензии от большинства зрителей и был встречен аплодисментами в конце. Тем не менее, было бы интересно увидеть, как будущие постановки справятся с некоторыми недочётами, чтобы сделать эту классическую пьесу ещё более впечатляющей.

## Critic's Review: The Production of The Minor at the Aleksandrinsky Theater in Moscow

Yesterday, the premiere of Denis Fonvizin's classic comedy *The Minor* took place at the Aleksandrinsky Theater in Moscow. This production attracted the attention of both theater enthusiasts and professional critics, who eagerly awaited a new interpretation of the well-known work.

Let's start with the positive aspects. The acting in this play deserves high praise. The lead role of Mitrofan, performed by a young but already experienced actor, was bright and memorable. He managed to convey the full comedy and simultaneous tragedy of the character, maintaining the audience's engagement throughout the entire action. The sets and costumes, created by experienced designers, effectively complemented the atmosphere of the 18th century and helped the audience immerse themselves in the era.

However, there were also some shortcomings. The direction left a mixed impression. In some scenes, the stage dynamics were drawn out, which slightly weakened the audience's tension. Additionally, the director's attempt to introduce elements of modern interpretation into the classic text elicited mixed feelings. While such decisions can be interesting, in this case, they did not always blend well with the overall atmosphere of the play.

The musical accompaniment also raised some concerns. In certain moments, the music overpowered the dialogues of the characters, making it difficult for the audience to fully grasp the text. It might be worth reconsidering the sound design so that it better serves the play rather than distracting from it.

Overall, despite some flaws, *The Minor* in this production turned out to be a success. The costumes and sets, as well as the acting skills of the troupe, deserve special mention. The performance received positive reviews from most of the audience and was met with applause at the end. Nevertheless, it would be interesting to see how future productions address some of these shortcomings to make this classic play even more impressive.

## 3.1.2 Music and Dance

Track **58**

**акустика** – acoustics Акустика в концертном зале была настолько хорошей, что каждый звук инструмента был отчётливо слышен. The acoustics in the concert hall were so good that every note of the instrument was clearly heard.

**альтернатива** – alternative Группа играет музыку в жанре альтернатива, смешивая рок, электронные и инди-элементы. The band plays music in the alternative genre, blending rock, electronic, and indie elements.

**ансамбль** – ensemble Музыкальный ансамбль исполнил классическое произведение, вызвав восторг у зрителей. The musical ensemble performed a classical piece that delighted the audience.

**антракт** – intermission Во время антракта зрители вышли в фойе, чтобы отдохнуть и обсудить первые части концерта. During the intermission, the audience went to the lobby to relax and discuss the first part of the concert.

**аплодисменты** – applause После завершения концерта зал наполнился бурными аплодисментами в знак благодарности музыкантам. After the concert ended, the hall was filled with thunderous applause in appreciation of the musicians.

**аранжировка** – arrangement Аранжировка известной мелодии была выполнена с фантазией и оригинальностью, что позволило услышать её по-новому. The arrangement of the well-known melody was done with creativity and originality, allowing it to be heard in a new way.

**а́рфа** – harp Арфа издава́ла не́жные и мелоди́чные зву́ки, кото́рые создава́ли атмосфе́ру ска́зочности. The harp produced soft and melodic sounds that created a magical atmosphere.

**бале́т** – ballet Бале́т был поста́влен с изя́ществом и то́чностью, и ка́ждый танцо́р испо́лнил свою́ роль на вы́сшем у́ровне. The ballet was staged with grace and precision, with each dancer performing their role at the highest level.

**бале́тная тру́ппа** – ballet company Бале́тная тру́ппа продемонстри́ровала высо́кий у́ровень мастерства́, но постано́вке не хвата́ло оригина́льности и све́жих иде́й. The ballet company demonstrated a high level of skill, but the production lacked originality and fresh ideas.

**ба́льный та́нец** – ballroom dance Па́ра испо́лнила ба́льный та́нец с элега́нтностью и сла́женностью, и они́ заслу́женно получи́ли высо́кие оце́нки от жюри́. The couple performed the ballroom dance with elegance and coordination, earning well-deserved high marks from the judges.

**бараба́ны** – drums Ритм бараба́нов создава́л осно́ву му́зыки, придава́я ей мощь и эне́ргию. The beat of the drums provided the foundation for the music, giving it power and energy.

**ба́с-гита́ра** – bass guitar Бас-гита́ра добавля́ла глубины́ и ри́тма в компози́ции, де́лая их бо́лее насы́щенными и дина́мичными. The bass guitar added depth and rhythm to the compositions, making them richer and more dynamic.

**биле́ты** – tickets Биле́ты на конце́рт бы́ли распро́даны за не́сколько дней до выступле́ния, и зал был запо́лнен до отка́за. Tickets for the concert were sold out days before the performance, and the venue was packed.

**блюз** – blues Исполне́ние блю́за бы́ло проникнове́нным и чу́вственным, но во́кал иногда́ теря́лся за инструме́нтами. The blues performance was soulful and emotional, but the vocals sometimes got lost behind the instruments.

**брейк-да́нс** – breakdance Исполни́тели брейк-да́нса удиви́ли сло́жными акробати́ческими элеме́нтами, но выступле́ние показа́лось чересчу́р однообра́зным. The breakdancers impressed with complex acrobatic elements, but the performance felt a bit too repetitive.

**быть на вершине популярности** – to be at the peak of popularity Группа находится на вершине популярности, их песни звучат на всех радиостанциях. The band is at the height of their popularity, with their songs playing on all the radio stations.

**вальс** – waltz Вальс, исполненный парой на паркете, был настолько плавным и изящным, что вызвал бурные аплодисменты. The waltz performed by the couple on the dance floor was so smooth and graceful that it earned enthusiastic applause.

**виолончель** – cello Звук виолончели был глубоким и проникновённым, создавая меланхоличное настроение в зале. The cello's sound was deep and moving, creating a melancholic mood in the hall.

**вокал** – vocals Вокал певца был настолько мощным и выразительным, что проникал в самое сердце. The singer's vocals were so powerful and expressive that they touched the heart.

**вокальная техника** – vocal technique Вокальная техника оперной певицы позволяла ей брать высокие ноты с лёгкостью и точностью. The opera singer's vocal technique allowed her to hit high notes with ease and precision.

**выступать/выступить на сцене** – to perform on stage Музыканты выступили на сцене с невероятной энергией, покорив сердца всех зрителей. The musicians performed on stage with incredible energy, winning the hearts of all the audience.

**выходить/выйти на бис** – to perform an encore Зрители не хотели отпускать артистов и вызывали их на бис несколько раз. The audience didn't want to let the performers go and called them back for encores several times.

**гармония** – harmony Гармония голосов в хоре звучала так чисто и красиво, что захватывала дух. The harmony of the voices in the choir sounded so pure and beautiful that it took your breath away.

**гитара** – guitar Звук гитары придавал песням группы особую атмосферу и запоминающийся ритм. The sound of the guitar gave the band's songs a special atmosphere and memorable rhythm.

**гранд-плие** – grand plié Балерина исполнила гранд-плие с грацией и силой, демонстрируя своё мастерство. The ballerina performed a grand plié with grace and strength, showcasing her skill.

**гру́ппа** – band Гру́ппа вы́ступила с эне́ргией, но звук был пло́хо сбаланси́рован, и вока́л не был слы́шен на до́лжном у́ровне. The band performed with energy, but the sound was poorly balanced, and the vocals were not audible enough.

**дви́гаться/дви́нуться в такт** – to move in time (with music) Танцо́ры двига́лись в такт му́зыке, синхро́нно выполня́я сло́жные движе́ния. The dancers moved in time with the music, synchronously performing complex moves.

**джаз** – jazz Джа́зовая импровиза́ция на сце́не была́ встре́чена восто́рженными ова́циями зри́телей. The jazz improvisation on stage was met with enthusiastic applause from the audience.

**джа́зовый та́нец** – jazz dance Джа́зовый та́нец отлича́лся дина́микой и экспре́ссией, подчёркивая музыка́льные акце́нты. The jazz dance was characterized by its dynamics and expression, highlighting the musical accents.

**дирижёр** – conductor Дирижёр виртуо́зно управля́л орке́стром, выводя́ на пе́рвый план ка́ждый инструме́нт. The conductor skillfully led the orchestra, bringing out each instrument to the forefront.

**дирижи́ровать/продирижи́ровать орке́стром** – to conduct an orchestra Маэ́стро продирижи́ровал орке́стром с тако́й то́чностью и стра́стью, что конце́рт стал незабыва́емым. The maestro conducted the orchestra with such precision and passion that the concert became unforgettable.

**духовы́е инструме́нты** – wind instruments Духовы́е инструме́нты орке́стра, таки́е как труба́ и фле́йта, добавля́ли я́ркости и вырази́тельности му́зыке. The wind instruments of the orchestra, such as the trumpet and flute, added brightness and expressiveness to the music.

**дуэ́т** – duet Дуэ́т пиани́ста и скрипача́ испо́лнил сона́ту с таки́м чу́вством, что вы́звал бу́рю аплодисме́нтов. The piano and violin duo performed the sonata with such feeling that it brought a storm of applause.

**жанр** – genre Гру́ппа эксперименти́ровала с ра́зными жа́нрами, сме́шивая рок, джаз и электро́нику. The band experimented with different genres, blending rock, jazz, and electronic music.

**зри́тель** – audience member Зри́тели оста́лись разочаро́ваны выступле́нием: ску́чная постано́вка и сла́бая игра́ не оста́вили я́рких впечатле́ний. The audience was disappointed with the performance: a dull production and weak acting left no lasting impressions.

**игра́ть/сыгра́ть на инструме́нте** – to play an instrument Музыка́нт игра́л на инструме́нте с тако́й виртуо́зностью, что завора́живал слу́шателей. The musician played the instrument with such virtuosity that it captivated the listeners.

**импровиза́ция** – improvisation Импровиза́ция саксофони́ста на джа́зовом конце́рте была́ напо́лнена эне́ргией и креати́вностью. The saxophonist's improvisation at the jazz concert was full of energy and creativity.

**инструмента́льная му́зыка** – instrumental music Инструмента́льная му́зыка, звуча́вшая на конце́рте, созда́ла атмосфе́ру споко́йствия и умиротворе́ния. The instrumental music at the concert created an atmosphere of calm and tranquility.

**исполни́тель** – performer Исполни́тель завоева́л популя́рность благодаря́ своему́ уника́льному сти́лю и харизме́ на сце́не. The performer gained popularity thanks to his unique style and charisma on stage.

**исполня́ть/испо́лнить со́льную па́ртию** – to perform a solo part Скрипа́ч испо́лнил со́льную па́ртию с мастерство́м, кото́рое покори́ло сердца́ всех слу́шателей. The violinist performed the solo part with a mastery that won the hearts of all the listeners.

**ка́мерная му́зыка** – chamber music Ка́мерная му́зыка звуча́ла так инти́мно и бли́зко, что ка́ждый слу́шатель мог почу́вствовать себя́ ча́стью исполне́ния. The chamber music sounded so intimate and close that every listener could feel like part of the performance.

**ка́нтри** – country (music) Ве́чер ка́нтри-му́зыки собра́л люби́телей жа́нра, кото́рые наслажда́лись живы́м исполне́нием и та́нцами. The country music night brought together genre enthusiasts who enjoyed live performances and dancing.

**кла́вишные** – keyboards Кла́вишные инструме́нты, таки́е как фортепиа́но и синтеза́тор, сыгра́ли ключеву́ю роль в созда́нии мело́дий. The keyboard instruments, such as the piano and synthesizer, played a key role in creating the melodies.

**класси́ческая му́зыка** – classical music Конце́рт класси́ческой му́зыки привлёк как знатоко́в, так и люби́телей, жела́ющих наслади́ться шеде́врами. The classical music concert attracted both connoisseurs and enthusiasts eager to enjoy the masterpieces.

**класси́ческий бале́т** – classical ballet Класси́ческий бале́т был испо́лнен с безупре́чным мастерство́м, хотя́ постано́вка не предлага́ла ничего́ но́вого и́ли неожи́данного. The classical ballet was performed with flawless skill, though the production offered nothing new or surprising.

**композитор** – composer Композитор создал произведение, которое стало настоящим шедевром и вошло в репертуар многих оркестров. The composer created a piece that became a true masterpiece and entered the repertoire of many orchestras.

**композиция** – composition Композиция, исполняемая на концерте, была сложной и многоуровневой, требующей большого мастерства. The composition performed at the concert was complex and multi-layered, requiring great skill.

**концерт** – concert Концерт популярной группы собрал огромное количество фанатов, и зал был переполнен. The concert of the popular band drew a huge number of fans, and the venue was packed.

**концертный зал** – concert hall Концертный зал был известен своей отличной акустикой, что делало каждое выступление особенным. The concert hall was known for its excellent acoustics, making every performance special.

**костюм** – costume Танцоры латиноамериканских танцев были одеты в яркие костюмы, подчеркивающие энергетику их выступления. The Latin dance performers were dressed in vibrant costumes that highlighted the energy of their performance.

**латиноамериканская музыка** – latin music Латиноамериканская музыка, исполняемая на концерте, заставила зрителей пускаться в пляс. The Latin American music performed at the concert made the audience get up and dance.

**латинский танец** – latin dance Пара исполнила латинский танец с такой страстью и синхронностью, что все были в восторге. The couple performed the Latin dance with such passion and synchronization that everyone was delighted.

**мелодия** – melody Мелодия этой песни была настолько запоминающейся, что её невозможно было выбросить из головы. The melody of this song was so catchy that it was impossible to get it out of your head.

**металл** – metal Группа играла в жанре металл, их музыка была наполнена мощными риффами и агрессивными вокалами. The band played in the metal genre, with their music full of powerful riffs and aggressive vocals.

**музыка** – music Музыка сопровождала каждый момент спектакля, усиливая эмоции и создавая атмосферу. The music accompanied every moment of the play, enhancing emotions and creating an atmosphere.

**музыка́льное произведе́ние** – musical piece Музыка́льное произведе́ние компози́тора вы́звало восхище́ние как у кри́тиков, так и у широ́кой пу́блики. The composer's musical work was admired by both critics and the general public.

**музыка́льное сопровожде́ние** – musical accompaniment Музыка́льное сопровожде́ние фи́льма бы́ло напи́сано специа́льно для усиле́ния драмати́ческих моме́нтов. The film's musical score was composed specifically to enhance the dramatic moments.

**музыка́нт** – musician Музыка́нт испо́лнил своё со́ло с тако́й экспре́ссией, что зал за́мер от восто́рга. The musician performed his solo with such expression that the audience was spellbound.

**наро́дная му́зыка** – folk music Наро́дная му́зыка, исполня́емая на фестива́ле, отража́ла культу́рное насле́дие и тради́ции региона. The folk music performed at the festival reflected the cultural heritage and traditions of the region.

**наро́дный та́нец** – folk dance Наро́дный та́нец в исполне́нии коллекти́ва был насто́лько энерги́чным, что зри́тели не могли́ усиде́ть на ме́сте. The folk dance performed by the group was so energetic that the audience couldn't stay in their seats.

**ова́ция** – standing ovation По́сле оконча́ния конце́рта зал разрази́лся ова́цией, музыка́нты выходи́ли на покло́н не́сколько раз. After the concert ended, the hall erupted in applause, and the musicians took several bows.

**о́пера** – opera О́пера, поста́вленная в класси́ческом сти́ле, оста́вила незабыва́емое впечатле́ние благодаря́ великоле́пным голоса́м соли́стов. The opera, staged in a classical style, left an unforgettable impression thanks to the magnificent voices of the soloists.

**орке́стр** – orchestra Орке́стр испо́лнил симфо́нию с тако́й то́чностью и чу́вством, что зал погрузи́лся в му́зыку с пе́рвой но́ты. The orchestra performed the symphony with such precision and feeling that the audience was immersed in the music from the first note.

**парте́р** – orchestra seating Места́ в парте́ре бы́ли по́лностью за́няты, так как зри́тели хоте́ли быть бли́же к сце́не. The seats in the orchestra section were completely filled, as the audience wanted to be closer to the stage.

**партиту́ра** – score (musical) Партиту́ра э́той симфо́нии была́ насто́лько сло́жной, что исполня́ть её могли́ то́лько са́мые о́пытные музыка́нты. The score of this symphony was so complex that only the most experienced musicians could perform it.

**партнёр** – dance partner Партнёры в та́нце демонстри́ровали идеа́льную гармо́нию и взаимопонима́ние на сце́не. The dance partners demonstrated perfect harmony and mutual understanding on stage.

**певе́ц** – singer (male) Певе́ц испо́лнил свою́ па́ртию с тако́й стра́стью, что его́ го́лос проника́л в са́мое се́рдце ка́ждого слу́шателя. The singer performed his part with such passion that his voice touched the heart of every listener.

**певи́ца** – singer (female) Певи́ца испо́лнила балла́ду с тако́й душе́вностью, что зри́тели не могли́ сдержа́ть слёз. The singer performed the ballad with such emotion that the audience couldn't hold back tears.

**пе́ть/спеть вживу́ю** – to sing live Арти́стка предпочита́ет петь вживу́ю на свои́х конце́ртах, что́бы сохрани́ть связь с пу́бликой. The artist prefers to sing live at her concerts to maintain a connection with the audience.

**пируэ́т** – pirouette Балери́на вы́полнила пируэ́т с невероя́тной гра́цией и то́чностью, вы́звав восхище́ние у зри́телей. The ballerina performed a pirouette with incredible grace and precision, impressing the audience.

**писа́ть/написа́ть му́зыку** – to compose music Компози́тор написа́л му́зыку для но́вого фи́льма, кото́рая подчеркну́ла драмати́зм сюже́та. The composer wrote music for the new film that highlighted the drama of the plot.

**поворо́т** – turn Танцо́ры вы́полнили сло́жный поворо́т в идеа́льном синхро́не, что вы́звало бу́рные аплодисме́нты. The dancers executed a complex turn in perfect sync, which earned them enthusiastic applause.

**подде́рживать/поддержа́ть ритм** – to keep the rhythm Уда́рник подде́рживал ритм на протяже́нии всего́ выступле́ния, задава́я темп му́зыке. The drummer kept the rhythm throughout the performance, setting the pace for the music.

**пози́ция** – position Балери́на приняла́ класси́ческую пози́цию, гото́вясь к выполне́нию сло́жного прыжка́. The ballerina assumed a classical position, preparing to execute a complex jump.

**получа́ть/получи́ть аплодисме́нты** – to receive applause Певи́ца получи́ла гро́мкие аплодисме́нты по́сле исполне́ния свое́й популя́рной пе́сни. The singer received loud applause after performing her hit song.

**поп-му́зыка** – pop music Конце́рт поп-му́зыки собра́л мно́жество молоды́х люде́й, кото́рые пришли́ послу́шать свои́ люби́мые хиты́. The pop music concert attracted many young people who came to listen to their favorite hits.

**премье́ра** – premiere Премье́ра но́вого мю́зикла прошла́ с аншла́гом, и зри́тели оста́лись в по́лном восто́рге. The premiere of the new musical was sold out, and the audience was thrilled.

**рабо́тать/порабо́тать над те́хникой** – to work on technique Музыка́нт ежедне́вно рабо́тает над свое́й те́хникой игры́ на инструме́нте, что́бы дости́чь соверше́нства. The musician works on his instrument technique every day to achieve perfection.

**ре́гги** – reggae Гру́ппа испо́лнила не́сколько пе́сен в сти́ле ре́гги, созда́в атмосфе́ру рассла́бленности и позити́ва. The band played several reggae songs, creating a relaxed and positive vibe.

**репети́ровать/отрепети́ровать пе́ред конце́ртом** – to rehearse before a concert Музыка́нты тща́тельно репети́ровали пе́ред конце́ртом, что́бы довести́ ка́ждую но́ту до соверше́нства. The musicians rehearsed thoroughly before the concert to perfect every note.

**репети́ция** – rehearsal Репети́ция прошла́ гла́дко, музыка́нты хорошо́ подгото́вились к предстоя́щему конце́рту. The rehearsal went smoothly, and the musicians were well-prepared for the upcoming concert.

**ритм** – rhythm Ритм был ро́вным и чётким, но сли́шком предска́зуемым, не хвата́ло неожи́данных акце́нтов. The rhythm was steady and clear, but too predictable, lacking surprising accents.

**ритм-энд-блю́з** – rhythm and blues (R&B) Гру́ппа испо́лнила класси́ческий ритм-энд-блю́з с чу́вством и мастерство́м, погрузи́в зал в атмосфе́ру про́шлых лет. The band performed classic rhythm and blues with feeling and skill, transporting the audience back in time.

**рок** – rock Рок-конце́рт был напо́лнен эне́ргией и дра́йвом, но звуково́е оформле́ние оставля́ло жела́ть лу́чшего, так как гита́ры заглуша́ли вока́л. The rock concert was full of energy and drive, but the sound design left something to be desired, with the guitars drowning out the vocals.

**рок-конце́рт** – rock concert Рок-конце́рт был настоя́щим взры́вом эне́ргии: мо́щные гита́рные ри́ффы и я́ркое световое шо́у держа́ли зри́телей в

**напряже́нии.** The rock concert was an explosion of energy: powerful guitar riffs and a vibrant light show kept the audience on the edge of their seats.

**рэп** – rap Рэп-перфо́рманс оказа́лся уда́чным: исполне́ние бы́ло чётким, а те́ксты — о́стрыми и актуа́льными. The rap performance was successful: the delivery was sharp, and the lyrics were relevant and cutting-edge.

**саксофо́н** – saxophone Звук саксофо́на был проникнове́нным и чу́вственным, добавля́я мело́дии глубины́ и тепла́. The sound of the saxophone was soulful and sensual, adding depth and warmth to the melody.

**са́льса** – salsa Танцо́ры испо́лнили са́льсу с мастерство́м, но не хвата́ло той и́скры, кото́рая превраща́ет те́хнику в иску́сство. The dancers performed salsa with skill, but it lacked the spark that turns technique into art.

**светово́е оформле́ние** – lighting design Светово́е оформле́ние конце́рта уси́лило восприя́тие му́зыки, создава́я неповтори́мую атмосфе́ру на сце́не. The lighting design enhanced the music, creating a unique atmosphere on stage.

**симфо́ния** – symphony Симфо́ния была́ испо́лнена с великоле́пной то́чностью, ка́ждый инструме́нт звуча́л на своём ме́сте. The symphony was performed with magnificent precision, with each instrument perfectly in place.

**синхро́нность** – synchronization Синхро́нность танцо́ров оставля́ла жела́ть лу́чшего, и номера́ вы́глядели небре́жно. The dancers' synchronization left much to be desired, making the routines look sloppy.

**скачо́к** – leap Танцо́ры испо́лнили сло́жный скачо́к, но он вы́глядел нело́вко и не соотве́тствовал ри́тму му́зыки. The dancers performed a complex leap, but it looked awkward and didn't match the rhythm of the music.

**скри́пка** – violin Игра́ на скри́пке была́ чи́стой и эмоциона́льной, но иногда́ каза́лась чрезме́рно техни́ческой и холо́дной. The violin playing was clean and emotional but sometimes felt overly technical and cold.

**слу́шать/послу́шать му́зыку** – to listen to music Слу́шать му́зыку в э́том за́ле бы́ло тру́дно из-за плохо́й аку́стики и постоя́нного шу́ма со стороны́. Listening to music in this hall was difficult due to poor acoustics and constant background noise.

**смотре́ть/посмотре́ть танцева́льное представле́ние** – to watch a dance performance Смотре́ть танцева́льное представле́ние бы́ло захва́тывающе:

движения танцоров были грациозными и выразительными. Watching the dance performance was captivating; the dancers' movements were graceful and expressive.

**современный танец** – contemporary dance Современный танец, представленный на фестивале, не смог увлечь зрителей из-за своей излишней абстрактности. The contemporary dance presented at the festival failed to engage the audience due to its excessive abstraction.

**сольное исполнение** – solo performance Сольное исполнение было точным, но казалось холодным и механическим, без должного эмоционального отклика. The solo performance was precise but felt cold and mechanical, lacking emotional resonance.

**соул** – soul Исполнитель соула наполнил зал своим мощным голосом и эмоциональной интерпретацией, вызвав бурю аплодисментов. The soul singer filled the hall with his powerful voice and emotional interpretation, earning a storm of applause.

**ставить/поставить хореографию** – to choreograph Режиссёр решил поставить хореографию с упором на современные движения, что добавило спектаклю свежести и новизны. The director decided to choreograph with a focus on modern movements, adding freshness and novelty to the performance.

**струнные инструменты** – string instruments Струнные инструменты создавали мягкий, богатый звук, который идеально дополнял вокал. The string instruments created a soft, rich sound that perfectly complemented the vocals.

**сцена** – stage Сцена была богато оформлена, но это не смогло скрыть слабую режиссуру и невыразительные танцевальные номера. The stage was richly decorated, but it couldn't hide the weak direction and uninspired dance routines.

**танго** – tango Танго было исполнено с такой страстью и точностью, что сцена буквально пылала от эмоций. The tango was performed with such passion and precision that the stage practically burned with emotion.

**танец** – dance Танец, хоть и исполненный технически верно, оказался скучным и не вызвал ожидаемых эмоций. The dance, though technically accurate, was dull and failed to evoke the expected emotions.

**танцевальная группа** – dance troupe Танцевальная группа продемонстрировала неплохую технику, но не смогла передать задуманный эмоциональный заряд. The dance group showed decent technique but failed to convey the intended emotional impact.

**танцева́льная сце́на** – dance stage Танцева́льная сце́на вы́глядела неуме́стно и иску́сственно вста́вленной в о́бщий конте́кст спекта́кля. The dance scene seemed out of place and awkwardly inserted into the overall context of the play.

**танцева́льное представле́ние** – dance performance Танцева́льное представле́ние не оправда́ло ожида́ний, и зри́тели поки́нули зал без восто́рга. The dance show didn't live up to expectations, and the audience left the venue unimpressed.

**танцева́льные движе́ния** – dance moves Танцева́льные движе́ния бы́ли вы́полнены без необходи́мой вырази́тельности, что сде́лало но́мер стати́чным и безжи́зненным. The dance moves were performed without the necessary expressiveness, making the routine static and lifeless.

**танцева́льный но́мер** – dance routine Танцева́льный но́мер оказа́лся ску́чным и однообра́зным, не выделя́ясь на фо́не други́х исполне́ний. The dance routine was dull and repetitive, failing to stand out among other performances.

**танцева́льный спекта́кль** – dance drama Танцева́льный спекта́кль, несмотря́ на хоро́ший старт, к середи́не утра́тил дина́мику и стал однообра́зным. The dance performance, despite a strong start, lost momentum midway and became monotonous.

**танцева́ть/станцева́ть в па́ре** – to dance in a pair Танцева́ть в па́ре на сце́не оказа́лось сло́жной зада́чей, но танцо́ры спра́вились, продемонстри́ровав отли́чную синхро́нность. Dancing as a couple on stage was challenging, but the dancers managed, showing excellent synchronization.

**танцева́ть/станцева́ть под му́зыку** – to dance to the music Танцева́ть под таку́ю вдохновля́ющую му́зыку бы́ло настоя́щим удово́льствием, и танцо́ры по́лностью погрузи́лись в ритм. Dancing to such inspiring music was a real pleasure, and the dancers fully immersed themselves in the rhythm.

**танцо́вщица** – dancer (female) Танцо́вщица, хоть и стара́лась, не смогла́ переда́ть драмати́зм сце́ны; её исполне́ние бы́ло сли́шком сде́ржанным. The dancer, though trying hard, couldn't convey the drama of the scene; her performance was too restrained.

**танцо́р** – dancer (male) Танцо́р я́вно не спра́вился с поста́вленной зада́чей, его́ движе́ния бы́ли ре́зкими и лишёнными пла́вности. The dancer clearly struggled with the task, his movements were abrupt and lacked fluidity.

**темп** – tempo Темп композиции был слишком медленным, что привело к потере динамики и скуке у зрителей. The tempo of the composition was too slow, leading to a loss of energy and boredom for the audience.

**техника игры на инструменте** – instrumental technique Техника игры на инструменте была отточенной и безупречной, каждый звук был выполнен с идеальной точностью. The instrumental technique was polished and flawless, with every note executed with perfect precision.

**техно** – techno Вечеринка в стиле техно прошла с успехом: ритмы погрузили всех в атмосферу ночного клуба. The techno party was a success: the beats immersed everyone in the nightclub atmosphere.

**традиционный танец** – traditional dance Традиционный танец был исполнен с большим уважением к культуре, но не хватало энергии и страсти, которые ожидаются от такого номера. The traditional dance was performed with great respect for the culture, but it lacked the energy and passion expected from such a routine.

**труба** – trumpet Звук трубы был ярким и проникновенным, добавляя музыке характерный колорит. The trumpet's sound was bright and penetrating, adding a distinctive flavor to the music.

**ударные инструменты** – percussion instruments Ударные инструменты придавали музыке мощь и динамику, подчёркивая ключевые моменты. The percussion added power and dynamism to the music, highlighting key moments.

**участвовать/поучаствовать в конкурсе** – to participate in a competition Участвовать в конкурсе было отличным опытом для танцоров, они получили ценные советы от судей. Participating in the competition was a great experience for the dancers, who received valuable feedback from the judges.

**фламенко** – flamenco Исполнение фламенко было мощным и эмоционально насыщенным, зрители ощутили всю страсть танца. The flamenco performance was powerful and emotionally charged, with the audience feeling the full passion of the dance.

**флейта** – flute Звук флейты был чистым и мелодичным, идеально вписываясь в общую гармонию оркестра. The sound of the flute was pure and melodic, fitting perfectly into the overall harmony of the orchestra.

**фортепиано** – piano Исполнение на фортепиано было технически верным, но ему не хватало эмоциональной глубины и выразительности. The piano performance was technically correct but lacked emotional depth and expression.

**хип-хо́п** – hip-hop Хип-хо́п-гру́ппа вы́ступила я́рко и динами́чно, но те́ксты пе́сен бы́ли однообра́зными и не оста́вили глубо́кого впечатле́ния. The hip-hop group performed brightly and dynamically, but the lyrics were monotonous and left no lasting impression.

**хорео́граф** – choreographer Хорео́граф не смог созда́ть еди́ной конце́пции, и постано́вка вы́глядела разро́зненной и лишённой це́лостности. The choreographer failed to create a unified concept, leaving the production disjointed and lacking coherence.

**хореогра́фия** – choreography Хореогра́фия спекта́кля оставля́ла жела́ть лу́чшего, мно́гие движе́ния каза́лись неуме́стными и лишёнными смы́сла. The choreography of the show left much to be desired, with many movements seeming out of place and meaningless.

**электрогита́ра** – electric guitar Звук электрогита́ры был сли́шком гро́мким и заглуша́л остальны́е инструме́нты, наруша́я о́бщую гармо́нию. The electric guitar's sound was too loud, drowning out the other instruments and disrupting the overall harmony.

**электро́нная му́зыка** – electronic music Конце́рт электро́нной му́зыки был встре́чен восто́рженно: сло́жные ри́тмы и звуковы́е тексту́ры погрузи́ли слу́шателей в уника́льную атмосфе́ру. The electronic music concert was met with enthusiasm: complex rhythms and sound textures immersed the audience in a unique atmosphere.

### 3.1.2.1 Mini-Articles

Track **59**

#### 1. Премье́ра Бале́тного Спекта́кля в Большо́м Теа́тре

Вчера́ в Большо́м теа́тре состоя́лась премье́ра но́вого бале́тного спекта́кля, кото́рый произвёл си́льное впечатле́ние на зри́телей. Бале́тная тру́ппа продемонстри́ровала высо́кий у́ровень мастерства́, исполня́я сло́жные пируэ́ты и гранд-плие́ с абсолю́тной синхро́нностью. Музыка́льное сопровожде́ние, в исполне́нии живо́го орке́стра, созда́ло неповтори́мую атмосфе́ру. В заверше́ние спекта́кля танцо́ры вы́шли на сце́ну для заключи́тельного покло́на и получи́ли заслу́женные аплодисме́нты от пу́блики.

# 1. Premiere of a Ballet Performance at the Bolshoi Theater

Yesterday, the premiere of a new ballet performance took place at the Bolshoi Theater, leaving a strong impression on the audience. The ballet troupe demonstrated a high level of skill, performing complex pirouettes and grand pliés with absolute synchronization. The live orchestra provided the musical accompaniment, creating a unique atmosphere. At the end of the performance, the dancers took to the stage for the final bow and received well-deserved applause from the audience.

## 2. Джазовый концерт в концертном зале «Зарядье»

В московском концертном зале «Зарядье» прошёл потрясающий джазовый концерт, который собрал множество любителей музыки. На сцене выступал известный джазовый ансамбль, который исполнил как классические джазовые композиции, так и несколько произведений в жанре блюз. Импровизации музыкантов вызвали бурные овации от публики, а саксофон и ударные инструменты добавили особый колорит звучанию. Концерт завершился тем, что музыканты вышли на бис, чтобы исполнить ещё одну композицию по просьбе зрителей.

## 2. Jazz Concert at the Zaryadye Concert Hall

A stunning jazz concert took place at the Zaryadye Concert Hall in Moscow, attracting many music lovers. A famous jazz ensemble performed on stage, playing both classic jazz compositions and several pieces in the blues genre. The musicians' improvisations received enthusiastic ovations from the audience, and the saxophone and percussion instruments added a special flavor to the sound. The concert ended with the musicians returning for an encore to play one more piece at the audience's request.

## 3. Фестиваль Народной Музыки и Танца в Сочи

В Сочи состоялся ежегодный фестиваль народной музыки и танца, который привлёк участников из разных регионов России. На сцене выступали танцевальные группы, исполнявшие традиционные танцы, а оркестры исполняли инструментальную музыку на струнных и духовых инструментах. Особенно ярким моментом стало выступление ансамбля, исполнившего зажигательное фламенко, которое вызвало аплодисменты и восхищение публики. Организаторы отметили высокий уровень подготовки участников и разнообразие представленных танцевальных номеров.

### 3. Folk Music and Dance Festival in Sochi

The annual festival of folk music and dance was held in Sochi, attracting participants from various regions of Russia. Dance groups performed traditional dances on stage, while orchestras played instrumental music on string and wind instruments. A particularly memorable moment was the performance of an ensemble that presented a fiery flamenco, which drew applause and admiration from the audience. The organizers noted the high level of preparation among the participants and the variety of dance numbers presented.

### 4. Поп-Концерт в Санкт-Петербурге: Вокальное Мастерство и Хореография

В Санкт-Петербурге прошёл большой поп-концерт, во время которого на сцену вышли популярные певцы и танцевальные группы. Вокальное мастерство исполнителей впечатлило зрителей, а сложные танцевальные движения и яркое световое оформление дополнили общее впечатление от шоу. Особое внимание заслужили сольные выступления, которые показали высокий уровень подготовки артистов. Концерт завершился грандиозным финалом, и зрители долго не отпускали исполнителей, которые неоднократно выходили на бис.

### 4. Pop Concert in St. Petersburg: Vocal Mastery and Choreography

A large pop concert took place in St. Petersburg, where popular singers and dance groups took the stage. The vocal mastery of the performers impressed the audience, while the complex dance moves and vibrant lighting design enhanced the overall impression of the show. The solo performances were particularly noteworthy, showcasing the high level of preparation by the artists. The concert ended with a grand finale, and the audience repeatedly called the performers back for an encore.

### 5. Классический Концерт в Екатеринбурге: Оркестр и Солисты

В Екатеринбурге состоялся классический концерт в большом концертном зале, где выступил известный симфонический оркестр. Под управлением талантливого дирижёра оркестр исполнил произведения великих композиторов, включая симфонии и камерную музыку. Особое внимание привлекли сольные партии на виолончели и фортепиано, которые получили восторженные аплодисменты. Акустика зала позволила полностью насладиться богатством звуков, и концерт оставил у слушателей незабываемые впечатления.

### 5. Classical Concert in Yekaterinburg: Orchestra and Soloists

A classical concert was held in a large concert hall in Yekaterinburg, featuring a renowned symphony orchestra. Under the direction of a talented conductor, the orchestra performed works by great composers, including symphonies and chamber music. The solo parts on cello and piano received enthusiastic applause. The hall's acoustics allowed the audience to fully appreciate the richness of the sound, leaving them with unforgettable impressions.

## 3.1.2.2 Informative Article: Dance

Track **60**

### Разнообразие Танцев: История и Особенности

Танцы являются важной частью культуры и искусства, и их разнообразие отражает богатство традиций разных народов. Каждый танец имеет свою уникальную историю и черты, которые делают его особенным и узнаваемым. Рассмотрим несколько популярных видов танцев.

Балет — это классический вид танца, который возник во Франции и Италии в эпоху Возрождения. Классический балет известен своей строгой техникой, включающей такие элементы, как гранд-плие и пируэт. Этот вид танца отличается изяществом, лёгкостью движений и синхронностью. Балетные спектакли часто сопровождаются оркестровой музыкой, а танцовщики надевают специальные костюмы и туфли. Балетные труппы по всему миру продолжают развивать и сохранять традиции этого танца.

Фламенко — это страстный и эмоциональный танец, который имеет испанские корни. Он возник в Андалусии и представляет собой сочетание танца, пения и игры на гитаре. Фламенко характеризуется энергичными движениями, выразительной мимикой и характернымиударами по полу ногами. Костюмы танцовщиц часто включают яркие платья с воланами, а мужчины выступают в строгих костюмах. Фламенко отражает глубину чувств и часто рассказывает историю любви или борьбы.

Вальс — это бальный танец, который появился в Австрии в конце XVIII века и стал популярным в Европе и за её пределами. Этот танец отличается плавными круговыми движениями и парным исполнением. Музыка для вальса обычно написана в трёхдольном размере, что позволяет легко удерживать ритм и следовать за партнёром. Вальс стал символом светских вечеров и балов, а его мелодии узнаваемы во всём мире.

Хип-хоп танец — это современный уличный стиль, который возник в США в 1970-х годах. Этот танец стал частью культуры хип-хопа и включает такие элементы, как брейк-данс, поппинг и локинг. Хип-хоп танец известен своей энергией, свободой выражения и акробатическими движениями. Музыка, под которую танцуют хип-хоп,часто включает элементы рэпа и электронной музыки. Хип-хоп танец продолжает развиваться и остаётся популярным среди молодёжи по всему миру.

Танго — это чувственный и страстный танец, который появился в Аргентине и Уругвае в конце XIX века. Этот латинский танец отличается резкими движениями и тесным взаимодействием между партнёрами. Музыкальное сопровождение танго часто включает скрипку, фортепиано и бандонеон. Танго символизирует любовь, страсть и драму, и его исполнение требует высокой степени мастерства и эмоциональной отдачи.

Эти танцы представляют лишь небольшую часть огромного мира танцевального искусства, каждый из которых уникален и неповторим. Танцы продолжают развиваться, находя новые формы выражения и вдохновляя людей по всему миру.

## The Diversity of Dance: History and Characteristics

Dance is an important part of culture and art, and its diversity reflects the richness of different traditions. Each dance has its unique history and features that make it special and recognizable. Let's explore some popular types of dance.

Ballet is a classical form of dance that originated in France and Italy during the Renaissance. Classical ballet is known for its strict technique, including elements such as grand plié and pirouette. This type of dance is characterized by grace, lightness of movement, and synchronization. Ballet performances are often accompanied by orchestral music, and the dancers wear special costumes and shoes. Ballet companies around the world continue to develop and preserve the traditions of this dance.

Flamenco is a passionate and emotional dance with Spanish roots. It originated in Andalusia and combines dance, singing, and guitar playing. Flamenco is characterized by energetic movements, expressive facial expressions, and distinctive foot stomping. Costumes for flamenco dancers often include bright dresses with ruffles for women, while men perform in formal attire. Flamenco reflects deep emotions and often tells a story of love or struggle.

The waltz is a ballroom dance that emerged in Austria at the end of the 18th century and became popular in Europe and beyond. This dance is distinguished by smooth, circular movements and is performed in pairs. Waltz music is typically written in triple time, making it easy to maintain the rhythm and follow the partner. The waltz has become a symbol of social evenings and balls, and its melodies are recognizable worldwide.

Hip-hop dance is a modern street style that originated in the United States in the 1970s. This dance became part of hip-hop culture and includes elements such as breakdance, popping, and locking. Hip-hop dance is known for its energy, freedom of expression, and acrobatic moves. The music for hip-hop dance often includes elements of rap and electronic music. Hip-hop dance continues to evolve and remains popular among young people worldwide.

Tango is a sensual and passionate dance that originated in Argentina and Uruguay at the end of the 19th century. This Latin dance is characterized by sharp movements and close interaction between partners. The musical accompaniment for tango often includes violin, piano, and bandoneon. Tango symbolizes love, passion, and drama, and its performance requires a high level of skill and emotional commitment.

These dances represent just a small part of the vast world of dance art, each of which is unique and distinctive. Dance continues to evolve, finding new forms of expression and inspiring people around the world.

### 3.1.2.3 Informative Article: Music

Track **61**

**Разнообразие Музыки: Жанры и Инструменты**

Музыка — это универсальный язык, который объединяет людей по всему миру. Каждый музыкальный жанр имеет свою уникальную историю, настроение и характерныеинструменты, которые помогают создавать особенное звучание. Рассмотрим несколько популярных жанров музыки и используемые в них инструменты.

Классическая музыка — это жанр, который возник в Европе в середине XVII века и продолжает развиваться по сей день. Она включает симфонии, сонаты, оперы и другие сложные музыкальные произведения. Основныеинструменты, используемые в классической музыке, включают скрипку, виолончель, фортепиано и духовые инструменты. Оркестры играют ключевую роль в исполнении классической музыки, создавая богатое и многослойное звучание, которое захватывает слушателей.

Джаз — это музыкальный жанр, который возник в начале XX века в афроамериканских общинах США. Он отличается импровизацией, сложными ритмами и уникальными гармониями. Основные инструменты джаза включают саксофон, трубу, фортепиано и ударные инструменты. Джазовые ансамбли часто импровизируют на сцене, создавая неповторимую атмосферу. Контрабас и гитара также играют важную роль в формировании ритмической основы джазовой музыки.

Рок — это жанр, который появился в 1950-х годах и быстро завоевал популярность по всему миру. Электрогитара является центральным инструментом в рок-музыке, а её звучание обычно сопровождается ударными инструментами и бас-гитарой. Клавишные инструменты, такие как синтезатор, также часто используются для создания дополнительных звуковых эффектов. Рок-группы известны своими энергичными выступлениями и громкими концертами, которые собирают тысячи поклонников.

Регги — это музыкальный жанр, который возник на Ямайке в конце 1960-х годов и стал международным символом свободы и борьбы за права человека. Основные инструменты, используемые в регги, включают гитару, бас-гитару, ударные инструменты и клавишные. Ритм в регги уникален благодаря акцентам на слабые доли такта. Саксофон и труба также часто используются для создания мелодических линий, которые добавляют глубину и характер музыке регги.

Электронная музыка — это жанр, который использует электронные устройства и компьютеры для создания звуков. Он возник в середине XX века и включает такие направления, как техно, хаус и транс. Оновныеинструменты в электронной музыке — это синтезаторы, барабанные машины и семплеры. Этот жанр известен своими ритмическими и звуковыми экспериментами, а также возможностью создавать совершенно новые звуковые миры. Диджеи часто используют микшеры и программное обеспечение для создания уникальных треков и живых выступлений.

Эти музыкальные жанры представляют лишь небольшую часть всего разнообразия мировой музыки, каждый из которых имеет свои особенности и уникальное звучание. Музыка продолжает развиваться, открывая новые горизонты для творчества и вдохновения.

## The Diversity of Music: Genres and Instruments

Music is a universal language that unites people around the world. Each musical genre has its own unique history, mood, and characteristic instruments that help create a distinctive sound. Let's explore some popular music genres and the instruments used in them.

Classical music is a genre that originated in Europe in the mid-17th century and continues to develop to this day. It includes symphonies, sonatas, operas, and other complex musical compositions. The main instruments used in classical music include the violin, cello, piano, and wind instruments. Orchestras play a key role in performing classical music, creating a rich and layered sound that captivates listeners.

Jazz is a musical genre that emerged in the early 20th century in African American communities in the United States. It is characterized by improvisation, complex rhythms, and unique harmonies. The main instruments of jazz include the saxophone, trumpet, piano, and percussion instruments. Jazz ensembles often improvise on stage, creating a unique atmosphere. The double bass and guitar also play an important role in forming the rhythmic foundation of jazz music.

Rock is a genre that appeared in the 1950s and quickly gained popularity worldwide. The electric guitar is the central instrument in rock music, and its sound is usually accompanied by percussion instruments and bass guitar. Keyboard instruments, such as the synthesizer, are also often used to create additional sound effects. Rock bands are known for their energetic performances and loud concerts, which draw thousands of fans.

Reggae is a musical genre that originated in Jamaica in the late 1960s and became an international symbol of freedom and the struggle for human rights. The main instruments used in reggae include the guitar, bass guitar, percussion instruments, and keyboards. The rhythm in reggae is unique due to the emphasis on the offbeat. The saxophone and trumpet are also often used to create melodic lines that add depth and character to reggae music.

Electronic music is a genre that uses electronic devices and computers to create sounds. It emerged in the mid-20th century and includes styles such as techno, house, and trance. The main instruments in electronic music are synthesizers, drum machines, and samplers. This genre is known for its rhythmic and sound experiments, as well as the ability to create entirely new sonic worlds. DJs often use mixers and software to create unique tracks and live performances.

These musical genres represent just a small part of the vast diversity of global music, each with its own characteristics and unique sound. Music continues to evolve, opening up new horizons for creativity and inspiration.

## 3.1.3 Film and Television

Track **62**

**актёр** – actor Актёр изве́стен свои́ми многогра́нными роля́ми как в дра́ме, так и в коме́дии. The actor is known for his versatile roles in both drama and comedy.

**актри́са** – actress Актри́са была́ раскритико́вана за свою́ слабую игру́, кото́рая не смогла́ переда́ть глубину́ и эмо́ции её персона́жа. The actress was criticized for her weak performance, which failed to convey the depth and emotions of her character.

**анимацио́нный фильм** – animated film Но́вый анимацио́нный фильм о приключе́ниях живо́тных привлёк внима́ние как дете́й, так и взро́слых. The new animated film about animal adventures attracted the attention of both children and adults.

**анима́ция** – animation Анима́ция в фи́льме была́ некаче́ственной и вы́глядела устаре́вшей, что вы́звало негати́вные о́тзывы у зри́телей. The animation in the film was of poor quality and looked outdated, which led to negative feedback from viewers.

**биографи́ческий фильм** – biopic (biographical film) Биографи́ческий фильм о жи́зни легенда́рного музыка́нта получи́л мно́жество награ́д и призна́ние кри́тиков. The biographical film about the life of the legendary musician won numerous awards and critical acclaim.

**боеви́к** – action film Боеви́к разочарова́л зри́телей свои́м изби́тым сюже́том и предсказу́емыми сце́нами, кото́рые не смогли́ удержа́ть их внима́ние. The action movie disappointed viewers with its clichéd plot and predictable scenes, which failed to keep their attention.

**веду́щая** – TV hostess Веду́щая шоу всегда́ остаётся профессиона́льной и харизмати́чной, что де́лает её переда́чи популя́рными. The show's host always remains professional and charismatic, making her programs popular.

**веду́щий** – TV host, anchor Веду́щий шоу потеря́л связь с аудито́рией из-за ску́чного и моното́нного сти́ля веде́ния, что привело́ к сниже́нию рейтингов програ́ммы. The host of the show lost touch with the audience due to his dull and monotonous hosting style, leading to a drop in the program's ratings.

**ведущий новостей** – news anchor Ведущий новостей представил главные события дня, акцентируя внимание на международных новостях. The news anchor presented the day's top stories, focusing on international news.

**военный фильм** – war film Военный фильм, основанный на реальных событиях, получил признание за точное отображение исторических фактов. The war film, based on true events, was praised for its accurate portrayal of historical facts.

**второстепенная роль** – supporting role Актриса блестяще исполнила второстепенную роль, что сделало её одним из ярких персонажей фильма. The actress brilliantly played a supporting role, making her one of the film's standout characters.

**выпуск новостей** – news broadcast Вечерний выпуск новостей освещал главные события дня, от политики до культуры. The evening news covered the day's top stories, from politics to culture.

**выпускать/выпустить трейлер** – to release a trailer Трейлер был выпущен слишком поздно, что не позволило создать необходимый ажиотаж вокруг фильма, и он прошёл почти незамеченным. The trailer was released too late, failing to create the necessary buzz around the movie, which went almost unnoticed.

**выходить/выйти в эфир** – to go on air Новая телепередача выходит в эфир каждую неделю, собирая у экранов миллионы зрителей. The new TV show airs every week, attracting millions of viewers.

**главная роль** – leading role Главная роль в фильме часто достаётся наиболее опытному или популярному актёру, который способен привлечь внимание зрителей. The lead role in a film is often given to the most experienced or popular actor who can attract the audience's attention.

**графика** – visual effects (VFX) Графика в фильме была выполнена на высоком уровне, что придало зрелищности и помогло создать фантастический мир. The graphics in the film were of high quality, adding visual appeal and helping to create a fantastic world.

**грим** – makeup Грим для актёров в этом фильме был настолько профессионально выполнен, что зрители не могли узнать некоторых из них. The makeup for the actors in this film was so professionally done that viewers could not recognize some of them.

**гримёр** – makeup artist Гримёр допустил несколько ошибок, из-за которых актёры выглядели неестественно на экране, что негативно сказалось на

**восприятии фильма.** The makeup artist made several mistakes that made the actors look unnatural on screen, negatively affecting the film's reception.

**дава́ть/дать интервью́** – to give an interview Актёр дал интервью, в кото́ром подели́лся свои́ми впечатле́ниями от рабо́ты над но́вым фи́льмом. The actor gave an interview in which he shared his impressions of working on the new film.

**декора́ции** – set design Декора́ции для истори́ческого фи́льма бы́ли тща́тельно воссо́зданы, что́бы соотве́тствовать эпо́хе. The sets for the historical film were meticulously recreated to match the period.

**де́лать/сде́лать спецэффе́кты** – to create special effects Спецэффе́кты бы́ли сде́ланы насто́лько пло́хо, что вме́сто того́, что́бы удивля́ть зри́телей, они́ вызыва́ли то́лько смех. The special effects were done so poorly that instead of impressing the audience, they only provoked laughter.

**детекти́в** – detective film Детекти́в с закру́ченным сюже́том держа́л зри́телей в напряже́нии до са́мого конца́. The detective film with a twisted plot kept viewers on the edge of their seats until the very end.

**документали́стика** – documentary Документали́стика предоставля́ет зри́телям возмо́жность глу́бже поня́ть реа́льные собы́тия и пробле́мы, представля́я их в форма́те кино́. Documentary filmmaking offers viewers the chance to gain deeper insights into real events and issues by presenting them in a cinematic format.

**документа́льный сериа́л** – documentary series Документа́льный сериа́л получи́л негати́вные о́тзывы за свою́ предвзя́тость и недоста́точную прорабо́тку фа́ктов. The documentary series received negative reviews for its bias and lack of thorough research.

**документа́льный фильм** – documentary film Документа́льный фильм иссле́довал пробле́мы окружа́ющей среды́ и привлёк внима́ние к ва́жным экологи́ческим вопро́сам. The documentary explored environmental issues and drew attention to important ecological concerns.

**до́лли = опера́торская теле́жка** – dolly (camera movement equipment) Опера́тор испо́льзовал до́лли для пла́вного перемеще́ния ка́меры во вре́мя съёмки динами́чной сце́ны. The cameraman used a dolly for smooth camera movement during the shooting of an action scene.

**дра́ма** – drama Дра́ма о жи́зни изве́стных ли́чностей привлекла́ внима́ние зри́телей свое́й реалисти́чностью и эмоциона́льной глубино́й. The drama about the lives of famous figures attracted viewers with its realism and emotional depth.

**дублёр** – stunt double Дублёр не смог то́чно переда́ть движе́ния гла́вного актёра, что сде́лало не́которые сце́ны ме́нее правдоподо́бными. The stunt double failed to accurately replicate the lead actor's movements, making some scenes less believable.

**за́пись** – recording За́пись интервью́ с актёрами была́ пре́рвана из-за техни́ческих пробле́м, что вы́звало разочарова́ние у фана́тов. The recording of the interview with the actors was interrupted due to technical problems, disappointing the fans.

**звезда́** – star (celebrity) Голливу́дская звезда́ приняла́ уча́стие в благотвори́тельном прое́кте, подде́рживая дете́й из бе́дных семе́й. The Hollywood star participated in a charity project supporting children from low-income families.

**звукоза́пись** – sound recording Звукоза́пись для фи́льма включа́ет в себя́ за́пись диало́гов, саундтре́ка и звуковы́х эффе́ктов, кото́рые помога́ют созда́ть атмосфе́ру. Sound recording for a film includes recording dialogue, soundtrack, and sound effects, which help create the atmosphere.

**Золота́я па́льмовая ветвь** – Palme d'Or Режиссёр был удосто́ен Золото́й па́льмовой ве́тви за выдаю́щиеся достиже́ния в кинемато́графе. The director was awarded the Palme d'Or for outstanding achievements in cinema.

**Золото́й гло́бус** – Golden Globe Фильм получи́л Золото́й гло́бус за лу́чший сцена́рий, что ста́ло большо́й че́стью для сцена́риста. The film won a Golden Globe for Best Screenplay, which was a great honor for the screenwriter.

**игра́ть/сыгра́ть гла́вную роль** – to play the lead role Актёр, сыгра́вший гла́вную роль, был раскритико́ван за свою́ неубеди́тельную игру́, что ухудши́ло восприя́тие фи́льма. The actor who played the lead role was criticized for his unconvincing performance, which diminished the film's reception.

**интервью́** – interview Актёр дал интервью́, где рассказа́л о своём о́пыте рабо́ты над но́вым фи́льмом. The actor gave an interview where he talked about his experience working on the new film.

**истори́ческий фильм** – historical film Истори́ческий фильм о Второ́й мирово́й войне́ показа́л герои́зм и траге́дию того́ вре́мени. The historical film about World War II depicted the heroism and tragedy of that era.

**Ка́ннский кинофестива́ль** – Cannes Film Festival **Фильм дебюти́ровал на Ка́ннском кинофестива́ле и получи́л высо́кие оце́нки кри́тиков.** The film debuted at the Cannes Film Festival and received high praise from critics.

**каскадёр** – stuntman **Каскадёр выполня́ет сло́жные и опа́сные трю́ки в фи́льме, ча́сто заменя́я гла́вного актёра в экшн-сце́нах.** The stuntman performs complex and dangerous stunts in the film, often standing in for the lead actor during action scenes.

**кинемато́граф** – cinematography **Кинемато́граф потерпе́л неуда́чу в попы́тке созда́ть что-то но́вое, вме́сто э́того повторя́я ста́рые шта́мпы и шабло́ны.** The cinema industry failed in its attempt to create something new, instead repeating old clichés and formulas.

**кино́** – cinema, film **В выходны́е дни кинотеа́тры заполня́ются люби́телями кино́, кото́рые прихо́дят посмотре́ть нови́нки на большо́м экра́не.** On weekends, movie theaters fill up with cinema lovers who come to watch the latest releases on the big screen.

**кинозáл** – movie theater **Кинозáл был запо́лнен до отка́за на премье́ре долгожда́нного блокба́стера.** The cinema was packed for the premiere of the highly anticipated blockbuster.

**кинокри́тик** – film critic **Кинокри́тик назва́л фильм ску́чным и лишённым оригина́льности, что отрази́лось на ни́зких рейтингах и прода́жах биле́тов.** The film critic called the movie boring and lacking originality, which affected its low ratings and ticket sales.

**кинооперáтор** – cinematographer, cameraman **Кинооперáтор испо́льзовал нова́торские приёмы, чтобы переда́ть атмосфе́ру и эмо́ции фи́льма.** The cinematographer used innovative techniques to convey the film's atmosphere and emotions.

**кинопре́мия** – film award **Фильм был номини́рован на прести́жную кинопре́мию и стал фавори́том среди́ кри́тиков.** The film was nominated for a prestigious film award and became a critics' favorite.

**кинорежиссёр** – film director **Кинорежиссёр изве́стен свои́ми эксперимента́льными фи́льмами, кото́рые ча́сто вызыва́ют диску́ссии.** The film director is known for his experimental movies that often spark discussions.

**кинофестива́ль** – film festival **Фильм был предста́влен на прести́жном кинофестива́ле и вы́звал бу́рные обсужде́ния среди́ кри́тиков.** The film was presented at a prestigious film festival and sparked intense discussions among critics.

**комедия** – comedy Комедия не вызвала ожидаемого смеха, а шутки оказались устаревшими и банальными, что привело к низким оценкам критиков. The comedy failed to generate the expected laughter, and the jokes were outdated and cliché, leading to low ratings from critics.

**комментатор** – commentator Комментатор спортивных событий всегда готов к прямому эфиру, делая каждую игру интересной для зрителей. The sports commentator is always ready for live broadcasts, making each game exciting for the viewers.

**костюмы** – costumes Костюмы для исторического фильма были созданы с учётом мельчайших деталей эпохи. The costumes for the historical film were created with attention to the smallest details of the era.

**криминал** – crime Фильм в жанре криминал рассказывал о жизни мафиози и его борьбе за власть. The crime film depicted the life of a mobster and his struggle for power.

**криминальная драма** – crime drama Криминальная драма захватила внимание зрителей благодаря напряжённому сюжету и отличной актёрской игре. The crime drama captivated viewers with its tense plot and outstanding acting.

**критика** – criticism Критика фильма была жестокой, с многочисленными замечаниями по поводу слабого сценария и посредственной актёрской игры. The film faced harsh criticism, with numerous comments on its weak script and mediocre acting.

**критическое восприятие** – critical reception Фильм получил смешанное критическое восприятие: одни критики хвалили сюжет, другие критиковали актёрскую игру. The film received mixed critical reception: some critics praised the plot, while others criticized the acting.

**лауреат премии** – award winner Лауреат премии был тронут признанием своих заслуг и поблагодарил команду, с которой он работал над фильмом. The award winner was touched by the recognition of his work and thanked the team with whom he worked on the film.

**лучшая актёрская игра** – best acting performance Несмотря на номинацию за лучшую актёрскую игру, критики посчитали, что актёр не смог передать сложность своего персонажа. Despite being nominated for Best Actor, critics felt that the actor failed to convey the complexity of his character.

**лучшая операторская работа** – best cinematography Фильм получил награду за лучшую операторскую работу благодаря впечатляющим визуальным

**эффе́ктам.** The film won the award for Best Cinematography due to its stunning visual effects.

**лу́чшая режиссу́ра** – best directing Фильм получи́л награ́ду за лу́чшую режиссу́ру, что подтверди́ло мастерство́ режиссёра. The film won the award for best directing, confirming the director's talent.

**лу́чший сцена́рий** – best screenplay Фильм получи́л награ́ду за лу́чший сцена́рий, кото́рый был при́знан оригина́льным и захва́тывающим. The film won the award for Best Screenplay, which was praised for being original and captivating.

**лу́чший фильм** – best picture Несмотря́ на номина́цию на лу́чший фильм, карти́на была́ подве́ргнута кри́тике за сла́бый сцена́рий и посре́дственную актёрскую игру́. Despite being nominated for Best Picture, the film was criticized for its weak script and mediocre acting.

**массо́вка** – extras В фи́льме бы́ли заде́йствованы деся́тки челове́к в массо́вке для созда́ния эффе́кта многолю́дной сце́ны. The film involved dozens of extras to create the effect of a crowded scene.

**мелодра́ма** – melodrama Мелодра́ма оказа́лась предсказу́емой и затя́нутой, что вы́звало разочарова́ние у зри́телей и кри́тиков. The melodrama turned out to be predictable and drawn-out, causing disappointment among viewers and critics.

**монта́ж** – editing Монта́ж фи́льма за́нял не́сколько ме́сяцев, что́бы доби́ться идеа́льного сочета́ния сцен и звуково́го сопровожде́ния. The film's editing took several months to achieve the perfect combination of scenes and sound.

**монти́ровать/смонти́ровать фильм** – to edit a film Фильм был смонти́рован насто́лько небре́жно, что зри́тели не могли́ следи́ть за сюже́том, и кри́тики оста́вили негати́вные отзы́вы. The film was edited so carelessly that viewers couldn't follow the plot, and critics gave it negative reviews.

**мультфи́льм** – cartoon, animated film Мультфи́льм привлека́ет внима́ние как дете́й, так и взро́слых благодаря́ свое́й я́ркой анима́ции и интере́сному сюже́ту. The animated film attracts both children and adults with its vibrant animation and engaging storyline.

**мы́льная о́пера** – soap opera Мы́льная о́пера, ше́дшая года́ми, ста́ла насто́лько предсказу́емой и ску́чной, что её ре́йтинг значи́тельно упа́л. The soap opera, which had been running for years, became so predictable and boring that its ratings dropped significantly.

**мю́зикл** — musical Мю́зикл о жи́зни легенда́рного певца́ стал настоя́щим хито́м и покори́л сердца́ зри́телей по всему́ ми́ру. The musical about the life of a legendary singer became a true hit and won the hearts of audiences worldwide.

**награ́да** — prize, award Фильм получи́л прести́жную награ́ду на междунаро́дном кинофестива́ле за лу́чшую режиссу́ру. The film received a prestigious award at an international film festival for Best Directing.

**номина́ция** — nomination Фильм получи́л не́сколько номина́ций на прести́жных кинофестива́лях, включа́я лу́чшую режиссу́ру и лу́чший сцена́рий. The film received several nominations at prestigious film festivals, including Best Director and Best Screenplay.

**озву́чивание** — dubbing, voice-over Озву́чивание персона́жей бы́ло вы́полнено неубеди́тельно, что отвлека́ло зри́телей от сюже́та и по́ртило о́бщее впечатле́ние. The voice acting was unconvincing, distracting viewers from the plot and spoiling the overall experience.

**озву́чивать/озву́чить персона́жа** — to voice a character Изве́стный актёр озву́чил гла́вного персона́жа в но́вом анимацио́нном фи́льме, прида́в ему́ уника́льный го́лос. A famous actor voiced the main character in the new animated film, giving him a unique voice.

**опера́торская рабо́та** — cinematography Опера́торская рабо́та в э́том фи́льме была́ насто́лько впечатля́ющей, что ка́дры запомина́лись надо́лго. The cinematography in this film was so impressive that the shots stayed with you long after watching.

**опера́торский кран** — camera crane Опера́торский кран позво́лил снять захва́тывающие панора́мные ка́дры, доба́вив дина́мики сце́нам. The camera crane allowed for stunning panoramic shots, adding dynamics to the scenes.

**О́скар** — Oscar Фильм получи́л О́скар, но мно́гие кри́тики и зри́тели посчита́ли, что он был переоценён, осо́бенно по сравне́нию с други́ми номина́нтами. The film won an Oscar, but many critics and viewers felt it was overrated, especially compared to the other nominees.

**писа́ть/написа́ть сцена́рий** — to write a screenplay Сцена́рист написа́л сцена́рий для но́вого фи́льма, кото́рый обеща́ет стать хито́м. The screenwriter wrote the script for a new film that promises to be a hit.

**подпи́сывать/подписа́ть контра́кт** – to sign a contract Актёр подписа́л контра́кт на уча́стие в трило́гии, что обеспе́чит его́ уча́стие в сле́дующих двух фи́льмах. The actor signed a contract to star in a trilogy, securing his involvement in the next two films.

**пока́з фи́льма** – film screening Пока́з фи́льма прошёл почти́ незаме́ченным, так как карти́на не смогла́ привле́чь внима́ние кри́тиков и пу́блики. The film screening went almost unnoticed as the movie failed to attract the attention of critics and the public.

**пока́зывать/показа́ть премье́ру** – to premiere a film/show Кана́л бу́дет пока́зывать премье́ру но́вого сериа́ла в прайм-тайм. The channel will air the premiere of the new series during prime time.

**получа́ть/получи́ть награ́ду** – to receive an award Актри́са получи́ла награ́ду за лу́чшую же́нскую роль, что ста́ло призна́нием её тала́нта. The actress received an award for Best Actress, which recognized her talent.

**получа́ть/получи́ть пре́мию о́скар** – to win an Oscar Актри́са получи́ла пре́мию Оскар за лу́чшую же́нскую роль, что ста́ло пи́ком её карье́ры. The actress won an Oscar for Best Actress, marking the pinnacle of her career.

**постано́вка сце́ны** – scene setup Постано́вка сце́ны была́ вы́полнена с больши́м внима́нием к дета́лям, создава́я атмосфе́ру напряже́ния. The staging of the scene was done with great attention to detail, creating an atmosphere of tension.

**постпрода́кшн** – post-production Из-за спе́шки в постпрода́кшн не́которые сце́ны бы́ли пло́хо смонти́рованы, что испо́ртило о́бщее впечатле́ние от фи́льма. Due to a rush in post-production, some scenes were poorly edited, ruining the overall impression of the film.

**премье́ра** – premiere Премье́ра фи́льма прошла́ с минима́льной реа́кцией, так как зри́тели и кри́тики сочли́ его́ сли́шком затя́нутым и безыде́йным. The film's premiere received minimal reaction as viewers and critics found it too long and uninspired.

**премье́ра кра́сной доро́жки** – red carpet premiere Премье́ра на кра́сной доро́жке вы́звала разочарова́ние, так как фильм не оправда́л ожида́ний и был хо́лодно встре́чен кри́тиками. The red carpet premiere was disappointing as the film failed to meet expectations and was poorly received by critics.

**привлека́ть/привле́чь внима́ние зри́телей** – to capture the audience's attention Фильм не смог привле́чь внима́ние зри́телей из-за ску́чного сюже́та и плохо́й актёрской игры́, что привело́ к ни́зким ка́ссовым сбо́рам. The film failed to attract viewers' attention due to its boring plot and poor acting, resulting in low box office returns.

**приз зри́тельских симпа́тий** — audience award Фильм не смог завоева́ть приз зри́тельских симпа́тий на фестива́ле, так как пу́блика посчита́ла его́ сли́шком предска́зуемым и бана́льным. The film failed to win the audience award at the festival as the public found it too predictable and cliché.

**призна́ние** — recognition Фильм не получи́л призна́ния у зри́телей и кри́тиков, кото́рые сочли́ его́ посре́дственным и ску́чным. The film did not gain recognition from viewers and critics, who found it mediocre and dull.

**приключе́нческий фильм** — adventure film Приключе́нческий фильм о по́иске сокро́вищ был напо́лнен захва́тывающими сце́нами и неожи́данными поворо́тами сюже́та. The adventure film about treasure hunting was full of thrilling scenes and unexpected plot twists.

**продю́сер** — producer Продю́сер сыгра́л ключеву́ю роль в финанси́ровании и организа́ции съёмок фи́льма. The producer played a key role in financing and organizing the film's production.

**произво́дство фи́льма** — film production Произво́дство фи́льма мо́жет занима́ть не́сколько лет, включа́я все эта́пы от разрабо́тки сцена́рия до постпрода́кшн. Film production can take several years, covering all stages from script development to post-production.

**прямо́й эфи́р** — live broadcast Прямо́й эфи́р церемо́нии награжде́ния смотре́ли миллио́ны зри́телей по всему́ ми́ру. The live broadcast of the award ceremony was watched by millions of viewers around the world.

**рабо́та со зву́ком** — sound design Рабо́та со зву́ком включа́ет в себя́ за́пись, редакти́рование и микши́рование а́удио для достиже́ния максима́льного эффе́кта в фи́льме. Sound work includes recording, editing, and mixing audio to achieve maximum impact in the film.

**рабо́тать/порабо́тать в постпрода́кшн** — to work in post-production Кома́нда рабо́тала в постпрода́кшн над добавле́нием спецэффе́ктов и звуково́го оформле́ния. The team worked in post-production, adding special effects and sound design.

**реа́лити-шо́у** – reality show Реа́лити-шо́у завоева́ло огро́мную популя́рность благодаря́ уча́стию знамени́тостей и интригу́ющим испыта́ниям. The reality show gained huge popularity thanks to the participation of celebrities and intriguing challenges.

**режиссёр по ка́стингу** – casting director Режиссёр по ка́стингу провёл со́тни прослу́шиваний, что́бы найти́ идеа́льных актёров для гла́вных роле́й. The casting director held hundreds of auditions to find the perfect actors for the lead roles.

**режиссёр телевизио́нных програ́мм** – television director Режиссёр телевизио́нных програ́мм отвеча́ет за координа́цию всех аспе́ктов съёмочного проце́сса. The director of television programs is responsible for coordinating all aspects of the production process.

**режиссу́ра** – directing Режиссу́ра — э́то иску́сство руководи́ть проце́ссом созда́ния фи́льма, начина́я с вы́бора актёров и зака́нчивая монтажо́м. Directing is the art of overseeing the film creation process, from casting to editing.

**рекла́ма** – commercial, advertisement Рекла́ма но́вого фи́льма появи́лась на телеви́дении и в интерне́те задо́лго до премье́ры. The advertisement for the new film appeared on television and online long before the premiere.

**репети́ровать/отрепети́ровать сце́ну** – to rehearse a scene Актёры репети́ровали сце́ну не́сколько раз, что́бы доби́ться идеа́льного исполне́ния. The actors rehearsed the scene several times to achieve perfect execution.

**реце́нзия** – review Кри́тик написа́л положи́тельную реце́нзию на но́вый фильм, осо́бо отме́тив актёрскую игру́ и режиссу́ру. The critic wrote a positive review of the new film, particularly praising the acting and direction.

**роль ка́мео** – cameo role Изве́стный режиссёр сня́лся в ро́ли камео́ в своём но́вом фи́льме, удиви́в фана́тов. The famous director made a cameo appearance in his new film, surprising his fans.

**саундтре́к** – soundtrack Саундтре́к фи́льма был при́знан неуда́чным, так как он не соотве́тствовал настрое́нию и о́бщей атмосфе́ре карти́ны. The film's soundtrack was deemed unsuccessful as it didn't match the mood and overall atmosphere of the movie.

**ситко́м** – sitcom Но́вый ситко́м бы́стро завоева́л популя́рность благодаря́ остроу́мному ю́мору и харизма́тичным персона́жам. The new sitcom quickly gained popularity due to its witty humor and charismatic characters.

**смотре́ть/посмотре́ть сериа́л** — to watch a TV series По́сле пе́рвых эпизо́дов зри́тели переста́ли смотре́ть сериа́л из-за ску́чного сюже́та и однообра́зных персона́жей. After the first few episodes, viewers stopped watching the series due to its boring plot and one-dimensional characters.

**снима́ть/снять фильм** — to shoot a film Режиссёр снял фильм, кото́рый подве́ргся ре́зкой кри́тике за отсу́тствие оригина́льности и слабу́ю постано́вку. The director made a film that was heavily criticized for its lack of originality and poor execution.

**собира́ть/собра́ть хоро́шие о́тзывы** — to receive good reviews Фильм смог собра́ть хоро́шие о́тзывы благодаря́ оригина́льному сюже́ту, си́льной актёрской игре́ и отли́чной режиссу́ре. The film garnered positive reviews due to its original plot, strong acting, and excellent direction.

**спецэффе́кты** — special effects Спецэффе́кты игра́ют ва́жную роль в созда́нии зре́лищных сцен и ча́сто испо́льзуются в блокба́стерах и нау́чной фанта́стике. Special effects play a crucial role in creating spectacular scenes and are often used in blockbusters and science fiction.

**ста́вить/поста́вить сце́ну** — to stage a scene Режиссёр не смог пра́вильно поста́вить сце́ну кульмина́ции, что привело́ к поте́ре драмати́ческого эффе́кта. The director failed to properly stage the climax scene, leading to a loss of dramatic impact.

**субти́тры** — subtitles Субти́тры бы́ли переведены́ насто́лько пло́хо, что зри́тели ча́сто не могли́ поня́ть суть диало́гов и теря́ли интере́с к фи́льму. The subtitles were so poorly translated that viewers often couldn't understand the dialogues and lost interest in the film.

**сцена́рий** — screenplay Сцена́рий фи́льма был осно́ван на реа́льных собы́тиях, что придава́ло исто́рии осо́бую зна́чимость. The film's script was based on real events, giving the story special significance.

**сцена́рист** — screenwriter Сцена́рист написа́л драмати́ческую исто́рию, кото́рая тро́нула зри́телей до глубины́ души́. The screenwriter wrote a dramatic story that touched the audience deeply.

**съёмки** — filming Съёмки фи́льма затяну́лись из-за плохо́й организа́ции, что привело́ к значи́тельным перерасхо́дам бюдже́та и недово́льству актёров. The filming of the movie dragged on due to poor organization, leading to significant budget overruns and dissatisfaction among the actors.

**съёмочная группа** – film crew Съёмочная группа работала в тяжёлых условиях, чтобы завершить фильм в срок. The film crew worked under challenging conditions to complete the film on time.

**съёмочная площадка** – film set На съёмочной площадке царил хаос из-за недостатка опыта у режиссёра, что негативно сказалось на конечном результате. The film set was chaotic due to the director's lack of experience, which negatively affected the final product.

**съёмочный процесс** – filming process Съёмочный процесс затянулся из-за многочисленных проблем с актёрами и техническим оборудованием, что отразилось на качестве фильма. The filming process was delayed due to numerous issues with the actors and technical equipment, which affected the quality of the film.

**телевидение** – television Телевидение остаётся важным источником информации и развлечения для миллионов людей. Television remains an important source of information and entertainment for millions of people.

**телевизор** – TV set Новый телевизор с высоким разрешением позволил наслаждаться любимыми фильмами и шоу с отличным качеством изображения. The new high-definition television allowed for enjoying favorite movies and shows with excellent picture quality.

**телепередача** – TV show, program Эта телепередача известна своими информативными и увлекательными сюжетами, которые привлекают большую аудиторию. This TV show is known for its informative and engaging segments that attract a large audience.

**телепродюсер** – TV producer Телепродюсер работал над созданием популярного шоу, которое стало хитом на телевидении. The TV producer worked on creating a popular show that became a hit on television.

**телесериал** – TV series Телесериал быстро потерял популярность из-за слабого сценария и неинтересных персонажей, что привело к его закрытию. The TV series quickly lost popularity due to a weak script and uninteresting characters, leading to its cancellation.

**ток-шоу** – talk show Популярное ток-шоу собрало известных гостей, чтобы обсудить актуальные темы и поделиться своим мнением. The popular talk show brought together famous guests to discuss current topics and share their opinions.

**трейлер** – trailer Трейлер фильма обещал захватывающее зрелище, но сам фильм не оправдал ожиданий и был раскритикован за слабый сюжет. The film's trailer promised an exciting spectacle, but the movie itself did not live up to expectations and was criticized for its weak plot.

**триллер** – thriller Триллер отличается напряжённым сюжетом и неожиданными поворотами, которые удерживают зрителя в постоянном напряжении. A thriller is characterized by a tense plot and unexpected twists that keep the viewer constantly on edge.

**ужасы** – horror Фильм ужасов оказался нестрашным и клишированным, не сумев напугать зрителей и вызвав скуку. The horror film turned out to be not scary and clichéd, failing to frighten viewers and causing boredom.

**участвовать/поучаствовать в кинофестивале** – to participate in a film festival Режиссёр участвовал в кинофестивале, где его фильм был представлен в главной программе. The director participated in the film festival, where his movie was featured in the main program.

**участник шоу** – contestant Участник шоу был исключён из проекта из-за низких рейтингов и недостаточной популярности у зрителей. The show participant was eliminated from the project due to low ratings and a lack of popularity with viewers.

**фантастика** – science fiction Фильм в жанре фантастика погрузил зрителей в мир будущего с его невероятными технологиями и открытиями. The science fiction film immersed viewers in a futuristic world with its incredible technologies and discoveries.

**фестиваль** – festival Фильм, представленный на фестивале, не оправдал ожиданий, получив лишь несколько вялых аплодисментов и посредственные отзывы. The film presented at the festival failed to meet expectations, receiving only a few tepid claps and mediocre reviews.

**фильм** – movie, film Фильм, несмотря на высокие ожидания, разочаровал зрителей своей поверхностностью и плохой режиссурой. Despite high expectations, the film disappointed viewers with its superficiality and poor direction.

**фэнтези** – fantasy Фильм в жанре фэнтези увлёк зрителей в мир магии и приключений, предоставив яркие спецэффекты. The fantasy film drew viewers into a world of magic and adventure, featuring stunning special effects.

**худо́жник-постано́вщик** — production designer Худо́жник-постано́вщик отвеча́ет за созда́ние визуа́льной конце́пции фи́льма, включа́я декора́ции, костю́мы и реквизи́т. The production designer is responsible for creating the film's visual concept, including sets, costumes, and props.

**шоуме́н** — showman Шоуме́н провёл ве́чер с таки́м ма́стерством и хари́змой, что пу́блика была́ в восто́рге от его́ выступле́ния. The showman hosted the evening with such skill and charisma that the audience was delighted with his performance.

**эпизо́д** — episode Фина́льный эпизо́д сериа́ла оста́вил зри́телей в напряже́нии, ожида́я продолже́ния. The final episode of the series left viewers in suspense, eagerly awaiting the continuation.

### 3.1.3.1 Mini-Articles

Track **63**

#### 1. Премье́ра Истори́ческого Фи́льма в Москве́: «Импера́тор» Завоёвывает Внима́ние Зри́телей

В Москве́ состоя́лась премье́ра но́вого истори́ческого фи́льма «Импера́тор», кото́рый расска́зывает о жи́зни одного́ из са́мых влия́тельных прави́телей в исто́рии. Гла́вную роль испо́лнил изве́стный актёр, кото́рый, по мне́нию кинокри́тиков, продемонстри́ровал лу́чшую актёрскую игру́ в свое́й карье́ре. Костю́мы и декора́ции бы́ли вы́полнены на вы́сшем у́ровне, что помогло́ воссозда́ть атмосфе́ру эпо́хи. Съёмочная гру́ппа та́кже проде́лала отли́чную рабо́ту, обеспе́чив лу́чшую опера́торскую рабо́ту. Фильм уже́ получи́л призна́ние на междунаро́дных кинофестива́лях и претенду́ет на не́сколько кинопре́мий.

#### 1. Premiere of a Historical Film in Moscow: "The Emperor" Captivates the Audience

The premiere of the new historical film *The Emperor* took place in Moscow, telling the story of one of the most influential rulers in history. The lead role was performed by a well-known actor, who, according to film critics, delivered the best performance of his career. The costumes and sets were executed at the highest level, helping to recreate the atmosphere of the era. The film crew also did an excellent job, providing the best cinematography. The film has already received recognition at international film festivals and is in contention for several film awards.

## 2. Новый Сериал на Телевидении:
## Детективный Триллер Захватывает Публику

На российском телевидении вышел новый детективный триллер «Тени прошлого», который сразу же привлёк внимание зрителей. Сериал рассказывает о расследовании сложного преступления, где каждая новая серия держит зрителей в напряжении. Актёр в роли детектива впечатлил своей игрой, а работа со звуком и спецэффекты добавили реалистичности каждой сцене. Сценарий был написан талантливым сценаристом, который сумел создать интригующий сюжет с непредсказуемыми поворотами. Кинематограф в этом сериале достойно представлен, что позволяет ему конкурировать с лучшими зарубежными проектами.

## 2. New TV Series:
## Detective Thriller Captivates the Audience

A new detective thriller *Shadows of the Past* premiered on Russian television, immediately attracting the audience's attention. The series follows the investigation of a complex crime, with each new episode keeping viewers on the edge of their seats. The actor in the role of the detective impressed with his performance, and the sound design and special effects added realism to every scene. The script was written by a talented screenwriter, who managed to create an intriguing plot with unpredictable twists. The cinematography in this series is impressive, allowing it to compete with the best international projects.

## 3. Анимационный Фильм Завоёвывает Приз Зрительских Симпатий

На прошедшем Каннском кинофестивале огромный успех имел анимационный фильм «Путешествие в мир грёз», который получил приз зрительских симпатий. Анимация в фильме поражает своей детализированностью и яркими цветами. Сюжет рассказывает о приключениях маленькой девочки в волшебном мире, что привлекло внимание как детей, так и взрослых. Озвучивание персонажей было выполнено лучшими актёрами и актрисами, что добавило фильму особую атмосферу. Продюсер фильма отметил, что успех картины во многом зависит от слаженной работы всей съёмочной группы и таланта режиссёра.

## 3. Animated Film Wins Audience Award

At the recent Cannes Film Festival, the animated film *Journey into the World of Dreams* achieved great success, winning the Audience Award. The animation in the film is stunning with its detail and vibrant colors. The story follows the adventures of a little girl in a magical world, appealing to both children and adults. The voice acting was performed by top actors and actresses, adding a special atmosphere to the film. The film's producer noted that the success of the picture largely depends on the coordinated work of the entire film crew and the talent of the director.

## 4. Документальный Сериал о Природе: Захватывающие Виды и Уникальные Истории

Новый документальный сериал «Дикая природа» вышел в эфир на одном из ведущих телеканалов и сразу же собрал множество положительных отзывов. Сериал посвящён изучению самых удалённых уголков планеты и жизни диких животных. Кинооператор и режиссёр проделали огромную работу, чтобы запечатлеть редкие кадры и показать красоту природы во всей её красе. Операторский кран и долли помогли создать эффект полного погружения зрителей в мир дикой природы. Звукозапись и музыкальное сопровождение добавили сериалу особую атмосферу, делая его обязательным для просмотра всем любителям природы.

## 4. Documentary Series on Nature: Captivating Scenes and Unique Stories

A new documentary series Wild Nature premiered on one of the leading TV channels, immediately receiving many positive reviews. The series is dedicated to exploring the most remote corners of the planet and the lives of wild animals. The cinematographer and director did an enormous job capturing rare footage and showcasing the beauty of nature in all its glory. The crane and dolly helped create the effect of fully immersing viewers in the world of wildlife. The sound recording and musical accompaniment added a special atmosphere to the series, making it a must-watch for all nature lovers.

## 5. Мюзикл «Волшебство на Бродвее» Выходит в Кинопрокат

В этом месяце в кинозалы выходит долгожданный мюзикл «Волшебство на Бродвее». Фильм обещает стать хитом благодаря своей потрясающей хореографии, ярким костюмам и невероятному саундтреку. Актёры и актрисы не только продемонстрировали блестящую актёрскую игру, но и великолепные вокальные данные. Режиссёр фильма, уже получивший несколько наград за свою работу, создал настоящую магию на экране. Трейлер фильма был выпущен несколько недель назад и уже собрал миллионы просмотров, подтверждая высокие ожидания от этой постановки.

## 5. Musical "Magic on Broadway" Hits Theaters

This month, the long-awaited musical *Magic on Broadway* is hitting theaters. The film promises to be a hit thanks to its stunning choreography, vibrant costumes, and incredible soundtrack. The actors and actresses not only demonstrated brilliant acting but also showcased their excellent vocal abilities. The film's director, who has already received several awards for his work, created true magic on the screen. The film's trailer was released a few weeks ago and has already garnered millions of views, confirming the high expectations for this production.

## 3.1.3.2 Interview with a Director

Track 64

### Интервью с Режиссёром Иваном Смирновым

**Интервьюер:** Здравствуйте, Иван! Спасибо, что согласились на интервью. Ваш новый фильм «Тени прошлого» уже стал хитом в кинотеатрах. Расскажите, как возникла идея этого фильма?

> «Искусство кино — это возможность расс историю, которая с людьми навсегд

**Иван Смирнов:** Здравствуйте, спасибо за приглашение! Идея фильма родилась из моего давнего интереса к историческим событиям, которые оставили след в судьбах людей. Я хотел создать исторический фильм, который не только расскажет о прошлом, но и заставит зрителей задуматься о настоящем. В основе сюжета лежит реальная история, но мы добавили элементы драмы и триллера, чтобы сделать её более захватывающей для широкой аудитории.

**Интервьюер:** Фильм действительно получился очень атмосферным. Как вам удалось создать такую впечатляющую картину?

**Иван Смирнов:** Это заслуга всей съёмочной группы. Мы тщательно подошли к выбору декораций и костюмов, чтобы максимально точно передать эпоху. Большое внимание уделили операторской работе — наши кинематографисты использовали несколько инновационных техник, чтобы создать ощущение присутствия в кадре. Мы также много работали над спецэффектами и графикой, чтобы усилить драматический эффект.

**Интервьюер:** В фильме снимаются известные актёры и актрисы. Как проходил процесс кастинга?

**Иван Смирнов:** Мы провели долгий и тщательный кастинг. Для меня было важно, чтобы актёры не только обладали талантом, но и могли полностью погрузиться в свои роли. Главную роль исполнил Александр Петров, и я могу сказать, что его актёрская игра превзошла все мои ожидания. Он прекрасно передал внутренний конфликт своего персонажа.

**Интервьюер:** Фильм уже получил несколько наград на международных кинофестивалях. Как вы оцениваете критическое восприятие?

**Иван Смирнов:** Я очень рад, что фильм получил признание как у критиков, так и у зрителей. Каждая награда — это большая честь для всей команды. Однако для меня важнее всего то, что история, которую мы рассказали, нашла отклик в сердцах людей. Это и есть главная цель киноискусства — привлечь внимание зрителей и заставить их задуматься.

**Интервьюер:** Как вы видите будущее кино? Над чем вы сейчас работаете?

**Иван Смирнов:** Я считаю, что будущее кино — это сочетание традиций и инноваций. Мы должны уважать основы кинематографа, но при этом не бояться экспериментировать с новыми технологиями и формами повествования. Сейчас я работаю над новым проектом — это будет фантастика, где мы планируем использовать самые передовые технологии в области спецэффектов и анимации.

**Интервьюер:** Звучит интригующе! Спасибо вам за интересное интервью. Желаем вам удачи в работе над новым проектом.

**Иван Смирнов:** Спасибо! Было приятно пообщаться. Надеюсь, мой новый фильм понравится зрителям.

# Interview with Director Ivan Smirnov

**Interviewer:** Hello, Ivan! Thank you for agreeing to this interview. Your new film *Shadows of the Past* has already become a hit in theaters. Can you tell us how the idea for this film came about?

**Ivan Smirnov:** Hello, thank you for having me! The idea for the film came from my long-standing interest in historical events that have left a mark on people's lives. I wanted to create a historical film that not only tells a story from the past but also makes viewers think about the present. The plot is based on a real story, but we added elements of drama and thriller to make it more engaging for a wider audience.

**Interviewer:** The film indeed turned out to be very atmospheric. How did you manage to create such an impressive visual experience?

**Ivan Smirnov:** It's the achievement of the entire film crew. We carefully selected the sets and costumes to accurately convey the era. Great attention was paid to the cinematography—our cinematographers used several innovative techniques to create a sense of presence in the frame. We also worked a lot on special effects and graphics to enhance the dramatic effect.

**Interviewer:** The film features well-known actors and actresses. How did the casting process go?

**Ivan Smirnov:** We conducted a long and thorough casting process. It was important to me that the actors not only had talent but could fully immerse themselves in their roles. The lead role was played by Alexander Petrov, and I can say that his acting exceeded all my expectations. He brilliantly conveyed the inner conflict of his character.

**Interviewer:** The film has already won several awards at international film festivals. How do you assess the critical reception?

**Ivan Smirnov:** I am very happy that the film has been recognized by both critics and audiences. Every award is a great honor for the entire team. However, what matters most to me is that the story we told resonated with people's hearts. This is the main goal of cinema— to capture the audience's attention and make them think.

**Interviewer:** How do you see the future of cinema? What are you working on now?

**Ivan Smirnov:** I believe the future of cinema is in combining tradition with innovation. We must respect the foundations of cinema while not being afraid to experiment with new technologies and storytelling forms. I am currently working on a new project—it will be a science fiction film where we plan to use the most advanced technologies in special effects and animation.

**Interviewer:** That sounds intriguing! Thank you for the interesting interview. We wish you the best of luck with your new project.

**Ivan Smirnov:** Thank you! It was a pleasure to talk. I hope my new film will be enjoyed by the audience.

# 3.2 Visual Arts

## 3.2.1 Painting, Sculpture, and Photography

**абстракциони́зм** – abstract art Абстракциони́зм стреми́лся уйти́ от реалисти́ческих изображе́ний, фокуси́руясь на цве́те, фо́рме и ли́нии как на сре́дствах выраже́ния. Abstract art aimed to move away from realistic depictions, focusing on color, shape, and line as means of expression.

**акваре́ль** – watercolor Акваре́льные кра́ски растворя́ются в воде́ и испо́льзуются для созда́ния мя́гких, прозра́чных изображе́ний. Watercolors dissolve in water and are used to create soft, transparent images.

**акри́ловая кра́ска** – acrylic paint Худо́жник испо́льзовал акри́ловые кра́ски, что́бы дости́чь я́ркости и насы́щенности цве́та на полотне́. The artist used acrylic paint to achieve brightness and color saturation on the canvas.

**анализи́ровать/проанализи́ровать компози́цию** – to analyze composition Искусствове́д анализи́ровал компози́цию карти́ны, обраща́я внима́ние на бала́нс и симме́трию элеме́нтов. The art historian analyzed the painting's composition, focusing on the balance and symmetry of its elements.

**арт-инсталля́ция** – art installation Арт-инсталля́ция на вы́ставке привлека́ла внима́ние свое́й необы́чностью и интеракти́вностью. The art installation at the exhibition attracted attention with its originality and interactivity.

**арт-объе́кт** – art object Арт-объе́кт, вы́ставленный в галере́е, вы́звал оживлённые обсужде́ния среди́ посети́телей из-за свое́й необы́чной фо́рмы. The art object displayed in the gallery sparked lively discussions among visitors due to its unusual shape.

**бала́нс** – balance Бала́нс цвето́в и форм в карти́не создава́л ощуще́ние гармо́нии и споко́йствия. The balance of colors and forms in the painting created a sense of harmony and calm.

**барелье́ф** – bas-relief Барелье́ф на фаса́де зда́ния изобража́ет сце́ны из исто́рии го́рода. The bas-relief on the building's facade depicts scenes from the city's history.

**баро́кко** – baroque Баро́кко — это худо́жественный стиль, характе́рный для Евро́пы XVII ве́ка, отлича́ющийся пы́шностью и дина́микой фо́рм. Baroque is an artistic style characteristic of 17th-century Europe, known for its grandeur and dynamic forms.

**бро́нза** – bronze Ску́льптор отли́л свою́ после́днюю рабо́ту из бро́нзы, подчеркну́в мощь и си́лу фигу́ры. The sculptor cast his latest work in bronze, emphasizing the power and strength of the figure.

**бюст** – bust Бюст вели́кого писа́теля был устано́влен в музе́е, посвящённом его́ жи́зни и тво́рчеству. The bust of the great writer was installed in the museum dedicated to his life and work.

**вая́ть/сова́ять скульпту́ру** – to sculpt a statue Ску́льптор сова́ял фигу́ру из мра́мора, прида́в ей изя́щество и утончённость. The sculptor carved the figure out of marble, giving it elegance and refinement.

**вдохнове́ние** – inspiration Вдохнове́ние для своего́ сле́дующего произведе́ния худо́жник нашёл в приро́де и путеше́ствиях. The artist found inspiration for his next work in nature and travel.

**верниса́ж** – vernissage (opening of an exhibition) Верниса́ж — это торже́ственное откры́тие вы́ставки, на кото́ром прису́тствуют худо́жники и цени́тели иску́сства. A vernissage is the ceremonial opening of an exhibition attended by artists and art enthusiasts.

**воссоздава́ть/воссозда́ть нату́ру** – to recreate nature Худо́жник воссозда́л нату́ру на полотне́ с тако́й то́чностью, что каза́лось, бу́дто смо́тришь в окно́. The artist recreated nature on the canvas with such accuracy that it felt like looking out of a window.

**выража́ть/вы́разить эмо́ции че́рез иску́сство** – to express emotions through art Худо́жники выража́ют эмо́ции че́рез иску́сство, испо́льзуя цвет, фо́рму и ли́нию для переда́чи свои́х чувств. Artists express emotions through art, using color, form, and line to convey their feelings.

**вырезать из мрамора** – to carve out of marble Курс "Скульптура и резьба" предлагает студентам возможность вырезать фигуры из мрамора, изучая технику работы с этим классическим материалом. The "Sculpture and Carving" course offers students the opportunity to carve figures from marble, learning the techniques of working with this classic material.

**высокий рельеф** – high relief Высокий рельеф на стене храма привлекает внимание благодаря своей детализации и глубине. The high relief on the temple wall attracts attention with its detail and depth.

**выставка** – exhibition Выставка современных художников привлекла внимание большого количества зрителей и критиков. The exhibition of contemporary artists attracted the attention of a large number of viewers and critics.

**выставочный зал** – exhibition hall В выставочном зале представлено множество произведений искусства, от скульптур до фотографий. The exhibition hall features a wide range of artworks, from sculptures to photographs.

**галерея** – gallery Галерея представила работы известных художников, а также дала шанс молодым талантам. The gallery showcased works by renowned artists and gave an opportunity to emerging talents.

**глина** – clay Скульптор использовал глину неумело, и готовая работа выглядела грубой и незавершённой. The sculptor worked with clay clumsily, and the finished piece looked rough and incomplete.

**гравюра** – engraving Гравюра, выполненная мастером, передавала тонкие детали и текстуру сцены. The engraving, created by the master, conveyed the fine details and texture of the scene.

**гуашь** – gouache Художник предпочитал работать с гуашью, потому что она позволяет создавать насыщенные цвета и текстуры. The artist preferred to work with gouache because it allows for rich colors and textures.

**дадаизм** – dadaism Дадаизм был художественным движением, которое отвергало логику и традиционные нормы, используя абсурдные и провокационные образы. Dadaism was an art movement that rejected logic and traditional norms, using absurd and provocative imagery.

**делать/сделать черно-белые снимки** – to take black-and-white photos Фотограф решил сделать черно-белые снимки, чтобы акцентировать внимание

**на фо́рме и контра́сте.** The photographer decided to take black-and-white photos to emphasize shape and contrast.

**де́рево** – wood Ску́льптор вы́резал свою́ после́днюю рабо́ту из де́рева, придава́я материа́лу мя́гкость и теплоту́. The sculptor carved his latest work out of wood, giving the material a soft and warm quality.

**диало́г с зри́телем** – dialogue with the viewer Произведе́ние иску́сства вступа́ет в диало́г с зри́телем, побужда́я его́ заду́маться о смы́сле и интерпрети́ровать изображе́ние по-сво́ему. The artwork engages in a dialogue with the viewer, prompting them to reflect on its meaning and interpret the image in their own way.

**жа́нровая жи́вопись** – genre painting Жа́нровая жи́вопись ча́сто изобража́ет сце́ны из повседне́вной жи́зни, передава́я атмосфе́ру вре́мени. Genre painting often depicts scenes from everyday life, conveying the atmosphere of the era.

**жи́вопись** – painting Жи́вопись остаётся одни́м из са́мых вырази́тельных ви́дов иску́сства, позволя́ющим худо́жникам передава́ть свои́ эмо́ции и мы́сли че́рез цвет и фо́рму. Painting remains one of the most expressive forms of art, allowing artists to convey their emotions and thoughts through color and form.

**за́мысел** – concept За́мысел худо́жника был раскры́т че́рез компози́цию и испо́льзование си́мволов в его́ произведе́нии. The artist's concept was revealed through the composition and use of symbols in his work.

**занима́ться/заня́ться фотогра́фией** – to practice photography Е́сли вы хоти́те занима́ться фотогра́фией, начни́те с изуче́ния осно́в рабо́ты с ка́мерой и све́та. If you want to take up photography, start by learning the basics of working with a camera and lighting.

**запечатлева́ть/запечатле́ть моме́нт** – to capture a moment Фото́граф не смог запечатле́ть моме́нт с ну́жной эмоциона́льной глубино́й, и сни́мок получи́лся пло́ским и невырази́тельным. The photographer failed to capture the moment with the necessary emotional depth, and the shot turned out flat and uninspiring.

**изобрази́тельное иску́сство** – visual arts Изобрази́тельное иску́сство включа́ет в себя́ разли́чные фо́рмы, таки́е как жи́вопись, скульпту́ра и гра́фика, ка́ждая из кото́рых име́ет свои́ вырази́тельные сре́дства. Fine art includes various forms such as painting, sculpture, and graphic art, each with its own means of expression.

**импрессиони́зм** – impressionism Карти́на, напи́санная в сти́ле импрессиони́зма, передава́ла мимолётные моме́нты све́та и те́ни. The painting, done in the Impressionist style, captured fleeting moments of light and shadow.

**инсталля́ция** – installation Инсталля́ция в галере́е представля́ла собо́й уника́льное сочета́ние све́та, зву́ка и факту́ры. The installation in the gallery was a unique combination of light, sound, and texture.

**интерпрета́ция** – interpretation Ва́ша интерпрета́ция карти́ны мо́жет отлича́ться от а́вторской, поско́льку иску́сство откры́то для ли́чного восприя́тия. Your interpretation of the painting may differ from the artist's, as art is open to personal perception.

**искусствове́д** – art critic Искусствове́д подро́бно объясни́л значе́ние ка́ждой рабо́ты на вы́ставке, помога́я зри́телям лу́чше поня́ть её суть. The art historian explained the significance of each work at the exhibition in detail, helping the audience better understand its meaning.

**искусствове́дение** – art history Искусствове́дение изуча́ет исто́рию, тео́рию и кри́тику иску́сства, анализи́руя его́ разви́тие и влия́ние на культу́ру. Art history studies the history, theory, and criticism of art, analyzing its development and cultural impact.

**испо́льзовать есте́ственное освеще́ние** – to use natural lighting Худо́жник реши́л испо́льзовать есте́ственное освеще́ние, что́бы переда́ть атмосфе́ру ра́ннего у́тра в своём пейза́же. The artist decided to use natural light to capture the early morning atmosphere in his landscape.

**испо́льзовать сме́шанную те́хнику** – to use mixed media Худо́жник испо́льзовал сме́шанную те́хнику, комбини́руя акваре́ль и пасте́ль для созда́ния уника́льной факту́ры. The artist used mixed media, combining watercolor and pastel to create a unique texture.

**ка́мень** – stone Ску́льптор рабо́тал с ка́мнем, создава́я фигу́ры, кото́рые удивля́ли свое́й детализа́цией и про́чностью. The sculptor worked with stone, creating figures that amazed with their detail and durability.

**ка́мера** – camera Ка́мера, испо́льзованная для съёмки, позво́лила запечатле́ть мельча́йшие дета́ли и факту́ры. The camera used for the shoot captured even the smallest details and textures.

**картина** – painting Картина, напи́санная ма́слом, изобража́ла ти́хий вече́рний пейза́ж с не́жными отте́нками. The oil painting depicted a quiet evening landscape with gentle hues.

**карти́нная галере́я** – art gallery Карти́нная галере́я в це́нтре го́рода предста́вила колле́кцию рабо́т ме́стных худо́жников, привлека́я внима́ние люби́телей иску́сства. The art gallery in the city center showcased a collection of works by local artists, attracting art enthusiasts.

**кера́мика** – ceramics Кера́мика включа́ет созда́ние изде́лий из гли́ны, кото́рые зате́м обжига́ются и покрыва́ются глазу́рью. Ceramics involves creating objects from clay, which are then fired and glazed.

**кисть** – brush В ра́мках ку́рса "Осно́вы жи́вописи" студе́нты бу́дут изуча́ть разли́чные ви́ды кисте́й и их примене́ние в созда́нии тексту́р и дета́лей на холсте́. In the "Painting Basics" course, students will study different types of brushes and their use in creating textures and details on canvas.

**класси́ческая жи́вопись** – classical painting Класси́ческая жи́вопись в музе́е включа́ла рабо́ты мастеро́в эпо́хи Возрожде́ния. The classical paintings in the museum included works by Renaissance masters.

**колла́ж** – collage Худо́жник созда́л колла́ж, испо́льзуя фотогра́фии, вы́резки из журна́лов и факту́ры, что́бы переда́ть иде́ю фрагмента́ции и ха́оса. The artist created a collage using photographs, magazine clippings, and textures to convey the idea of fragmentation and chaos.

**колле́кция** – collection В колле́кции музе́я предста́влены шеде́вры иску́сства ра́зных эпо́х и сти́лей. The museum's collection features masterpieces of art from various eras and styles.

**компози́ция** – composition В ку́рсе "Компози́ция в изобрази́тельном иску́сстве" студе́нты нау́чатся стро́ить компози́цию свои́х рабо́т, учи́тывая бала́нс, пропо́рции и ритм. In the "Composition in Visual Arts" course, students will learn how to structure the composition of their works, considering balance, proportions, and rhythm.

**констру́кция** – structure Констру́кция архитекту́рного зда́ния должна́ быть не то́лько эстети́чески привлека́тельной, но и функциона́льной. The structure of an architectural building must be not only aesthetically pleasing but also functional.

**худо́жественная кри́тика** – art criticism Худо́жественная кри́тика по отноше́нию к э́той вы́ставке была́ кра́йне негати́вной, так как большинство́ рабо́т не смогли́ произвести́ до́лжного впечатле́ния. The art criticism of this exhibition was extremely negative, as most of the works failed to make a proper impact.

**критикова́ть/раскритикова́ть произведе́ние** – to critique a work Кри́тик раскритикова́л произведе́ние за его́ изли́шнюю абстра́ктность и отсу́тствие чёткой иде́и. The critic panned the work for being overly abstract and lacking a clear concept.

**куби́зм** – cubism Куби́зм нару́шил традицио́нные представле́ния о перспекти́ве, предлага́я но́вый взгляд на фо́рму и простра́нство. Cubism broke with traditional notions of perspective, offering a new way of looking at form and space.

**кура́тор** – curator Кура́тор вы́ставки отобра́л рабо́ты, кото́рые лу́чше всего́ отража́ют те́му совреме́нного иску́сства. The curator of the exhibition selected works that best reflect the theme of contemporary art.

**ле́пка** – modeling Ле́пка из гли́ны была́ осно́вой тво́рчества ску́льптора, кото́рый создава́л свои́ рабо́ты пе́ред тем, как вы́резать их из ка́мня. Clay modeling was the basis of the sculptor's creativity, as he created his works before carving them out of stone.

**ли́ния** – line Ли́ния на карти́не вела́ взгляд зри́теля от одного́ элеме́нта к друго́му, создава́я ощуще́ние движе́ния. The line in the painting guided the viewer's eye from one element to another, creating a sense of movement.

**литьё** – casting Литьё бы́ло вы́полнено с гру́быми оши́бками, и скульпту́ра потеря́ла часть свои́х дета́лей, что си́льно уху́дшило её вне́шний вид. The casting was done with coarse errors, and the sculpture lost some of its details, greatly diminishing its appearance.

**макрофотогра́фия** – macro photography Макрофотогра́фия в э́той вы́ставке была́ вы́полнена без до́лжной детализа́ции, что привело́ к поте́ре вырази́тельности и уника́льности рабо́т. The macro photography in this exhibition lacked proper detail, leading to a loss of expressiveness and uniqueness in the works.

**ма́сляная жи́вопись** – oil painting Ма́сляная жи́вопись позволя́ет худо́жникам создава́ть многосло́йные и насы́щенные изображе́ния благодаря́ ме́дленному высыха́нию кра́сок. Oil painting allows artists to create multi-layered and rich images due to the slow drying of the paints.

**масшта́б** – scale Масшта́б карти́ны впечатля́л, охва́тывая всю сте́ну вы́ставочного за́ла. The scale of the painting was impressive, covering an entire wall of the exhibition hall.

**минимали́зм** – minimalism Минимали́зм в иску́сстве стреми́тся к упроще́нию фо́рмы и цве́та, сосредота́чиваясь на су́ти объе́кта. Minimalism in art seeks to simplify form and color, focusing on the essence of the object.

**моде́рн** – art nouveau Иску́сство моде́рна отлича́лось пла́вными ли́ниями и декорати́вными элеме́нтами, кото́рые бы́ли популя́рны в конце́ XIX и нача́ле XX ве́ка. Art Nouveau was characterized by flowing lines and decorative elements that were popular in the late 19th and early 20th centuries.

**мольбе́рт** – easel Студе́нты ку́рса "Осно́вы жи́вописи" бу́дут рабо́тать за мольбе́ртами, изуча́я те́хники сме́шивания кра́сок и созда́ния компози́ции на холсте́. Students in the "Fundamentals of Painting" course will work on easels, learning techniques for mixing paints and creating compositions on canvas.

**монуме́нт = па́мятник** – monument Курс "Монумента́льная скульпту́ра" предлага́ет студе́нтам изуче́ние истори́ческих и совреме́нных подхо́дов к созда́нию больши́х скульпту́рных объе́ктов и па́мятников. The "Monumental Sculpture" course offers students the study of historical and contemporary approaches to creating large sculptural objects and monuments.

**мра́мор** – marble Мра́мор испо́льзовался скульпторами на протяже́нии веко́в благодаря́ его́ про́чности и спосо́бности уде́рживать ме́лкие дета́ли. Marble has been used by sculptors for centuries due to its durability and ability to hold fine details.

**музе́й** – museum Музе́й иску́сств откры́л но́вую вы́ставку, посвящённую совреме́нным худо́жникам, и она́ вы́звала большо́й интере́с у пу́блики. The art museum opened a new exhibition dedicated to contemporary artists, which sparked great interest among the public.

**натюрмо́рт** – still life Натюрмо́рт, изобража́ющий цветы́ и фру́кты, был вы́полнен в я́рких кра́сках и передава́л ощуще́ние изоби́лия. The still life depicting flowers and fruits was painted in bright colors and conveyed a sense of abundance.

**объекти́в** – lens Фото́граф вы́брал широ́кий объекти́в, что́бы захвати́ть весь масшта́б сце́ны и переда́ть атмосфе́ру моме́нта. The photographer chose a wide-angle lens to capture the full scale of the scene and convey the atmosphere of the moment.

**объём** – volume Ску́льптор прида́л фигу́ре тако́й объём, что она́ каза́лась живо́й и дви́жущейся. The sculptor gave the figure such volume that it appeared alive and in motion.

**открыва́ть/откры́ть вы́ставку** – to open an exhibition Худо́жник с го́рдостью откры́л свою́ персона́льную вы́ставку, представля́я но́вые рабо́ты пу́блике. The artist proudly opened his solo exhibition, presenting new works to the public.

**пали́тра** – palette Пали́тра худо́жника была́ ограни́ченной и лишённой разнообра́зия, что сде́лало его́ рабо́ты моното́нными и ску́чными. The artist's palette was limited and lacked variety, making his works monotonous and dull.

**пасте́ль** – pastel Худо́жник испо́льзовал пасте́ль для созда́ния мя́гких перехо́дов цвето́в и не́жных отте́нков в пейза́же. The artist used pastels to create soft color transitions and delicate shades in the landscape.

**пейза́ж** – landscape Пейза́ж, изображённый на карти́не, отража́л всю красоту́ приро́ды в её первозда́нном ви́де. The landscape depicted in the painting reflected the beauty of nature in its pristine state.

**пейза́жная фотогра́фия** – landscape photography Пейза́жная фотогра́фия, сде́ланная во вре́мя зака́та, показа́ла всю красоту́ приро́ды в её первозда́нном ви́де. The landscape photograph taken at sunset showcased the beauty of nature in its pristine form.

**перспекти́ва** – perspective Перспекти́ва на карти́не была́ вы́полнена так мастерски́, что создава́лось ощуще́ние глубины́ и простра́нства. The perspective in the painting was executed so skillfully that it created a sense of depth and space.

**писа́ть/написа́ть ма́слом** – to paint with oil Худо́жник предпочита́л писа́ть ма́слом, поско́льку э́то позволя́ло ему́ создава́ть насы́щенные и многосло́йные изображе́ния. The artist preferred to paint with oils as it allowed him to create rich and multi-layered images.

**пока́з** – display Пока́з совреме́нных рабо́т привлёк мно́жество зри́телей, заинтересо́ванных в нове́йших тенде́нциях иску́сства. The exhibition of contemporary works attracted many viewers interested in the latest art trends.

**полотно́** – canvas Худо́жник вы́брал большо́е полотно́ для свое́й рабо́ты, чтобы переда́ть вели́чие приро́ды в по́лном масшта́бе. The artist chose a large canvas for his work to convey the grandeur of nature on a full scale.

**получа́ть/получи́ть призна́ние** – to gain recognition Рабо́та молодо́го худо́жника получи́ла призна́ние на междунаро́дной вы́ставке и привлекла́ внима́ние коллекционе́ров. The young artist's work received recognition at an international exhibition and attracted the attention of collectors.

**поп-арт** – pop art Поп-арт черпал вдохновение из массовой культуры и использовал яркие цвета и узнаваемые образы. Pop art drew inspiration from mass culture, using bright colors and recognizable images.

**портрет** – portrait Портрет был настолько живым, что казалось, будто изображённый человек вот-вот заговорит. The portrait was so lifelike that it seemed as though the person depicted might start speaking at any moment.

**портретная фотография** – portrait photography Портретная фотография позволяет запечатлеть индивидуальность человека через его выражение лица и позу. Portrait photography captures a person's individuality through their facial expression and pose.

**постановочная фотография** – staged photography Постановочная фотография требует тщательной подготовки и контроля всех элементов сцены для создания нужного эффекта. Staged photography requires careful preparation and control of all scene elements to create the desired effect.

**постимпрессионизм** – post-impressionism Постимпрессионизм оказал большое влияние на развитие модернизма в живописи. Post-impressionism had a significant impact on the development of modernism in painting.

**представлять/представить арт-объект** – to showcase an art object Художник готовился представить свой арт-объект на международной выставке. The artist was preparing to present his art object at an international exhibition.

**представлять/представить работу на выставке** – to present work at an exhibition Художник представил свою работу на выставке, которая была посвящена абстрактному искусству. The artist showcased his work at an exhibition dedicated to abstract art.

**пространство** – space Художник мастерски использовал пространство на холсте, чтобы создать иллюзию глубины и движения. The artist skillfully used space on the canvas to create the illusion of depth and motion.

**работать/поработать в студии** – to work in a studio Художник много работал в студии, создавая свои картины и экспериментируя с новыми техниками. The artist spent a lot of time working in the studio, creating his paintings and experimenting with new techniques.

**работать/поработать с глиной** – to work with clay В рамках курса "Керамика" студенты будут работать с глиной, изучая различные техники лепки и создания керамических изделий. In the "Ceramics" course, students will work with clay, learning various modeling techniques and creating ceramic items.

**ракурс** – angle (viewpoint) Фотограф выбрал необычный ракурс, чтобы показать здание с новой, неожиданной стороны. The photographer chose an unusual angle to show the building from a new, unexpected perspective.

**реализм** – realism Реализм как направление в живописи стремился изображать повседневную жизнь с максимальной точностью и без идеализации. Realism as an art movement aimed to depict everyday life with maximum accuracy and without idealization.

**резьба** – carving Резьба по камню требовала от мастера огромного терпения и точности в работе. Stone carving required the master to have immense patience and precision in his work.

**ренессанс** – renaissance Искусство ренессанса ознаменовало возрождение классических идеалов красоты и гармонии в Европе. Renaissance art marked the revival of classical ideals of beauty and harmony in Europe.

**репортажная фотография** – photojournalism Репортажная фотография на выставке не передала драматизм событий, оставив зрителей равнодушными к изображённым сценам. The photojournalism on display failed to convey the drama of the events, leaving viewers indifferent to the scenes depicted.

**ретушь** – retouching Фотограф завершил ретушь портрета, чтобы добиться идеального баланса света и теней. The photographer completed the retouching of the portrait to achieve the perfect balance of light and shadow.

**рецензия** – review Рецензия на выставку была написана с акцентом на оригинальность и новаторство представленных работ. The review of the exhibition was written with a focus on the originality and innovation of the works presented.

**романтизм** – romanticism Романтизм в искусстве часто выражал идеализацию природы и сильные эмоции, что отразилось в живописи и скульптуре того времени. Romanticism in art often expressed the idealization of nature and strong emotions, which were reflected in the painting and sculpture of the time.

**свет** – lighting Свет играет ключевую роль в фотографии, влияя на настроение и восприятие изображения. Light plays a key role in photography, affecting the mood and perception of the image.

**скульптор** – sculptor Скульптор не смог передать характер и динамику в своей работе, из-за чего она выглядела статичной и безжизненной. The sculptor failed to convey character and dynamism in his work, making it appear static and lifeless.

**скульптура** – sculpture Скульптура древнего воина была выполнена с удивительной точностью и реализмом. The sculpture of the ancient warrior was created with remarkable precision and realism.

**смешанная техника** – mixed media Художник использовал смешанную технику, сочетая акварель, акрил и коллаж в одном произведении. The artist used mixed media, combining watercolor, acrylic, and collage in a single work.

**снимок** – snapshot, shot Фотограф сделал снимок заката, который выглядел как настоящее произведение искусства. The photographer took a shot of the sunset that looked like a true work of art.

**современное искусство** – contemporary art Современное искусство часто вызывает противоречивые реакции, так как оно стремится выйти за рамки традиционных форм и стилей. Contemporary art often provokes mixed reactions as it seeks to push beyond traditional forms and styles.

**создавать/создать картину** – to create a painting Художник создавал картину в течение нескольких месяцев, тщательно прорабатывая каждую деталь. The artist worked on the painting for several months, carefully refining every detail.

**ставить/поставить свет для съёмки** – to set up lighting for a shoot Фотограф поставил свет для съёмки так, чтобы подчеркнуть текстуру и форму предмета. The photographer set up the lighting for the shoot to highlight the texture and shape of the object.

**статуя** – statue Статуя на площади была посвящена важному историческому событию и стала символом города. The statue in the square was dedicated to an important historical event and became a symbol of the city.

**студийная съёмка** – studio shooting Студийная съёмка требует тщательной настройки света и выбора фона для получения качественного изображения. Studio photography requires careful lighting setup and background selection to produce a high-quality image.

**сюрреализм** – surrealism Сюрреализм, с его необычными образами и нарушением логики, остаётся популярным направлением в искусстве. Surrealism, with its unusual imagery and defiance of logic, remains a popular art movement.

**текстура** – texture Художник использовал текстуру краски, чтобы придать картине дополнительную глубину и выразительность. The artist used the texture of the paint to give the painting additional depth and expressiveness.

**темпера** – tempera В древности темпера была одним из основных материалов для создания икон и фресок. In ancient times, tempera was one of the main materials used for creating icons and frescoes.

**фокусировка** – focus Курс "Техника фотографии" охватывает такие темы, как правильная фокусировка и глубина резкости при съёмке в различных условиях освещения. The "Photography Techniques" course covers topics such as proper focusing and depth of field when shooting in various lighting conditions.

**форма** – form Курс "Дизайн и форма" помогает студентам развить понимание геометрических форм и их использования в создании гармоничных художественных произведений. The "Design and Form" course helps students develop an understanding of geometric shapes and their use in creating harmonious artworks.

**фотограф** – photographer Фотограф специализируется на пейзажной съёмке и известен своими впечатляющими изображениями природы. The photographer specializes in landscape photography and is known for his stunning images of nature.

**фотография** – photography Фотография была слишком обыденной и не выделялась среди других работ, что не позволило ей получить должного внимания. The photograph was too ordinary and didn't stand out among the other works, preventing it from gaining the attention it deserved.

**фотоплёнка** – film (traditional) Фотоплёнка используется для съёмки изображений на аналоговых камерах, требующих последующей обработки в тёмной комнате. Film is used to capture images on analog cameras, requiring subsequent development in a darkroom.

**фотосессия** – photoshoot Фотосессия прошла в студии, где фотограф использовал различное освещение для создания нужного настроения. The photo shoot took place in a studio where the photographer used various lighting setups to create the desired mood.

**футуризм** – futurism Футуризм был авангардным движением, которое стремилось передать динамику и скорость современного мира. Futurism was an avant-garde movement that aimed to convey the dynamism and speed of the modern world.

**холст** – canvas Художник натянул новый холст на подрамник перед началом работы над картиной. The artist stretched a new canvas on the frame before starting work on the painting.

**художник** – artist, painter Художник работал над созданием портрета, используя традиционные масляные краски. The artist was working on a portrait using traditional oil paints.

**цветная фотография** – color photography Цветная фотография передаёт все нюансы цвета и может передать атмосферу сцены более полно. Color photography captures all the nuances of color and can convey the atmosphere of a scene more fully.

**цветовая гамма** – color scheme Цветовая гамма картины была плохо сбалансирована, и цвета казались несочетаемыми, что испортило общее впечатление от работы. The color scheme of the painting was poorly balanced, with the colors clashing, which ruined the overall impression of the work.

**цифровая фотография** – digital photography Цифровая фотография позволяет мгновенно редактировать и обрабатывать изображения, что открыло новые возможности для творчества. Digital photography allows for instant editing and processing of images, opening up new creative possibilities.

**черно-белая фотография** – black-and-white photography Чёрно-белая фотография подчёркивает контраст света и тени, создавая драматическое впечатление. Black-and-white photography emphasizes the contrast between light and shadow, creating a dramatic effect.

**экспозиция** – exhibition (display) Экспозиция выставки была продумана таким образом, чтобы максимально раскрыть тему через произведения искусства. The exhibition was designed to fully explore the theme through works of art.

**экспрессионизм** – expressionism Экспрессионизм возник в начале 20-го века и выражал внутренние эмоции и психологическое состояние автора через искусство. Expressionism emerged in the early 20th century, expressing the artist's inner emotions and psychological state through art.

**эскиз** – sketch Эскиз картины выглядел сырым и недоработанным, что затрудняло восприятие основной идеи художника. The sketch of the painting looked raw and unfinished, making it difficult to grasp the artist's main idea.

**эстéтика** – aesthetics Эстéтика произведéния заключáлась в сочетáнии простоты́ ли́ний и я́ркости цветóв. The aesthetics of the work lay in the combination of simple lines and vibrant colors.

**эффéкт бóке** – bokeh effect Фотóграф испóльзовал эффéкт бóке, чтóбы вы́делить глáвный объéкт на фóне размы́того изображéния. The photographer used the bokeh effect to highlight the main subject against a blurred background.

## 3.2.1.1 Mini-Articles

Track **66**

### 1. Вы́ставка Абстракциони́зма в Музéе Совремéнного Искýсства

В Музéе Совремéнного Искýсства в Санкт-Петербýрге откры́лась нóвая вы́ставка, посвящённая абстракциони́зму. Экспози́ция включáет бóлее 50 арт-объéктов, сóзданных извéстными росси́йскими и зарубéжными худóжниками. Компози́ции карти́н поражáют разнообрáзием цветовы́х гамм и нестандáртных форм, что позволя́ет зри́телям по-нóвому взгляну́ть на совремéнное искýсство. Осóбое внимáние привлекáет рабóта Ивáна Петрóва, вы́полненная в смéшанной тéхнике, где испóльзованы акри́ловые крáски и коллáж. Искусствовéды отмечáют, что э́та вы́ставка стáнет вáжным собы́тием в ми́ре искýсства и полу́чит широ́кое признáние.

### 1. Exhibition of Abstract Art at the Museum of Modern Art

A new exhibition dedicated to abstract art has opened at the Museum of Modern Art in St. Petersburg. The exposition includes over 50 art objects created by well-known Russian and international artists. The compositions of the paintings are striking in their variety of color schemes and unconventional forms, allowing viewers to see modern art in a new light. Particular attention is drawn to the work of Ivan Petrov, created using a mixed technique, where acrylic paints and collage are used. Art critics note that this exhibition will become an important event in the art world and will receive widespread recognition.

### 2. Скульпту́рный Вернисáж: Вая́ние в Кáмне и Брóнзе

На э́той недéле в Москвé прошёл вернисáж скульпту́р, где мáстера предстáвили свои́ рабóты, вы́полненные в брóнзе и мрáморе. Вы́ставка включáла разли́чные жáнры, от класси́ческого барóкко до модéрна. Скýльптор Анна Ивáнова показáла нóвую стáтую, котóрую онá создавáла бóлее гóда, вырезáя кáждую детáль из кáмня с большóй тóчностью. Осóбый интерес вызвал бюст, выполненный в технике высокого рельефа, который воссоздаёт натуру с поразительной реалистичностью. Мероприятие привлекло большое количество посетителей, и многие работы уже нашли своих покупателей.

## 2. Sculpture Vernissage: Carving in Stone and Bronze

This week, a sculpture vernissage was held in Moscow, where artists presented their works made of bronze and marble. The exhibition included various genres, from classical Baroque to Modernism. Sculptor Anna Ivanova showcased a new statue she had been working on for over a year, carving each detail from stone with great precision. A special interest was sparked by a bust made in the high relief technique, which recreates nature with stunning realism. The event attracted a large number of visitors, and many works have already found their buyers.

## 3. Пейзажная Фотография: Новые Горизонты

Известный фотограф Алексей Сидоров представил свою новую коллекцию пейзажной фотографии в галерее «АртДом». Выставка включает снимки, сделанные в самых удалённых уголках планеты, от заснежённых гор до бескрайних пустынь. Фотограф умело использует естественное освещение и продуманный ракурс, чтобы передать всю красоту и величие природы. Особенно впечатляет серия макрофотографий, где каждая деталь ландшафта видна с удивительной чёткостью. Коллекция получила положительные рецензии от искусствоведов и стала настоящим событием в мире фотографии.

## 3. Landscape Photography: New Horizons

Renowned photographer Alexey Sidorov presented his new collection of landscape photography at the ArtDom gallery. The exhibition features shots taken in the most remote corners of the planet, from snow-capped mountains to endless deserts. The photographer skillfully uses natural lighting and thoughtful angles to convey the beauty and grandeur of nature. Especially impressive is the series of macro photographs, where every detail of the landscape is captured with incredible clarity. The collection received positive reviews from art critics and became a significant event in the world of photography.

## 4. Портретная Живопись: Выражение Эмоций на Холсте

На выставке в Третьяковской галерее была представлена коллекция портретной живописи разных эпох, начиная с ренессанса и заканчивая современным искусством. Художники использовали различные техники, включая масляную живопись и акварель, чтобы передать индивидуальность каждого изображённого на холсте. Особое внимание привлёк портрет работы Екатерины Волковой, выполненный в стиле реализма, где каждая линия и текстура кожи создают ощущение живого присутствия. Искусствоведы отметили, что этот портрет является примером мастерства, где художник сумел выразить эмоции через искусство.

## 4. Portrait Painting: Expressing Emotions on Canvas

A collection of portrait paintings from various eras, ranging from the Renaissance to modern art, was presented at an exhibition in the Tretyakov Gallery. The artists used various techniques, including oil painting and watercolor, to convey the individuality of each person depicted on the canvas. Special attention was drawn to a portrait by Ekaterina Volkova, created in the style of Realism, where every line and texture of the skin creates a sense of living presence. Art critics noted that this portrait is an example of mastery, where the artist successfully expressed emotions through art.

## 5. Арт-Инсталляция в Парке Горького: Диалог с Зрителем

В Парке Горького открылась уникальная арт-инсталляция, созданная группой современных художников. Этот арт-объект представляет собой серию конструкций и инсталляций, которые приглашают зрителей к диалогу с искусством. Одим из центральных элементов является гигантская скульптура, выполненная из дерева и металла, которая символизирует единство природы и человека. Инсталляция получила высокие оценки за свою оригинальность и инновационный подход к воссозданию натуры. Посетители могут не только наблюдать за искусством, но и взаимодействовать с ним, что делает выставку особенно привлекательной для широкой публики.

## 5. Art Installation in Gorky Park: A Dialogue with the Viewer

A unique art installation created by a group of contemporary artists has opened in Gorky Park. This art object represents a series of constructions and installations that invite viewers to engage in a dialogue with art. One of the central elements is a giant sculpture made of wood and metal, symbolizing the unity of nature and humanity. The installation received high praise for its originality and innovative approach to recreating nature. Visitors can not only observe the art but also interact with it, making the exhibition especially appealing to a wide audience.

## 3.2.1.2 Critics' Reviews

**Рецензии Критиков: Звёзды Искусства и Неудачные Эксперименты**

**1. Положительный Отзыв: «Летний Пейзаж» Алексея Воронова**

Оценка: ★★★★★ (5/5)

Картина Алексея Воронова «Летний Пейзаж» представляет собой великолепный образец современной пейзажной живописи. Художник использовал масляные краски и тонкую кисть для создания потрясающего изображения природы. Композиция произведения удивляет своей гармонией и продуманным ракурсом, а мягкие переходы цветовой гаммы создают ощущение спокойствия и умиротворения. Особенно стоит отметить мастерство художника в передаче естественного освещения, благодаря чему сцена выглядит живой и реалистичной. Эта работа Алексея Воронова безусловно заслуживает признания и станет ярким дополнением любой коллекции.

**2. Отрицательный Отзыв: «Абстрактная Композиция» Ольги Смирновой**

Оценка: ★★☆☆☆ (2/5)

К сожалению, последняя работа Ольги Смирновой, названная «Абстрактная Композиция», оставляет желать лучшего. Хотя художница использовала смешанную технику и яркие акриловые краски, результат выглядит хаотично и лишённым смысла. В отличие от её предыдущих работ, эта композиция кажется незавершённой, с неясным замыслом и слабым балансом элементов. Критики отмечают, что Смирновой не удалось создать визуально привлекательное произведение, и многие задаются вопросом, куда исчезло её былое мастерство. Возможно, художнице стоит пересмотреть свой подход к абстракционизму и вернуться к более структурированным формам.

**3. Положительный Отзыв: Скульптура «Вечная Гармония» Михаила Иванова**

Оценка: ★★★★☆ (4/5)

Скульптура Михаила Иванова «Вечная Гармония» — это впечатляющая работа, которая заслуживает внимания. Выполненная из бронзы, эта работа демонстрирует высокий уровень мастерства художника в ваянии. Форма и ли́нии скульпту́ры элега́нтны, и создаю́т ощуще́ние движе́ния и гармо́нии. Одна́ко не́которым зри́телям мо́жет не хвата́ть глубины́ символи́зма, и это ограни́чивает по́лное восприя́тие рабо́ты. Тем не ме́нее, скульпту́ра получи́ла заслу́женные высо́кие оце́нки на междунаро́дных вы́ставках и подтвержда́ет ста́тус Михаи́ла Ива́нова как одного́ из выдаю́щихся ску́льпторов совреме́нности.

Оце́нка: ★★☆☆☆ (2/5)

## 4. Отрица́тельный Отзыв: Фотографи́ческая се́рия «Городски́е Сны» Ксе́нии Петро́вой

Фотографи́ческая се́рия «Городски́е Сны» Ксе́нии Петро́вой, к сожале́нию, не оправда́ла ожида́ний. Хотя назва́ние обеща́ет интере́сное иссле́дование городско́й жи́зни, сни́мки Петро́вой вы́глядят сли́шком обы́денно и лишёнными креати́вности. Фото́граф, похо́же, не смогла́ найти́ уда́чные раку́рсы и интере́сные перспекти́вы, чтобы по-настоя́щему переда́ть атмосфе́ру го́рода. Компози́ция большинства́ фотогра́фий вы́глядит небре́жной, а свет испо́льзован недоста́точно проду́манно. В результа́те се́рия оставля́ет впечатле́ние незако́нченности и тре́бует дорабо́тки, чтобы соотве́тствовать у́ровню профессиона́льной фотогра́фии.

## 5. Положи́тельный Отзыв: «Весе́нний Натюрмо́рт» Мари́и Кузнецо́вой

Оце́нка: ★★★★★ (5/5)

«Весе́нний Натюрмо́рт» Мари́и Кузнецо́вой — это настоя́щее произведе́ние иску́сства, кото́рое ра́дует глаз и ду́шу. Худо́жница мастерски́ испо́льзует акваре́ль для переда́чи я́ркости и све́жести весе́нних цвето́в. Компози́ция карти́ны прекра́сно сбаланси́рована, ка́ждая дета́ль проду́мана до мелоче́й. Цветова́я га́мма вы́брана идеа́льно — не́жные пасте́льные тона́ создаю́т ощуще́ние лёгкости и ра́дости. Эта рабо́та Мари́и Кузнецо́вой демонстри́рует её высо́кий профессионали́зм и спосо́бность вы́разить эмо́ции че́рез иску́сство. Кри́тики и зри́тели единоду́шно восхища́ются э́той карти́ной, отмеча́я её как одно́ из лу́чших произведе́ний сезо́на.

# Critics' Reviews: Art Stars and Unsuccessful Experiments

## 1. Positive Review: *Summer Landscape* by Alexey Voronov

Rating: ★★★★★ (5/5)

The painting *Summer Landscape* by Alexey Voronov is a magnificent example of modern landscape painting. The artist used oil paints and a delicate brush to create a stunning depiction of nature. The composition of the piece is striking in its harmony and thoughtful perspective, while the soft transitions in the color scheme evoke a sense of peace and tranquility. Particularly noteworthy is the artist's skill in conveying natural lighting, which makes the scene look alive and realistic. This work by Alexey Voronov undoubtedly deserves recognition and will be a bright addition to any collection.

## 2. Negative Review: *Abstract Composition* by Olga Smirnova

Rating: ★★☆☆☆ (2/5)

Unfortunately, Olga Smirnova's latest work, titled *Abstract Composition*, leaves much to be desired. Although the artist used mixed media and vibrant acrylic paints, the result looks chaotic and lacking in meaning. Unlike her previous works, this composition seems unfinished, with an unclear concept and weak balance of elements. Critics note that Smirnova failed to create a visually appealing piece, and many are questioning where her former skill has gone. Perhaps the artist should reconsider her approach to abstraction and return to more structured forms.

## 3. Positive Review: Sculpture *Eternal Harmony* by Mikhail Ivanov

Rating: ★★★★☆ (4/5)

The sculpture *Eternal Harmony* by Mikhail Ivanov is an impressive work that deserves attention. Crafted from bronze, this piece showcases the artist's high level of skill in sculpting. The form and lines of the sculpture are elegant, creating a sense of movement and harmony. However, some viewers might feel that the symbolism lacks depth, which limits the full appreciation of the work. Nonetheless, the sculpture has rightfully received high praise at international exhibitions and confirms Mikhail Ivanov's status as one of the prominent sculptors of our time.

Rating: ★★☆☆☆ (2/5)

## 4. Negative Review: Photographic Series *Urban Dreams* by Ksenia Petrova

The photographic series *Urban Dreams* by Ksenia Petrova, unfortunately, did not live up to expectations. Although the title promises an intriguing exploration of urban life, Petrova's shots look too ordinary and lack creativity. The photographer seems to have failed to find suitable angles and interesting perspectives to truly capture the atmosphere of the city. The composition of most photographs looks careless, and the lighting is insufficiently considered.

As a result, the series leaves an impression of incompleteness and needs further refinement to meet the level of professional photography.

### 5. Positive Review: *Spring Still Life* by Maria Kuznetsova

Rating: ★★★★★ (5/5)

*Spring Still Life* by Maria Kuznetsova is a true work of art that pleases both the eye and the soul. The artist masterfully uses watercolors to convey the brightness and freshness of spring flowers. The composition of the painting is perfectly balanced, with every detail thoughtfully executed. The color scheme is chosen flawlessly—delicate pastel tones create a sense of lightness and joy. This work by Maria Kuznetsova demonstrates her high professionalism and ability to express emotions through art. Critics and viewers alike are unanimous in their admiration of this painting, noting it as one of the best works of the season.

## 3.2.2 Graphic Design and Illustration

Track **68**

**абстра́ктная иллюстра́ция** – abstract illustration Абстра́ктная иллюстра́ция позволя́ет передава́ть иде́и и эмо́ции без испо́льзования конкре́тных о́бразов. Abstract illustration allows conveying ideas and emotions without using specific images.

**акваре́льная иллюстра́ция** – watercolor illustration Акваре́льная иллюстра́ция придаёт изображе́нию мя́гкость и прозра́чность, создава́я лёгкие перехо́ды цве́та. Watercolor illustration gives the image a softness and transparency, creating smooth color transitions.

**бре́ндинг** – branding По́лный бре́ндинг включа́л разрабо́тку логоти́па, фи́рменного сти́ля и элеме́нтов визуа́льной коммуника́ции. The complete branding included the development of a logo, corporate identity, and visual communication elements.

**векториза́ция изображе́ний** – image vectorization Векториза́ция изображе́ний позволя́ет переводи́ть ра́стровые карти́нки в ве́кторный форма́т для масштаби́руемости без поте́ри ка́чества. Image vectorization allows converting raster images into vector format for scalability without loss of quality.

**ве́кторная гра́фика** – vector graphics Ве́кторная гра́фика, испо́льзованная в прое́кте, позво́лила сохрани́ть чёткость изображе́ния при масштаби́ровании, но кри́тики отме́тили её изли́шнюю стери́льность. The vector graphics used in the project maintained image clarity when scaled, but critics noted its excessive sterility.

**ве́кторный реда́ктор** – vector editor Диза́йнер испо́льзовал ве́кторный реда́ктор для созда́ния логоти́па, кото́рый до́лжен был вы́глядеть чётко на

**любо́м разме́ре.** The designer used a vector editor to create a logo that would look sharp at any size.

**визуа́льная коммуника́ция** – visual communication В ра́мках ку́рса «Визуа́льная коммуника́ция» студе́нты изуча́ют, как эффекти́вно передава́ть иде́и и сообще́ния че́рез изображе́ния и графи́ческие элеме́нты. In the "Visual Communication" course, students learn how to effectively convey ideas and messages through images and graphic elements.

**визуа́льный стиль** – visual style Визуа́льный стиль прое́кта оказа́лся непосле́довательным и не соотве́тствовал целево́й аудито́рии, что вы́звало негати́вную реа́кцию. The visual style of the project was inconsistent and didn't align with the target audience, leading to a negative response.

**визуа́льный стори́теллинг** – visual storytelling Визуа́льный стори́теллинг был сла́бым, и сюже́т оста́лся непоня́тным для зри́телей, что сни́зило влия́ние прое́кта. The visual storytelling was weak, leaving the plot unclear to viewers and reducing the project's impact.

**выбира́ть/вы́брать шрифт** – to choose a font Диза́йнер до́лго выбира́л шрифт, кото́рый лу́чше всего́ подошёл бы для заголо́вка. The designer spent a long time choosing a font that would best suit the headline.

**вы́резать и вставля́ть** – to cut and paste Диза́йнер вы́резал элеме́нты из одного́ изображе́ния и вста́вил их в друго́е, что́бы созда́ть уника́льный колла́ж. The designer cut elements from one image and pasted them into another to create a unique collage.

**гармо́ния** – harmony В прое́кте не́ было дости́гнуто гармо́нии ме́жду цвета́ми и фо́рмами, что сде́лало диза́йн неприя́тным для глаз. The project failed to achieve harmony between colors and shapes, making the design unpleasant to look at.

**гранж** – grunge Гранж в диза́йне характеризу́ется гру́быми текстура́ми, асимметри́ей и испо́льзованием тёмных цвето́в. Grunge in design is characterized by rough textures, asymmetry, and the use of dark colors.

**графи́тный рису́нок** – graphite drawing Худо́жник созда́л графи́тный рису́нок, подчёркивая игру́ све́та и те́ни на пове́рхности объе́кта. The artist created a graphite drawing, emphasizing the play of light and shadow on the object's surface.

**графи́ческий диза́йн** – graphic design Графи́ческий диза́йн включа́ет в себя́ созда́ние визуа́льных конце́пций для переда́чи иде́й че́рез изображе́ния и

**текст.** Graphic design involves creating visual concepts to convey ideas through images and text.

**графи́ческий планше́т** – graphics tablet Худо́жник испо́льзовал графи́ческий планше́т для созда́ния детализи́рованных иллюстра́ций, кото́рые по́зже бы́ли включены́ в анима́цию. The artist used a graphic tablet to create detailed illustrations that were later included in the animation.

**графи́ческий файл** – graphic file Ле́кция «Форма́ты графи́ческих фа́йлов» охва́тывает ра́зные ти́пы фа́йлов и их испо́льзование в разли́чных диза́йнерских прое́ктах. The "Graphic File Formats" lecture covers different file types and their use in various design projects.

**де́лать/сде́лать набро́ски** – to make sketches Пе́ред нача́лом рабо́ты над иллюстра́цией худо́жник сде́лал не́сколько набро́сков, что́бы определи́ть компози́цию. Before starting work on the illustration, the artist made several sketches to determine the composition.

**диза́йн** – design Курс «Осно́вы диза́йна» предоставля́ет студе́нтам зна́ния о при́нципах компози́ции, цвета́ и шрифта́ для созда́ния визуа́льно привлека́тельных прое́ктов. The "Design Fundamentals" course provides students with knowledge of composition, color, and typography principles to create visually appealing projects.

**диза́йн веб-са́йта** – web design Диза́йн веб-са́йта до́лжен учи́тывать удо́бство по́льзователя, визуа́льную привлека́тельность и функциона́льность. Website design must take into account user convenience, visual appeal, and functionality.

**диза́йн ико́нок** – icon design Для моби́льного приложе́ния диза́йнер разрабо́тал просто́й и интуити́вно поня́тный диза́йн ико́нок. The designer developed a simple and intuitive icon design for the mobile app.

**диза́йн по́льзовательского интерфе́йса** – user interface (ui) design В ку́рсе «Диза́йн по́льзовательского интерфе́йса» студе́нты изуча́ют, как создава́ть интуити́вные и привлека́тельные интерфе́йсы для приложе́ний и веб-са́йтов. In the "User Interface Design" course, students learn how to create intuitive and visually appealing interfaces for apps and websites.

**диза́йн упако́вки** – packaging design Диза́йн упаковки должен быть привлека́тельным и функциона́льным, чтобы проду́кт выделя́лся на по́лке и был удо́бен для испо́льзования. Packaging design should be both attractive and functional, so the product stands out on the shelf and is convenient to use.

**дизайнер** – designer Курс «Профессиональный дизайнер» нацелен на развитие ключевых навыков и подготовку студентов к работе в креативной индустрии. The "Professional Designer" course aims to develop key skills and prepare students for work in the creative industry.

**достигать/достичь баланса** – to achieve balance Курс «Композиция в дизайне» учит студентов достигать баланса между элементами на странице для создания гармоничного дизайна. The "Composition in Design" course teaches students how to achieve balance between elements on a page for harmonious design.

**живописная иллюстрация** – painterly illustration Живописная иллюстрация отличается насыщенными цветами и плавными мазками, напоминающими традиционную живопись. Painterly illustration is characterized by rich colors and smooth brushstrokes, reminiscent of traditional painting.

**иерархия** – hierarchy Курс «Визуальная иерархия» учит студентов расставлять приоритеты в контенте, чтобы направлять внимание зрителя и улучшать восприятие информации. The "Visual Hierarchy" course teaches students how to prioritize content to guide viewer attention and improve information perception.

**изображение** – image Изображение в графическом дизайне служит важным элементом для привлечения внимания и передачи сообщения. An image in graphic design serves as an important element for attracting attention and conveying a message.

**иллюстратор** – illustrator Иллюстратор работал над серией детских книг, создавая яркие и запоминающиеся образы. The illustrator worked on a series of children's books, creating bright and memorable images.

**иллюстрация** – illustration Иллюстрация добавила визуальный интерес к книге, передавая суть истории через изображения. The illustration added visual interest to the book, conveying the essence of the story through images.

**иллюстрирование книги** – book illustration В курсе «Иллюстрирование книги» студенты разрабатывают иллюстрации, которые дополняют текст и улучшают восприятие читателя. In the "Book Illustration" course, students develop illustrations that complement the text and enhance the reader's experience.

**иллюстрирование статей** – article illustration Иллюстрирование статей помогает визуализировать текстовый контент и привлекать внимание читателей. Illustrating articles helps visualize text content and attract readers' attention.

**иллюстри́ровать/проиллюстри́ровать кни́гу** – to illustrate a book Иллюстра́тор проиллюстри́ровал кни́гу, доба́вив к ка́ждому разде́лу я́ркие и вырази́тельные изображе́ния. The illustrator illustrated the book by adding bright and expressive images to each section.

**инструме́нт для выделе́ния** – selection tool Непра́вильное испо́льзование инструме́нта для выделе́ния привело́ к неаккура́тному и несогласо́ванному результа́ту. Improper use of the selection tool resulted in a sloppy and inconsistent outcome.

**инструме́нт для обре́зки** – cropping tool В ку́рсе «Цифрова́я обрабо́тка изображе́ний» студе́нты осва́ивают инструме́нт для обре́зки, что́бы выделя́ть ну́жные ча́сти изображе́ния и улучша́ть компози́цию. In the "Digital Image Editing" course, students learn how to use the cropping tool to highlight necessary parts of the image and improve composition.

**инфогра́фика** – infographics В ку́рсе «Инфогра́фика» студе́нты у́чатся превраща́ть сло́жные да́нные в поня́тные визуа́льные фо́рмы, таки́е как гра́фики и диагра́ммы. In the "Infographics" course, students learn how to turn complex data into understandable visual forms, such as graphs and charts.

**испо́льзовать** – to use Диза́йнер испо́льзовал разли́чные тексту́ры и градие́нты, что́бы доба́вить глубину́ и объём изображе́нию. The designer used various textures and gradients to add depth and volume to the image.

**колла́ж** – collage Для созда́ния обло́жки кни́ги худо́жник испо́льзовал те́хнику колла́жа, объедини́в не́сколько изображе́ний. To create the book cover, the artist used the collage technique, combining several images.

**компози́ция** – composition Компози́ция на плака́те была́ тща́тельно проду́мана, что́бы привле́чь внима́ние зри́телей и переда́ть ключево́е сообще́ние. The composition on the poster was carefully designed to grab viewers' attention and convey the key message.

**контра́ст** – contrast Ле́кция «Контра́ст в диза́йне» посвящена́ испо́льзованию цве́та, фо́рмы и тексту́ры для созда́ния визуа́льного интере́са и акце́нтов. The "Contrast in Design" lecture focuses on using color, shape, and texture to create visual interest and emphasis.

**конце́пция** – concept Конце́пция диза́йна определя́ет о́бщее направле́ние и стиль прое́кта, задава́я тон всей визуа́льной коммуника́ции. The design concept defines the overall direction and style of the project, setting the tone for all visual communication.

**линейный рисунок** – line drawing В курсе «Линейный рисунок» студенты учатся создавать чёткие и выразительные контуры, которые служат основой для более сложных работ. In the "Line Drawing" course, students learn to create clear and expressive outlines that serve as the basis for more complex works.

**линия** – line В этом стиле иллюстрации линия играет ключевую роль, подчёркивая формы и контуры объектов. In this style of illustration, the line plays a key role, emphasizing the shapes and contours of the objects.

**макет** – layout Макет нового веб-сайта был представлен клиенту для утверждения перед началом разработки. The layout of the new website was presented to the client for approval before development began.

**масштаб** – scale Масштаб изображения был изменён без учёта пропорций, из-за чего оно выглядело искажённым и непрофессиональным. The scale of the image was changed without considering proportions, making it look distorted and unprofessional.

**масштабирование** – scaling Масштабирование изображения без учёта пропорций привело к искажению и потере деталей. Scaling the image without considering proportions resulted in distortion and loss of detail.

**масштабировать/отмасштабировать изображение** – to scale an image В уроке по обработке графики студенты учатся масштабировать изображения, чтобы они соответствовали разным форматам без потери качества. In the graphic processing lesson, students learn to scale images to fit different formats without losing quality.

**минимализм** – minimalism Курс «Минимализм в дизайне» помогает студентам освоить искусство сокращения элементов для создания чистого и эффективного визуального стиля. The "Minimalism in Design" course helps students master the art of reducing elements to create a clean and effective visual style.

**мультипликация** – cartooning Мультипликация включает создание анимации, где персонажи и сцены оживают благодаря серии последовательных изображений. Animation involves creating sequences where characters and scenes come to life through a series of successive images.

**направление** – direction Новое направление в дизайне сайта вызвало споры среди пользователей, многие из которых посчитали, что оно нарушило привы́чную навига́цию. The new direction in the website's design sparked debate among users, many of whom felt it disrupted familiar navigation.

**обло́жка** – cover Обло́жка но́вого альбо́ма гру́ппы была́ офо́рмлена с испо́льзованием я́рких цвето́в и графи́ческих элеме́нтов, отража́ющих их музыка́льный стиль. The cover of the band's new album was designed with bright colors and graphic elements that reflect their musical style.

**объём** – volume Диза́йнер не смог доби́ться ну́жного объёма в 3D-моде́ли, и́з-за чего́ фигу́ры вы́глядели пло́скими и иску́сственными. The designer failed to achieve the desired volume in the 3D model, causing the figures to look flat and artificial.

**оформле́ние обло́жки** – cover design Оформле́ние обло́жки кни́ги игра́ет ключеву́ю роль в привлече́нии интере́са потенциа́льных чита́телей. Book cover design plays a key role in attracting the interest of potential readers.

**оформля́ть/офо́рмить страни́цу** – to layout a page Диза́йнер неуда́чно офо́рмил страни́цу, и́з-за чего́ текст оказа́лся пло́хо чита́емым, а элеме́нты вы́глядели хаоти́чно. The designer poorly formatted the page, resulting in unreadable text and chaotic elements.

**пара́метры изображе́ния** – image settings Пе́ред отпра́вкой на печа́ть диза́йнер прове́рил пара́метры изображе́ния, что́бы обеспе́чить его́ высо́кое ка́чество. Before sending it to print, the designer checked the image parameters to ensure its high quality.

**печа́ть и публика́ция** – print and publication Печа́ть и публика́ция включа́ют фина́льный эта́п подгото́вки материа́ла для тиражи́рования и распростране́ния. Printing and publishing involve the final stage of preparing material for reproduction and distribution.

**пи́ксели** – pixels Пи́ксели бы́ли видны́ на распеча́тке, что говори́ло о ни́зком ка́честве изображе́ния и непрофессионали́зме диза́йнера. Pixels were visible on the printout, indicating poor image quality and lack of professionalism from the designer.

**плака́тный диза́йн** – poster design Курс «Плака́тный диза́йн» охва́тывает осно́вы компози́ции, типогра́фики и испо́льзования цве́та для созда́ния эффекти́вных плака́тов. The "Poster Design" course covers the basics of composition, typography, and color usage for creating effective posters.

**пло́ский диза́йн** – flat design Несмотря́ на популя́рность пло́ского диза́йна, но́вый интерфе́йс приложе́ния был раскрито́ван за отсу́тствие визуа́льной глубины́ и интеракти́вности. Despite the popularity of flat design, the new app interface was criticized for lacking visual depth and interactivity.

**повторе́ние** – repetition Избы́точное повторе́ние элеме́нтов в маке́те сде́лало его моното́нным и вы́звало негати́вную реа́кцию со стороны́ по́льзователей. The excessive repetition of elements in the layout made it monotonous and caused a negative reaction from users.

**применя́ть/примени́ть фи́льтры** – to apply filters Примене́ние сли́шком большо́го коли́чества фи́льтров привело́ к поте́ре оригина́льного ка́чества изображе́ния и сде́лало его́ неузнава́емым. The excessive use of filters led to the loss of the original image quality, rendering it unrecognizable.

**прое́кт** – project Диза́йнер заверши́л прое́кт во́время, сле́дуя всем тре́бованиям зака́зчика. The designer completed the project on time, following all the client's requirements.

**проекти́ровать/спроекти́ровать логоти́п** – to design a logo Логоти́п, спроекти́рованный для но́вой компа́нии, оказа́лся сли́шком сло́жным и неузнава́емым, что привело́ к пу́танице среди́ клие́нтов. The logo designed for the new company was too complex and unrecognizable, leading to confusion among customers.

**прозра́чность** – transparency В уро́ке по рабо́те с изображе́ниями студе́нты изуча́ют, как испо́льзовать прозра́чность для созда́ния нало́жений и эффе́кта глубины́ в гра́фике. In the image editing lesson, students learn how to use transparency to create overlays and depth effects in graphics.

**пропо́рции** – proportions Худо́жник стара́лся соблюда́ть пропо́рции, чтобы персона́жи вы́глядели есте́ственно на карти́не. The artist tried to maintain proportions so that the characters looked natural in the painting.

**простра́нство** – space В графи́ческом диза́йне простра́нство испо́льзуется для созда́ния бала́нса ме́жду элеме́нтами и улучше́ния чита́бельности. In graphic design, space is used to create balance between elements and improve readability.

**рабо́та с клие́нтом** – client work В графи́ческом диза́йне рабо́та с клие́нтом тре́бует ги́бкости и уме́ния поня́ть его́ ви́дение, чтобы созда́ть диза́йн, кото́рый бу́дет по́лностью соотве́тствовать ожида́ниям. In graphic design, working with a client requires flexibility and the ability to understand their vision in order to create a design that fully meets their expectations.

**работать/поработать с клиентами** – to work with clients Дизайнер поработал с клиентами, чтобы понять их видение и создать макет, соответствующий их ожиданиям. The designer worked with the clients to understand their vision and create a layout that met their expectations.

**равновесие** – balance В дизайне отсутствовало равновесие, что создало ощущение дискомфорта и перегруженности для зрителя. The design lacked balance, creating a sense of discomfort and overload for the viewer.

**разрабатывать/разработать концепцию** – to develop a concept Разработанная концепция оказалась неудачной, так как она не отражала основные идеи и ценности компании. The developed concept turned out to be unsuccessful as it failed to reflect the company's core ideas and values.

**разработка персонажей** – character design Разработка персонажей требует внимания к деталям, чтобы создать уникальные и запоминающиеся образы. Character development requires attention to detail to create unique and memorable figures.

**разработка фирменного стиля** – corporate identity design Курс «Разработка фирменного стиля» учит студентов создавать уникальные и запоминающиеся визуальные идентичности для брендов. The course "Brand Identity Development" teaches students how to create unique and memorable visual identities for brands.

**растровая графика** – raster graphics Использование растровой графики вместо векторной привело к тому, что изображение потеряло чёткость при масштабировании. The use of raster graphics instead of vector led to the image losing sharpness when scaled.

**реализм** – realism В иллюстрации реализм используется для достижения высокой детализации и точности изображения. In illustration, realism is used to achieve high detail and accuracy in the depiction.

**редактировать/отредактировать изображение** – to edit an image Фотографу пришлось отредактировать изображение несколько раз, чтобы убрать нежелательные блики и улучшить цветовую коррекцию. The photographer had to edit the image multiple times to remove unwanted glare and improve color correction.

**редактор изображений** – image editor Неправильное использование редактора изображений привело к потере важных деталей и ухудшению общего качества проекта. Improper use of the image editor resulted in the loss of important details and degradation of the overall project quality.

**ретро-стиль** – retro style Но́вый плака́т для рекла́мной кампа́нии был вы́полнен в ре́тро-сти́ле, вдохновлённом посте́рами 1950-х годо́в. The new poster for the ad campaign was designed in a retro style inspired by 1950s posters.

**рисова́ние от руки́** – hand drawing Рисова́ние от руки́ бы́ло вы́брано в ка́честве сти́ля для рекла́мы, но ито́говый результа́т вы́глядел сли́шком небре́жно и не смог привле́чь целеву́ю аудито́рию. Hand-drawing was chosen as the style for the ad, but the final result looked too sloppy and failed to attract the target audience.

**рисова́ть/нарисова́ть от руки́** – to draw by hand Нарисо́ванные от руки́ элеме́нты бы́ли небре́жными и не соотве́тствовали о́бщему сти́лю прое́кта. The hand-drawn elements were sloppy and didn't match the overall style of the project.

**ритм** – rhythm В рабо́те диза́йнера отсу́тствовал ритм, что сде́лало компози́цию несбаланси́рованной и тру́дной для восприя́тия. The designer's work lacked rhythm, making the composition unbalanced and difficult to perceive.

**светоте́нь** – chiaroscuro Иллюстра́тор изуча́л светоте́нь, что́бы прида́ть свои́м рису́нкам объём и глубину́. The illustrator studied light and shadow to give his drawings volume and depth.

**се́тка** – grid Проекти́рование с наруше́нием се́тки сде́лало диза́йн запу́танным и нару́шило визуа́льную структу́ру страни́цы. Designing with grid misalignment made the layout confusing and disrupted the visual structure of the page.

**симметри́я** – symmetry Симметри́я в компози́ции помога́ет созда́ть чу́вство гармо́нии и бала́нса в диза́йне. Symmetry in composition helps create a sense of harmony and balance in design.

**слои́** – layers Рабо́та с слоя́ми позволя́ет диза́йнеру легко́ редакти́ровать отде́льные элеме́нты изображе́ния, не затра́гивая остальны́е ча́сти. Working with layers allows the designer to easily edit individual elements of the image without affecting the rest.

**создава́ть/созда́ть маке́т** – to create a layout Курс «Макети́рование» научи́т вас создава́ть маке́ты для печа́тных и цифровы́х публика́ций, учи́тывая иера́рхию и чита́емость. The "Layout Design" course will teach you how to create layouts for print and digital publications, considering hierarchy and readability.

**созда́ние логоти́па** – logo design Проце́сс созда́ния логоти́па включа́л иссле́дование бре́нда, разрабо́тку конце́пции и вы́бор оконча́тельного

**вариа́нта.** The process of creating a logo included brand research, concept development, and selecting the final design.

**созда́ние маке́та** – creating a layout При созда́нии маке́та бы́ли нару́шены пра́вила вёрстки, что сде́лало фина́льный проду́кт неудо́бным для восприя́тия. The layout was created with typesetting errors, making the final product difficult to read.

**созда́ние рекла́мных материа́лов** – creating promotional materials В проце́ссе созда́ния рекла́мных материа́лов бы́ли допу́щены оши́бки, кото́рые негати́вно сказа́лись на восприя́тии бре́нда. Mistakes made during the creation of the advertising materials negatively affected the brand's perception.

**соотноше́ние сторо́н** – aspect ratio Пра́вильное соотноше́ние сторо́н ва́жно для того́, что́бы изображе́ние вы́глядело пропорциона́льно на всех устро́йствах. The correct aspect ratio is important to ensure that the image looks proportional on all devices.

**стиль** – style Стиль прое́кта был чрезме́рно эклекти́чным, что сде́лало его́ визуа́льно перегру́женным и тру́дным для восприя́тия. The project's style was overly eclectic, making it visually overwhelming and hard to comprehend.

**текту́ра** – texture Иллюстра́тор тща́тельно прораба́тывал текту́ру пове́рхности, что́бы доби́ться реалисти́чного эффе́кта. The illustrator meticulously worked on the texture of the surface to achieve a realistic effect.

**тектури́рование** – texturing Непра́вильное тектури́рование сде́лало пове́рхность сли́шком пло́ской и лишённой глубины́, что негати́вно сказа́лось на восприя́тии изображе́ния. Poor texturing made the surface too flat and lacking in depth, which negatively affected the image's perception.

**те́ни** – shadows Те́ни бы́ли добавлены к иллюстра́ции, что́бы уси́лить эффе́кт трёхме́рности. Shadows were added to the illustration to enhance the three-dimensional effect.

**типогра́фика** – typography Курс «Типогра́фика и вёрстка» охва́тывает основны́е при́нципы рабо́ты с шрифта́ми, интерва́лы и выра́внивание те́кста в диза́йне. The "Typography and Layout" course covers the basic principles of working with fonts, spacing, and text alignment in design.

**фигу́ра** – figure В диза́йне ва́жно пра́вильно расположи́ть фигу́ру, что́бы она́ гармони́чно сочета́лась с други́ми элеме́нтами компози́ции. In design, it is important to position the figure correctly so that it harmonizes with other elements of the composition.

**фо́новый рису́нок** – background В ку́рсе «Диза́йн для веб-са́йтов» студе́нты у́чатся создава́ть фо́новый рису́нок, кото́рый дополня́ет и не отвлека́ет от основно́го конте́нта. In the "Web Design" course, students learn how to create background images that complement and do not distract from the main content.

**фо́рма** – shape Испо́льзование фо́рмы в диза́йне оказа́лось неуда́чным, так как она́ не подде́рживала основну́ю иде́ю и наруша́ла це́лостность компози́ции. The use of form in the design was unsuccessful as it did not support the main idea and disrupted the composition's integrity.

**форматирова́ние** – formatting Оши́бки в форматировании те́кста на са́йте привели́ к его́ неудобочита́емости, что вы́звало шквал жа́лоб от по́льзователей. Formatting errors in the text on the website made it hard to read, leading to a flood of complaints from users.

**фотореали́зм** – photorealism Попы́тка дости́чь фотореали́зма в иллюстра́циях привела́ к сли́шком жёсткому и неесте́ственному ви́ду персона́жей. The attempt to achieve photorealism in the illustrations resulted in characters that looked too rigid and unnatural.

**цвет** – color Диза́йнер вы́брал я́ркий цвет, что́бы привле́чь внима́ние к ключевы́м элеме́нтам диза́йна. The designer chose a bright color to draw attention to key elements of the design.

**цветова́я пали́тра** – color palette Цветова́я пали́тра диза́йнера включа́ла пасте́льные отте́нки, что́бы созда́ть споко́йную и ую́тную атмосфе́ру. The designer's color palette included pastel shades to create a calm and cozy atmosphere.

**цифрова́я иллюстра́ция** – digital illustration Цифрова́я иллюстра́ция для кни́ги была́ вы́полнена в я́рких и насы́щенных тона́х, придава́я исто́рии жи́вость и дина́мику. The digital illustration for the book was done in bright and vibrant colors, adding liveliness and energy to the story.

**шабло́н** – template Шабло́н в графи́ческом диза́йне испо́льзуется для созда́ния унифици́рованного сти́ля при разрабо́тке не́скольких прое́ктов. A template in graphic design is used to create a unified style when developing multiple projects.

**шрифт** – typography, font В ку́рсе «Типогра́фика» студе́нты изуча́ют разли́чные ви́ды шри́фтов и их примене́ние для переда́чи ну́жного настрое́ния и сти́ля

**текста.** In the "Typography" course, students study different types of fonts and their use in conveying the desired mood and style of the text.

**шрифты** – fonts **Дизайнер выбрал несколько шрифтов, которые отражают стиль и характер компании.** The designer selected several fonts that reflect the style and character of the company.

**штриховка** – hatching **Использованная в иллюстрации штриховка оказалась слишком плотной, что привело к утрате мелких деталей и перегрузке изображения.** The hatching used in the illustration was too dense, leading to the loss of fine details and an overloaded image.

**экспорт** – export **В процессе экспорта файлов произошла ошибка, из-за которой готовый проект потерял своё качество.** An error occurred during the export of files, causing the final project to lose its quality.

**эскиз** – sketch **Перед созданием окончательной версии логотипа дизайнер сделал несколько эскизов, чтобы выбрать лучший вариант.** Before creating the final version of the logo, the designer made several sketches to choose the best option.

### 3.2.2.1 Mini-Articles

Track **69**

#### 1. Новая Волна Векторного Дизайна: Тренды 2024 года

В мире графического дизайна наметилась новая тенденция к использованию векторной графики. Этот подход позволяет дизайнерам создавать более чёткие и масштабируемые изображения, которые легко адаптируются к любым носителям, от веб-сайтов до печатных материалов. Дизайнеры всё чаще используют векторные редакторы для создания макетов и разработки логотипов, что обеспечивает высокое качество и гибкость при работе с клиентами. Цветовая палитра в этом году ориентируется на яркие и контрастные сочетания, что создаёт эффектную визуальную гармонию и привлекает внимание зрителей.

#### 1. The New Wave of Vector Design: 2024 Trends

In the world of graphic design, a new trend toward the use of vector graphics has emerged. This approach allows designers to create sharper and more scalable images that can be easily adapted to any medium, from websites to print materials. Designers are increasingly using vector editors to create layouts and develop logos, ensuring high quality and flexibility when working with clients. The color palette this year focuses on bright and contrasting combinations, creating an eye-catching visual harmony that attracts viewers' attention.

## 2. Искусство Типографики: Создание Визуальной Коммуникации

Типографика играет ключевую роль в визуальной коммуникации, и выбор правильного шрифта может существенно повлиять на восприятие дизайна. Дизайнеры часто сталкиваются с задачей выбора шрифта, который бы соответствовал общему визуальному стилю проекта и обеспечивал читаемость. Пропорции и контраст между элементами текста также важны для создания сбалансированной композиции. В последние годы наблюдается возрождение интереса к ретро-стилю и минимализму, которые сочетаются с современными подходами к дизайну веб-сайтов и печатных материалов.

## 2. The Art of Typography: Creating Visual Communication

Typography plays a key role in visual communication, and choosing the right font can significantly influence the perception of a design. Designers often face the challenge of selecting a font that matches the overall visual style of the project while ensuring readability. The proportions and contrast between text elements are also crucial for creating a balanced composition. In recent years, there has been a resurgence of interest in retro style and minimalism, which are combined with modern approaches to web design and print materials.

## 3. Иллюстрирование Книг: От Ручного Рисунка до Цифровой Иллюстрации

Искусство иллюстрирования книг прошло долгий путь от традиционного рисования от руки до современных цифровых иллюстраций. Современные иллюстраторы используют графические планшеты и редакторы изображений, чтобы создавать детализированные и реалистичные изображения. Тем не менее, живописная иллюстрация и акварельная иллюстрация остаются популярными благодаря своей текстурности и уникальному стилю. Многие иллюстраторы комбинируют разные техники, создавая смешанные работы, которые привлекают внимание и добавляют глубину визуальному восприятию.

## 3. Book Illustration: From Hand Drawing to Digital Illustration

The art of book illustration has come a long way from traditional hand drawing to modern digital illustrations. Contemporary illustrators use graphics tablets and image editors to create detailed and realistic images. However, painterly illustration and watercolor illustration remain popular due to their texture and unique style. Many illustrators combine different techniques, creating mixed works that capture attention and add depth to visual perception.

## 4. Брендинг и Разработка Фирменного Стиля: Важность Визуальной Идентичности

Успешный брендинг начинается с разработки сильной визуальной идентичности. Создание логотипа и разработка фирменного стиля — это ключевые элементы, которые помогают компаниям выделяться на рынке и устанавливать визуальный диалог с клиентами. Дизайнеры работают над разработкой концепций, создавая уникальные макеты и подбирая подходящие цветовые палитры и шрифты. Важное значение имеет и достижение баланса между креативностью ифункциональностью, чтобы дизайн был не только привлекательным, но и эффективным.

## 4. Branding and Corporate Identity Development: The Importance of Visual Identity

Successful branding begins with developing a strong visual identity. Creating a logo and developing a corporate identity are key elements that help companies stand out in the market and establish a visual dialogue with clients. Designers work on concept development, creating unique layouts and selecting appropriate color palettes and fonts. Achieving a balance between creativity and functionality is also crucial, ensuring that the design is not only attractive but also effective.

## 5. Графический Дизайн в Рекламе: Эффективные Визуальные Решения

Графический дизайн играет важную роль в создании рекламных материалов. От плакатного дизайна до дизайна упаковки, дизайнеры стремятся создать визуальный сторителлинг, который привлекает внимание и запоминается. Важными аспектами являются контраст, композиция и правильный выбор цветовой палитры. Также актуальным остаётся использование гранжа и ретро-стиля, которые добавляют уникальности и помогают выделиться на фоне конкурентов. Работа с клиентами требует учёта их пожеланий и целей, чтобы обеспечить наилучший результат.

## 5. Graphic Design in Advertising: Effective Visual Solutions

Graphic design plays a vital role in creating advertising materials. From poster design to packaging design, designers aim to create visual storytelling that captures attention and is memorable. Important aspects include contrast, composition, and the correct choice of color palette. The use of grunge and retro style remains relevant, adding uniqueness and helping to stand out from competitors. Working with clients requires taking their wishes and goals into account to ensure the best possible result.

### 3.2.2.2 University Course Descriptions

#### 1. Графический дизайн: Основы и практика

Этот курс предоставляет студентам основные знания и навыки в области графического дизайна. В течение семестра студенты изучат векторную графику, растровую графику, а также научатся использовать векторные редакторы и редакторы изображений для создания профессиональных макетов. Курс охватывает такие темы, как типографика, цветовая палитра, композиция, гармония и контраст. Студенты будут работать над индивидуальными проектами, включая разработку логотипов, дизайн иконок и дизайн упаковки. Основное внимание уделяется визуальному сторителлингу и созданию макетов, которые эффективно передают идею и привлекают внимание аудитории.

#### Graphic Design: Basics and Practice

This course provides students with fundamental knowledge and skills in graphic design. Throughout the semester, students will learn about vector graphics, raster graphics, and how to use vector editors and image editors to create professional layouts. The course covers topics such as typography, color palettes, composition, harmony, and contrast. Students will work on individual projects, including logo design, icon design, and package design. Emphasis is placed on visual storytelling and layout creation that effectively convey ideas and capture the audience's attention.

#### Иллюстрация и визуальная коммуникация

Этот курс ориентирован на развитие навыков иллюстрирования и понимания визуальной коммуникации. Студенты познакомятся с различными техниками, включая акварельную иллюстрацию, цифровую иллюстрацию и рисование от руки. Особое внимание будет уделено иллюстрированию книг и статей, а также работе над созданием абстрактных иллюстраций и коллажей. Студенты также изучат процесс векторизации изображений и использование графических планшетов в профессиональной деятельности. По окончании курса студенты смогут создавать иллюстрации, которые гармонично сочетаются с текстом и передают ключевые идеи проекта.

## Illustration and Visual Communication

This course focuses on developing skills in illustration and understanding visual communication. Students will explore various techniques, including watercolor illustration, digital illustration, and hand drawing. Special attention will be given to book illustration and article illustration, as well as creating abstract illustrations and collages. Students will also learn the process of vectorizing images and using graphics tablets in professional work. By the end of the course, students will be able to create illustrations that harmoniously complement text and convey key project ideas.

## Дизайн пользовательского интерфейса

Этот курс предназначен для студентов, желающих углубить свои знания в области дизайна пользовательского интерфейса (UI). В рамках курса студенты изучат принципы гармонии, пропорций и пространства, которые необходимы для создания удобных и эстетически привлекательных интерфейсов. Курс охватывает темы визуального стиля, минимализма и создания макетов для мобильных приложений и веб-сайтов. Студенты также получат практический опыт работы с векторными редакторами и инструментами для обрезки изображений. В результате студенты смогут спроектировать логотипы, оформить страницы и разработать концепции для различных цифровых платформ.

## User Interface Design

This course is designed for students who wish to deepen their knowledge in user interface (UI) design. The course covers principles of harmony, proportions, and space necessary for creating user-friendly and aesthetically pleasing interfaces. Topics include visual style, minimalism, and layout creation for mobile apps and websites. Students will also gain practical experience working with vector editors and cropping tools. As a result, students will be able to design logos, layout pages, and develop concepts for various digital platforms.

## Типографика и дизайн текста

Этот курс посвящён искусству типографики и её роли в графическом дизайне. Студенты изучат историю шрифтов, методы выбора шрифтов и их сочетания в рамках одного проекта. Курс включает практические задания по созданию макетов с использованием различных шрифтов и цветовых палитр, а также анализ успешных примеров использования типографики в рекламе и издательской деятельности. Особое внимание будет уделено контрасту и равновесию текстовых элементов, а также созданию визуальной иерархии на страницах. В результате студенты смогут эффективно использовать типографику для улучшения читаемости и визуального восприятия.

## Typography and Text Design

This course is dedicated to the art of typography and its role in graphic design. Students will study the history of fonts, methods of choosing fonts, and their combination within a single project. The course includes practical assignments for creating layouts using various fonts and color palettes, as well as analyzing successful examples of typography in advertising and publishing. Special attention will be given to contrast and balance of text elements, as well as creating a visual hierarchy on pages. By the end of the course, students will be able to effectively use typography to enhance readability and visual perception.

## Дизайн и разработка инфографики

Этот курс предназначен для студентов, интересующихся созданием визуальных решений для сложной информации. Курс охватывает основы инфографики, включая композицию, гармонию, цветовую палитру и использование иконок. Студенты научатся разрабатывать концепции для представления данных в визуально привлекательной и легко воспринимаемой форме. В рамках курса также рассматриваются методы векторизации изображений и работы с векторными редакторами. Студенты будут выполнять проекты по созданию инфографики для различных целей, включая образовательные материалы, маркетинг и научные исследования.

## Design and Development of Infographics

This course is intended for students interested in creating visual solutions for complex information. The course covers the basics of infographics, including composition, harmony, color palettes, and icon usage. Students will learn how to develop concepts for presenting data in a visually appealing and easily understandable way. The course also addresses methods of vectorizing images and working with vector editors. Students will complete projects to create infographics for various purposes, including educational materials, marketing, and scientific research.

# 3.2.3 Architecture and Urban Design

**анфила́да** – enfilade (aligned doorways) Анфила́да за́лов в э́том дворце́ создаёт ощуще́ние бесконе́чного простра́нства. The enfilade of rooms in this palace creates a sense of endless space.

**а́рка** – arch Вход в парк укра́шен высо́кой ка́менной а́ркой. The entrance to the park is adorned with a tall stone arch.

**армату́ра** – reinforcement Армату́ра испо́льзуется для усиле́ния бето́нных констру́кций в многоэта́жных зда́ниях. Reinforcement is used to strengthen concrete structures in high-rise buildings.

**архите́ктор** – architect Изве́стный архите́ктор разрабо́тал прое́кт но́вого теа́тра в це́нтре го́рода. A famous architect designed the project for the new theater in the city center.

**архитекту́ра** – architecture Архитекту́ра э́того собо́ра сочета́ет элеме́нты го́тики и ренесса́нса. The architecture of this cathedral combines elements of Gothic and Renaissance.

**архитекту́рный прое́кт** – architectural project Архитекту́рный прое́кт но́вого музе́я был утверждён городско́й администра́цией. The architectural project for the new museum was approved by the city administration.

**а́триум** – atrium В це́нтре зда́ния располо́жен просто́рный а́триум, напо́лненный есте́ственным све́том. In the center of the building is a spacious atrium filled with natural light.

**балко́н** – balcony С балко́на открыва́ется потряса́ющий вид на го́род. The balcony offers a stunning view of the city.

**баро́кко** – baroque В архитекту́ре дворца́ отчётливо видны́ черты́ сти́ля баро́кко. The features of the Baroque style are clearly visible in the architecture of the palace.

**ба́шня** – tower Эта ба́шня явля́ется са́мой высо́кой то́чкой в го́роде и привлека́ет мно́жество тури́стов. This tower is the highest point in the city and attracts many tourists.

**бето́н** – concrete Бето́н испо́льзуется как основно́й материа́л в совреме́нном строи́тельстве. Concrete is used as the primary material in modern construction.

**биоклиматическая архитектура** – bioclimatic architecture Биоклиматическая архитектура стремится минимизировать воздействие зданий на окружающую среду. Bioclimatic architecture aims to minimize the environmental impact of buildings.

**брутализм** – brutalism Здания в стиле брутализм часто имеют массивные бетонные фасады. Buildings in the Brutalism style often have massive concrete facades.

**вентиляция** – ventilation Вентилируемые фасады обеспечивают эффективную вентиляцию здания и способствуют энергосбережению. Ventilated facades provide effective building ventilation and contribute to energy savings.

**вертикальное озеленение** – vertical gardening Вертикальное озеленение на стенах офисного здания способствует улучшению качества воздуха. Vertical greening on the walls of the office building helps improve air quality.

**внедрять/внедрить инновационные решения** – to implement innovative solutions Архитекторы внедрили инновационные решения для повышения энергоэффективности здания. The architects implemented innovative solutions to increase the building's energy efficiency.

**водосбережение** – water conservation Программа водосбережения в новом офисном здании оказалась неэффективной, что привело к высоким расходам на коммунальные услуги. The water-saving program in the new office building proved ineffective, leading to high utility costs.

**возводить/возвести конструкцию** – to erect a structure Строители начали возводить конструкцию нового моста через реку. The builders began erecting the structure of the new bridge across the river.

**возобновляемые материалы** – renewable materials При строительстве школы использовались возобновляемые материалы, такие как бамбук и переработанное дерево. Renewable materials, such as bamboo and recycled wood, were used in the construction of the school.

**городская застройка** – urban development Городская застройка в этом районе включает как жилые, так и коммерческие здания. The urban development in this area includes both residential and commercial buildings.

**городская планировка** – urban planning Городская планировка нового района вызвала недовольство жителей из-за хаотичного расположения домов и отсутствия парковок. The urban layout of the new district caused dissatisfaction among residents due to the chaotic placement of buildings and the lack of parking spaces.

**городская среда** – urban environment Современная городская среда требует создания удобных и безопасных общественных пространств. The modern urban environment requires the creation of convenient and safe public spaces.

**готическая архитектура** – gothic architecture Собор, построенный в стиле готической архитектуры, поражает своими высокими шпилями и витражами. The cathedral, built in the Gothic architectural style, impresses with its tall spires and stained glass windows.

**градостроительство** – urban design, town planning В рамках проекта по градостроительству предусмотрено создание зелёных зон и развитие транспортной инфраструктуры. The urban planning project includes the creation of green areas and the development of transportation infrastructure.

**дверь** – door Входные двери в новое здание сделаны из прочного стекла и стали. The entrance doors to the new building are made of durable glass and steel.

**деконструктивизм** – deconstructivism Здание музея, выполненное в стиле деконструктивизм, привлекает внимание своей необычной формой и асимметрией. The museum building, designed in the deconstructivism style, attracts attention with its unusual shape and asymmetry.

**дерево** – wood Дешёвое дерево, использованное в интерьере, начало деформироваться и трескаться уже через несколько месяцев после установки. The cheap wood used in the interior began warping and cracking just a few months after installation.

**дизайн** – design Дизайн интерьера был разработан с учётом современных тенденций и предпочтений заказчика. The interior design was developed taking into account modern trends and the client's preferences.

**дорожная сеть** – road network Из-за плохого состояния дорожной сети в центре города постоянно возникают пробки и аварийные ситуации. Due to the poor condition of the road network in the city center, traffic jams and accidents occur regularly.

**жилой комплекс** – residential complex Жилой комплекс включает в себя несколько многоквартирных домов с развитой инфраструктурой. The residential complex includes several apartment buildings with well-developed infrastructure.

**здание** – building Высота нового здания превысила все предыдущие рекорды в городе, став новой архитектурной доминантой. The height of the new building surpassed all previous records in the city, becoming a new architectural landmark.

**зелёная архитектура** – green architecture Принципы зелёной архитектуры включают использование экологически чистых материалов и энергоэффективных технологий. The principles of green architecture include the use of environmentally friendly materials and energy-efficient technologies.

**зелёные крыши** – green roofs В проекте нового бизнес-центра предусмотрены зелёные крыши для улучшения экологической обстановки. The design of the new business center includes green roofs to improve the environmental situation.

**зелёные насаждения** – green spaces Зелёные насаждения вдоль улиц способствуют улучшению качества воздуха и создают уютную атмосферу. The greenery along the streets improves air quality and creates a cozy atmosphere.

**зона отдыха** – recreational area Зона отдыха у реки оказалась небезопасной из-за отсутствия освещения, а также ненадёжных конструкций. The recreational area by the river turned out to be unsafe due to the lack of lighting and unstable structures.

**изоляция** – insulation Хорошая тепловая изоляция снижает затраты на отопление здания. Good thermal insulation reduces heating costs for the building.

**индустриальный стиль** – industrial style Дизайн интерьера в индустриальном стиле включает металлические элементы и открытые кирпичные стены. The industrial-style interior design includes metal elements and exposed brick walls.

**инженер** – engineer Инженер-строитель разработал сложную систему укрепления фундамента для небоскрёба. The structural engineer developed a complex system for reinforcing the foundation of the skyscraper.

**инновационные решения** – innovative solutions Внедрение инновационных решений в проекте оказалось неудачным, и система автоматизации регулярно выходила из строя. The implementation of innovative solutions in the project turned out to be unsuccessful, with the automation system regularly failing.

**интерьер** – interior Дизайн интерьера офиса был выполнен в светлых тонах с элементами минимализма. The interior design of the office was done in light colors with elements of minimalism.

**инфраструктура** – infrastructure Отсутствие необходимой инфраструктуры в новом микрорайоне вызвало множество жалоб со стороны жителей. The lack of necessary infrastructure in the new residential area resulted in numerous complaints from residents.

**использовать совреме́нные техноло́гии** – to use modern technologies В прое́кте был испо́льзован широ́кий спектр совреме́нных техноло́гий. A wide range of modern technologies was used in the project.

**ка́мень** – stone Для облицо́вки фаса́да испо́льзовался натура́льный ка́мень, что прида́ло зда́нию монумента́льный вид. Natural stone was used for the facade cladding, giving the building a monumental appearance.

**капите́ль** – capital (of a column) Капите́ли коло́нн укра́шены сло́жными резны́ми орна́ментами. The capitals of the columns are adorned with intricate carvings.

**карка́с** – framework Стально́й карка́с зда́ния обеспе́чивает его́ про́чность и усто́йчивость к землетрясе́ниям. The steel frame of the building ensures its strength and resistance to earthquakes.

**карни́з** – cornice Карни́з зда́ния был укра́шен сло́жной лепни́ной, хара́ктерной для архитекту́ры ренесса́нса. The building's cornice was adorned with intricate stucco, characteristic of Renaissance architecture.

**кирпи́ч** – brick Для строи́тельства испо́льзовался кра́сный кирпи́ч, кото́рый придаёт зда́нию традицио́нный вид. Red brick was used for construction, giving the building a traditional appearance.

**класси́ческая архитекту́ра** – classical architecture Зда́ние университе́та вы́полнено в сти́ле класси́ческой архитекту́ры, с масси́вными коло́ннами и симметри́чными фаса́дами. The university building is designed in the style of classical architecture, with massive columns and symmetrical facades.

**коло́нна** – column Восстано́вленные коло́нны стари́нного хра́ма бы́ли торже́ственно откры́ты по́сле до́лгих реставрацио́нных рабо́т. The restored columns of the ancient temple were ceremoniously unveiled after lengthy restoration work.

**констру́кция** – construction Констру́кция моста́ была́ разрабо́тана с учётом высо́ких нагру́зок и интенси́вного движе́ния. The bridge structure was designed to withstand heavy loads and high traffic.

**кры́ша** – roof На кры́ше но́вого торго́вого це́нтра плани́руется разби́ть сад с зо́нами о́тдыха. A garden with relaxation areas is planned on the roof of the new shopping center.

**купол** – dome Кафедра́льный собо́р изве́стен свои́м огро́мным ку́полом, кото́рый ви́ден из любо́й то́чки го́рода. The cathedral is famous for its enormous dome, which is visible from any point in the city.

**ле́стница** – staircase В центра́льном хо́лле устано́влена элега́нтная винтова́я ле́стница, веду́щая на все три этажа́ зда́ния. An elegant spiral staircase in the central hall leads to all three floors of the building.

**ло́джия** – loggia Из ло́джии открыва́ется потряса́ющий вид на парк, создава́я идеа́льное ме́сто для у́треннего ко́фе. The loggia offers a stunning view of the park, creating a perfect spot for morning coffee.

**лофт** – loft style В э́том зда́нии бы́ли преобразо́ваны ста́рые склады́ в сти́льные кварти́ры в сти́ле лофт. In this building, old warehouses were converted into stylish loft apartments.

**маке́т** – model На вы́ставке был предста́влен маке́т бу́дущего культу́рного це́нтра, кото́рый вы́звал большо́й интере́с у пу́блики. A model of the future cultural center was presented at the exhibition, attracting significant public interest.

**масшта́б** – scale Масшта́б зда́ния поража́ет свои́м вели́чием и монумента́льностью. The scale of the building is striking in its grandeur and monumentality.

**материа́лы** – materials Некаче́ственные материа́лы, испо́льзованные при строи́тельстве, привели́ к значи́тельным пробле́мам с изоля́цией и проте́чкам. The poor-quality materials used in construction led to significant insulation problems and leaks.

**мета́лл** – metal Для отде́лки фаса́да зда́ния испо́льзовали мета́лл с антикоррози́йным покры́тием. Metal with an anti-corrosion coating was used for the facade of the building.

**микрорайо́н** – residential area В но́вом микрорайо́не стро́ятся шко́лы, де́тские сады́ и поликли́ники для удо́бства жи́телей. Schools, kindergartens, and clinics are being built in the new residential area for the convenience of residents.

**минимали́зм** – minimalism В интерье́ре но́вого жило́го ко́мплекса домини́рует минимали́зм с акце́нтом на функциона́льность и простоту́. The interior of the new residential complex is dominated by minimalism with an emphasis on functionality and simplicity.

**многоэта́жное зда́ние** – high-rise building В многоэта́жном зда́нии отсу́тствовала систе́ма пожа́рной безопа́сности, что вы́звало серьёзные опасе́ния у жильцо́в. The multi-story building lacked a fire safety system, raising serious concerns among residents.

**моде́рн** – art nouveau (modern) Зда́ние, постро́енное в сти́ле моде́рн, привлека́ет внима́ние пла́вностью ли́ний и декорати́вными элеме́нтами. The building, constructed in the Art Nouveau style, attracts attention with its smooth lines and decorative elements.

**модерни́зм** – modernism Зда́ние музе́я вы́полнено в сти́ле модерни́зм с испо́льзованием стекла́ и бето́на. The museum building is designed in the modernist style, using glass and concrete.

**небоскрёб** – skyscraper Небоскрёб, постро́енный без учёта ветрово́й нагру́зки, оказа́лся подве́ржен си́льным вибра́циям, что вы́звало па́нику среди́ о́фисных сотру́дников. The skyscraper, built without considering wind loads, was subject to strong vibrations, causing panic among office workers.

**нео́классици́зм** – neoclassicism Зда́ние мэ́рии постро́ено в сти́ле неокласcици́зм и явля́ется одно́й из гла́вных достопримеча́тельностей го́рода. The city hall building is constructed in the neoclassical style and is one of the main attractions of the city.

**обеспе́чивать/обеспе́чить досту́пность** – to ensure accessibility Прое́кт но́вого торго́вого це́нтра был разрабо́тан с учётом всех тре́бований для обеспе́чения досту́пности для люде́й с ограни́ченными возмо́жностями. The design of the new shopping center was developed to ensure accessibility for people with disabilities.

**обсужда́ть/обсуди́ть прое́кт с клие́нтом** – to discuss a project with a client Архите́кторы не́сколько раз обсужда́ли прое́кт с клие́нтом, пре́жде чем приступи́ть к строи́тельству. The architects discussed the project with the client several times before starting construction.

**обще́ственные простра́нства** – public spaces В це́нтре го́рода со́зданы но́вые обще́ственные простра́нства, где жи́тели мо́гут отдыха́ть и обща́ться. New public spaces have been created in the city center where residents can relax and socialize.

**объём** – volume Архите́ктор тща́тельно проду́мал объём зда́ния, чтобы оно́ гармони́чно впи́салось в окружа́ющую застро́йку. The architect carefully considered the volume of the building to ensure it blended harmoniously with the surrounding development.

**окно́** – window Панора́мные о́кна в гости́ной обеспе́чивают отли́чное есте́ственное освеще́ние. The panoramic windows in the living room provide excellent natural lighting.

**определя́ть/определи́ть пропо́рции зда́ния** – to determine the proportions of a building Архите́кторы тща́тельно определи́ли пропо́рции зда́ния, что́бы оно́ гармони́чно вписа́лось в окружа́ющую среду́. The architects carefully determined the building's proportions to ensure it harmoniously fit into the surrounding environment.

**органи́ческая архитекту́ра** – organic architecture Органи́ческая архитекту́ра стреми́тся интегри́ровать зда́ния с приро́дным ландша́фтом. Organic architecture aims to integrate buildings with the natural landscape.

**остекле́ние** – glazing В но́вом о́фисном зда́нии испо́льзуется двойно́е остекле́ние для улучше́ния теплоизоля́ции и сниже́ния у́ровня шу́ма. The new office building uses double glazing to improve insulation and reduce noise levels.

**пара́дный вход** – main entrance Пара́дный вход в зда́ние укра́шен масси́вными дверя́ми и мра́морными коло́ннами. The main entrance to the building is adorned with massive doors and marble columns.

**параметри́ческая архитекту́ра** – parametric architecture Прое́кт, вы́полненный в сти́ле параметри́ческой архитекту́ры, поража́ет свои́ми нестанда́ртными фо́рмами и динами́чными ли́ниями. The project, designed in the style of parametric architecture, impresses with its unconventional shapes and dynamic lines.

**парк** – park Но́вый городско́й парк стал люби́мым ме́стом о́тдыха для жи́телей. The new city park has become a favorite spot for residents to relax.

**пасси́вный дом** – passive house Прое́кт пасси́вного до́ма оказа́лся неэффекти́вным: зда́ние не сохраня́ло тепло́, и счета́ за отопле́ние вы́росли. The passive house project proved ineffective: the building did not retain heat, and heating bills increased.

**перекры́тие** – floor slab Железобето́нные перекры́тия обеспе́чивают надёжность многоэта́жного зда́ния. Reinforced concrete slabs provide reliability for the multi-story building.

**переработка отходов** – waste recycling В новом микрорайоне будут установлены системы для переработки отходов и раздельного сбора мусора. The new residential area will have systems for waste recycling and separate garbage collection.

**пешеходная зона** – pedestrian zone В центре города была создана новая пешеходная зона с кафе и магазинами. A new pedestrian zone with cafes and shops was created in the city center.

**пилон** – pylon Высокие пилоны поддерживают крыши многих древних храмов. Tall pylons support the roofs of many ancient temples.

**пилястр** – pilaster Пилястры на фасаде здания выполнены в классическом стиле, что придаёт ему величественный вид. The pilasters on the building's facade are done in a classical style, giving it a majestic appearance.

**планировать/запланировать транспортную систему** – to plan a transportation system Городские власти запланировали транспортную систему таким образом, чтобы уменьшить пробки и улучшить связь между районами. The city authorities planned the transportation system to reduce traffic jams and improve connectivity between districts.

**планировка** – layout Из-за неудачной планировки квартиры в новом доме оказались тёмными и тесными, с неудобным расположением комнат. Due to poor layout, the apartments in the new building turned out to be dark and cramped, with inconvenient room arrangements.

**площадь** – square (open space in a city) Центральная площадь города будет полностью обновлена в рамках проекта по благоустройству. The city's central square will be completely renovated as part of the improvement project.

**пол** – floor В зале заседаний мэрии был уложен новый деревянный пол из дуба. A new oak wood floor was installed in the city hall's meeting room.

**портал** – portal Входной портал библиотеки украшен резными элементами, выполненными в стиле барокко. The entrance portal of the library is adorned with carved elements in the Baroque style.

**постмодернизм** – postmodernism Постмодернизм в архитектуре отличается использованием эклектики и ярких форм. Postmodernism in architecture is characterized by the use of eclecticism and bold forms.

**проект** – project Проект нового жилого комплекса предусматривает строительство детских площадок и парков. The design for the new residential complex includes the construction of playgrounds and parks.

**проектирование** – planning Проектирование нового жилого комплекса было завершено с множеством ошибок, из-за которых строительство остановилось на несколько месяцев. The design of the new residential complex was completed with numerous errors, causing construction to halt for several months.

**проектировать/спроектировать здание** – to design a building Архитекторы спроектировали здание без учёта сейсмической активности в регионе, что вызвало резкую критику со стороны экспертов. The architects designed the building without considering the seismic activity in the region, drawing sharp criticism from experts.

**пропорции** – proportions Архитекторы тщательно изучили пропорции фасада, чтобы здание гармонировало с окружающей средой. The architects carefully studied the proportions of the facade to ensure the building harmonized with its surroundings.

**пространство** – space В офисном здании созданы открытые пространства для комфортной работы сотрудников. Open spaces were created in the office building for the comfort of the employees.

**разрабатывать/разработать архитектурный проект** – to create an architectural project Группа архитекторов разрабатывает архитектурный проект нового театра в центре города. A team of architects is designing the architectural project for a new theater in the city center.

**разрабатывать/разработать план города** – to develop an urban plan Архитекторы и урбанисты разрабатывают план города, чтобы улучшить транспортную инфраструктуру и создать новые парки. Architects and urban planners are developing the city plan to improve transportation infrastructure and create new parks.

**район** – district, neighborhood В новом жилом районе планируется строительство школ, парков и магазинов. The construction of schools, parks, and shops is planned in the new residential area.

**регенерация города** – urban regeneration Программа регенерации города включает обновление инфраструктуры и восстановление исторических зданий.

The urban regeneration program includes infrastructure upgrades and the restoration of historic buildings.

**ренесса́нс** – renaissance **Архитекту́ра э́того зда́ния отража́ет влия́ние ренесса́нса, с его́ симметри́ей и гармони́чными фо́рмами.** The architecture of this building reflects the influence of the Renaissance, with its symmetry and harmonious forms.

**рома́нская архитекту́ра** – romanesque architecture **Це́рковь, вы́полненная в сти́ле рома́нской архитекту́ры, изве́стна свое́й масси́вностью и простото́й форм.** The church, designed in the Romanesque architectural style, is known for its massiveness and simplicity of form.

**скандина́вский стиль** – Scandinavian style **Дом, офо́рмленный в скандина́вском сти́ле, отлича́ется минимали́змом и испо́льзованием нату́ральных материа́лов.** The house, designed in the Scandinavian style, is characterized by minimalism and the use of natural materials.

**сквер** – square, small park **Но́вый сквер в це́нтре го́рода подве́ргся кри́тике и́з-за недоста́тка зелёных насажде́ний и неудо́бных ла́вочек.** The new city square was criticized for the lack of greenery and uncomfortable benches.

**смарт-го́род** – smart city **Смарт-го́род осна́щён передовы́ми техноло́гиями для управле́ния тра́нспортом и энергосбереже́ния.** The smart city is equipped with advanced technologies for managing transportation and energy saving.

**согласо́вывать/согласова́ть прое́кт** – to approve a project **Пе́ред нача́лом строи́тельства архите́ктор до́лжен был согласова́ть прое́кт с городски́ми властя́ми.** Before starting construction, the architect had to get the project approved by the city authorities.

**создава́ть/созда́ть обще́ственное простра́нство** – to create public space **Муниципалите́т плани́рует созда́ть но́вое обще́ственное простра́нство с фонта́нами, скаме́йками и зелёными насажде́ниями.** The municipality plans to create a new public space with fountains, benches, and greenery.

**со́лнечные батаре́и** – photovoltaic cells **На кры́ше до́ма устано́влены со́лнечные батаре́и для генера́ции электроэне́ргии.** Solar panels are installed on the roof of the house to generate electricity.

**со́лнечные пане́ли** – solar panels **Со́лнечные пане́ли, устано́вленные на кры́ше, обеспе́чивают значи́тельную часть энергопотребле́ния зда́ния.** The solar panels installed on the roof provide a significant portion of the building's energy needs.

**сооруже́ние** – structure Но́вое спорти́вное сооруже́ние бу́дет оснащено́ са́мой совреме́нной те́хникой и обору́дованием. The new sports facility will be equipped with the latest technology and equipment.

**сталь** – steel В строи́тельстве небоскрёба испо́льзовали высокока́чественную сталь для созда́ния про́чного карка́са. High-quality steel was used in the construction of the skyscraper to create a strong frame.

**стекло́** – glass Фаса́д но́вого о́фисного зда́ния по́лностью вы́полнен из стекла́, что обеспе́чивает хоро́шую есте́ственную освещённость. The facade of the new office building is entirely made of glass, providing excellent natural lighting.

**стена́** – wall И́з-за нека́чественного материа́ла стена́ но́вого зда́ния начала́ тре́скаться уже́ че́рез год по́сле строи́тельства. Due to poor-quality material, the wall of the new building started cracking just a year after construction.

**строи́тельство** – construction Строи́тельство но́вого делово́го це́нтра плани́руется заверши́ть к концу́ го́да. The construction of the new business center is scheduled to be completed by the end of the year.

**стро́ить/постро́ить** – to build В э́том райо́не стро́ят совреме́нные жилы́е ко́мплексы с разви́той инфраструкту́рой. Modern residential complexes with well-developed infrastructure are being built in this area.

**терра́са** – terrace Терра́сы ве́рхних этаже́й зда́ния бу́дут укра́шены зелёными насажде́ниями для созда́ния ую́тной атмосфе́ры. The terraces on the upper floors of the building will be decorated with greenery to create a cozy atmosphere.

**техноло́гии строи́тельства** – construction technologies Но́вые техноло́гии строи́тельства позволя́ют возводи́ть высо́тные зда́ния в реко́рдные сро́ки. New construction technologies allow high-rise buildings to be erected in record time.

**тра́нспортная систе́ма** – transportation system Городска́я тра́нспортная систе́ма была́ модернизи́рована с це́лью сниже́ния у́ровня вы́бросов и улучше́ния свя́зи ме́жду райо́нами. The city's transportation system was modernized to reduce emissions and improve connectivity between districts.

**тротуа́р** – sidewalk Но́вый тротуа́р был вы́мощен грани́тными пли́тами, что придало́ у́лице бо́лее совреме́нный вид. The new sidewalk was paved with granite slabs, giving the street a more modern look.

**углеро́дный след** — carbon footprint Архите́кторы стремя́тся минимизи́ровать углеро́дный след при строи́тельстве но́вых зда́ний. Architects strive to minimize the carbon footprint when constructing new buildings.

**улучша́ть/улу́чшить городску́ю сре́ду** — to improve the urban environment Несмотря́ на обеща́ния улу́чшить городску́ю сре́ду, прое́кт реконстру́кции привёл к ухудше́нию ка́чества во́здуха и увеличе́нию у́ровня шу́ма. Despite promises to improve the urban environment, the reconstruction project led to poorer air quality and increased noise levels.

**усто́йчивое строи́тельство** — sustainable construction Усто́йчивое строи́тельство стано́вится приорите́том для мно́гих девелопе́ров, стремя́щихся минимизи́ровать экологи́ческий след. Sustainable construction is becoming a priority for many developers striving to minimize their environmental footprint.

**утепле́ние** — thermal insulation Нека́чественное утепле́ние стен привело́ к промерза́нию и образова́нию пле́сени в кварти́рах. Poor wall insulation led to freezing and mold growth in the apartments.

**фаса́д** — facade Фаса́д истори́ческого зда́ния был по́лностью отреставри́рован, сохрани́в его́ первонача́льный о́блик. The facade of the historic building was fully restored, preserving its original appearance.

**фона́рь** — lantern (roof or dome light) Фонари́ с энергосберега́ющими ла́мпами бы́ли устано́влены вдоль центра́льной алле́и па́рка. Street lamps with energy-saving bulbs were installed along the park's central alley.

**фриз** — frieze Фриз на фаса́де зда́ния укра́шен изображе́ниями мифологи́ческих персона́жей. The frieze on the building's facade is decorated with images of mythological figures.

**фунда́мент** — foundation Зало́жен фунда́мент но́вого культу́рного це́нтра, кото́рый ста́нет гла́вным объе́ктом городско́й застро́йки. The foundation for the new cultural center, which will become a key feature of urban development, has been laid.

**футури́зм** — futurism Прое́кт но́вого небоскрёба в сти́ле футури́зм был предста́влен на междунаро́дной архитекту́рной вы́ставке. The design for a new skyscraper in the futurism style was presented at an international architectural exhibition.

**хай-тек** — high-tech architecture Но́вый би́знес-це́нтр вы́полнен в сти́ле хай-тек, с испо́льзованием стекла́ и мета́лла. The new business center is designed in the high-tech style, using glass and metal.

**чертёж** – blueprint, techincal drawing На чертеже нового здания были указаны все инженерные коммуникации и схемы конструкций. The blueprint of the new building included all engineering communications and construction diagrams.

**эклектика** – eclecticism В архитектуре этого дома прослеживается эклектика, сочетающая черты модерна и классики. The architecture of this house shows eclecticism, combining features of modernism and classicism.

**эко-дизайн** – eco-design В рамках концепции эко-дизайна интерьер кафе был оформлен с использованием переработанных материалов и растений. As part of the eco-design concept, the cafe's interior was decorated with recycled materials and plants.

**экологический след** – ecological footprint Архитекторы стремятся уменьшить экологический след новых зданий, используя экологически чистые материалы и энергоэффективные технологии. Architects aim to reduce the carbon footprint of new buildings by using eco-friendly materials and energy-efficient technologies.

**экстерьер** – exterior Экстерьер здания выполнен в современном стиле с элементами минимализма. The exterior of the building is designed in a modern style with elements of minimalism.

**энергосберегающие технологии** – energy-saving technologies При строительстве нового жилого комплекса были внедрены энергосберегающие технологии для снижения расходов на отопление и электроэнергию. Energy-saving technologies were implemented in the construction of the new residential complex to reduce heating and electricity costs.

**энергоэффективность** – energy efficiency Новые нормы строительства требуют повышения энергоэффективности всех новостроек. New building regulations require an increase in the energy efficiency of all new constructions.

### 3.2.3.1 Mini-Articles

Track **72**

#### 1. Скандинавский стиль в современной архитектуре

Скандинавский стиль стал одним из самых популярных направлений в современной архитектуре благодаря своей простоте и функциональности. Этот стиль сочетает минимализм с природными элементами, такими как дерево и камень, что делает здания уютными и экологически безопасными. Архитекторы всё чаще используют возобновляемые материалы и энергосберегающие технологии при проектировании жилых домов в скандинавском стиле. Особое внимание уделяется также вертикальному озеленению и зелёным крышам, что помогает улучшить городскую среду и снизить углеродный след.

## 1. Scandinavian Style in Modern Architecture

Scandinavian style has become one of the most popular trends in modern architecture due to its simplicity and functionality. This style combines minimalism with natural elements such as wood and stone, making buildings cozy and environmentally friendly. Architects are increasingly using renewable materials and energy-saving technologies when designing residential houses in the Scandinavian style. Special attention is also given to vertical landscaping and green roofs, which help improve the urban environment and reduce the carbon footprint.

## 2. Биоклиматическая архитектура: Инновации для устойчивого строительства

Биоклиматическая архитектура становится всё более актуальной в условиях изменения климата и роста потребности в энергоэффективных зданиях. Этот подход включает использование возобновляемых материалов, солнечных панелей и систем водосбережения, что позволяет снизить экологический след зданий. Архитекторы внедряют такие инновационные решения, как естественная вентиляция и утепление, чтобы повысить энергоэффективность. Важным аспектом биоклиматической архитектуры является также создание комфортных интерьеров, которые адаптируются к изменениям внешней среды, обеспечивая оптимальные условия для жизни и работы.

## 2. Bioclimatic Architecture: Innovations for Sustainable Construction

Bioclimatic architecture is becoming increasingly relevant in the face of climate change and the growing need for energy-efficient buildings. This approach includes the use of renewable materials, solar panels, and water-saving systems, which help reduce the environmental footprint of buildings. Architects are implementing innovative solutions such as natural ventilation and insulation to enhance energy efficiency. An important aspect of bioclimatic architecture is also the creation of comfortable interiors that adapt to changes in the external environment, ensuring optimal living and working conditions.

## 3. Городская планировка: Создание комфортной городской среды

Успешная городская планировка играет ключевую роль в создании комфортной и функциональной городской среды. Архитекторы и градостроители разрабатывают планы, которые включают разнообразные общественные пространства, парки и зоны отдыха, а также удобные пешеходные зоны. Важным аспектом является также планирование транспортной системы, чтобы обеспечить доступность и связность разных районов города. Современные подходы к городской планировке также включают смарт-город технологии, которые способствуют улучшению качества жизни и снижению негативного воздействия на окружающую среду.

### 3. Urban Planning: Creating a Comfortable Urban Environment

Successful urban planning plays a key role in creating a comfortable and functional urban environment. Architects and urban planners develop plans that include a variety of public spaces, parks, and recreational areas, as well as convenient pedestrian zones. An important aspect is also the planning of the transportation system to ensure accessibility and connectivity between different parts of the city. Modern approaches to urban planning also include smart city technologies, which contribute to improving the quality of life and reducing the negative impact on the environment.

### 4. Регенерация города: Второе дыхание для исторических районов

Регенерация города направлена на восстановление и модернизацию старых и заброшенных районов, чтобы придать им новое значение и улучшить городскую среду. Архитекторы и проектировщики работают над созданием новых общественных пространств, зелёных насаждений и инфраструктуры, сохраняя при этом историческую архитектуру. Использование устойчивых строительных методов и инновационных решений позволяет минимизировать углеродный след и сделать эти районы более привлекательными для жителей и туристов. Восстановление старых зданий и создание новых сооружений в гармонии с существующей застройкой помогает сохранить уникальный облик города.

### 4. Urban Regeneration: Breathing New Life into Historic Districts

Urban regeneration aims to restore and modernize old and neglected areas to give them new significance and improve the urban environment. Architects and planners work on creating new public spaces, green areas, and infrastructure while preserving the historical architecture. The use of sustainable construction methods and innovative solutions helps minimize the carbon footprint and make these areas more attractive to residents and tourists. Restoring old buildings and creating new structures in harmony with existing development helps preserve the unique character of the city.

### 5. Параметрическая архитектура: Будущее дизайна и строительства

Параметрическая архитектура — это инновационный подход к проектированию зданий, который использует алгоритмы и компьютерное моделирование для создания уникальных форм и конструкций. Архитекторы работают с параметрическими моделями, чтобы определять пропорции и объёмы зданий, создавая проекты, которые выходят за рамки традиционной архитектуры. Этот стиль особенно популярен в футуризме и хай-тек архитектуре, где важную роль играют стекло, сталь и бетон. Параметрическая архитектура позволяет создавать здания с высокой энергоэффективностью и минимальным экологическим следом, что делает её важным инструментом в устойчивом строительстве будущего.

### 5. Parametric Architecture: The Future of Design and Construction

Parametric architecture is an innovative approach to building design that uses algorithms and computer modeling to create unique forms and structures. Architects work with parametric models to define proportions and volumes of buildings, creating projects that go beyond traditional architecture. This style is particularly popular in futurism and high-tech architecture, where glass, steel, and concrete play a key role. Parametric architecture allows for the creation of buildings with high energy efficiency and minimal environmental impact, making it an important tool in the sustainable construction of the future.

### 3.2.3.2 Interview with an Architect and a Designer

Track **73**

**Интервью: Создание Современного и Комфортного Жилого Комплекса**

**Интервьюер:** Здравствуйте, уважаемые зрители! Сегодня у нас в гостях архитектор Дмитрий Александрович Волков и дизайнер интерьеров Екатерина Сергеевна Зайцева, работающие над созданием нового жилого комплекса в пригороде Москвы. Дмитрий Александрович, Екатерина Сергеевна, спасибо, что нашли время для этого интервью.

**Дмитрий Александрович и Екатерина Сергеевна:** Здравствуйте!

**Дмитрий Александрович:** Мы работаем над новым жилым комплексом в пригороде Москвы. Это будет современный микрорайон, включающий в себя многоэтажные здания, общественные пространства, парки и пешеходные зоны. Наши главные цели — создать комфортную городскую среду и обеспечить высокий уровень энергоэффективности зданий. Мы применяем современные технологии строительства и используем возобновляемые материалы для достижения устойчивости проекта.

**Екатерина Сергеевна:** Важно также отметить, что мы уделяем большое внимание дизайну интерьеров. Я стремлюсь создать гармоничное сочетание стиля и функциональности, чтобы жильцы чувствовали себя максимально комфортно в своих новых домах. В интерьерах я использую элементы скандинавского стиля и минимализма, которые отлично подходят для современных квартир. Мы также продумываем планировку и использование мебели, чтобы создать оптимальное пространство для жизни.

**Интервьюер:** Звучит впечатляюще! Дмитрий Александрович, расскажите, какие инновации вы внедряете в архитектуру этого комплекса?

**Дмитрий Александрович:** Мы внедряем ряд инновационных решений, включая вертикальное озеленение и зелёные крыши. Это не только улучшает внешний вид зданий, но и помогает снизить углеродный след и улучшить качество воздуха в микрорайоне. Кроме того, мы используем параметрическую архитектуру для создания уникальных фасадов и оптимизации объёмов зданий. Все здания будут оснащены солнечными панелями и системами водосбережения, что делает комплекс максимально экологически чистым.

**Интервьюер:** Екатерина Сергеевна, как вы подходите к выбору материалов и цветовой палитры для интерьеров?

**Екатерина Сергеевна:** Я стараюсь использовать возобновляемые материалы, такие как дерево и натуральные ткани, чтобы создать уютную и здоровую атмосферу в каждом доме. Цветовая палитра основывается на светлых и нейтральных тонах, которые визуально расширяют пространство и создают ощущение лёгкости. Мы также работаем с современными текстурами и фактурами, которые добавляют глубину и уникальность каждому интерьеру. Важным аспектом является баланс между эстетикой и практичностью, чтобы жильцы могли наслаждаться комфортом в долгосрочной перспективе.

**Интервьюер:** Как вы взаимодействуете друг с другом при работе над проектом?

**Дмитрий Александрович:** Важным аспектом нашей работы является тесное сотрудничество между архитектором и дизайнером интерьеров. Мы обсуждаем все этапы проекта, начиная с планировки и заканчивая выбором материалов, чтобы создать единое гармоничное пространство. Екатерина Сергеевна вносит свои идеи по интерьеру уже на стадии проектирования зданий, что позволяет учесть все нюансы и сделать конечный продукт максимально удобным и функциональным.

**Екатерина Сергеевна:** Да, я полностью согласна. Для меня важно, чтобы архитектурное решение поддерживало концепцию интерьеров. Например, открытые лестницы, большие окна и высокие потолки идеально сочетаются с моим подходом к дизайну. Мы стараемся создать единый стиль, который будет присутствовать как снаружи, так и внутри каждого здания.

**Интервьюер:** Спасибо вам за интересную беседу! Желаем вам удачи в завершении проекта.

**Дмитрий Александрович и Екатерина Сергеевна:** Спасибо!

**Дмитрий Александрович:** Было очень приятно поделиться нашими планами и видением.

**Екатерина Сергеевна:** Спасибо, что пригласили нас.


### Interview: Creating a Modern and Comfortable Residential Complex

**Interviewer:** Hello, dear viewers! Today we have with us Dmitry Alexandrovich Volkov, an architect, and Ekaterina Sergeevna Zaitseva, an interior designer, who are working on the creation of a new residential complex in a suburb of Moscow. Dmitry Alexandrovich, Ekaterina Sergeevna, thank you for taking the time for this interview.

**Dmitry Alexandrovich and Ekaterina Sergeevna:** Hello!

**Dmitry Alexandrovich:** We are working on a new residential complex in a suburb of Moscow. It will be a modern neighborhood, including multi-story buildings, public spaces, parks, and pedestrian zones. Our main goals are to create a comfortable urban environment and ensure a high level of energy efficiency in the buildings. We are using modern construction technologies and renewable materials to achieve sustainability in the project.

**Ekaterina Sergeevna:** It's also important to note that we are paying great attention to the interior design. I strive to create a harmonious blend of style and functionality so that residents feel as comfortable as possible in their new homes. In the interiors, I use elements of Scandinavian style and minimalism, which are perfect for modern apartments. We are also carefully planning the layout and use of furniture to create an optimal living space.

**Interviewer:** That sounds impressive! Dmitry Alexandrovich, could you tell us about the innovations you are incorporating into the architecture of this complex?

**Dmitry Alexandrovich:** We are implementing a number of innovative solutions, including vertical landscaping and green roofs. This not only improves the appearance of the buildings but also helps reduce the carbon footprint and improve air quality in the neighborhood. Additionally, we are using parametric architecture to create unique facades and optimize the volumes of the buildings. All buildings will be equipped with solar panels and water-saving systems, making the complex as environmentally friendly as possible.

**Interviewer:** Ekaterina Sergeevna, how do you approach the selection of materials and color palettes for the interiors?

**Ekaterina Sergeevna:** I aim to use renewable materials such as wood and natural fabrics to create a cozy and healthy atmosphere in every home. The color palette is based on light and neutral tones, which visually expand the space and create a sense of airiness. We also work with modern textures and finishes, adding depth and uniqueness to each interior. An important aspect is balancing aesthetics and practicality so that residents can enjoy comfort in the long term.

**Interviewer:** How do you collaborate with each other on the project?

**Dmitry Alexandrovich:** A key aspect of our work is close cooperation between the architect and the interior designer. We discuss all stages of the project, from planning to material selection, to create a unified and harmonious space. Ekaterina Sergeevna brings her interior ideas to the table early in the building design process, which allows us to consider all nuances and make the final product as convenient and functional as possible.

**Ekaterina Sergeevna:** Yes, I completely agree. It's important to me that the architectural solution supports the interior concept. For example, open staircases, large windows, and high ceilings perfectly match my approach to design. We strive to create a unified style that will be present both outside and inside each building.

**Interviewer:** Thank you for the interesting conversation! We wish you success in completing the project.

**Dmitry Alexandrovich and Ekaterina Sergeevna:** Thank you!

**Dmitry Alexandrovich:** It was a pleasure to share our plans and vision.

**Ekaterina Sergeevna:** Thank you for having us.

## 3.2.4 Fashion

**аванга́рд** – avant-garde В авангардной коллекции использованы необычные формы и яркие цвета. The avant-garde collection features unusual shapes and bold colors.

**аксессуа́ры** – accessories Аксессуары в коллекции были продуманны до мелочей, но их обилие перегружало образы. The accessories in the collection were meticulously thought out, but their abundance overwhelmed the looks.

**андегра́унд** – underground Моя новая коллекция вдохновлена андеграундной культурой, которая диктует свои правила в моде. My new collection is inspired by underground culture, which sets its own rules in fashion.

**аппликáция** – appliqué Аппликации на этом платье были выполнены вручную, что добавляет ему уникальности. The appliqués on this dress were done by hand, adding to its uniqueness.

**арт-де́ко** – art deco Интерьер её квартиры выполнен в стиле арт-деко, с характерными геометрическими узорами. The interior of her apartment is done in Art Deco style, with characteristic geometric patterns.

**ба́бочка** – bow tie Классическая чёрная бабочка добавила образу элегантности, но в сочетании с небрежным костюмом смотрелась неуместно. The classic black bow tie added elegance to the look, but seemed out of place when paired with a casual suit.

**бале́тки** – ballet flats Балетки остаются удобным и стильным выбором для повседневной носки. Ballet flats remain a comfortable and stylish choice for everyday wear.

**ба́льное пла́тье** – ball gown Бальные платья из новой коллекции выполнены из роскошных тканей и украшены вышивкой. The ball gowns from the new collection are made of luxurious fabrics and adorned with embroidery.

**безотхо́дное произво́дство** – zero waste production Безотхо́дное произво́дство — э́то наш вклад в сохране́ние плане́ты. Мы стара́емся максима́льно испо́льзовать ка́ждый кусо́чек тка́ни, что́бы не создава́ть ли́шних отхо́дов. Zero-waste production is our contribution to preserving the planet. We try to use every piece of fabric as efficiently as possible to avoid creating unnecessary waste.

**биоразлага́емые материа́лы** – biodegradable materials Не́которые компа́нии на́чали испо́льзовать биоразлага́емые материа́лы в произво́дстве оде́жды. Some companies have started using biodegradable materials in clothing production.

**би́сер** – beads Украше́ния из би́сера сно́ва в мо́де и добавля́ют я́ркости любо́му о́бразу. Beaded jewelry is back in fashion and adds a pop of color to any outfit.

**блу́зка** – blouse Лёгкая шёлковая блу́зка идеа́льно подхо́дит для тёплой пого́ды. A light silk blouse is perfect for warm weather.

**босоно́жки** – sandals (open-toe) Босоно́жки на усто́йчивом каблуке́ идеа́льно подхо́дят для ле́тнего сезо́на. Sandals with a stable heel are perfect for the summer season.

**бо́хо** – boho Её наря́д в сти́ле бо́хо сочета́ет этни́ческие моти́вы и натура́льные тка́ни. Her boho outfit combines ethnic motifs and natural fabrics.

**брасле́т** – bracelet Золото́й брасле́т с гравиро́вкой стал её люби́мым аксессуа́ром. The gold bracelet with an engraving became her favorite accessory.

**бренд** – brand Э́тот бренд изве́стен свои́ми ка́чественными аксессуа́рами и о́бувью. This brand is known for its high-quality accessories and footwear.

**брю́ки** – trousers, pants Брю́ки свобо́дного кро́я сно́ва в тре́нде э́той о́сенью. Loose-fitting trousers are back in trend this fall.

**быть в тре́нде** – to be on trend Жела́ние быть в тре́нде привело́ к тому́, что колле́кция потеря́ла свою́ индивидуа́льность. The desire to stay on trend resulted in the collection losing its individuality.

**вече́рнее пла́тье** – evening gown Вече́рнее пла́тье с откры́той спино́й произвело́ фуро́р на балу́. The evening gown with an open back caused a sensation at the ball.

**винта́ж** – vintage Винта́жные элеме́нты в колле́кции бы́ли изы́сканными, но их чрезме́рное коли́чество сде́лало о́бразы перегру́женными. The vintage elements in the collection were exquisite, but their excessive use made the looks feel overloaded.

**вторичная переработка** – upcycling Этот бренд использует материалы из вторичной переработки для создания экологичной одежды. This brand uses recycled materials to create eco-friendly clothing.

**выбирать/выбрать аксессуары** – to choose accessories Модельерам стоит более тщательно выбирать аксессуары, так как некоторые из них явно перетягивают внимание на себя. Designers should be more careful when choosing accessories, as some clearly steal the spotlight.

**выбирать/выбрать ткань** – to choose fabric Выбирая ткань для новой коллекции, я всегда обращаю внимание на её текстуру и качество. When choosing fabric for a new collection, I always pay attention to its texture and quality.

**выкройка** – pattern Каждая новая коллекция начинается с разработки выкройки. От этого зависит, как одежда будет сидеть на теле и какое впечатление она произведёт. Every new collection starts withpattern development. It determines how the clothing will fit the body and the impression it will make.

**выпускать/выпустить капсульную коллекцию** – to release a capsule collection Бренд решил выпустить капсульную коллекцию, посвящённую устойчивой моде. The brand decided to launch a capsule collection dedicated to sustainable fashion.

**вышивка** – embroidery На платье была выполнена тонкая вышивка с цветочными мотивами. The dress featured delicate embroidery with floral motifs.

**галстук** – tie На официальное мероприятие он выбрал классический чёрный галстук. He chose a classic black tie for the formal event.

**гардероб** – wardrobe Составление капсульного гардероба помогает сократить количество вещей и потребление. Building a capsule wardrobe helps reduce the number of items and consumption.

**гламур** – glamour Новая коллекция вечерних платьев воплощает в себе дух гламура 1920-х годов. The new collection of evening gowns embodies the glamour of the 1920s.

**гранж** – grunge Гранж для меня — это выражение свободы и протеста против стандартов. Я люблю включать элементы гранжа в свои коллекции, чтобы показать, что мода может быть дерзкой и независимой. Grunge, for me, is an expression of freedom and a protest against standards. I love incorporating elements of grunge into my collections to show that fashion can be bold and independent.

**демонстри́ровать/продемонстри́ровать на по́диуме** – to showcase on the runway Хотя́ дизайнеры продемонстри́ровали на по́диуме сме́лые эксперименты с кро́ем, не все их иде́и оказа́лись уда́чными. Although designers showcased bold experiments with cuts on the runway, not all of their ideas were successful.

**джи́нсы** – jeans Джи́нсы из органи́ческого хо́лпка стано́вятся всё популя́рнее среди́ созна́тельных потреби́телей. Organic cotton jeans are becoming increasingly popular among conscious consumers.

**диза́йнер** – designer Изве́стный диза́йнер предста́вил свою́ после́днюю колле́кцию на Нью-Йо́ркской неде́ле мо́ды. The famous designer showcased his latest collection at New York Fashion Week.

**драпиро́вка** – draping Драпиро́вка на пла́тье создаёт эффе́кт лёгкости и элега́нтности. The draping on the dress creates an effect of lightness and elegance.

**жиле́т** – vest Жиле́т в сти́ле 70-х вы́глядел сли́шком архаи́чно для совреме́нной колле́кции, несмотря́ на попы́тку прида́ть ему́ актуа́льность. The 70s-style vest looked too outdated for the modern collection, despite the attempt to make it relevant.

**запуска́ть/запусти́ть рекла́мную кампа́нию** – to launch an ad campaign Компа́ния плани́рует запусти́ть но́вую рекла́мную кампа́нию к нача́лу сезо́на распрода́ж. The company plans to launch a new advertising campaign at the start of the sales season.

**защи́та живо́тных** – animal protection Защи́та живо́тных — одна́ из причи́н, по кото́рой мы испо́льзуем то́лько иску́сственный мех в на́ших колле́кциях. Animal protection is one of the reasons we use only faux fur in our collections.

**зелёная мо́да** – green fashion Зелёная мо́да — э́то не про́сто тренд, а необходи́мый шаг к усто́йчивому бу́дущему. Green fashion is not just a trend but a necessary step toward a sustainable future.

**инфлюе́нсер** – influencer Популя́рный инфлюе́нсер размести́л посты́ о но́вой колле́кции в свои́х социа́льных сетя́х. A popular influencer posted about the new collection on their social media.

**ка́псульная колле́кция** – capsule collection Мо́дный бренд предста́вил но́вую ка́псульную колле́кцию, состоя́щую из универса́льных веще́й. The fashion brand unveiled a new capsule collection featuring versatile pieces.

**кла́ссика** – classic В колле́кции предста́влены класси́ческие моде́ли, кото́рые никогда́ не выхо́дят из мо́ды. The collection features classic models that never go out of style.

**клатч** – clutch Минималисти́чный клатч из натура́льной ко́жи стал фавори́том среди́ мо́дных аксессуа́ров. The minimalist leather clutch became a favorite among fashion accessories.

**кле́тка** – plaid Кле́тчатый узо́р в колле́кции вы́глядел устаре́вшим и не соотве́тствовал совреме́нным тре́ндам. The checkered pattern in the collection looked outdated and didn't align with current trends.

**колле́кция** – collection Несмотря́ на зая́вленные амби́ции, колле́кция оста́вила ощуще́ние дежавю́, предложи́в ма́ло но́вого. Despite its stated ambitions, the collection left a sense of déjà vu, offering little that was new.

**кольцо́** – ring Золото́е кольцо́ с бриллиа́нтом ста́ло центра́льным украше́нием её о́браза. The gold ring with a diamond became the centerpiece of her look.

**комбинезо́н** – jumpsuit Комбинезо́ны, предста́вленные в колле́кции, оказа́лись неожи́данным, но не са́мым уда́чным реше́нием. The jumpsuits featured in the collection were an unexpected, but not the best choice.

**комбини́ровать/сочета́ть сти́ли** – to mix styles В свои́х колле́кциях я ча́сто комбини́рую ра́зные сти́ли. Мне нра́вится сочета́ть элеме́нты кла́ссики с совреме́нными тре́ндами, что́бы создава́ть не́что но́вое и интере́сное. In my collections, I often combine different styles. I like to mix classic elements with modern trends to create something new and interesting.

**костю́м** – suit Мужчи́ны на мероприя́тии бы́ли оде́ты в элега́нтные костю́мы. The men at the event were dressed in elegant suits.

**крой** – cut Пла́тье прямо́го кро́я подчёркивает её элега́нтность и сде́ржанность. The straight-cut dress highlights her elegance and restraint.

**кро́йка и шитьё** – dressmaking Несмотря́ на высо́кое ка́чество кро́йки и шитья́, колле́кция не предложи́ла ничего́ но́вого. Despite the high quality of tailoring, the collection offered nothing new.

**кроссо́вки** – sneakers Реше́ние включи́ть кроссо́вки в э́ту элега́нтную колле́кцию показа́лось стра́нным и неуме́стным. The decision to include sneakers in this elegant collection seemed odd and out of place.

**кружева** – lace Платье с кружевами придало образу романтичный и утончённый вид. The dress with lace gave the look a romantic and refined touch.

**купальник** – swimsuit Дизайнер представил новую линию купальников, идеально подходящих для пляжного отдыха. The designer unveiled a new line of swimsuits, perfect for a beach vacation.

**куртка** – jacket Ветровка стала популярной курткой для уличного стиля этой весной. The windbreaker became a popular jacket for street style this spring.

**кэжуал** – casual В её гардеробе преобладают вещи в стиле кэжуал, которые подходят для повседневной жизни. Her wardrobe is dominated by casual style items that are suitable for everyday life.

**манекен** – mannequin Модельеры выставили свои последние наряды на манекенах в витрине магазина. Designers displayed their latest outfits on mannequins in the store window.

**медленная мода** – slow fashion Медленная мода, несмотря на свои очевидные преимущества, всё ещё остаётся нишевой в массовой индустрии. Slow fashion, despite its obvious advantages, still remains niche in the mainstream industry.

**милитари** – military Элементы милитари в новой коллекции выглядели чрезмерно грубо и диссонировали с остальными образами. The military elements in the new collection looked overly harsh and clashed with the rest of the looks.

**минимализм** – minimalism В её гардеробе преобладают вещи в стиле минимализм: простые формы и монохромные цвета. Her wardrobe is dominated by minimalist style: simple shapes and monochromatic colors.

**минимизация отходов** – waste minimization Модные бренды всё чаще внедряют методы минимизации отходов на всех этапах производства. Fashion brands are increasingly implementing waste minimization methods at all stages of production.

**мода** – fashion Индустрия моды активно внедряет инновации для снижения негативного воздействия на окружающую среду. The fashion industry is actively implementing innovations to reduce its negative environmental impact.

**модель** – model Модель, которую я выбрал для показа, идеально передала дух новой коллекции. The model I chose for the show perfectly conveyed the spirit of the new collection.

**модельер** – fashion designer **Как модельер, я стремлюсь создавать вещи, которые будут актуальны не один сезон. Моя цель — создавать моду, которая не устареет.** As a fashion designer, I strive to create pieces that will remain relevant for more than one season. My goal is to create fashion that doesn't age.

**модная индустрия** – fashion industry **Модная индустрия всё ещё медленно реагирует на необходимость перехода к более устойчивым практикам.** The fashion industry is still slow to respond to the need for a shift towards more sustainable practices.

**модные бренды с ответственным подходом** – conscious fashion brands **Модные бренды с ответственным подходом к производству всё чаще используют органические материалы.** Fashion brands with a responsible approach to production are increasingly using organic materials.

**модный блог** – fashion blog **Модный блог освещает последние тенденции и советы по созданию стильных образов.** The fashion blog covers the latest trends and tips on creating stylish looks.

**модный дом** – fashion house **Модный дом представил новую линию вечерних платьев на Парижской неделе моды.** The fashion house unveiled a new line of evening gowns at Paris Fashion Week.

**модный журнал** – fashion magazine **Модный журнал выпустил специальный выпуск, посвящённый устойчивой моде.** The fashion magazine released a special issue dedicated to sustainable fashion.

**модный показ** – fashion presentation **На модном показе были представлены последние тенденции осенне-зимнего сезона.** The fashion show featured the latest trends for the fall-winter season.

**морской стиль** – nautical style **В летней коллекции представлены платья в морском стиле с полосками и якорями.** The summer collection features dresses in a nautical style with stripes and anchors.

**наряд** – outfit **Наряды из новой коллекции скорее подойдут для театральной сцены, чем для повседневной носки.** The outfits from the new collection are more suited for the theater stage than for everyday wear.

**натуральные материалы** – natural materials **Я предпочитаю натуральные материалы, такие как холпок и лен, потому что они приятны к телу и долговечны. Кроме того, их легче переработать, что соответствует принципам**

**усто́йчивой мо́ды.** I prefer natural materials like cotton and linen because they are comfortable to wear and durable. Moreover, they are easier to recycle, which aligns with sustainable fashion principles.

**неде́ля мо́ды** – fashion week На проше́дшей Неде́ле мо́ды диза́йнеры показа́ли удиви́тельное сочета́ние ре́тро и футури́зма. At the recent Fashion Week, designers showcased an amazing blend of retro and futurism.

**ни́жнее бельё** – underwear Но́вый бренд ни́жнего белья́ акценти́рует внима́ние на комфо́рте и экологи́чности материа́лов. The new lingerie brand focuses on comfort and eco-friendly materials.

**носи́ть/поноси́ть брендо́вые ве́щи** – to wear designer clothes Она́ лю́бит носи́ть бре́ндовые ве́щи, кото́рые подчёркивают её индивидуа́льность. She loves wearing branded items that highlight her individuality.

**обо́рки** – frills Обо́рки на пла́тьях придава́ли наря́дам лёгкости, но их коли́чество де́лало о́бразы изли́шне романти́чными. The ruffles on the dresses added lightness to the outfits, but their abundance made the looks overly romantic.

**о́бувь** – footwear Обувь — э́то не про́сто аксессуа́р, э́то ва́жная часть о́браза. В ка́ждой колле́кции я уделя́ю осо́бое внима́ние диза́йну о́буви, потому́ что и́менно она́ заверша́ет о́бщий стиль. Shoes are not just an accessory, they are an important part of the look. In every collection, I pay special attention to the design of shoes because they complete the overall style.

**одева́ться/оде́ться со вку́сом** – to dress stylishly Она́ всегда́ уме́ла одева́ться со вку́сом, выбира́я элега́нтные наря́ды для любо́го слу́чая. She always knew how to dress with taste, choosing elegant outfits for any occasion.

**ожере́лье** – necklace Я счита́ю, что пра́вильно подо́бранное ожере́лье мо́жет преобрази́ть любо́й наря́д. В свои́х рабо́тах я испо́льзую ра́зные материа́лы и те́хники, что́бы созда́ть уника́льные украше́ния. I believe that a well-chosen necklace can transform any outfit. In my work, I use different materials and techniques to create unique jewelry.

**органи́ческие тка́ни** – organic fabrics Но́вая колле́кция испо́льзует то́лько органи́ческие тка́ни, что́бы сни́зить возде́йствие на окружа́ющую среду́. The new collection uses only organic fabrics to reduce environmental impact.

**отве́тственное потребле́ние** – responsible consumption Отве́тственное потребле́ние мо́дной оде́жды включа́ет вы́бор това́ров, произведённых с минима́льным возде́йствием на приро́ду. Responsible consumption of fashion involves choosing products made with minimal impact on the environment.

**очки́** – glasses, sunglasses Колле́кция солнцезащи́тных очко́в из биоразлага́емых материа́лов вы́звала большо́й интере́с. The collection of sunglasses made from biodegradable materials generated a lot of interest.

**пайе́тки** – sequins Пайе́тки — э́то спо́соб доба́вить наря́ду бле́ска и пра́здничного настрое́ния. Я испо́льзую их, что́бы подчеркну́ть определённые ча́сти оде́жды и сде́лать их бо́лее вырази́тельными. Sequins are away to add sparkle and a festive mood to an outfit. I use them to highlight certain parts of the clothing and make them more expressive.

**пальто́** – coat Она́ вы́брала сти́льное кашеми́ровое пальто́ для холо́дной зимы́. She chose a stylish cashmere coat for the cold winter.

**панк** – punk Панк-эсте́тика была́ предста́влена сме́ло, но каза́лась неуме́стной в конте́ксте о́бщей те́мы колле́кции. The punk aesthetic was boldly presented, but it felt out of place in the context of the overall theme of the collection.

**переабо́тка** – recycling Переабо́тка ста́рых веще́й в но́вые наря́ды — похва́льная иде́я, но в э́той колле́кции она́ реализо́вана неубеди́тельно. Recycling old items into new outfits is a commendable idea, but in this collection, it was poorly executed.

**перча́тки** – gloves Дли́нные ко́жаные перча́тки прида́ли о́бразу драмати́чности, но каза́лись неуме́стными в ле́тней колле́кции. The long leather gloves added drama to the look but felt out of place in the summer collection.

**пиджа́к** – blazer Э́тот пиджа́к сшит на зака́з и идеа́льно сиди́т на фигу́ре. This jacket is custom-made and fits perfectly.

**пла́тье** – dress Пла́тье, предста́вленное в фина́ле пока́за, бы́ло техни́чески сло́жным, но визуа́льно перегру́женным деталя́ми. The dress presented at the show's finale was technically complex but visually overloaded with details.

**плиссиро́вка** – pleating Плиссиро́вка на ю́бке придаёт ей дополни́тельный объём и дина́мику. The pleating on the skirt adds extra volume and movement.

**подбира́ть/подобра́ть наря́д** – to select an outfit Стили́сту удало́сь подобра́ть наря́д, кото́рый подчёркивает индивидуа́льность моде́ли, но остаётся в ра́мках о́бщей конце́пции пока́за. The stylist managed to choose an outfit that highlights the model's individuality while staying within the overall concept of the show.

**подго́нка** – alteration Подго́нка костю́ма потре́бовала не́сколько дополни́тельных приме́рок. The tailoring of the suit required several additional fittings.

**подгоня́ть/подогна́ть оде́жду по фигу́ре** – to tailor clothes to fit Подго́нка оде́жды по фигу́ре — ва́жный эта́п, кото́рый помога́ет созда́ть идеа́льный силуэ́т. Tailoring clothing to fit the body is an important step in creating the perfect silhouette.

**по́диум** – runway На по́диуме демонстри́руются не то́лько оде́жда, но и иде́и усто́йчивого бу́дущего мо́ды. The runway showcases not only clothing but also ideas for a sustainable future in fashion.

**по́диумная моде́ль** – runway model По́диумная моде́ль идеа́льно продемонстри́ровала сло́жный наря́д, но сам о́браз показа́лся ску́чным. The runway model perfectly showcased the complex outfit, but the overall look seemed dull.

**пока́з мод** – fashion show Пока́з мод оста́вил дво́йственное впечатле́ние: техни́чески идеа́лен, но эмоциона́льно пуст. The fashion show left mixed feelings: technically perfect but emotionally empty.

**портно́й** – tailor Э́тот костю́м был сшит на зака́з изве́стным портны́м. This suit was custom-made by a famous tailor.

**приме́рка** – fitting Приме́рка вече́рнего пла́тья заняла́ бо́льше вре́мени, чем ожида́лось. The fitting of the evening gown took longer than expected.

**принт** – print Я обожа́ю испо́льзовать я́ркие при́нты, что́бы доба́вить оде́жде дина́мики и вырази́тельности. I love using bold prints to add dynamism and expressiveness to clothing.

**произво́дство без токси́нов** – toxin-free production Произво́дство без токси́нов стано́вится станда́ртом для компа́ний, стремя́щихся к экологи́ческой отве́тственности. Toxin-free production is becoming the standard for companies striving for environmental responsibility.

**произво́дство с минима́льным возде́йствием на приро́ду** – low-impact manufacturing Э́тот бренд стреми́тся к произво́дству с минима́льным возде́йствием на приро́ду, испо́льзуя экологи́чные ме́тоды. This brand strives for production with minimal environmental impact, using eco-friendly methods.

**просле́живаемость цепо́чки поста́вок** – supply chain transparency Просле́живаемость цепо́чки поста́вок ста́ла ва́жным аспе́ктом для мо́дных брендов, стремящихся к прозрачности. The traceability of the supply chain has become an important aspect for fashion brands striving for transparency.

**работать/поработать в модной индустрии** – to work in the fashion industry Она мечтает поработать в модной индустрии и стать известным дизайнером. She dreams of working in the fashion industry and becoming a famous designer.

**редактор моды** – fashion editor Редактор моды отметил, что хотя коллекция и соответствовала современным стандартам, ей не хватало свежести и новизны. The fashion editor noted that while the collection met modern standards, it lacked freshness and originality.

**редакция** – editorial Редакция модного журнала работает над выпуском осеннего номера. The editorial team of the fashion magazine is working on the fall issue.

**реклама** – advertisement Новая реклама парфюма вызвала огромный интерес у покупателей. The new perfume ad generated huge interest among customers.

**рекламная кампания** – ad campaign Рекламная кампания нового парфюма была запущена на всех основных платформах. The advertising campaign for the new perfume was launched on all major platforms.

**ремень** – belt Широкий ремень в этой коллекции явно переборщил с акцентом на талии, делая образ тяжёлым. The wide belt in this collection clearly overemphasized the waist, making the look heavy.

**ретро** – retro Платье в стиле ретро напомнило всем моду 50-х годов. The retro-style dress reminded everyone of the fashion of the 1950s.

**романтический стиль** – romantic style Блузка с рюшами идеально вписывается в её романтический стиль. The ruffled blouse perfectly fits her romantic style.

**рубашка** – shirt Классическая белая рубашка — это основа любого гардероба. Я люблю играть с её кроем, добавляя неожиданные детали, которые делают её уникальной. A classic white shirt is the foundationof any wardrobe. I love to play with its cut, adding unexpected details that make it unique.

**рюши** – ruffles Блузка с рюшами добавила её образу романтичности и женственности. The blouse with ruffles added a touch of romance and femininity to her look.

**сандалии** – sandals Лёгкие кожаные сандалии идеально подходят для летних прогулок. Lightweight leather sandals are perfect for summer walks.

**сапоги** – boots Кожаные сапоги идеально дополняют её осенний гардероб. Leather boots perfectly complement her fall wardrobe.

**свитер** – sweater В осенней коллекции есть уютные свитера из кашемира и шерсти. The fall collection includes cozy sweaters made of cashmere and wool.

**сезон** – season Летний сезон принёс с собой яркие цвета и лёгкие ткани в моде. The summer season brought bright colors and light fabrics into fashion.

**сезонная коллекция** – seasonal collection В сезонной коллекции представлены яркие цвета и лёгкие ткани, идеально подходящие для лета. The seasonal collection features bright colors and lightweight fabrics, perfect for summer.

**серьги** – earrings Вечерний образ был дополнен крупными золотыми серьгами. The evening look was completed with large gold earrings.

**силуэт** – silhouette Платье с приталенным силуэтом подчёркивает её фигуру. The dress with a fitted silhouette accentuates her figure.

**следить/проследить за модой** – to follow fashion Она всегда старается следить за модой и обновлять свой гардероб согласно последним тенденциям. She always tries to keep up with fashion and update her wardrobe according to the latest trends.

**следовать/последовать модным тенденциям** – to follow fashion trends Она предпочитает следовать модным тенденциям, но добавляет в образы что-то своё. She prefers to follow fashion trends but adds something of her own to the looks.

**создавать/создать модную коллекцию** – to create a fashion collection Дизайнеры планируют создать новую модную коллекцию для осеннего сезона. Designers plan to create a new fashion collection for the fall season.

**сотрудничать/посотрудничать с дизайнером** – to collaborate with a designer Бренд решил сотрудничать с молодым дизайнером для создания новой линии одежды. The brand decided to collaborate with a young designer to create a new clothing line.

**спорт-шик** – athleisure В этом сезоне спорт-шик доминирует в коллекциях многих дизайнеров. This season, sport-chic dominates many designers' collections.

**стилист** – stylist Известный стилист помог ей создать уникальный образ для фотосессии. A famous stylist helped her create a unique look for the photoshoot.

**стиль** — style Хотя́ колле́кция вы́полнена в определённом сти́ле, её эклекти́чность иногда́ сбива́ет с толку́. Although the collection adheres to a certain style, its eclecticism can be confusing at times.

**су́мка** — handbag Эко-су́мки из перерабо́танных материа́лов ста́ли но́вым тре́ндом в мо́де. Eco-bags made from recycled materials have become a new trend in fashion.

**ткань** — fabric Вы́бор тка́ни игра́ет ключеву́ю роль в созда́нии ка́чественной и долгове́чной оде́жды. The choice of fabric plays a key role in creating high-quality and durable clothing.

**ткань с рису́нком** — patterned fabric Она́ вы́брала пла́тье из тка́ни с цвето́чным рису́нком для ле́тнего вы́хода. She chose a dress made of fabric with a floral pattern for a summer event.

**тренд** — trend Но́вый тренд на oversize-пальто́, предста́вленный в э́той колле́кции, подойдёт далеко́ не ка́ждому. The new trend for oversized coats, presented in this collection, will not suit everyone.

**ту́фли** — shoes Но́вая колле́кция ту́фель включа́ет моде́ли на ка́ждый день и для осо́бых слу́чаев. The new collection of shoes includes models for everyday wear and special occasions.

**углеро́дный след** — carbon footprint Бренд заяви́л о стремле́нии сократи́ть углеро́дный след, но ме́тоды, кото́рые они́ испо́льзуют, вызыва́ют вопро́сы. The brand declared its intention to reduce its carbon footprint, but the methods they use raise questions.

**уделя́ть/удели́ть внима́ние дета́лям** — to pay attention to details Хоро́ший диза́йнер всегда́ уделя́ет внима́ние дета́лям при созда́нии оде́жды. A good designer always pays attention to details when creating clothing.

**у́личный стиль** — street style В после́днее вре́мя у́личный стиль завоёвывает популя́рность среди́ молодежи. Lately, street style has been gaining popularity among the youth.

**усто́йчивое произво́дство** — sustainable production Мно́гие бре́нды тепе́рь де́лают акце́нт на усто́йчивом произво́дстве оде́жды. Many brands are now focusing on sustainable clothing production.

**уча́ствовать/поуча́ствовать в пока́зе мод** – to participate in a fashion show Она́ была́ приглашена́ уча́ствовать в пока́зе мод на Неде́ле мо́ды в Пари́же. She was invited to participate in a fashion show at Paris Fashion Week.

**фотогра́фия у́личной мо́ды** – street style photography Фотогра́фии у́личной мо́ды ча́сто стано́вятся исто́чником вдохнове́ния для мои́х колле́кций. Street fashion photography often becomes a source of inspiration for my collections.

**фотосе́ссия** – photoshoot Фотосе́ссия для но́вого катало́га оде́жды прошла́ в живопи́сных лока́циях. The photoshoot for the new clothing catalog took place in scenic locations.

**футбо́лка** – t-shirt Ба́зовая бе́лая футбо́лка остаётся неизме́нным элеме́нтом любо́го гардеро́ба. A basic white t-shirt remains an essential element of any wardrobe.

**футури́зм** – futurism Футури́зм в мо́де позволя́ет мне эксперименти́ровать с фо́рмами и материа́лами. Я вдохновля́юсь техноло́гиями и тем, как они́ мо́гут измени́ть на́ше представле́ние о сти́ле. Futurism infashion allows me to experiment with shapes and materials. I am inspired by technology and how it can change our perception of style.

**фэ́шн-дире́ктор** – fashion director Фэ́шн-дире́ктор бре́нда предста́вил но́вую конце́пцию колле́кции на междунаро́дной вы́ставке. The brand's fashion director presented the new collection concept at an international exhibition.

**хала́т** – robe Я разрабо́тал хала́т, кото́рый мо́жно носи́ть как до́ма, так и на пля́же — он универса́лен и удо́бен. I designed a robe that can be worn both at home and on the beach — it's versatile and comfortable.

**шарф** – scarf Колле́кция включа́ет ша́рфы из нату́ра́льного шёлка, кото́рые доба́вят элега́нтности любо́му наря́ду. The collection includes silk scarves that will add elegance to any outfit.

**шве́йная фурниту́ра** – notions Шве́йная фурниту́ра игра́ет огро́мную роль в созда́нии оде́жды. Да́же са́мые ма́ленькие дета́ли, таки́е как пу́говицы и́ли мо́лнии, мо́гут кардина́льно измени́ть вне́шний вид изде́лия. Sewing accessories play a huge role in creating clothing. Even the smallest details, like buttons or zippers, can dramatically change the look of a piece.

**швея́** – seamstress О́пытная швея́ мо́жет преврати́ть любо́й материа́л в произведе́ние иску́сства. An experienced seamstress can turn any material into a work of art.

**шик** — chic Образ сочетал в себе непринуждённый шик и элементы классического стиля. The look combined effortless chic with elements of classic style.

**шить/сшить на заказ** — to tailor-make Ей удалось найти портного, который смог сшить платье на заказ в короткие сроки. She managed to find a tailor who could make a custom dress in a short time.

**шляпа** — hat В новой коллекции представлены стильные шляпы, идеально подходящие для летних дней. The new collection features stylish hats, perfect for summer days.

**шорты** — shorts В этом сезоне я создал коллекцию шорт, которые сочетают удобство и стиль. This season, I created a collection of shorts that combine comfort and style.

**эклектика** — eclectic Эклектика в её гардеробе позволяет создавать неожиданные сочетания стилей. Eclecticism in her wardrobe allows for unexpected style combinations.

**эко-дизайн** — eco-design Эко-дизайн стал основным направлением для многих модных домов, стремящихся к устойчивому производству. Eco-design has become a key direction for many fashion houses aiming for sustainable production.

**экологичная мода** — sustainable fashion Для меня экологичная мода — это не просто тренд, а обязательство. Мы используем материалы, которые не наносят вреда окружающей среде, и это главный приоритет в каждой коллекции. For me, eco-friendly fashion is not just a trend but a commitment. We use materials that do not harm the environment, and that is the main priority in every collection.

**эскиз** — sketch Дизайнер представил эскизы новой коллекции на закрытом показе. The designer presented sketches of the new collection at a private show.

**этическая мода** — ethical fashion Этическая мода становится всё более популярной среди потребителей, которые заботятся о защите окружающей среды. Ethical fashion is becoming increasingly popular among consumers who care about environmental protection.

**юбка** — skirt Длинная юбка с глубоким разрезом стала главным акцентом коллекции, но смотрелась тяжеловесно. The long skirt with a deep slit became the main focus of the collection, but it appeared heavy-handed.

## 3.2.4.1 Mini-Articles

### 1. Зелёная Мода: Тренд на Устойчивое Производство

В последние годы в модной индустрии набирает популярность зелёная мода, которая ориентирована на устойчивое производство и минимизацию отходов. Модные бренды с ответственным подходом активно внедряют биоразлагаемые материалы и органические ткани в свои коллекции, уделяя особое внимание прослеживаемости цепочки поставок. Такие бренды стремятся к безотходному производству и используют вторичную переработку для создания новых изделий. Это не только помогает сократить углеродный след, но и способствует популяризации этической моды среди потребителей, которые всё больше осознают важность ответственного потребления.

### 1. Green Fashion: The Trend Toward Sustainable Production

In recent years, green fashion has gained popularity in the fashion industry, focusing on sustainable production and waste minimization. Fashion brands with a responsible approach are actively incorporating biodegradable materials and organic fabrics into their collections, with particular attention to supply chain traceability. These brands strive for zero-waste production and use recycling to create new products. This not only helps reduce the carbon footprint but also promotes ethical fashion among consumers who are increasingly aware of the importance of responsible consumption.

### 2. Неделя Моды в Москве: Новые Тренды на Подиуме

Неделя моды в Москве в этом сезоне продемонстрировала широкий спектр трендов, от классических до авангардных. Дизайнеры представили свои капсульные коллекции, которые включали как вечерние платья, так и спортивный шик. Особое внимание привлекли платья с плиссировкой и вышивкой, а также смелые комбинации в стиле андеграунд и гранж. Модели вышли на подиум в ярких нарядах с аксессуарами в стиле арт-деко, а кроссовки и шорты стали главными элементами коллекций в стиле кэжуал. Неделя моды также подчеркнула важность устойчивого производства и использования возобновляемых материалов.

## 2. Moscow Fashion Week: New Trends on the Runway

This season's Moscow Fashion Week showcased a wide range of trends, from classic to avant-garde. Designers presented their capsule collections, which included both evening dresses and sport-chic styles. Special attention was drawn to dresses with pleating and embroidery, as well as bold combinations in underground and grunge styles. Models walked the runway in vibrant outfits with art-deco style accessories, while sneakers and shorts were the main elements of the casual collections. Fashion Week also highlighted the importance of sustainable production and the use of renewable materials.

## 3. Ретро и Винтаж: Возвращение в Моду

Ретро и винтаж снова на пике популярности в этом сезоне. Модные дома и дизайнеры активно черпают вдохновение в модных тенденциях прошлых десятилетий, создавая уникальные наряды с элементами эклектики. Блузки с оборками, юбки в стиле 50-х годов и пальто с клетчатым принтом стали основными элементами многих коллекций. Шляпы, шарфы и сумки в стиле ретро добавляют шарм и элегантность любому образу. Вторичная переработка и использование винтажных материалов позволяют дизайнерам создавать экологически чистую моду, оставаясь верными духу времени.

## 3. Retro and Vintage: A Return to Fashion

Retro and vintage are back in the spotlight this season. Fashion houses and designers are actively drawing inspiration from past decades' trends, creating unique outfits with elements of eclecticism. Blouses with ruffles, skirts in 1950s style, and coats with checkered prints have become key elements in many collections. Hats, scarves, and bags in retro style add charm and elegance to any look. Recycling and the use of vintage materials allow designers to create eco-friendly fashion while staying true to the spirit of the times.

## 4. Этическая Мода: Защита Животных и Ответственное Потребление

Этическая мода становится всё более важной темой в модной индустрии. Модные бренды с ответственным подходом всё чаще отказываются от использования натурального меха и кожи в пользу биоразлагаемых материалов и вторичной переработки. Защита животных и ответственное потребление — это не просто тренды, а осознанный выбор многих дизайнеров и потребителей. Капсульные коллекции, созданные с минимальным воздействием на природу, становятся всё более популярными, так как они отражают стремление к устойчивому развитию и заботе о планете.

## 4. Ethical Fashion: Animal Protection and Responsible Consumption

Ethical fashion is becoming an increasingly important topic in the fashion industry. Fashion brands with a responsible approach are increasingly moving away from using natural fur and leather in favor of biodegradable materials and recycling. Animal protection and responsible consumption are not just trends but a conscious choice for many designers and consumers. Capsule collections created with minimal environmental impact are becoming more popular as they reflect a commitment to sustainable development and care for the planet.

## 5. Фотогра́фия У́личной Мо́ды: Но́вый Взгляд на Стиль

Фотогра́фия у́личной мо́ды ста́ла неотъе́млемой ча́стью совреме́нной мо́дной индустри́и. Инфлюе́нсеры и стили́сты акти́вно продвига́ют у́личный стиль, создава́я уника́льные о́бразы и публику́я их в мо́дных бло́гах и журна́лах. У́личная мо́да сочета́ет в себе́ элеме́нты кла́ссики и экле́ктики, создава́я я́ркие и запомина́ющиеся о́бразы. Кроссо́вки, джи́нсы, пиджаки́ и аксессуа́ры игра́ют ва́жную роль в созда́нии мо́дных о́бразов, кото́рые отража́ют индивидуа́льность ка́ждого челове́ка. Фотосе́ссии и рекла́мные кампа́нии у́личной мо́ды привлека́ют внима́ние к но́вым тре́ндам и позволя́ют взгляну́ть на мо́ду с но́вой перспекти́вы.

## 5. Street Fashion Photography: A New Perspective on Style

Street fashion photography has become an integral part of the modern fashion industry. Influencers and stylists actively promote street style, creating unique looks and sharing them in fashion blogs and magazines. Street fashion combines elements of classics and eclecticism, creating bright and memorable looks. Sneakers, jeans, blazers, and accessories play a significant role in creating fashionable outfits that reflect the individuality of each person. Photoshoots and advertising campaigns in street fashion draw attention to new trends and offer a fresh perspective on fashion.

## 3.2.4.2 Historical Account: Fartsovka

Track **76**

### Фарцо́вка: Мо́да на За́падную Оде́жду в Сове́тском Сою́зе

Фарцо́вка была́ уника́льным явле́нием в Сове́тском Сою́зе, возни́кшим в 1950-1980-е го́ды, когда́ мно́гие сове́тские гра́ждане стреми́лись получи́ть до́ступ к дефици́тным за́падным това́рам, осо́бенно мо́дной оде́жде. В усло́виях изоля́ции от за́падного ми́ра, где мо́дная индустри́я в стране́ была́ ограни́чена стро́гими но́рмами и дефици́том ресу́рсов, бре́ндовая оде́жда и аксессуа́ры из За́пада станови́лись си́мволами ста́туса и вку́са.

Фарцо́вщики, как называ́ли люде́й, занима́вшихся нелега́льной торго́влей иностра́нными това́рами, ввози́ли в страну́ бре́ндовые ве́щи из-за грани́цы и́ли обме́нивали их у иностра́нных тури́стов. Джи́нсы, футбо́лки, кроссо́вки и ша́рфы от изве́стных за́падных бре́ндов бы́ли осо́бенно востре́бованы среди́ молодёжи, кото́рая хоте́ла сле́довать мо́дным тенде́нциям и выделя́ться на фо́не однообра́зия сове́тской мо́ды.

Фарцо́вка не то́лько удовлетворя́ла жела́ние сове́тских гра́ждан вы́глядеть гламу́рно и сти́льно, но и спосо́бствовала распростране́нию за́падных мо́дных тенде́нций в стране́. Э́то явле́ние ста́ло ва́жным культу́рным феноме́ном, отража́ющим стремле́ние к индивидуа́льности и креати́вности в усло́виях стро́гих ограниче́ний.

Одна́ко фарцо́вка была́ свя́зана с ри́сками, так как така́я де́ятельность счита́лась незако́нной. Несмотря́ на э́то, мно́гие сове́тские гра́ждане продолжа́ли иска́ть возмо́жности приобрести́ ре́дкие аксессуа́ры и наря́ды, кото́рые позволя́ли им быть в тре́нде и подчёркивать свою́ уника́льность.

Таки́м о́бразом, фарцо́вка ста́ла своеобра́зным мосто́м ме́жду изоли́рованным сове́тским о́бществом и ми́ром междунаро́дной мо́ды, оста́вив значи́тельный след в исто́рии сове́тской и росси́йской мо́дной культу́ры.

## Fartsovka: The Demand for Western Fashion in the Soviet Union

Fartsovka was a unique phenomenon in the Soviet Union that emerged in the 1950s-1980s when many Soviet citizens sought access to scarce Western goods, particularly fashionable clothing. In a country isolated from the Western world, where the fashion industry was limited by strict regulations and resource shortages, branded clothing and accessories from the West became symbols of status and taste.

The people involved in this illegal trade, known as fartsovshchiki, smuggled branded items into the country from abroad or exchanged them with foreign tourists. Jeans, T-shirts, sneakers, and scarves from well-known Western brands were especially sought after by the youth, who wanted to follow fashion trends and stand out amidst the uniformity of Soviet fashion.

Fartsovka not only satisfied the desire of Soviet citizens to look glamorous and stylish, but also contributed to the spread of Western fashion trends in the country. This phenomenon became an important cultural event, reflecting the desire for individuality and creativity under strict constraints.

However, fartsovka was risky, as such activities were considered illegal. Despite this, many Soviet citizens continued to seek opportunities to acquire rare accessories and outfits that allowed them to stay on trend and emphasize their uniqueness.

Thus, fartsovka became a kind of bridge between the isolated Soviet society and the world of international fashion, leaving a significant mark on the history of Soviet and Russian fashion culture.

# lingualism

*Visit our website for information on current and upcoming titles and free language learning resources.*

# www.lingualism.com

www.ingramcontent.com/pod-product-compliance
Lightning Source LLC
Chambersburg PA
CBHW081653120626
46550CB00010B/2879